第59期

2019

美国投资公司年报

投资公司行业趋势与活动综述

美国投资公司协会 主编
中国证券投资基金业协会 译

SPM
南方出版传媒
广东经济出版社
·广州·

Originally published in America as:
2019 Investment Company Fact Book
Fifty-ninth edition
ISBN 1-878731-66-1

图书在版编目（CIP）数据

2019美国投资公司年报 / 美国投资协会主编；中国证券投资基金业协会译. —广州：广东经济出版社，2021. 11
ISBN 978-7-5454-7931-7

Ⅰ. ①2… Ⅱ. ①美… ②中… Ⅲ. ①投资公司—年报—美国—2019 Ⅳ. ①F837.123

中国版本图书馆CIP数据核字（2021）第208953号

策　　划：周　炜
责任编辑：刘亚平
责任校对：张钰晴
责任技编：陆俊帆

版权登记号：19-2021-222

2019美国投资公司年报
2019 MEIGUO TOUZI GONGSI NIANBAO

出版人	李　鹏
出　版 发　行	广东经济出版社（广州市环市东路水荫路11号11～12楼）
经　销	全国新华书店
印　刷	河北盛世彩捷印刷有限公司 （河北省衡水市故城县高新技术产业开发区金宝大道东侧）
开　本	787毫米×1092毫米　1/16
印　张	21
字　数	413千字
版　次	2021年11月第1版
印　次	2021年11月第1次
书　号	ISBN 978-7-5454-7931-7
定　价	168. 00元

图书营销中心地址：广州市环市东路水荫路11号11楼
电话：（020）87393830　邮政编码：510075
如发现印装质量问题，影响阅读，请与本社联系
广东经济出版社常年法律顾问：胡志海律师

中国证券投资基金业协会
Asset Management Association of China

ICI INVESTMENT COMPANY INSTITUTE®

ICI Global

《2019美国投资公司年报》一书最初于2019年由美国投资公司协会（ICI）在美国以英文形式出版，读者可在网站www.icifactbook.org获取该书。ICI衷心感谢中国证券投资基金业协会在将本书翻译为中文版并在中华人民共和国发行给决策者及其他人士的过程中付出的努力。

2019 Investment Company Fact Book was originally published by the Investment Company Institute (ICI) in English in the United States in 2019 and can be accessed at www.icifactbook.org. ICI would like to gratefully acknowledge the efforts of AMAC in translating this work into Chinese and distributing it to policymakers and others in the People's Republic of China.

美国投资公司协会（ICI）是代表全球受监管基金的主要行业协会，其代表的基金包括美国的共同基金、交易所交易基金（ETF）、封闭式基金、单位投资信托，以及向全球其他司法辖区的投资者提供的类似基金。美国投资公司协会致力建立行业良好的社会信誉，增进公众认知，保障基金及其份额持有人、董事和顾问的利益。美国投资公司协会通过ICI Global开展国际事务，在伦敦、华盛顿和中国香港均设有办事处。

尽管独立来源资料中的信息或数据被认为是可靠的，但美国投资公司协会对其准确性、完整性或及时性概不负责。独立来源资料所述观点并不一定代表协会的观点。如您对该资料有任何疑问或意见，请直接与该资料来源联系。

第59期　ISBN 1-878731-66-1

目录

第一部分 分析和统计

第二部分 数据表

首席经济学家致辞

近年来，全球化遭到一些事件冲击，如全球金融危机、英国脱欧、贸易摩擦、全球经济增速放缓及其他走势。

但这些不利因素并没有影响《美国投资公司年报》（简称《年报》）的全球化速度。《年报》始终秉承美国投资公司协会代表受监管基金及全球投资者利益的使命，正在全球范围内扩大其影响力。

2018年11月，中国证券投资基金业协会在北京举办了美国投资公司协会第58期《年报》中文版发布会，美国投资公司协会总裁兼首席执行官保罗·肖特·史蒂文斯（Paul Schott Stevens）出席了该活动。该译本于2019年9月公开发行。

不仅中国对我们的数据感兴趣，全球其他国家和地区对《年报》及美国投资公司协会研究部出品的其他著作所述数据、分析、机构详情等的需求也都与日俱增。这些需求衍生出一系列担忧——如何搭建尚处于早期发展阶段的基金行业结构，更好地确保其发展；退休储蓄者适合哪种类型和设计特点的基金产品，如何评估他们对退休的准备程度；家庭可能会对激励储蓄的税收政策作何回应；某地的监管可能会对另一地或全球的基金产生何种影响；投资者对金融市场（例如商业或利率周期）的发展做何反应；基金如何响应投资者在环境、社会和公司治理（ESG）问题上表现出的日益浓厚的兴趣。坦率地讲，有些地区似乎是数据的沙漠，人们渴望获得真实客观的数据就如同在沙漠中渴望甘霖。

美国投资公司协会统计研究高级总监朱迪·斯滕斯塔（Judy Steenstra）及其团队每年编制300多份有关美国基金资产、现金流等内容的报告。我们将这些报告中的许多内容总结成数据表的形式，在本书第二部分予以呈现。美国投资公司协会还代表国际投资基金业协会（IIFA）及其40家成员协会，发挥全球基金现金流和资产数据储存库的作用。2018年，在IIFA的指导和帮助下，我们成功扩充了IIFA和美国投资公司协会网站上的历史数据。

我们对退休问题的研究也已经走向全球。长期以来，退休问题一直是美国市场投资者的主要关注点。美国投资公司协会资深经济学家彼得·布拉迪（Peter Brady）写了一本具有开创意义的著作——《美国如何支持养老：挑战关于谁受益的传统观点》（*How America Supports Retirement*：*Challenging the Conventional Wisdom on Who Benefits*），对仅造福富人的“本末倒置”退休系统理念提出了疑问。2018年，他到中国参加了这本书中文版的发布会。（2019年，该著作的日语版问世。）

美国投资公司协会退休和投资者研究高级总监莎拉·霍尔登（Sarah Holden）及其团队正在编制一系列有关家庭持有基金情况、家庭对待基金及基金投资态度的详细调查报告。家庭调查可以清晰显示退休储蓄者的意向、对退休账户相关选择及控制的看法。他们的分析和调查也具有全球性意义，有助于促进其他国家和地区（如经济合作与发展组织成员所在地区）更好地理解美国退休制度的性质和成功之处，也有助于促进其他国家和地区了解退休制度的利弊。

研究部也在金融市场的关键问题上展现其全球影响力。2019年，我们增加了《年报》涉及全球内容的章节的篇幅，其涵盖了对2018年投资者资金需求的深度讨论，以及对中国货币市场基金行业的简要总结。美国投资公司协会行业和金融分析高级总监罗谢尔·安东涅维奇（Rochelle Antoniewicz）协同美国投资公司协会助理总法律顾问简·海因里希（Jane Heinrichs），组建了一个总部位于伦敦的全球交易所交易基金（ETF）市场委员会。在2018年秋季的首次见面会上，欧洲交易所交易基金生态系统的40多名参与者齐聚一堂，探讨交易所交易基金的优先事项。美国投资公司协会助理经济学家詹姆斯·杜瓦尔（James Duvall）围绕欧盟可转让证券集合投资计划（UCITS）的成本和收费趋势开展了大量工作。美国投资公司协会的其他经济学家先后多次访问全球监管机构、媒体和学术研究机构，以解决政策制定者对基金、金融稳定性以及“共同所有权”假设的担忧。

无论全球化进程如何发展，我们将继续努力增进对基金及其投资者的了解，并促进对其有利的公共政策的制定。很多情况下，人们都是基于猜测、假设和毫无依据的理论对我们这一行业妄加评论。文学作品中最著名的侦探夏洛克·福尔摩斯曾恰如其分地说，“没有数据就形成理论是一个致命的错误”。因此，美国投资公司协会每年都不惜投入大量精力将数据汇编到《年报》中，并在全球范围内分享，也就不足为怪了。

首席经济学家肖恩·柯林斯（Sean Collins）

美国投资公司协会研究人员及出版物概况

资深研究人员

首席经济学家

肖恩·柯林斯（Sean Collins），协会研究部门负责人，负责监督美国和全球基金、金融市场、美国退休市场、金融稳定性以及进行投资者人口统计的数据收集和研究。柯林斯于2000年加入美国投资公司协会，在此之前，曾在美国联邦储备委员会和新西兰储备银行工作。现任欧洲证券和市场管理局（ESMA）经济咨询组（GEA）成员。他拥有克莱蒙特麦肯纳学院的经济学学士学位，以及加州大学圣巴巴拉分校的经济学博士学位。

行业和金融分析高级总监

罗谢尔·安东涅维奇（Rochelle Antoniewicz），负责研究交易所交易基金、共同基金行业的结构和趋势，以及美国和全球的金融市场。在加入美国投资公司协会之前，安东涅维奇在美国联邦储备委员会工作了13年。她拥有加州大学圣地亚哥分校的管理科学学士学位，以及威斯康星大学麦迪逊分校的经济学硕士和博士学位。

退休和投资者研究高级总监

莎拉·霍尔登（Sarah Holden），负责研究投资者人口统计和行为以及退休和税收政策，跟踪家庭退休储蓄活动和基金所有权以及退休账户内外其他投资趋势。霍尔登于1999年加入美国投资公司协会，在此之前，她是美国联邦储备委员会的一名经济学家。她拥有史密斯学院数学和经济学学士学位，以及密歇根大学经济学博士学位。

统计研究高级总监

朱迪·斯滕斯塔（Judy Steenstra），负责收集和发布开放式基金的周/月度/季度/年度数据，以及封闭式基金、交易所交易基金、单位投资信托及全球基金行业的数据。斯滕斯塔于1987年加入美国投资公司协会，2000年被任命为统计研究总监。她拥有宾夕法尼亚州立大学市场营销学士学位。

美国投资公司协会研究部

美国投资公司协会研究部有员工42人，其中包括经济学家和研究分析师。该部门负责收集和传播各类注册投资公司的数据，提供有关基金份额持有人、投资公司经济状况、退休和教育储蓄市场的详细分析。

2018年美国投资公司协会研究和统计出版物

美国投资公司协会是投资公司行业分析和统计信息的主要来源。2018年，除年度《美国投资公司年报》外，协会的研究部还发布了25份研究和政策出版物，以及300多份统计报告。

《美国投资公司年报》仍然是美国投资公司协会研究部知名度最高的出版物，2018年的访问下载量达到70 000余次。在第59期《年报》中，这份美国投资公司协会的出版物继续向公众和政策制定者提供关于美国投资公司协会数据和分析的全面总结。《年报》的PDF和HTML版本可以在www.icifactbook.org网站获取，其中HTML版本包含全部图表中的可下载数据。

论文

行业和金融分析

» 《封闭式基金市场（2017年）》（“The Closed-End Fund Market, 2017”），2018年4月，《美国投资公司协会研究视角》（*ICI Research Perspective*）

» 《基金的开支和费用趋势（2017年）》（“Trends in the Expenses and Fees of Funds, 2017”），2018年4月，《美国投资公司协会研究视角》（*ICI Research Perspective*）

退休和投资者研究

» 《美国人对固定缴款计划储蓄的看法（2017年）》（“American Views on Defined Contribution Plan Saving, 2017”），2018年2月，《美国投资公司协会研究报告》（*ICI Research Report*）

» 《固定缴款计划参与者活动情况（2017年前三季度）》（“Defined Contribution

Plan Participants' Activities, First Three Quarters of 2017"），2018年2月，《美国投资公司协会研究报告》（*ICI Research Report*）

»《BrightScope/美国投资公司协会固定缴款计划简介：近观401（k）计划（2015年）》［"The BrightScope/ICI Defined Contribution Plan Profile：A Close Look at 401(k) Plans, 2015"］, 2018年3月

»《退休计划的参与者有哪些（2014年）》（"Who Participates in Retirement Plans, 2014"），2018年4月，《美国投资公司协会研究视角》（*ICI Research Perspective*）

»《固定缴款计划参与者活动情况（2017年）》（"Defined Contribution Plan Participants' Activities, 2017"），2018年5月，《美国投资公司协会研究报告》（*ICI Research Report*）

»《提供401（k）计划的经济性分析：服务、费用和支出（2017年）》［"The Economics of Providing 401(k) Plans：Services, Fees, and Expenses, 2017"］，2018年6月，《美国投资公司协会研究视角》（*ICI Research Perspective*）

»《美国家庭在选择共同基金时会考虑哪些因素》（"What US Households Consider When They Select Mutual Funds"），2018年8月，《美国投资公司协会研究视角》（*ICI Research Perspective*）

»《固定缴款计划参与者活动情况（2018年第一季度）》（"Defined Contribution Plan Participants' Activities, First Quarter 2018"），2018年8月，《美国投资公司协会研究报告》（*ICI Research Report*）

»《401（k）计划资产分配、账户余额和贷款活动（2016年）》［"401(k) Plan Asset Allocation, Account Balances, and Loan Activity in 2016"］，2018年9月，《美国投资公司协会研究视角》（*ICI Research Perspective*）

»《个人退休账户投资者简介：罗斯个人退休账户投资者活动（2007—2016年）》（"The IRA Investor Profile：Roth IRA Investors' Activity, 2007－2016"），2018年9月，《美国投资公司协会研究报告》（*ICI Research Report*）

»《个人退休账户投资者简介：传统型个人退休账户投资者活动（2007—2016年）》（"The IRA Investor Profile：Traditional IRA Investors' Activity, 2007－2016"），2018年9月，《美国投资公司协会研究报告》（*ICI Research Report*）

»《关于401（k）计划的10个重要事实》（“Ten Important Facts About 401(k) Plans”），2018年9月

»《ETF家庭投资者近观》（“A Close Look at ETF Households”），2018年9月

»《共同基金投资者对份额持有人报告的看法：对简要份额持有人报告原型的反应》（“Mutual Fund Investors’ Views on Shareholder Reports：Reactions to a Summary Shareholder Report Prototype”），2018年10月

»《关于个人退休账户的10个重要事实》（“Ten Important Facts About IRAs”），2018年10月

»《关于罗斯个人退休账户的10个重要事实》（“Ten Important Facts About Roth IRAs”），2018年10月

»《连续参与401（k）计划会带来哪些好处？401（k）计划账户余额的变化（2010—2016年）》（“What Does Consistent Participation in 401(k) Plans Generate? Changes in 401(k) Account Balances, 2010 - 2016”），2018年11月

»《共同基金投资者特征（2018年）》（“Characteristics of Mutual Fund Investors, 2018”），2018年11月，《美国投资公司协会研究视角》（*ICI Research Perspective*）

»《共同基金持有情况、份额持有人情绪和互联网使用情况（2018年）》（“Ownership of Mutual Funds, Shareholder Sentiment, and Use of the Internet, 2018”），2018年11月，《美国投资公司协会研究视角》（*ICI Research Perspective*）

»《固定缴款计划参与者活动情况（2018年上半年）》（“Defined Contribution Plan Participants’ Activities, First Half 2018”），2018年11月，《美国投资公司协会研究报告》（*ICI Research Report*）

»《BrightScope/美国投资公司协会固定缴款计划简介：近观ERISA 403（b）计划（2015年）》（“The BrightScope/ICI Defined Contribution Plan Profile：A Close Look at ERISA 403(b) Plans, 2015”），2018年12月

»《个人退休账户在美国家庭退休储蓄中发挥的作用（2018年）》（“The Role of IRAs in US Households’ Saving for Retirement, 2018”），2018年12月，《美国投资

公司协会研究视角》（*ICI Research Perspective*）

»《共同基金份额持有人简介（2018年）》（“Profile of Mutual Fund Shareholders, 2018”），2018年12月，《美国投资公司协会研究报告》（*ICI Research Report*）

美国投资公司协会的论文及更多内容见www.ici.org/research。

分析和评论：ICI Viewpoints

除研究论文外，美国投资公司协会员工还会在协会的博客ICI Viewpoints上发表分析和评论。以下是2018年所发布的部分分析和评论示例。可访问www.ici.org/viewpoints 查看这些示例及更多内容。

»《将矛头对准指数型基金并不能揭示市场波动性的原因》（“Pointing Fingers at Index Funds Won't Explain Market Volatility”）

»《基金投资者会“撤资”吗？怀有这种预期的人可能要失望了》（“Fund Investors Will ‘Run’? Sorry, Charlie Brown”）

»《美国民众：我们信任固定缴款计划》（“Americans：In Defined Contribution We Trust”）

»《对参与退休计划进行更准确的评估》（“A More Accurate Evaluation of Retirement Plan Participation”）

»《个人退休账户投资者更多地集中在低成本共同基金中》（“IRA Investors Are Concentrated in Lower-Cost Mutual Funds”）

»《“共同所有权”的假设不能令人信服》（“‘Common Ownership’ Hypothesis Is Unconvincing”）

»《美国股票所有权：属于商业街》（“Stock Ownership in the United States：It's Main Street”）

»《基金和代理投票》（“Funds and Proxy Voting”）

　»《提案问题大集合》（“The Mix of Proposals Matters”）

　»《谁提交份额持有人提案？》（“Who Submits Shareholder Proposals?”）

　»《深思熟虑且独立票选的基金》（“Funds Vote Thoughtfully and Independently”）

» 《老而弥贵：401（k）计划进入第40个年头》［“Growing Better with Age：The 401(k) Turns Forty”］

» 《共同基金：人人皆宜》（“Mutual Funds：Rated E for Everyone”）

» 《了解债券基金的利率风险》（“Understanding Interest Rate Risk in Bond Funds”）

» 《驳斥有关债券型共同基金现金流和债券销售的假设》（“Debunking Assumptions About Bond Mutual Funds' Flows and Bond Sales”）

» 《即使身处熊市，股票型基金投资者也岿然不动》（“Even in Bear Markets, Equity Fund Investors Stay the Course”）

统计数据发布

共同基金投资趋势

按42个投资目标编写的月度报告，内容包含当期共同基金销售、赎回、资产、现金头寸、交易活动及投资组合交易。

长期共同基金资金流预测

周报，提供16类股票型、混合型和债券型共同基金新增资金净流入的汇总预测。

交易所交易基金（ETF）净发行规模预测

周报，内含对6类ETF净发行规模的汇总预测。

长期共同基金资金流和ETF净发行规模综合预测

每周新闻和报告，提供对6类长期共同基金和ETF的新增资金净流入和净发行规模的汇总预测。

货币市场基金资产

按基金类型编制的货币市场基金资产周报。

每月应税货币市场基金投资组合数据

基于美国证监会N-MFP表格中所含数据而编制的月报，该报告详细分析优选货币市场基金和政府货币市场基金总持有量，以及证券持有和回购协议的性质和到期日。

退休市场数据

季度报告，内容包含个人退休账户（IRA）和固定缴款（DC）计划资产、退休账户内的共同基金资产，以及流向退休账户的共同基金新增资金净流入的预测（按基金类型划分）。

共同基金的收益分配

季度报告，内容包括按照广义投资分类统计的共同基金中已支付和再投资的资本利得，以及已支付和再投资的收入股息。

机构共同基金份额持有人数据

年度报告，内容包括按照广义投资分类划分的不同类型机构份额持有人的共同基金资产信息。

封闭式基金数据

季度报告，内容包括按照投资目标统计的封闭式基金资产、基金数量、发行规模、赎回量、收益分配、使用的杠杆以及份额持有人数量。

交易所交易基金数据

月度报告，内容包括按照投资目标统计的ETF资产、基金数量、发行规模和赎回量。

单位投资信托数据

月度报告，内容包括按类型和到期日列出的新信托存款的价值和数量。

全球受监管开放式基金数据

季度报告，内容包括对全球47个司法管辖区的基金按照广义投资分类统计的资产、基金数量和净销售额。

上述内容及其他美国投资公司协会统计报告可在www.ici.org/research/stats获取。如欲订阅美国投资公司协会发布的统计报告，请访问www.ici.org/pdf/stats_subs_order.pdf。

致谢

《2019美国投资公司年报》的出版由助理经济学家詹姆斯·杜瓦尔（James Duvall）、统计研究高级总监朱迪·斯滕斯塔（Judy Steenstra）指导，在编辑总监米利安·布里奇斯（Miriam Bridges）、编辑坎迪斯·古莱特（Candice Gullett）和资深设计师斯蒂芬妮·舒滕伯格（Stephanie Schuettenberg）的共同努力下完成。美国投资公司协会研究团队的工作人员也为此书的出版做出了贡献，他们负责分析、文本和数据的编写及编辑，他们是史蒂文·巴斯（Steven Bass）、迈克·博格丹（Mike Bogdan）、赛莱斯·贾（Sailesh Jha）、亚历克斯·约翰逊（Alex Johnson）、希拉·麦克唐纳（Sheila McDonald）、莫里斯·米特勒（Morris Mitler）、道格·理查森（Doug Richardson）、朱利安·萨恩斯（Julieth Saenz）、丹·施拉斯（Dan Schrass）和克里斯托夫·斯塔赫尔（Christof Stahel）。

2018年数据速览

全球受监管开放式基金净资产总额①	46.7万亿美元
美国	21.1万亿美元
欧洲	16.5万亿美元
亚太地区	6.4万亿美元
全球其他地区	2.7万亿美元

美国注册投资公司净资产总额	21.4 万亿美元
共同基金	17.7万亿美元
交易所交易基金（ETF）	3.4万亿美元
封闭式基金	2 500亿美元
单位投资信托（UIT）	700亿美元

美国注册投资公司持有的份额	
美国公司股票	30%
美国和其他国家公司债券	20%
美国国债和政府机构证券	13%
美国市政证券	25%
商业票据	24%

美国家庭持有的美国注册基金	
持有基金的家庭数量	5 720万户
持有基金的个人数量	1.016亿人
持有基金的家庭数量占家庭总数百分比	44.8%
持有共同基金的家庭的共同基金资产中位数	15万美元
持有共同基金的家庭所持共同基金数量中位数	4只

美国退休市场	
退休市场总资产	27.1万亿美元
拥有享受税收优惠退休储蓄的家庭占家庭总数百分比	62%
IRA和DC计划中投资于共同基金的资产	8.2万亿美元

①受监管开放式基金包括共同基金、交易所交易基金（ETF）和机构基金。

备注：由于四舍五入，各数相加可能与总数略有出入。

第一部分

分析和统计

图表目录

第一章
全球受监管开放式基金

第二章
美国注册投资公司

第三章 美国共同基金

第四章
美国交易所交易基金

第五章
美国封闭式基金

第六章 美国基金的开支和费用

第七章 美国共同基金持有者的特征

第八章
美国的退休和教育储蓄

方法和假设

除另有说明之外，以下方法均适用于本书中的所有数据。

- 美国注册投资公司数据仅包含向美国投资公司协会报告统计信息的公司数据。上述公司的资产至少占行业资产的98%。
- 为避免重复计算，不含组合型基金（FOF）数据。
- 由于四舍五入，美元金额和百分比加总后可能与总数有出入。
- 美国注册投资公司数据包含未按照《1940年投资公司法案》注册的交易所交易基金数据。
- 长期基金包含股票型基金、混合型基金和债券型基金。

数据可能会修订。尽管独立来源资料中的信息或数据被认为是可靠的，但美国投资公司协会对其准确性、完整性或及时性概不负责。独立来源资料所述观点不必然代表协会的观点。如您对该资料有任何疑问或意见，请直接与该资料来源处联系。

章节

01 全球受监管开放式基金

全球投资者对受监管开放式基金（在本章中简称为“受监管基金”）的需求十分旺盛。过去10年（2009—2018年）里，全球受监管基金的净销售额总计达12.7万亿美元。基金需求受到一些长期因素、周期性因素和宏观经济因素的影响。基金供应商积极响应市场对受监管基金日益高涨的需求，推出了11.9万只受监管基金，为投资者提供了广泛的选择。在许多国家，受监管基金市场高度发达且竞争激烈。截至2018年年底，全球受监管基金净资产总额达46.7万亿美元。

全球受监管开放式基金的净资产总额在过去10年显著增长

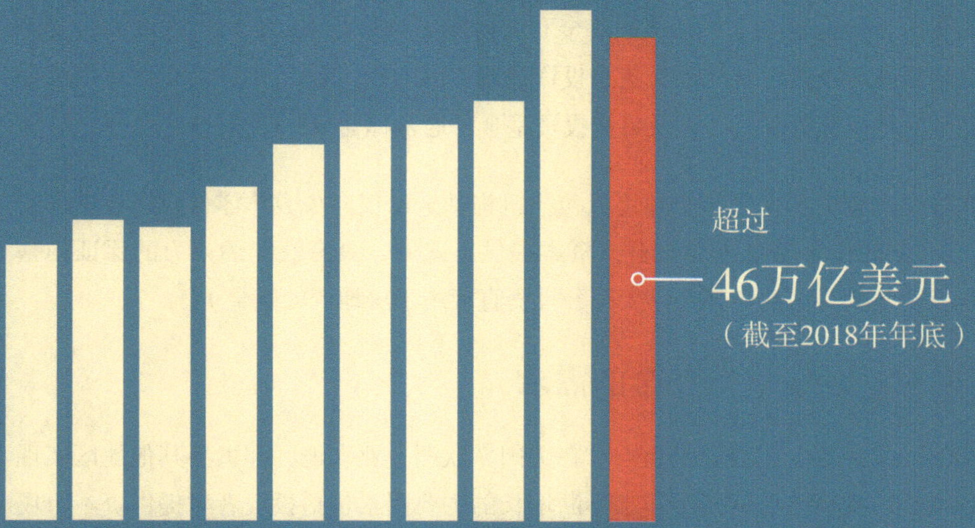

本章目录

什么是受监管基金

美国投资公司协会根据国际投资基金业协会（IIFA）设立的标准，将受监管基金定义为受到实质性监管的开放式投资基金集中投资资金池。[①]开放式基金通常被定义为可视投资者的需求随时发行新的基金份额（或单位）或赎回发行在外的基金份额（或单位）的一种基金。这类基金通常在信息披露、组织形式（如公司制或信托制）、基金资产托管、最低资本、基金资产估值和基金投资限制（如杠杆限制、可投资资产类型和投资组合多样化）方面受到监管。

在美国，受监管基金包括共同基金和交易所交易基金（ETF）。[②]在欧洲，受监管基金包括获得欧盟可转让证券集合投资计划（UCITS）授权的ETF、货币市场基金和类似的其他受监管基金，以及另类投资基金（通常称为AIF）。

在许多国家，受监管基金还可以包括机构基金（仅向少数非零售投资者销售的基金）、保证/护本基金（对收益或资本提供正式的、具有法律约束力的保证的基金），以及开放式房地产基金（大部分投资直接用于房地产的基金）。

投资者对全球受监管基金的需求

2009—2018年，受监管基金需求在美国、欧洲、亚太地区和世界其他地区实现了强劲增长。推动受监管基金需求不断增长的主要因素包括投资者对提供资本市场准入的专业化管理和多元化产品的需求，以及全球资本市场的深度和流动性不断增加。2018年，宏观经济事件和其他因素（包括投资者如何利用受监管基金实现其目标）在塑造全球金融市场方面发挥了相当重要的作用。

① IIFA是全球受监管基金的主要数据来源。2018年，IIFA收集了全球47个司法辖区的受监管基金数据。各司法辖区的数据，请参见第256－262页的数据表。有关IIFA数据收集的更多详情，请参见《全球术语及分类方法定义》，网址：www.ici.org/info/ww_q3_18_definitions.xls。

② 另外两种严格受监管的美国基金为单位投资信托和封闭式基金，将分别在第一部分第二章和第五章探讨。

更多详情

《IIFA发布全球受监管开放式基金资产和现金流详情报告》
www.ici.org/research/stats/worldwide/ww_q1_15_explanation

全球受监管基金净资产总额

2018年，全球股票市场大幅走低，导致受监管基金净资产增长停滞不前。如图1.1所示，在经历连续6年增长后，2018年全球受监管基金净资产总额比2017年减少2.6万亿美元，仅为46.7万亿美元。①尽管受到全球股票市场的冲击，主要投资于公开交易股票的股票型基金仍然是规模最大的受监管基金类型，占受监管基金净资产总额的43%。混合型/其他基金占净资产总额的23%，主要投资于固定收益证券的债券型基金占净资产总额的22%。货币市场基金占净资产总额的13%，该基金在全球范围内通常被定义为只持有短期优质货币市场工具的受监管基金。

图1.1

2018年全球受监管开放式基金净资产总额跌至46.7万亿美元

2009—2018年年底数据，按基金类型划分（单位：万亿美元）

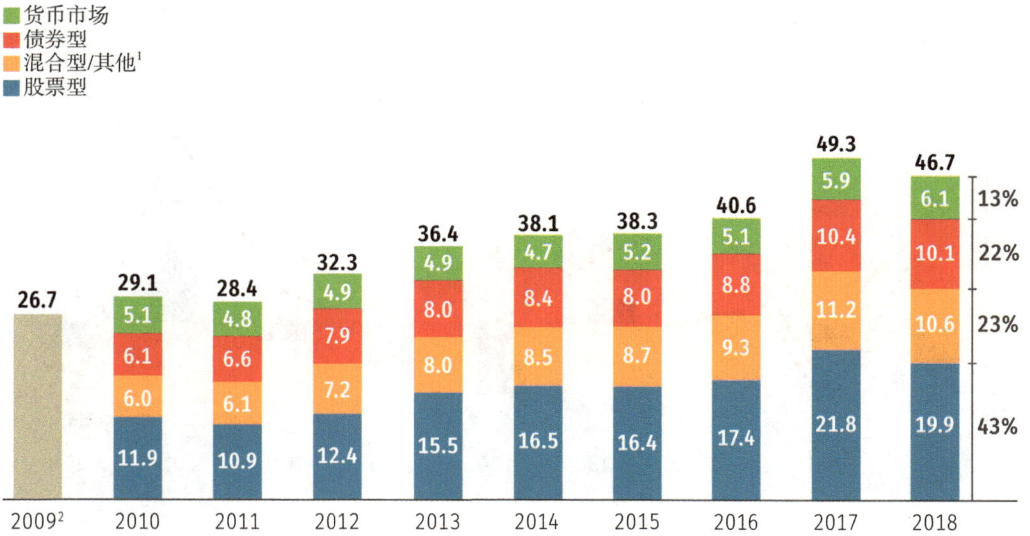

全球受监管开放式基金总数（单位：只）

82 991	86 301	92 074	94 398	97 939	101 686	106 675	110 790	113 646	118 978

1. 混合型/其他基金包括平衡/混合型基金、保证/护本基金、房地产基金和其他基金。

2. 2009年按基金类型划分的净资产总额数据缺失。

备注：受监管开放式基金包括共同基金、ETF和机构基金。

资料来源：国际投资基金业协会。

① 在本章中，除非另有说明，否则净资产总额和净销售额均以美元计算。

受导致全球股票市场和外汇市场承压的若干因素影响，2018年第四季度基金净资产规模出现下降。而其中最主要的因素是对全球经济增速严重放缓的担忧，这一担忧部分源于中国经济增速低于预期以及中美贸易关系恶化。如图1.2所示，2018年，美国股市下跌5.3%，全球其他地区股市同样下跌，例如，欧洲股市下跌14.3%，亚太股市下跌13.3%。此外，2018年欧元对美元贬值4.5%，降低了以美元计价的欧元资产价值（见第25页）。在亚太地区，2018年澳元对美元贬值10%，人民币对美元贬值5%。

图1.2

2018年全球股市下跌

2010—2018年数据，百分比（单位：%）

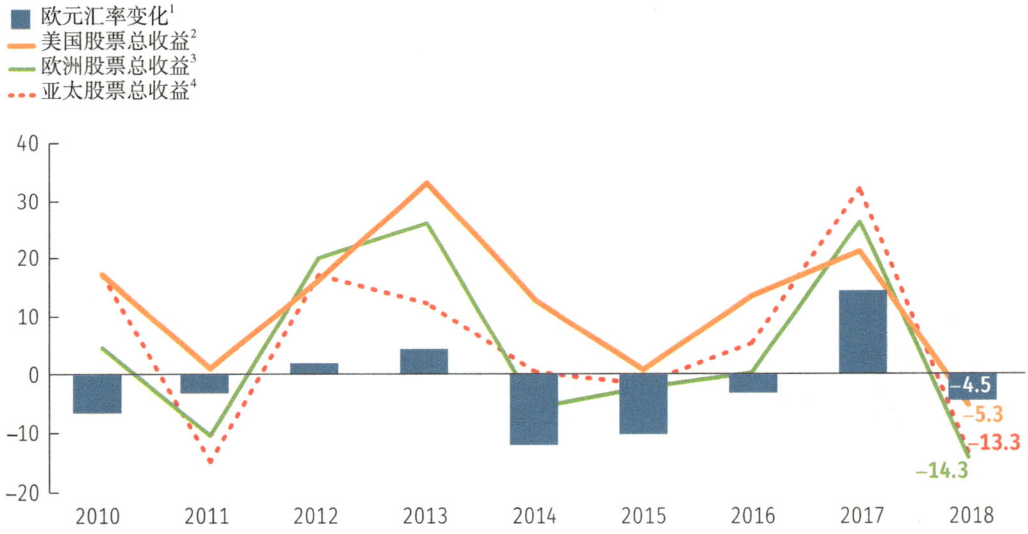

1. 欧元汇率变化以欧元兑美元的年同比变化比例表示。

2. 美国股票总收益按照威尔逊5000（Wilshire 5000）全收益指数的年同比涨跌幅衡量（浮动调整）。

3. 欧洲股票总收益按照MSCI 欧洲总收益（Gross DTR）指数的年同比涨跌幅衡量（以美元表示）。

4. 亚太股票总收益按照MSCI AC亚太总收益（Gross DTR）指数的年同比涨跌幅衡量（以美元表示）。

资料来源：彭博（Bloomberg）和MSCI。

更多详情

《全球受监管开放式基金资产和现金流情况》

www.ici.org/research/stats/worldwide

汇率如何影响全球受监管基金净资产总额

当全球受监管基金持有的以非美元货币计价的资产转换为以美元表示或计价时，美元汇率的波动会显著影响这些资产的价值。如，当外币对美元贬值（相当于美元对外币升值）时，以外币（非美元货币）计价的资产转换为以美元计价，将会给资产的价值带来负面影响。图1.3 用两种情景假设来解释这种影响。

图1.3
汇率变化对以美元计价的欧洲股票价值的影响

情景1：欧元和美元之间的汇率未发生变化

	第1年	第2年	百分比变化
1. 以欧元计价的欧洲股票市场价值	100欧元	110欧元	10%
2. 欧元汇率（欧元兑美元）	1.00	1.00	0%
3. 以美元计价的欧洲股票市场价值	100美元	110美元	10%

情景2：欧元贬值（即美元升值）

	第1年	第2年	百分比变化
4. 以欧元计价的欧洲股票市场价值	100欧元	110欧元	10%
5. 欧元汇率（欧元兑美元）	1.00	0.80	-20%
6. 以美元计价的欧洲股票市场价值	100美元	88美元	-12%

情景1中，以欧元计价的欧洲股票的市场价值，从第1年的100 欧元上升到第2年的110 欧元，涨幅为10%。在这种情景下，美元和欧元之间的汇率在两年间均保持1.00不变。换言之，这两年1欧元都相当于1美元。要将以欧元计价的欧洲股票价值转换为以美元计价，需乘欧元的汇率（1欧元的美元价格）。由于这两年汇率都是1.00，所以以美元计价的欧洲股票价值与以欧元计价的价值完全相同：第1年为100美元，第2年为110美元。当美元与另一国货币之间的汇率在两年内保持不变时，以该国货币计价的资产价值换算为以美元计价时，其损益百分比保持不变。

然而，汇率很少会保持不变。情景2阐释了在欧元对美元贬值20%的情况下，欧洲股票的市场价值和情景1一样上涨10%（第1年为100欧元，第2年为110欧元）。正如情景1，欧洲股票第1年的市场价值以美元计价时为100美元，但到了第2年，1欧元价值0.8美元。为了计算出欧洲股票在第2年里以美元计价时的价值，需将110欧元乘0.80（欧元对美元汇率），得到88美元。这样一来，以美元计价的欧洲股票的收益率为–12%，低于情景1的收益率，因为其计入了欧元对美元贬值的因素。

全球受监管长期基金的净销售额

2018年，尽管全球资本市场面临挑战，但按净销售额（总销售额减去总赎回量再加上净交易量）计算，全球受监管长期基金（股票型、债券型和混合型/其他）的整体需求仍然良好，不过低于前几年的水平。如图1.4所示，2018年，全球受监管长期基金净销售额从2017年的21 230亿美元减少到9 740亿美元，这主要是因为受欧洲和美国需求下降的影响。欧洲净销售额从2017年的9 410亿美元下降到2018年的3 300亿美元，美国净销售额从2017年的7 900亿美元下降到2018年的2 440亿美元。相比之下，亚太地区净销售额则从2017年的2 000亿美元增长到2018年的3 320亿美元。

在全球股价下跌和股票市场波动性加剧的情况下，2018年全球投资者继续投资股票型基金，但节奏有所放缓。占净销售总额近一半的股票型基金，其净销售额从2017年的7 240亿美元下降到2018年的4 790亿美元（图1.5）。股票型基金投资额下降最大的是美国市场，其2017年股票型基金净销售额为3 060亿美元，2018年则仅为850亿美元。尽管2018年美国指数型股票基金净销售额依然强劲，但较2017年历史高点仍有所减少。此外，2018年美国主动管理型股票基金仍然存在资金外流现象。由于全球股价上涨，2018年年初欧洲股票型基金的净销售额保持强劲。随着全球股票市场降温并在2018年第四季度下滑，欧洲股票型基金的净销售额增长放缓甚至出现负增长。2018年全年，欧洲股票型基金净销售总额为1 260亿美元，较2017年的2 010亿美元有所下降。

图1.4

2018年美国和欧洲受监管开放式长期基金净销售额减少

2009—2018年年度数据，按地区划分（单位：十亿美元）

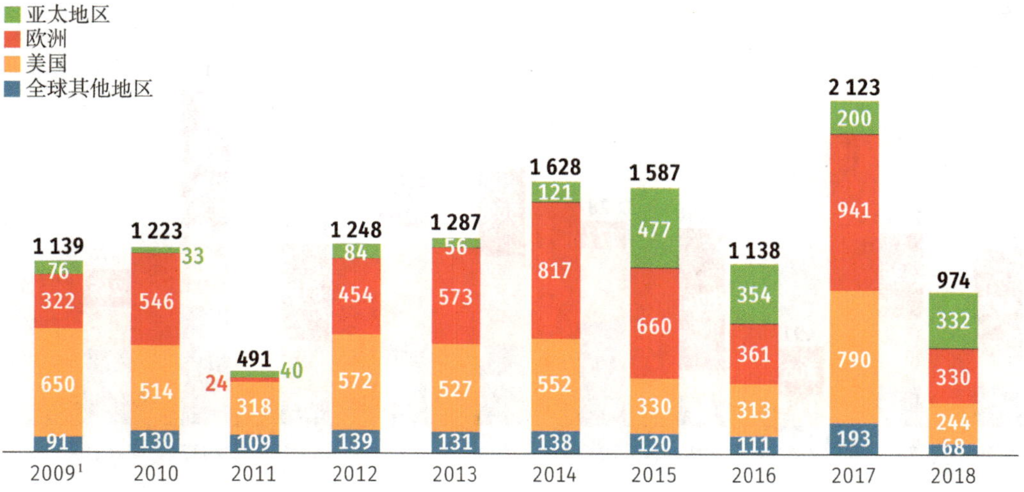

1. 2009年爱尔兰数据缺失。

备注：受监管开放式基金包括共同基金、ETF和机构基金。长期基金包含股票型基金、混合型/其他基金（平衡/混合型基金、保证/护本基金、房地产基金和其他基金）和债券型基金，但不包括货币市场基金。

资料来源：国际投资基金业协会。

相比之下，亚太地区的股票型基金净销售额从2017年的1 750亿美元增长到2018年的2 390亿美元，且大多数增长来自日本。自2013年以来，日本银行的资产购买计划刺激了股票型ETF的需求。尽管2018年上海证券综合指数下降了25%，中国经济增速放缓且中美贸易关系恶化，但中国需求增长仍带动2018年股票型基金净销售额增长。

在全球股市格局更加动荡的背景下，货币政策调整和利率持续上升可能也对2018年债券型和混合型/其他基金需求的下降产生了作用。2018年，债券型和混合型/其他基金净销售额为4 950亿美元，与2017年的1.4万亿美元相比大幅下降（图1.5）。该净销售额的下降量占2018年受监管长期基金净销售额下降总量的79%，且主要集中在美国和欧洲。

图1.5

2018年全球所有资产类别的受监管开放式长期基金的净销售额均有所下降

2009—2018年年度数据[1]，按基金类别划分（单位：十亿美元）

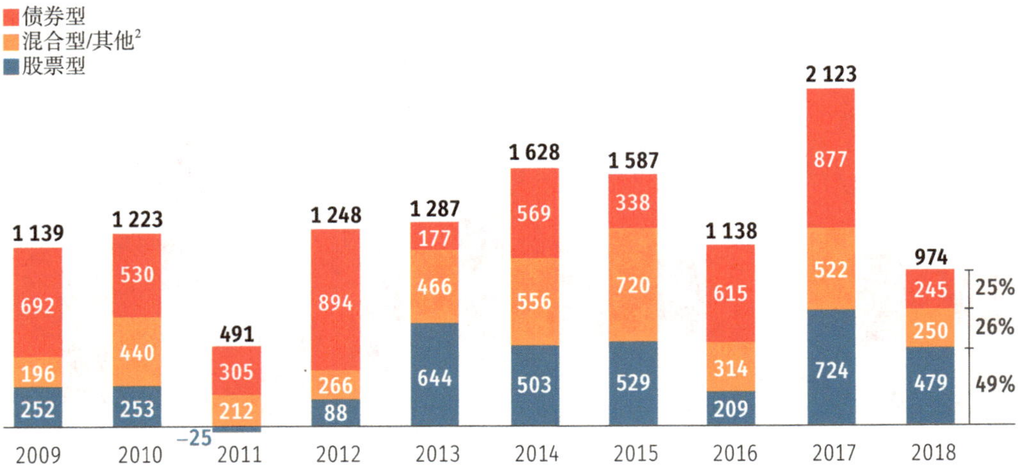

1. 2009年爱尔兰数据缺失，2010年相关数据列入混合型/其他基金的数据中，2011—2018年的数据按照基金类型分布。

2. 混合型/其他基金包括平衡/混合型基金、保证/护本基金、房地产基金和其他基金。

备注：受监管开放式基金包括共同基金、ETF和机构基金。长期基金包含股票型基金、混合型/其他基金和债券型基金，但不包括货币市场基金。

资料来源：国际投资基金业协会。

2018年年初，债券型基金获得较强的资金流入，原因可能是下文所述的人口结构持续变化。然而随着时间的推移，美国货币政策收紧与公司贷款利率上升将起到一定的平衡作用。此外，美国长期国债利率并未随着联邦基金利率的上升而上升，导致美国国债收益率曲线（反映美国长期国债与短期国债收益率之差）趋平。这一趋势可能导致某些投资者赎回中长期债券型基金，转而投资期限较短的基金。2018年，美国债券型基金净销售额为2 140亿美元，低于2017年的4 770亿美元。

虽然欧洲债券型基金投资者的行为可能受美国利率趋势的影响，但欧洲央行在2018年年末结束量化宽松计划可能也产生了一定的作用。投资者可能认为，一旦欧洲央行停止购买长期债券，长期债券的价值就会下跌，利率波动性也会加剧。这些担忧很可能就是2018年欧洲债券型基金净流出290亿美元的原因之一。相比之下，2017年欧洲债券型基金净销售额为3 280亿美元。

2018年之前，债券型基金和混合型/其他基金的销售非常强劲，净销售额总体上远超股票型基金。尽管可能有若干因素影响了这些年的净现金流，但其中两项因素最为显著。首先，部分投资者，如临近退休的投资者，可能会重新评估他们的风险承受能力。全球人口老龄化趋势明显，相关数据显示，2018年50岁及以上的人口占世界总人口的23%，高于2008年的20%。[①]有些投资者可能会选择增加购买收益波动较小的受监管基金。债券收益的波动性通常低于股票收益。鉴于此，净资产总额大部分配置在债券的债券型基金和部分混合型/其他基金的收益波动性，通常会低于股票型基金。

其次，在2018年之前，债券的高收益可能刺激了投资者的需求。2007—2009年金融危机以来至2017年，许多国家都降低了长期利率。为了稳固经济，2009—2018年中的绝大多数时间，全球主要央行都降低了短期利率并将其保持在非常低的水平。如美联储和欧洲央行在这段时间都推行了量化宽松政策，给长期利率增加了下行压力。利率降低时，债券价格上升，令持有大量债券的债券型基金和其他基金（如混合型/其他基金）收益率上升。

全球货币市场基金净销售额

如图1.6所示，全球货币市场基金净销售额从2017年的5 980亿美元下降到2018年的780亿美元，主要是因为受亚太地区净销售额急剧下跌的影响。2018年，亚太地区货币市场基金净流出达到990亿美元，而2017年却获得4 040亿美元的净流入。

① 联合国经济和社会事务部人口司2017年发布的《全球人口展望（2017年修订版）》（*World Population Prospects*：*The 2017 Revision*），详情请见https: //esa.un.org/unpd/wpp。

图1.6
全球货币市场基金净销售额
2009—2018年年度数据，按地区划分（单位：十亿美元）

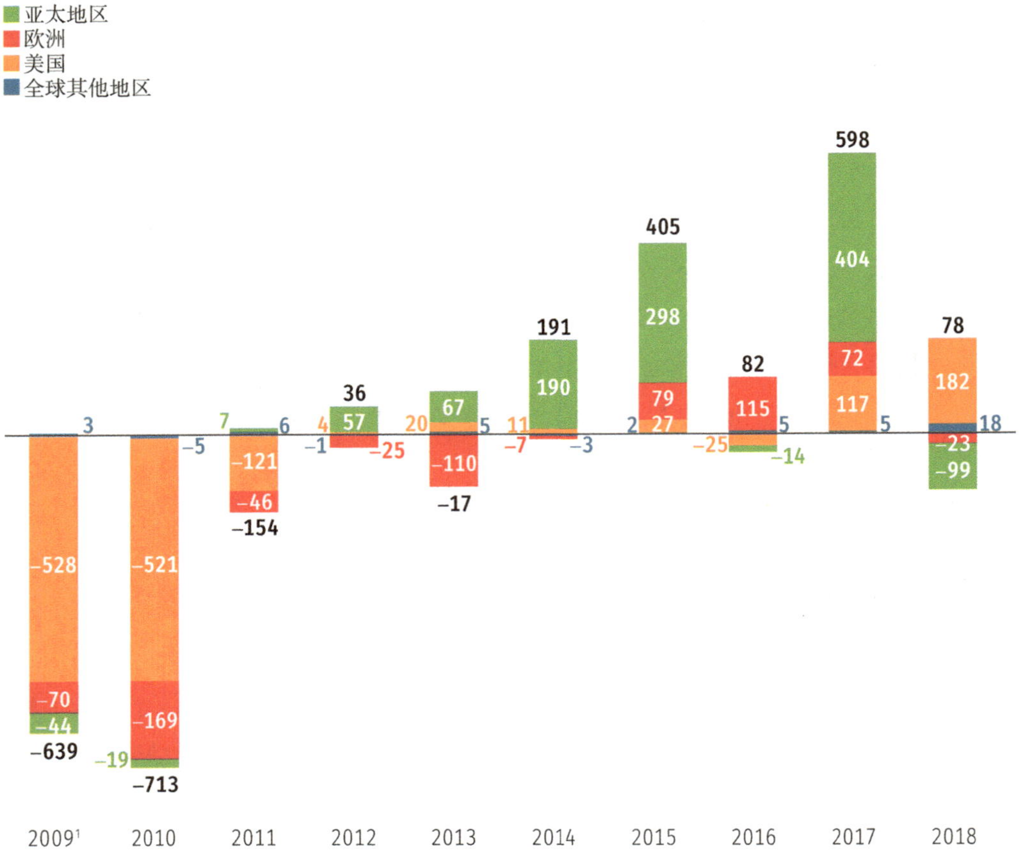

1. 2009年爱尔兰数据缺失。

资料来源：国际投资基金业协会。

中国货币市场基金的投资者需求是亚太地区货币市场基金净销售额的主要拉动力。2018年年末，亚太地区80%的货币市场基金净资产总额由中国货币市场基金持有。随着货币市场基金的收益率与银行存款利率之间的利差从2017年年末的3.1%下降到2018年年末的1.9%，中国货币市场基金的需求大幅减弱（图1.7）。

图1.7
亚太地区货币市场基金净销售额与中国货币市场基金利差的相关性
2009—2018年数据

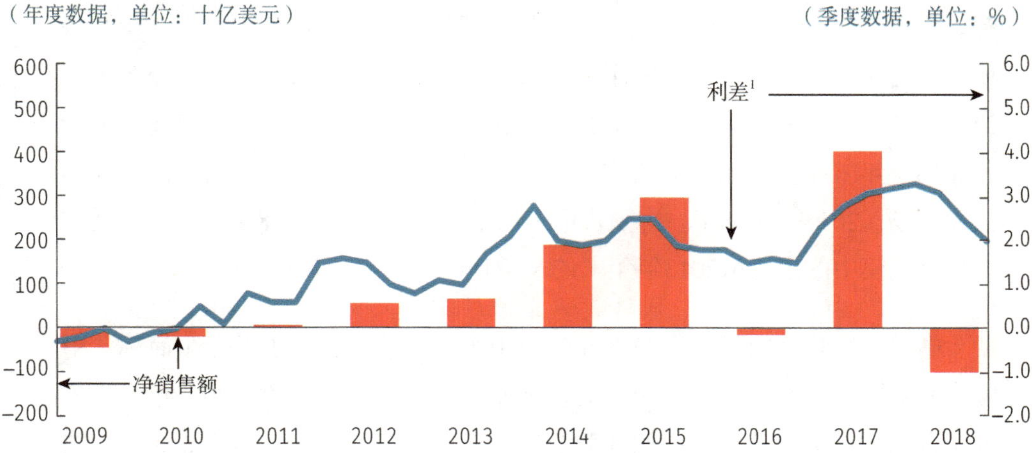

1. 利差是指货币市场基金年化资产加权平均季度收益率与3个月基准存款利率之间的差额。
资料来源：国际投资基金业协会和Wind数据库。

欧洲地区货币市场基金在连续三年获得净流入后，于2018年出现了230亿美元的净流出（图1.6）。和美国一样，欧洲也采取了改革措施来提高货币市场基金抵御金融风险的能力。美国的改革于2016年10月实施，对该年度美国货币市场基金新流入资金的构成产生了很大影响。尽管欧盟的货币市场基金改革方案是2017年通过的，但它要求存量基金在2019年3月之前完全满足新的监管规定。这份关于2017年监管改革最后期限的规定，可能导致法国、爱尔兰和卢森堡这欧洲三大货币基金市场的货币市场基金净销售额大幅下降。

2018年，美国货币市场基金净销售额达到1 820亿美元，较2017年的1 170亿美元有所上升（图1.6）。由于美联储收紧了货币政策，美国货币市场基金变得比其他现金管理投资更具有吸引力。特别是2016年年末以来，货币市场基金收益率与货币市场存款账户利率的利差已经扩大了170多个基点①。此外，2018年美国国债收益率曲线走平，这可能刺激投资者选择货币市场基金和短期债券型基金，以最大限度地降低利率风险。而在2017年之前，美国短期利率几近为零，这给美国货币市场基金带来了负面影响。

① 基点采用十进制方式来简化百分比表达。1个基点等于0.01个百分点（0.01%），因此100个基点等于1个百分点。

中国货币市场基金行业

中国受监管基金行业相对而言尚处于早期发展阶段。在20世纪80年代之前，中国家庭资产主要由银行存款构成，因为此时大部分资产都归国家所有。中国于20世纪80年代开始改革国内金融市场，先是恢复了政府债券市场，随后于90年代初重新开放了股票市场。虽然中国货币市场基金资产被作为投资产品引入的时间较晚，但其发展速度令人瞩目。中国货币市场基金行业2018年年末净资产总额达到1.1万亿美元，成为仅次于美国和欧洲的全球第三大市场。2013—2018年，中国货币市场基金的规模增长了8倍，在中国受监管基金规模中的占比由2013年年末的26%上升至2018年年末的60%。[①]

中国首只货币市场基金是在2004年中国证券监督管理委员会（简称“中国证监会”）颁布第一版货币市场基金监管规定之后发行的。2015年，为了更符合发达市场的蓝图，中国证监会颁布了新的监管办法。尽管如此，中国的货币市场基金在加权平均到期期限、每日流动性最低要求、符合条件的投资工具和投资杠杆水平方面与发达市场仍存在较大差距。为了缩小这些差距，2017年和2018年，中国证监会颁布了更严格的监管规定，对投资杠杆和每日赎回量做出了限制，此外，还通过降低货币市场基金投资于低信用等级债券的能力来规避信贷风险。这些政策调整缩小了中国与发达市场在货币市场基金方面的差距。

货币市场基金为中国家庭提供了可与银行存款媲美的低风险、收入型投资品种。零售投资者发现，货币市场基金资产是一款很有吸引力的银行存款替代品，这些人持有55%以上的中国货币市场基金资产[②]。2018年4月之前，中国存款利率受到有效限制，货币市场基金的收益率显著高于中国人民银行（PBOC）设定的利率上限。中国货币市场基金收益率与银行存款的利差扩大会带动货币市场基金净销售额增长，这一点与美国非常相似（图1.7）。2014—2017年，利差最高达320个基点，推动中国货币市场基金净资产增长了6 780亿美元。[③]尽管中国人民银行于2018年放松了对银行存款利率的限制，但存款利率并未快速增长，因为中国人民银行同时还放松了货币政策。随着货币政策放松，货币市场基金收益率下降，货币市场基金收益率与存款利率之间的利差显著缩小，这也可能是导致2018年货币市场基金净销售额下降的原因。

①②③ 使用Wind数据库计算。

全球受监管基金数量

截至2018年年底，全球基金公司管理的受监管基金达118 978只，较2017年增长了4.7%，较2009年增长了43.4%（图1.1）。如图1.8所示，2018年，这些基金中近半数（47%）为欧洲受监管基金。亚太地区受监管基金占全球受监管基金数量的28%，美国占8%，全球其他地区占17%。46%的受监管基金为混合型/其他基金。股票型基金占全球受监管基金数量的34%，债券型基金占18%，货币市场基金占2%。

图1.8
全球受监管开放式基金数量
2018年年底的基金百分比，按地区或基金类型划分

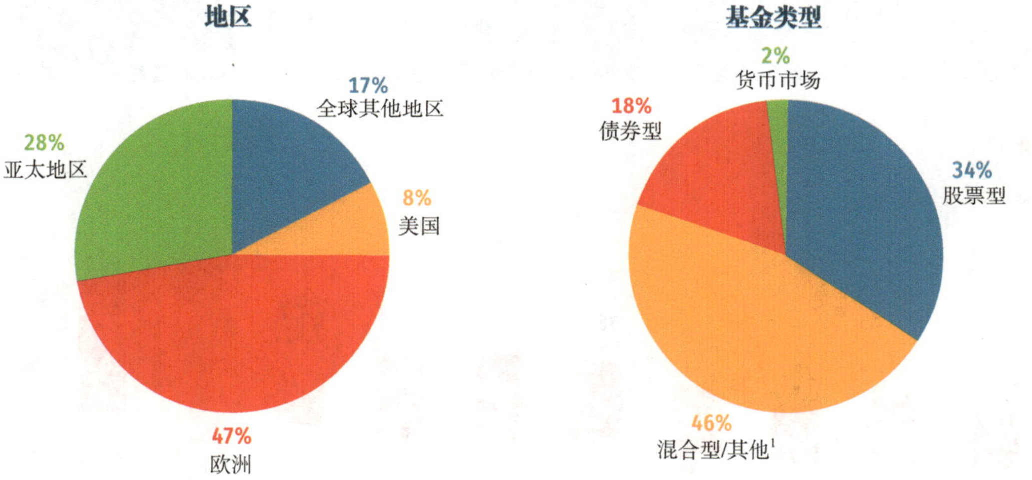

全球受监管开放式基金数量：118 978只

1. 混合型/其他基金包括平衡/混合型基金、保证/护本基金、房地产基金和其他基金。

备注：受监管开放式基金包括共同基金、ETF和机构基金。

资料来源：国际投资基金业协会。

全球受监管基金的净资产总额（按地区划分）

世界各地受监管基金净资产总额差异很大。这些差异反映了投资者的资产类别偏好、投资者的风险承受能力、资本市场的相对发达程度、人口结构、宏观经济发展状况等。

如图1.9所示，2018年，全球受监管基金的净资产总额为46.7万亿美元，美国达到21.1万亿美元，占比45%，保持了全球最大受监管基金市场的地位；欧洲的受监管基金净资产总额为16.5万亿美元，在全球资产总额中占比35%；亚太地区的受监管基金净资产总额为6.4万亿美元；全球其他地区为2.7万亿美元。

图1.9
全球受监管开放式基金净资产总额
2009—2018年年度数据，按地区划分（单位：万亿美元）

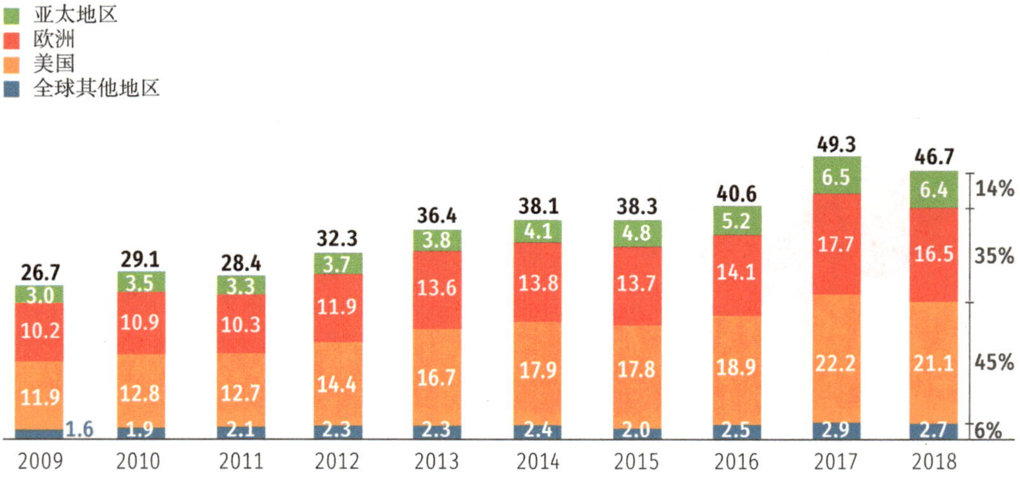

备注：受监管开放式基金包括共同基金、ETF和机构基金。
资料来源：国际投资基金业协会。

美国。美国市场规模相对较大，这是由一系列因素促成的。其一，美国受监管基金历史悠久，已经发展了近百年。如，早在20世纪20年代，美国就已经诞生了共同基金。其二，美国自1929年股市崩盘和经济大萧条之后，就建立了强有力的证券市场和受监管基金的监管框架，其中最著名的是《1933年证券法案》和《1940年投资公司法案》。投资者对证券市场和受监管基金重拾信心，促进了美国受监管基金资产的稳定增长。

近几十年来，受监管基金成为税收优惠账户［如401（k）计划］的投资选项，各类可满足投资者投资目标的基金（如ETF、目标日期基金）种类丰富、数量不断增长，推动了美国需求的增长。此外，2009—2018年，股市上涨、基金红利用于再投资等因素也促进了受监管基金资产的增长。

欧洲。过去几十年中，欧洲受监管基金市场增长迅猛。其背后的一个重要原因就是推出了可转让证券集合投资计划（UCITS）监管框架，该框架包含了“基金护照”的规定，即允许在欧盟某一成员国注册的基金面对欧盟另一成员国的投资者发售或由其购买。此外，许多非欧洲国家或地区也认可UCITS框架，在UCITS框架下注册的产品可以面向其公民发售。多国投资者形成的资金池有利于形成规模经济，从而帮助个人投资者降低投资成本。UCITS框架允许单个基金提供以多种不同币种（如欧元、美元、英镑）计价并且适用于各司法辖区不同税收结构的基金份额，从而进一步促进跨国资金池的形成。

亚太地区。2018年年末，尽管亚太地区在全球受监管基金净资产总额中的占比仅为14%（6.4万亿美元）（图1.9），但该市场的发展非常迅猛。此外，鉴于亚太地区许多国家的人口规模巨大，且经济发展迅猛、财富增长快速，该地区受监管基金市场极具增长潜力。

更多详情

《基金投资强劲时，资本市场会更强健》
www.ici.org/video/190322_fof_capmrkts

影响全球受监管基金需求的因素

研究表明，某一国家或地区受监管基金的市场规模取决于多种因素，包括：

» 进入发达的资本市场
» 家庭对多样化投资的需求
» 对基金和金融市场进行有力和适度的监管
» 拥有便于获得受监管基金的分销结构
» 受监管基金相较其他投资产品的收益和成本
» 人口结构
» 经济发展水平较高或正在提高

发达的资本市场

受监管基金的需求与一个国家股权资本市场的发展水平呈正相关。美国和欧洲国家等股权资本市场越发达的国家，其居民家庭金融资产中受监管基金所占份额就越高。

图1.10展示了一个给定的国家的股权资本市场发展水平与受监管基金市场规模之间的关系。横轴衡量的是一个国家股权资本市场的发展水平［股票市场市值/国内生产总值（GDP）］。纵轴衡量的是给定国家受监管基金的市场规模［受监管开放式长期基金的净资产总额/国内生产总值（GDP）］。

一般而言，股票市场市值和受监管基金净资产总额都会随GDP的增长而增长。股权资本市场较发达的国家，如美国、英国、荷兰和瑞士，受监管长期基金资产与GDP的比值通常更高。如图1.10所示，荷兰的股票市场市值高于GDP（133%，横轴），表明其股权资本市场高度发达，其受监管开放式长期基金净资产总额也略高于GDP（112%，纵轴），表明其基金市场发展良好。相比之下，股权资本市场欠发达（股票市场市值与GDP的比值较低）的国家，如波兰、俄罗斯和中国，其受监管开放式长期基金净资产总额占GDP的比重通常也比较低。

更多详情

《欧洲投资基金行业趋势》

www.efama.org/statistics

图1.10

股权资本市场较成熟的国家，其基金行业往往也较为完善

2017年数据，百分比（单位：%）

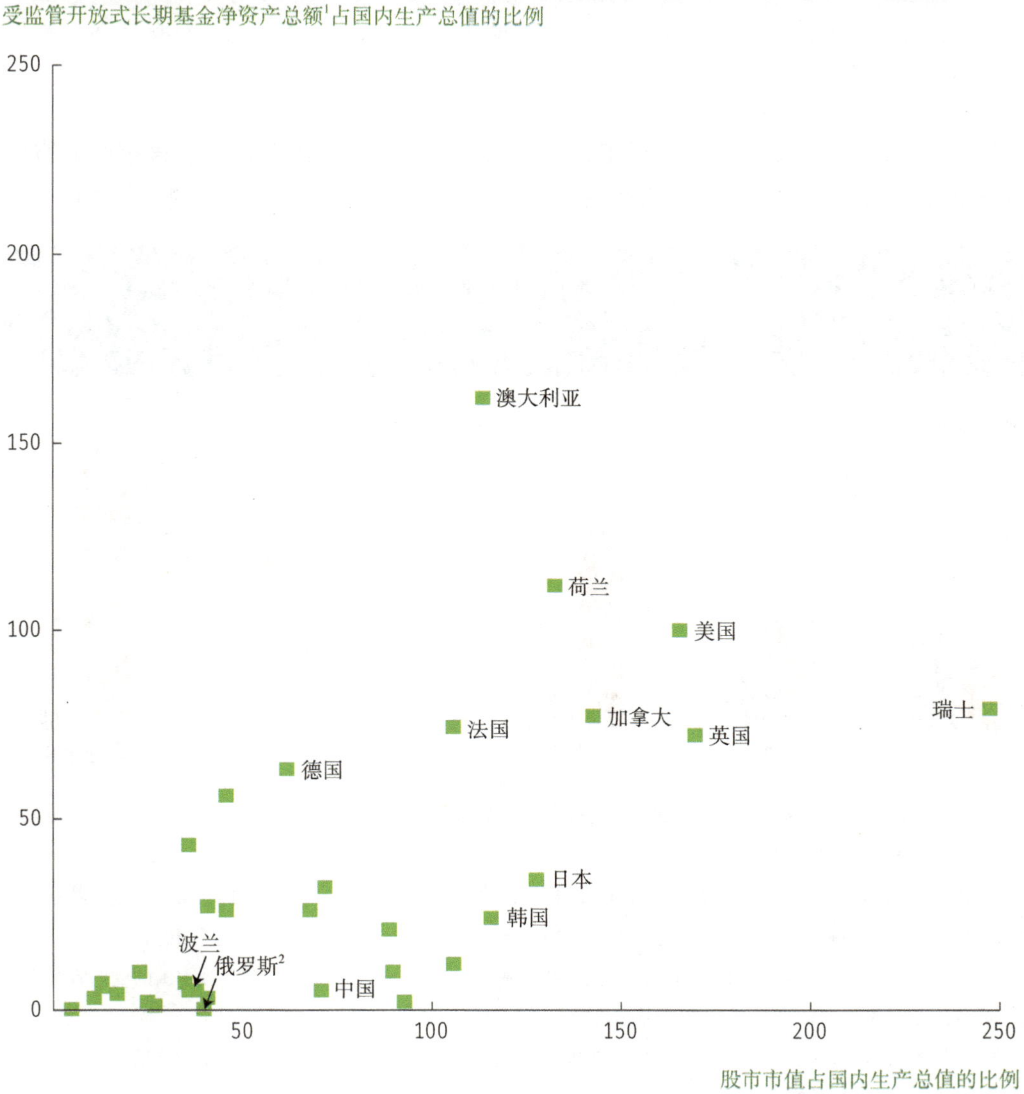

1. 受监管开放式基金包括共同基金、ETF和机构基金。长期基金包含股票型基金、混合型/其他基金（平衡/混合型基金、保证/护本基金、房地产基金和其他基金）和债券型基金，但不包括货币市场基金。
2. 俄罗斯净资产总额为截至2017年第三季度的数据。

资料来源：美国投资公司协会根据从国际投资基金业协会、世界银行和世界交易所联合会获得的数据制图。

更多详情

《受监管基金、新兴市场和金融稳定性》

www.iciglobal.org/pdf/icig_per02-01.pdf

影响需求的其他因素

其他因素同样可以影响受监管基金的需求和受监管基金的市场规模。如，日本股票市场市值为GDP的128%，并未远低于荷兰（图1.10）。然而，日本受监管开放式长期基金净资产总额与GDP的比值则远低于荷兰，仅为35%。这表明日本家庭更倾向于银行储蓄，而不是投资受监管基金。

有些国家，尤其是银行一直在金融领域占主导地位的国家，其居民家庭通常倾向于将大部分金融资产用来投资银行产品，少部分用来投资受监管基金（图1.11）。

图1.11

美国家庭持有的受监管基金在家庭财富中占比较大，而中国家庭持有率占比较小

占家庭金融资产[1]的百分比（单位：%），选定日期数据[2]

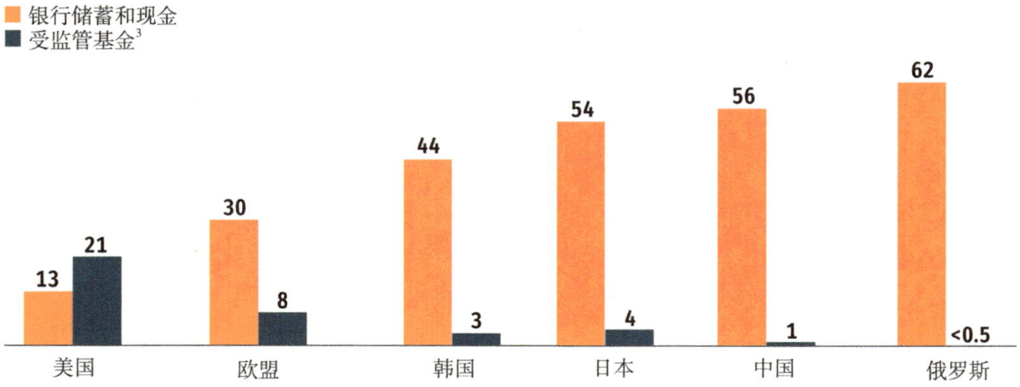

1. 家庭金融资产包括居民家庭和为居民家庭服务的非营利机构的金融资产；中国的数据未包括为居民家庭服务的非营利机构的数据。
2. 美国、日本的数据为截至2018年第四季度的数据；欧盟和韩国的数据为截至2018年第三季度的数据；俄罗斯的数据为截至2017年第三季度的数据；中国的数据为截至2014年第四季度的估算数值。
3. 美国和俄罗斯的受监管基金净资产总额包含共同基金和ETF。欧盟、日本、韩国和中国的受监管基金包括各自国民账户体系中定义的投资基金份额。

资料来源：美国投资公司协会根据国际投资基金业协会、美国联邦储备委员会、欧盟统计局、韩国银行、日本银行、中国社科院、俄罗斯央行的数据制图。

日本、中国、俄罗斯超过半数的家庭持有的金融资产为银行储蓄和现金，受监管基金的持有率非常低。在美国，银行与资本市场工具争夺家庭金融资产配置，居民家庭金融资产中仅有很小的一部分（13%）为银行储蓄或现金，而受监管基金占比则为21%。欧盟成员国的情况在工业化国家中处于中等水平，居民家庭的金融资产中30%为银行储蓄或现金、8%为受监管基金。各国公共政策和税收制度的差异也可能是造成家庭金融资产中储蓄或现金和受监管基金占比不同的原因。

全球受监管基金在全球资本市场中的规模

受监管基金日益成为全球金融市场的资本资源，为政府、企业和居民活动提供资金。如图1.12所示，2018年，按照流通的股票和债券价值衡量，全球资本市场总规模为187.1万亿美元，其中，受监管基金净资产总额为46.7万亿美元，占比25%。

图1.12

全球受监管开放式基金在全球股票市场和债券市场中所占份额

2010—2018年年底数据（单位：万亿美元）

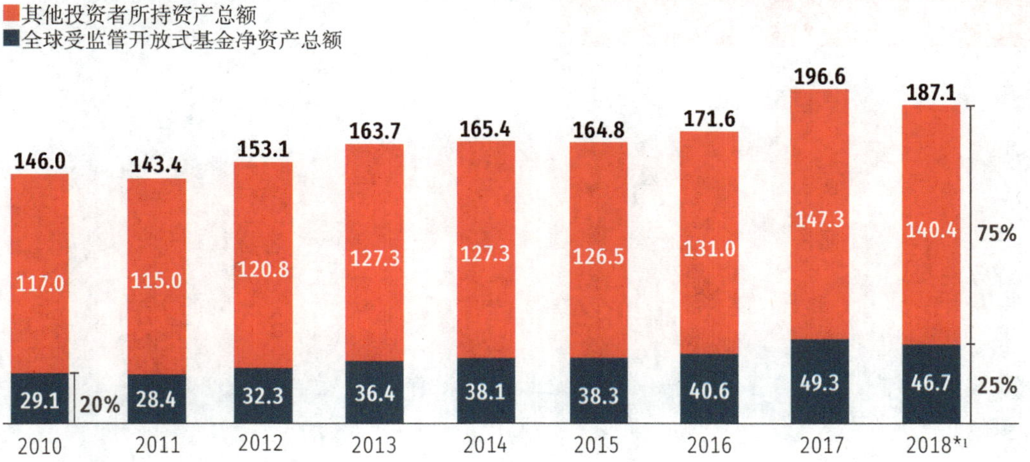

1. 全球债券市场的数据截至2018年9月30日。

备注：受监管开放式基金包括共同基金、ETF和机构基金。

资料来源：美国投资公司协会根据国际投资基金业协会、世界交易所联合会、国际清算银行的数据制图。

2010—2018年，受监管基金在全球资本市场中的占比逐步增长，由2010年的20%增长至2018年的25%。尽管有所增长，但受监管基金在全球资本市场中的占比仍然较小。全球资本市场总规模中余下的75%的资产由各类投资者所持有，包括央行、主权财富基金、养老金固定收益计划、银行、保险公司、对冲基金、经纪自营商以及直接持有股票和债券的居民家庭。

章节

02 美国注册投资公司

注册投资公司是美国资产管理行业的重要组成部分。美国注册投资公司不仅在美国经济和金融市场中扮演着重要角色，在全球金融市场中也发挥着日益重要的作用。截至2018年年底，美国注册投资公司管理着约21.4万亿美元的净资产总额，代表着1亿多位美国零售投资者的利益。整个基金行业在过去25年里蓬勃发展，其背后的原因包括资产增值、家庭财富增长带来的强劲理财需求、美国人口老龄化、以雇主为基础的养老体系的演变。美国基金为全球证券市场提供投资资金，也是美国股票和市政债券市场的重要投资者。

美国注册投资公司资产在2018年略有下滑

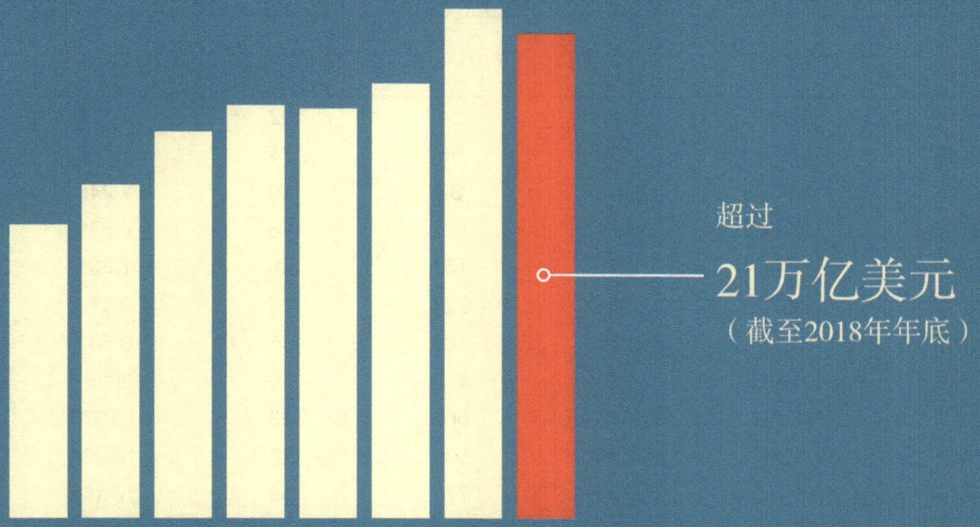

本章目录

2018年投资公司资产概况

2018年年底，美国注册投资公司①管理的净资产总额约为21.4万亿美元，较2017年减少了约1.1万亿美元（图2.1）。其中，绝大部分为共同基金和交易所交易基金，达21.1万亿美元。

图2.1
投资公司净资产总额（按类型划分）
1999—2018年年底数据（单位：十亿美元）

年份	共同基金	封闭式基金[1]	ETF[2]	单位投资信托	合计[3]
1999	6 834	157	34	92	7 116
2000	6 956	150	66	74	7 245
2001	6 969	145	83	49	7 246
2002	6 380	161	102	36	6 680
2003	7 399	216	151	36	7 801
2004	8 093	255	228	37	8 614
2005	8 889	276	301	41	9 507
2006	10 395	299	423	50	11 167
2007	11 995	316	608	53	12 973
2008	9 619	185	531	29	10 364
2009	11 109	224	777	38	12 149
2010	11 831	239	992	51	13 113
2011	11 630	244	1 048	60	12 982
2012	13 054	265	1 337	72	14 728
2013	15 049	282	1 675	87	17 092
2014	15 877	292	1 975	101	18 244
2015	15 658	263	2 101	94	18 116
2016	16 353	265	2 524	85	19 227
2017	18 764	277	3 401	85	22 527
2018	17 707	250	3 371	70	21 398

1. 封闭式基金数据包含优先级份额类别。

2. 2001年以前的ETF数据由Strategic Insight Simfund提供。

3. 投资公司总资产包含持有封闭式基金和ETF的共同基金。

资料来源：美国投资公司协会和Strategic Insight Simfund。

① 本书有时会用“投资公司”和“美国投资公司”替代“美国注册投资公司”。美国注册投资公司是指开放式共同基金、封闭式基金、交易所交易基金和单位投资信托。

如图2.2所示，2018年年底，美国共同基金和ETF净资产中绝大部分为长期基金，股票型基金占56%。国内股票型基金（主要投资于美国公司股票）和全球股票型基金（主要投资于非美国公司股票）分别占净资产总额的41%和15%。债券型基金在美国共同基金和ETF净资产中占比22%。货币市场基金、混合型/其他基金（如主要投资于大宗商品的基金）占余下的21%。

2018年，共同基金录得1 910亿美元的净资产流出。其中，长期共同基金录得3 500亿美元的净资产流出，而货币市场基金则获得1 590亿美元的净资产流入。共同基金份额持有人将共同基金全年支付的3 050亿美元收益分红以及4 950亿美元资本利得进行了再投资。投资者继续表现出对ETF的强劲需求，2018年ETF净发行规模（包括股息再投资）总计3 110亿美元。单位投资信托（UIT）新增规模490亿美元，与上一年基本持平；封闭式基金发行规模净增59.7亿美元。

图2.2

股票型基金是美国共同基金和ETF净资产总额的构成主体

2018年年底数据，占净资产总额的百分比

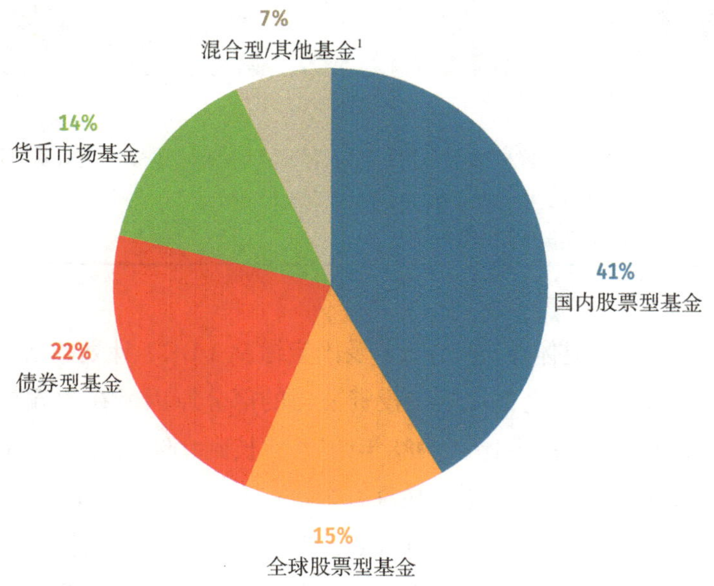

美国共同基金和ETF净资产总额：21.1万亿美元

1. 本类别包含主要投资于大宗商品、货币和期货的ETF（无论是否按《1940年投资公司法案》注册）。

更多详情

《共同基金投资月度趋势》

www.ici.org/research/stats/trends

美国居民对投资公司的持续依赖

家庭是美国基金行业最大的投资者群体，截至2018年年底，美国注册投资公司大约管理着国内21%的家庭金融资产（图2.3）。

图2.3

投资公司所持家庭金融资产的份额

部分年份年末数据，占家庭金融资产的百分比（单位：%）

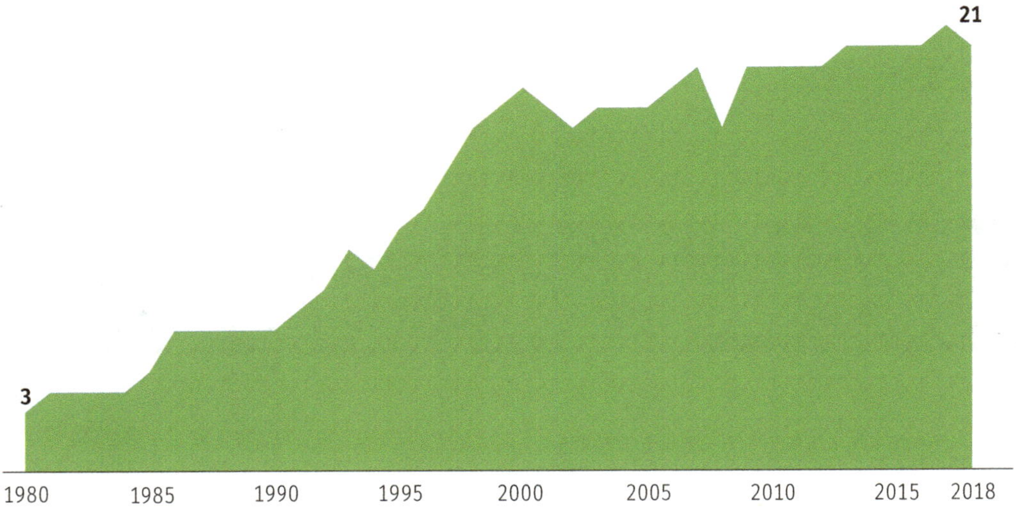

备注：美国注册投资公司持有的家庭金融资产包括家庭持有的共同基金、ETF、封闭式基金和单位投资信托。雇主发起式DC计划、IRA和可变年金所持有的共同基金也包含在内。

资料来源：美国投资公司协会和美国联邦储备委员会。

1988—2018年，个人退休账户（IRA）及固定缴款（DC）计划的增长，特别是401（k）计划的增长，是家庭更加依赖投资公司的部分原因所在。截至2018年年底，IRA在家庭金融资产中的占比从1988年的3%增长到10%，同期，DC计划占比从5%增长至9%［其中包括2018年年末在家庭金融资产中占6%的401（k）计划］。2018年年底，共同基金在DC计划资产和IRA资产中占比较大，分别达到56%和45%（图2.4）。其中，共同基金在DC计划资产中的占比在过去20年里大幅提升，从1998年年底的37%提高到2018年年底的56%。此外，共同基金还管理着1.2万亿美元退休账户之外的可变年金，以及8.4万亿美元退休账户之外的其他资产。

图2.4

共同基金在家庭退休账户中的占比

部分年份年末数据，百分比（单位：%），按退休方案划分

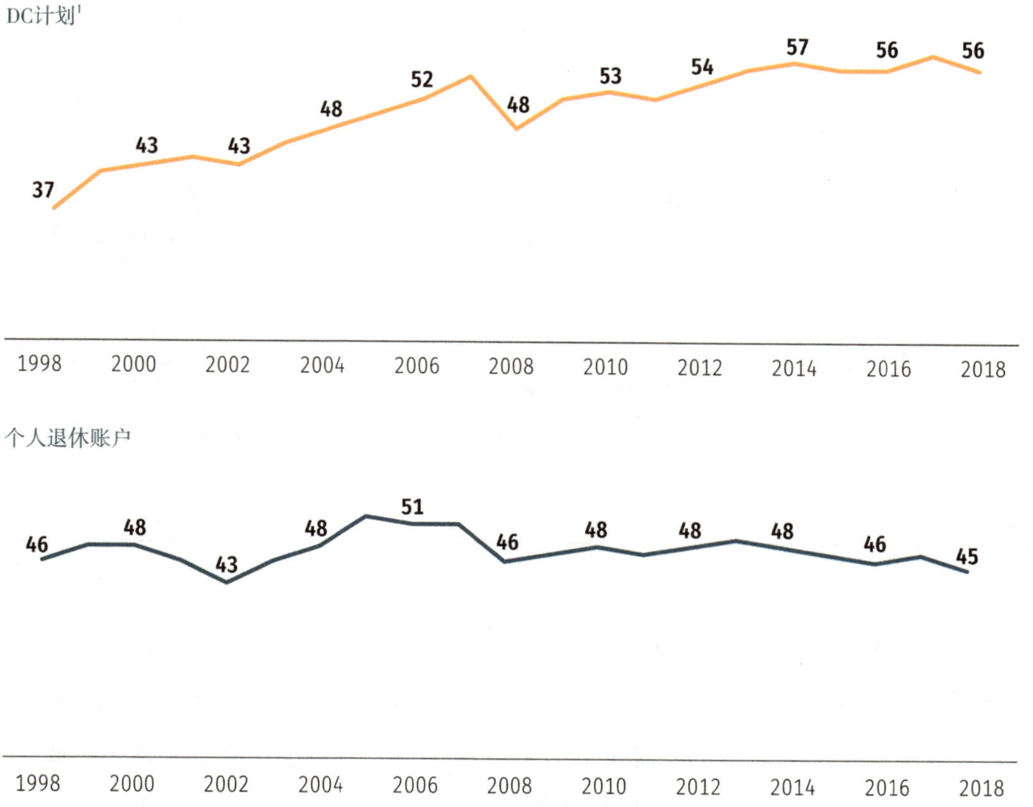

1. 本类别包含私营雇主发起式DC计划［包括401（k）计划］、403（b）计划、457计划和联邦雇员退休系统（FERS）的节俭储蓄计划（TSP）。

资料来源：美国投资公司协会、联邦储备委员会、劳工部、全国政府固定缴费管理者协会、美国人寿保险理事会和美国国税局收入统计署。见美国投资公司协会《美国退休市场（2018年第四季度）》。

企业及其他机构投资者也可通过基金进行投资。如，机构可使用货币市场基金来管理它们的部分现金和其他短期资产。2018年年底，非金融企业短期资产中有18%（6 160亿美元）用于购买货币市场基金（图2.5）。机构投资者同样推动了ETF需求的增长。投资经理（包括共同基金、养老金基金、对冲基金和保险公司）通过ETF在市场上进行投资，应对流动性管理和投资者申赎，或者利用ETF对冲风险敞口。

图2.5

2018年，货币市场基金管理着18%的美国非金融企业短期资产

1998—2018年年末数据，短期资产的占比（单位：%）

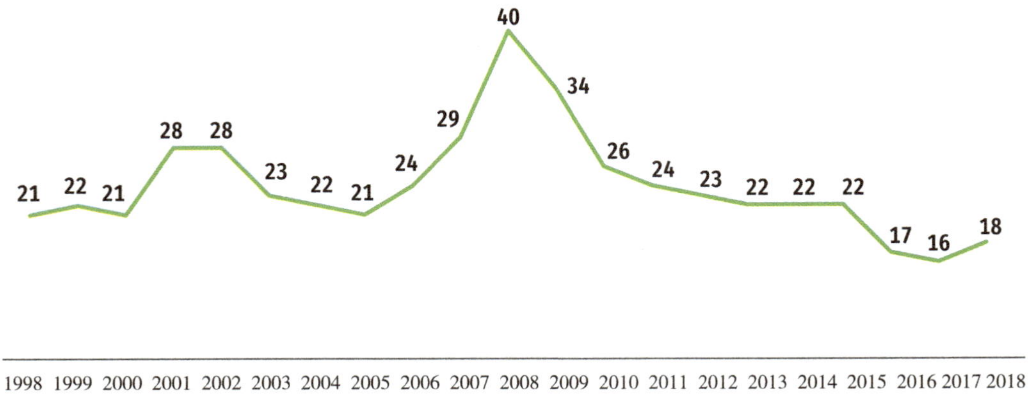

备注：美国非金融企业短期资产包括外国存款、支票存款和现金、定期存款和活期存款、货币市场基金、回购协议和商业票据。

资料来源：美国投资公司协会和联邦储备委员会。

投资公司在金融市场上的角色

1998—2018年，投资公司绝大多数时候都是美国国内金融市场上最大的投资力量。近年来，它们所持有的各类证券流通份额相当大且稳定。截至2018年年底，投资公司持有美国上市公司近30%的流通股份，与 2015年的31%相比变化不大（图2.6），还管理着美国公司债券及美国居民持有的海外债券中的20%。自2015年以来，投资公司持有的流通公司债券百分比几乎未变，但相对于其他类型的注册投资公司而言，共同基金持有的公司债券份额明显更大。

此外，截至2018年年底，投资公司还持有13%的美国国债和发行在外的政府机构证券，该比例在过去几年里基本没有变化（图2.6）。整体而言，投资公司已经是美国市政债券最大的投资群体之一，在2018年年底，持有25%的发行在外的市政债券。

更多详情

货币市场基金资源中心

www.ici.org/mmfs

《公司及投资级债券基金：改了名字也是换汤不换药？》

www.ici.org/viewpoints/view_19_corporate_bond_funds

图2.6

投资公司定向投资股票、债券和货币市场

2015—2018年年末数据，投资公司所持市场证券资产总额的百分比（单位：%）

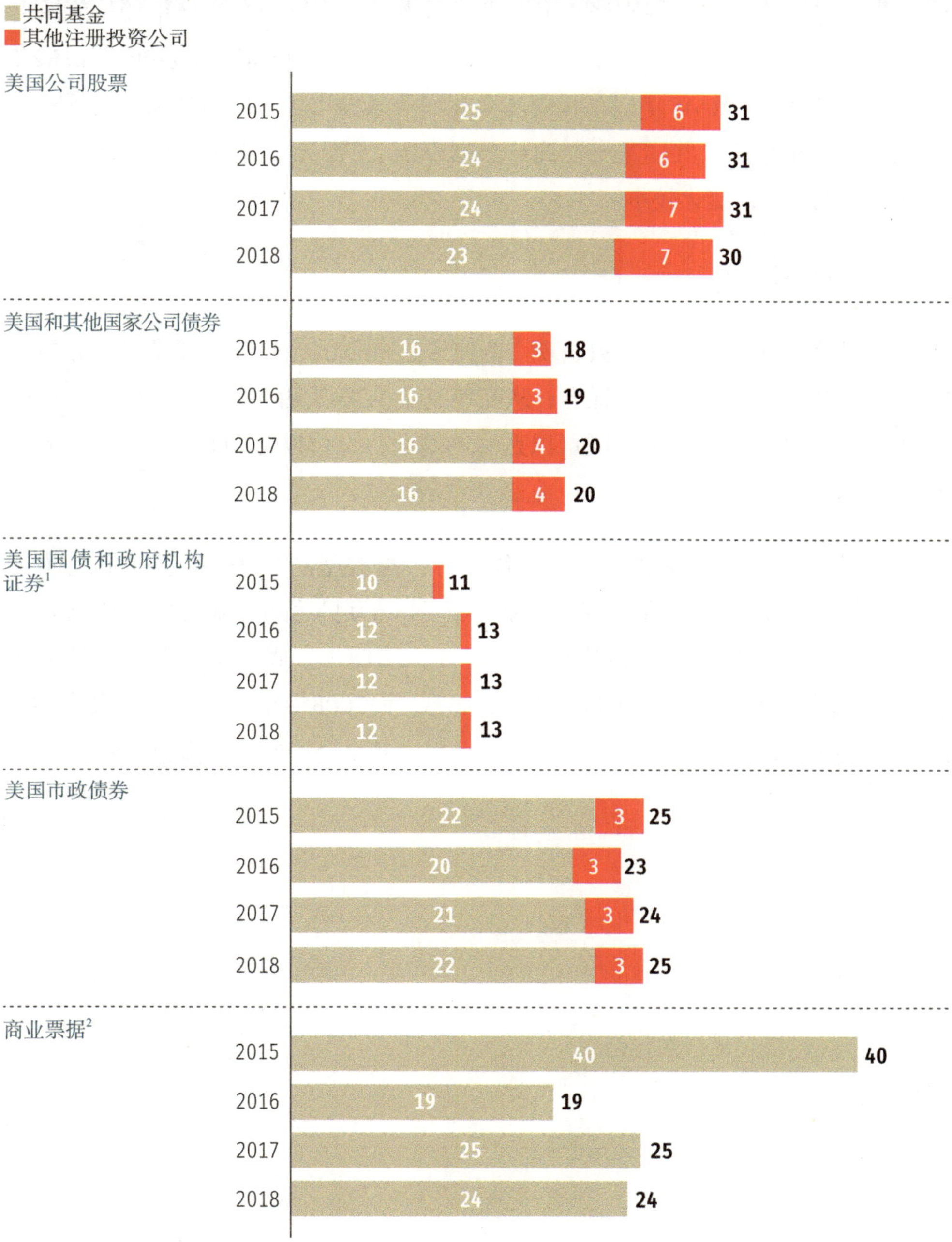

1. 每年，其他注册投资公司持有的美国国债和政府机构证券占比不足 0.5%。

2. 其他注册投资公司不持有商业票据。

资料来源：美国投资公司协会、美国联邦储备委员会、世界交易所联合会。

过去，美国商业票据市场是全球大型公司短期融资的重要来源，而共同基金是该市场上最大的投资者之一。共同基金对商业票据的需求主要来自优选货币市场基金。然而，2016年，优选货币市场基金资产暴跌70%（近9 000亿美元），原因是2014年美国证监会提出的规则修正案要求货币市场基金行业在2016年10月前做出重大调整，为了适应这一修正案，优选货币市场基金大量减持商业票据。如图2.6所示，2015年年底至2016年年底，共同基金在商业票据市场上的占比从40%下跌到19%；截至2017年年底，共同基金在商业票据市场上的占比回升到25%，这一数值在2018年年底为24%，变化较小。

指数型基金的增长

指数型基金旨在跟踪市场指数表现。为实现这一目的，基金经理投资于标的指数的所有证券或具代表性的成分证券，从而使基金的表现跟踪指数的价值。这种投资组合管理方法是指数型基金（既可以是共同基金，也可以是ETF）费率低于平均水平的主要原因。

指数型共同基金最早在20世纪70年代发行，指数型ETF则诞生于20世纪90年代。这些基金的净资产总额在2018年年底已达到6.6万亿美元。随着资产增长，指数型基金在整个基金资产中的占比也逐步提升。2018年年底，指数型共同基金和指数型ETF共同构成长期基金净资产总额的36%，而2008年年底这一数值仅为18%（图2.7）。尽管如此，2018年主动管理型基金仍占基金资产的绝大多数（64%）。

更多详情

《将矛头对准指数型基金并不能揭示市场波动性的原因》

www.ici.org/viewpoints/view_18_index_volatility

图2.7

指数型基金在基金市场中的占比上升

2008年和2018年年末数据，百分比

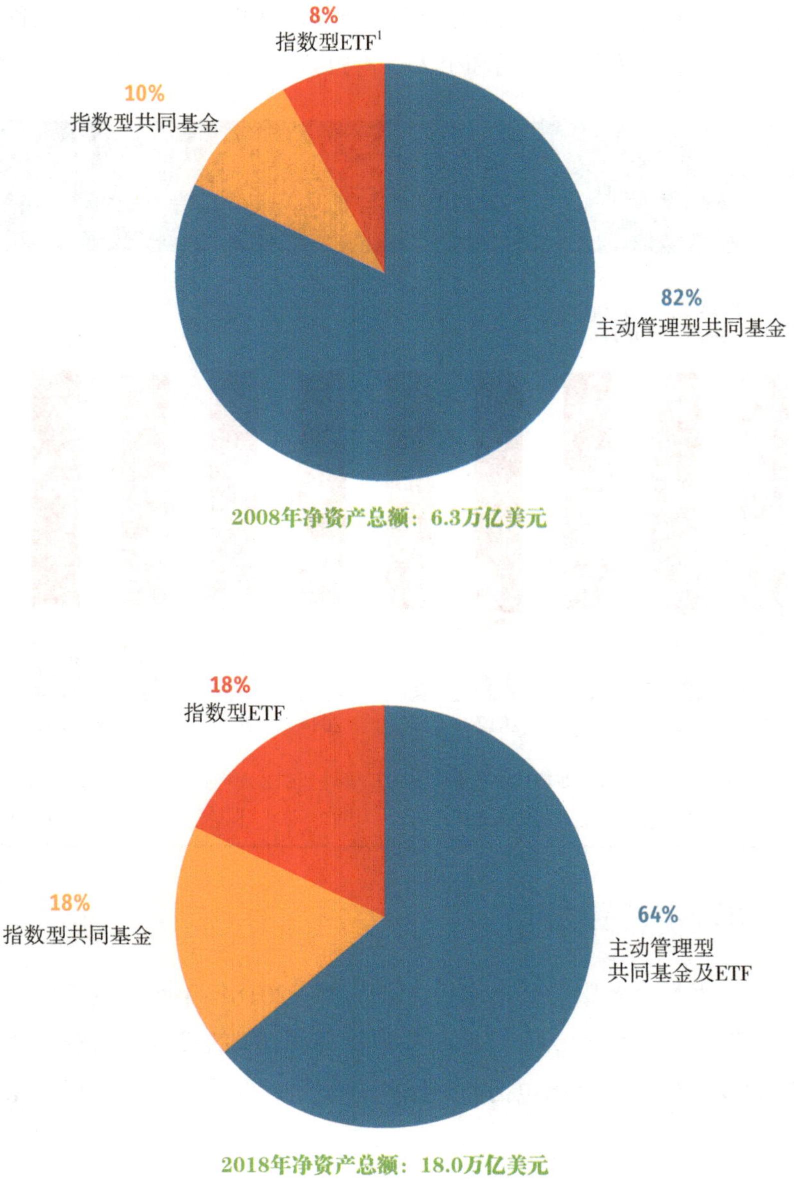

1. 本类别包含少量主动管理型ETF。

备注：ETF类别不包含未按《1940年投资公司法案》注册的ETF。共同基金类别不包含货币市场基金。

在美国，2008—2018年，指数型基金的大部分增长主要集中在投资于国内股票的基金。在此期间，指数型基金中42%的新增资金流入国内股票基金。2018年年底，指数型国内股票基金占指数型基金资产的62%。尽管近期增长迅速，指数型国内股票共同基金和ETF在美国股票市场中占比仍然较小，在2018年年底，仅占美国股票价值的13%；主动管理型国内股票共同基金和ETF占15%，而其他投资者（对冲基金、养老金基金、人寿保险公司和个人）占71%（图2.8）。

图2.8

指数型基金在美国股票市场中所占份额较小

2008—2018年年末数据，占美国股票市场市值的百分比（单位：%）

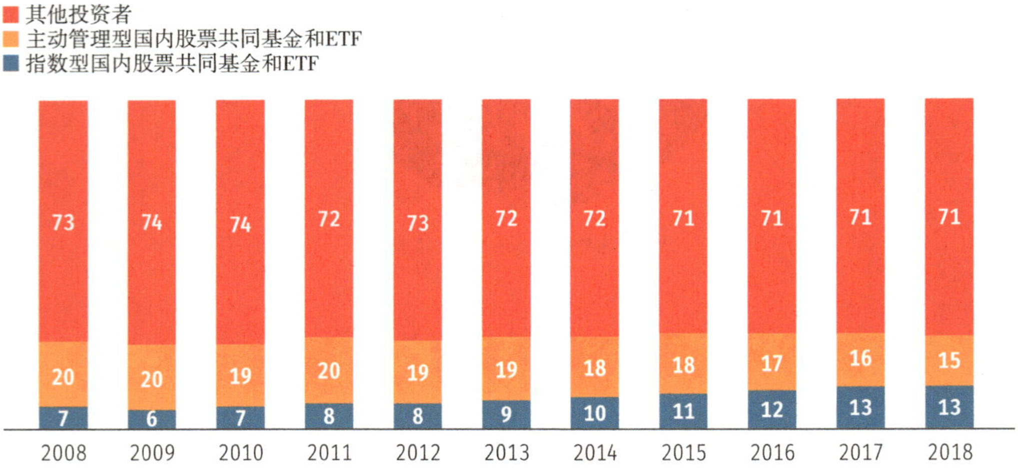

备注：2008年和2009年，指数型ETF数据中包含少量主动管理型ETF。

资料来源：美国投资公司协会和世界交易所联合会。

中介类型和投资公司数量

在美国，有大量金融服务公司出售注册基金。2018年年底，投资公司联合体中有81%为独立基金顾问（图2.9），这些公司管理着70%的投资公司资产。美国市场上其他类型的投资公司联合体包括非美国基金顾问、保险公司、银行或储蓄机构、经纪公司。

图2.9

在投资公司联合体中，80%以上为独立基金顾问

2018年年末数据，占投资公司联合体的百分比，按中介类型划分

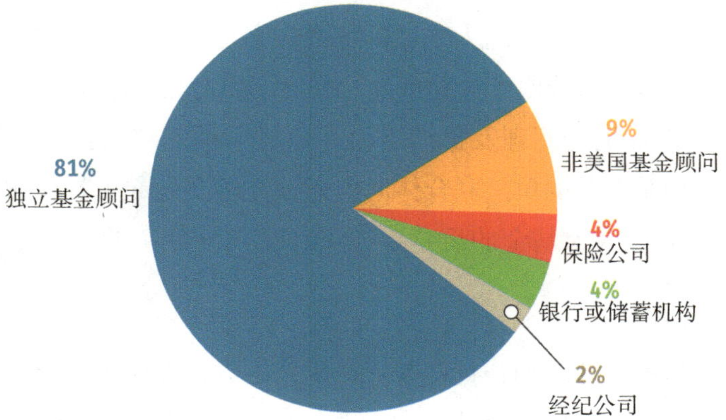

2018年，美国市场共有846家来自全球的基金发起人为基金投资者提供投资管理服务（图2.10）。2015年年底以来，基金发起人数量有所减少，这可能是众多经营决策造成的，包括大基金发起人收购小基金、基金发起人清算基金并退出该行业

图2.10

基金发起人数量

2007—2018年数据（单位：家）

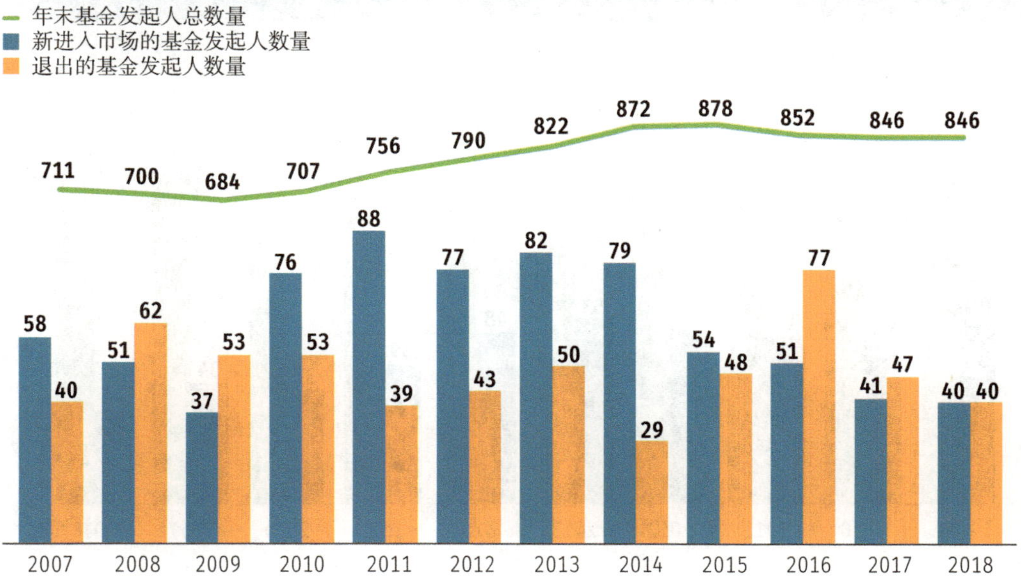

以及大基金发起人出售其顾问业务。2015年以前，随着经济和金融市场逐渐从2007—2009年的金融危机中复苏，基金发起人数量不断增加。整体而言，2010—2018年，共有588家基金发起人进入这一市场，同时也有426家退出，净增162家。

许多新进入行业的基金发起人采用的解决方案是，由基金发起人安排第三方通过“交钥匙”方式提供部分服务（如审计、托管、部分法律服务）。这使得发起人可以更加专注于投资组合管理及资产增值。通过所谓的“信托族”资金安排，第三方以充当“伞型基金”的单一联合体向许多独立基金发起人提供服务。这样做可能会提高成本效益，因为基金的运营成本可在“信托族”的多个基金的组合资金间分摊。

随着投资产品种类的增加，投资者资产配置的方式发生了变化。最近几年，持有资产并吸引新投资的共同基金公司占比总体呈下降趋势。2018年，仅有26%的基金联合体旗下的长期共同基金获得资金流入，75%的ETF发起人实现基金发行份额的净增长（图2.11）。

2009—2018年，尽管由大型基金联合体管理的共同基金和ETF资产集中度有所提升，但基金联合体中能够吸引新资金流入长期共同基金的基金占比却出现下降。

图2.11

长期共同基金新增资金净流入（正增长）和ETF份额发行规模（正增长）

2009—2018年数据，占基金联合体的百分比（单位：%）

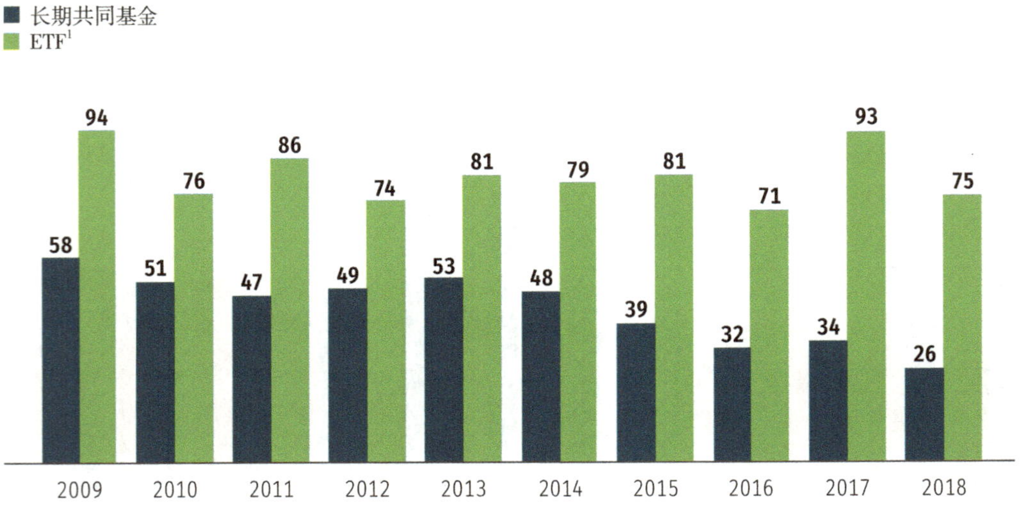

1. ETF净发行规模的数据含股息再投资。

2005—2018年，前五大基金联合体管理的资产比例由35%上升到51%，而前十大基金联合体管理的资产比例则由46%上升到61%（图2.12）。这些基金联合体增加的市场份额部分是从排第11~25位的中等规模基金联合体夺取来的，这些中等规模基金联合体的市场份额从2005年的21%下降到2018年的18%。

图2.12

共同基金和ETF资产在大型基金联合体中所占的份额

部分年份的年末数据，共同基金和ETF净资产总额的占比（单位：%）

	2005年	2010年	2015年	2016年	2017年	2018年
前五大基金联合体	35	42	45	47	50	51
前十大基金联合体	46	55	56	58	60	61
前二十五大基金联合体	67	74	75	76	77	79

备注：数据仅包含按照《1940年投资公司法案》注册的共同基金和ETF。

行业集中度提升至少有两个方面的原因。第一，指数型基金越来越受投资者青睐，而大部分指数型共同基金都由前十大基金联合体管理，集中度随之增强。自2005年以来，主动管理型国内股票共同基金每年都出现资金净流出，而指数型共同基金则每年都获得净流入，指数型ETF的净发行规模也逐年增长。第二，2009—2018年，债券型共同基金获得了强劲的资金流入，由于债券型共同基金数量较少且小型基金发起人很少发行此类基金，因此大型基金联合体管理的资产份额得到了显著提升。

宏观经济条件和竞争动态也影响了所售基金的供应量。基金发起人通过创建新基金来满足投资者的需求，对于不足以引起投资者兴趣的基金，则进行合并或清算。2018年，新发行的共同基金和ETF有582只，较2017年的733只有所下降，且远低于 2007—2017年的年度平均值815只（图2.13）。共同基金和ETF的合并及清算量从2017年的708只下降到2018年的591只。

图2.13

进入和退出基金行业的共同基金及ETF数量

2007—2018年数据（单位：只）

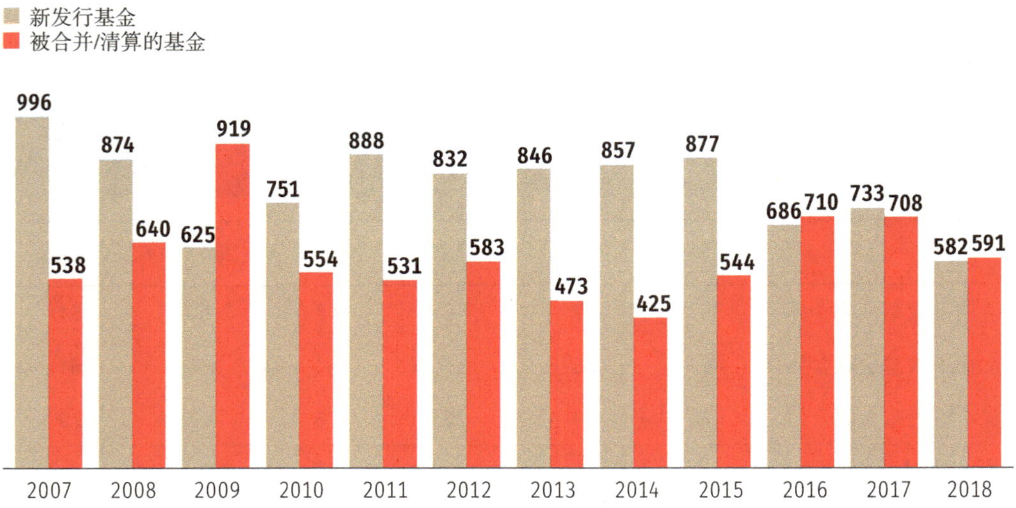

备注：数据包含没有向美国投资公司协会报告统计信息的共同基金，以及主要投资于其他共同基金的共同基金。ETF数据包含主要投资于其他ETF的ETF。

单位投资信托

单位投资信托（UIT）是同时具有共同基金和封闭式基金特点的注册投资公司。和共同基金一样，单位投资信托发行可赎回份额（称为信托单位），同时又像封闭式基金那样发行特定的固定数量的份额。但与共同基金或封闭式基金不同的是，UIT需要根据组合投资和UIT投资目标预先设定终止日期。投资于长期债券的UIT的预设期限可能为20~30年，这取决于他们所持有债券的到期日。投资于股票的UIT可能会寻求几年或更短期限的资本增值。当UIT终止时，会将证券收益支付给信托单位持有者，或根据信托单位持有者的选择，继续投资于其他信托中。

UIT主要分为两大类：债券信托和权益信托。债券信托分为应税和免税两种，权益信托分为国内或国际/全球两种。首个UIT于1961年推出，持有免税债券，且大部分UIT资产都投资于债券。然而在1998—2018年，权益UIT越来越受投资者青睐。近年来，权益UIT资产规模已经超过了应税和免税债券UIT资产之和，到2018年年底，已占到UIT资产的86%（图2.14）。由于发起人新创建的信托数量减少，现有信托又逐渐到期，因此发行在外的信托基金数量呈下降趋势。

美国联邦法律要求UIT拥有基本固定的投资组合，这种组合不做主动管理或交易。信托的投资组合一旦被选定，只能在某些非常有限的情况下才能变动

图2.14
单位投资信托（UIT）的净资产总额和数量
2007—2018年年末数据

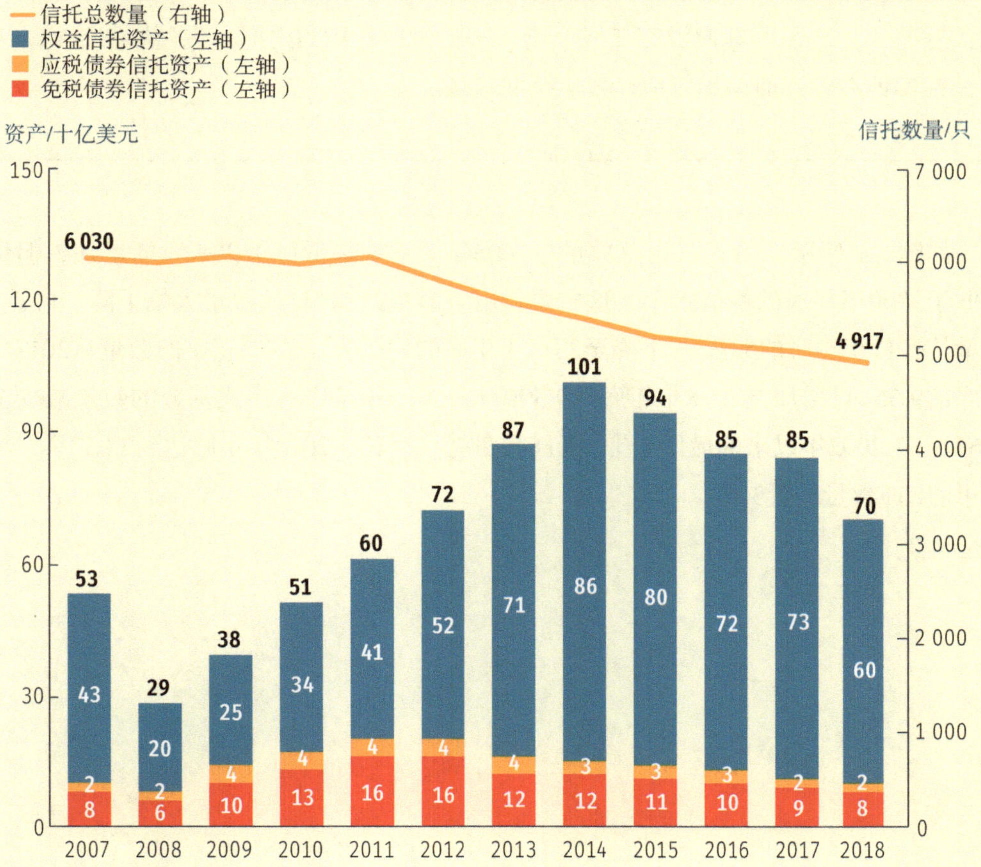

组成部分。大多数UIT都持有多元化的投资组合，并在投资说明书中进行了详细描述，每一只证券都经过专业挑选以达到既定的投资目标（如增长率、利润或资本增值）。

投资者可从经纪自营商或投资公司和投资公司网站获取UIT的报价，有些UIT会在纳斯达克共同基金询价服务中列出价格，但并非所有UIT都会如此。一些经纪自营商会提供他们自己发行的或由国家认证的独立发起人发行的信托产品。投资者可以通过其注册代表来购买这些信托产品，也可以在由第三方公司保荐的出售信托的小型投资公司代表处购买。

虽然UIT中会有固定份额用于公开发售，但信托发起人很可能会维持二级市场的流动性，以方便投资者将信托产品回售给发起人，也方便其他投资者购买这些信托产品。即便没有二级市场，法律也要求UIT按照资产净值（NAV，按标的证券的当前市场价值计算）赎回份额。

如图2.15所示，投资公司总数量自2005年（近期最低值）以来不断增加，但仍远低于2000年年底的峰值水平，这主要是由于21世纪初UIT的数量大幅下降。UIT的数量从2017年年底的5 035只下降至2018年年底的4 917只。共同基金的数量从2017年年底的9 354只增加至2018年年底的9 599只。2018年年底封闭式基金的数量减少至506只，为2002年以来的最低水平。ETF数量持续增长，2018年年底达到2 057只，是10年前ETF数量的近3倍。

图2.15
投资公司数量（按类型划分）
1999—2018年年末数据（单位：只）

年份	共同基金[1]	封闭式基金	ETF[2]	UIT	合计
1999	7 970	512	30	10 414	18 926
2000	8 349	482	80	10 072	18 983
2001	8 480	490	102	9 295	18 367
2002	8 490	543	113	8 303	17 449
2003	8 406	581	119	7 233	16 339
2004	8 411	618	152	6 499	15 680
2005	8 439	635	204	6 019	15 297
2006	8 704	646	359	5 907	15 616
2007	8 723	664	629	6 030	16 046
2008	8 860	644	743	5 984	16 231
2009	8 594	629	820	6 049	16 092
2010	8 523	626	950	5 971	16 070
2011	8 662	634	1 166	6 043	16 505
2012	8 742	604	1 239	5 787	16 372
2013	8 970	601	1 332	5 552	16 455
2014	9 256	570	1 451	5 381	16 658
2015	9 515	561	1 644	5 188	16 908
2016	9 505	534	1 774	5 100	16 913
2017	9 354	533	1 900	5 035	16 822
2018	9 599	506	2 057	4 917	17 079

1. 数据包含主要投资于其他共同基金的共同基金。

2. 2001年以前的ETF数据由Strategic Insight Simfund提供。ETF数据包含主要投资于其他ETF的ETF。

资料来源：美国投资公司协会和Strategic Insight Simfund。

投资公司从业情况

注册投资公司通常没有员工，它们通过与其他公司签订基金服务合同来为基金提供服务。除UIT之外，美国的基金设立基金理事会对基金管理进行监督，并代表基金持有者的利益。基金理事会负责批准基金与其服务提供商之间的所有重要合同，包括与基金投资顾问签订的顾问合同。基金投资顾问通常也是基金的发起人。

基金发起人和第三方服务提供商向越来越多的基金及其投资者提供咨询、记录保存、管理、托管以及其他相关服务。美国基金行业的从业人数自1997年到2017年增长了56%，从1997年的11.4万人增长到2017年的17.8万人（图2.16）。

图2.16

投资公司行业从业情况

基金发起人及其服务提供商的员工概数（单位：千人）

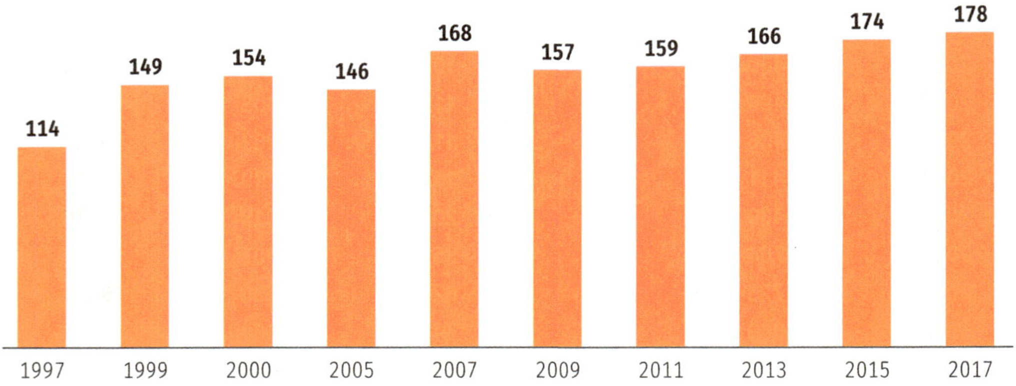

备注：所选年份为美国投资公司协会开展就业调查的年份。

基金投资顾问是基金的主要服务提供者之一。这群服务提供者主要负责管理基金的商业事务，确保其符合法律和监管规定，监督为基金服务的其他第三方服务提供商，以及通过投资研究把握基金的投资方向和证券交易决策。投资顾问通常还会开展基金的交易和证券结算业务。2017年3月，该行业中39%的从业者主要担任支持基金管理的职务，如投资研究、交易和证券结算、信息系统和技术以及其他公司管理职务（图2.17）。

该行业第二大从业人员群体（占比28%）主要负责为基金份额持有人及其基金账户提供服务（图2.17）。份额持有人账户服务包括通过一系列活动来帮助投资者监测和升级账户。这些员工在客服中心工作，帮助解答基金份额持有人及其理财顾问有关投资账户的问询，以及负责处理开设账户和关闭账户的申请。其他服务包括退休计划交易处理、退休计划参与者教育、参与者注册和确保计划合规性。

分销及销售部门的从业人员占行业从业人员总数的24%（图2.17）。这些领域的员工从事市场营销、产品开发和设计、投资者沟通工作，其中包含销售支持人员、注册代表和基金超市代表。

10%的从业人员在基金运营管理部门负责财务及投资组合的会计和合规监管业务（图2.17）。开展这些服务的员工通常隶属于基金投资顾问。基金运营管理包含运营基金所需的中台和后台部门职能，包括文书和基金会计服务、数据处理、记账、内部审计、合规和风险管理等职能。

图2.17
投资公司行业从业情况（按工作职能划分）
2017年3月数据，基金发起人及其服务提供商的员工百分比

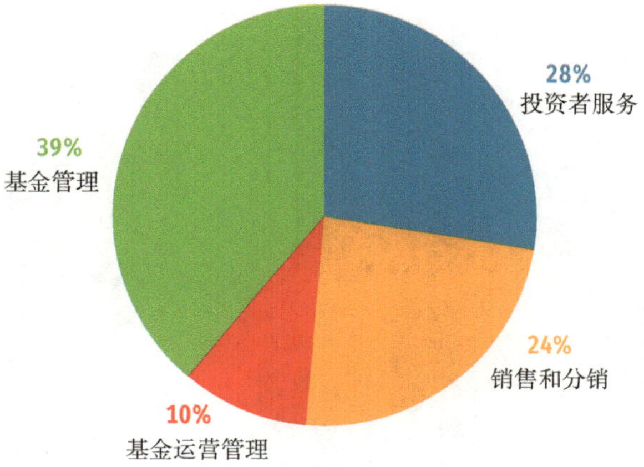

总从业人数：17.8万人

通常，运营管理部门的员工负责监管和合规事宜，如编制和提交监管报告，监督基金服务提供商，编制并向监管机构和税务部门提交报告，编制基金招募说明书和基金财务报表等基金份额持有人报告。运营管理服务有助于维护合规流程和内部控制，但最终需经过基金理事会和首席合规官批准。

对许多行业来说，从业人员往往集中在行业兴起的地方，这同样适用于投资公司。投资公司运营早期主要以马萨诸塞州和纽约州为中心，23%的基金行业从业人员在此工作（图2.18）。随着行业的不断发展，其他州也开始成为主要的基金从业人员聚集地，如加利福尼亚州、宾夕法尼亚州和得克萨斯州，截至2017年3月，这三大州的基金公司从业人员数量已占到全美基金从业人员数量的1/4以上。

图2.18

投资公司行业从业情况（按州划分）

2017年3月数据，基金发起人及其服务提供商的员工概数

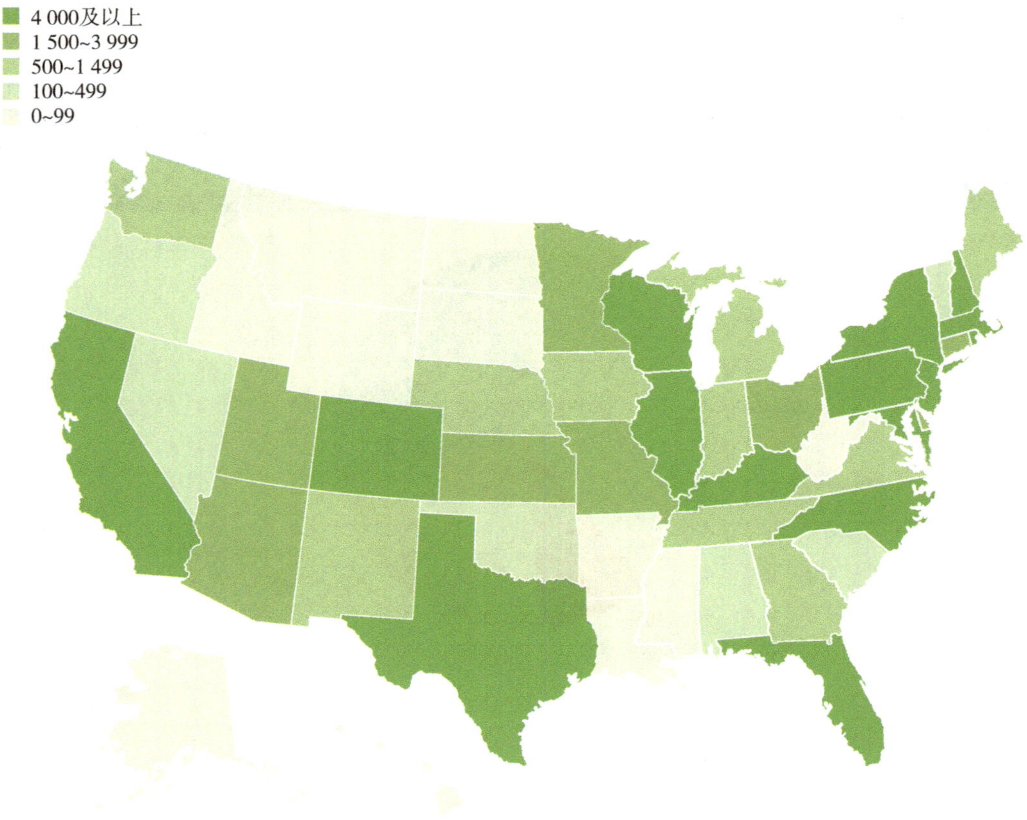

章节

03 美国共同基金

共同基金是指从份额持有人手中吸纳资金并投资于证券投资组合的投资公司。2018年，全美约有5 600万家庭中的9 950万个人持有共同基金，他们借此来满足长期个人理财目标，如为退休做准备、为教育储蓄、为买房或应对突发事件储蓄。2018年共同基金市场净赎回1 910亿美元，相当于2017年年底净资产总额的1.0%。人口结构的变迁以及投资者对美国和全球经济金融形势的反应，显著影响着投资者对特定类型共同基金及整体共同基金的需求。

货币市场基金获得大量资金流入

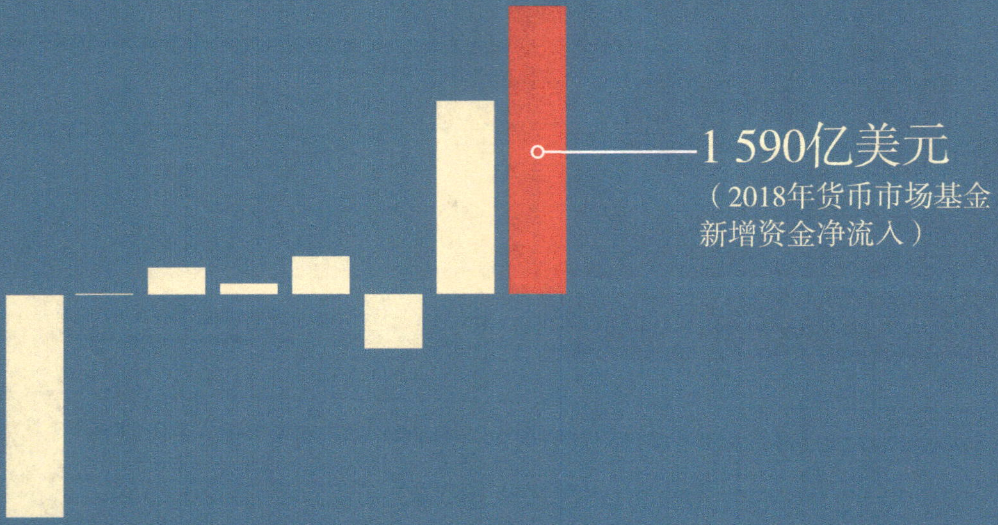

本章目录

共同基金净资产总额

截至2018年年底，美国共同基金行业净资产总额达17.7万亿美元，市场规模居全球第一。截至2018年年底，美国共同基金净资产中绝大部分为长期共同基金，其中仅股票型共同基金就占整个美国共同基金净资产总额的52%；债券型共同基金是第二大类别，占净资产总额的23%；货币市场基金和混合型共同基金分别占17%和8%（图3.1）。

图3.1

股票型共同基金持有的净资产占共同基金净资产总额的半数以上

2018年年底数据，占净资产总额的百分比

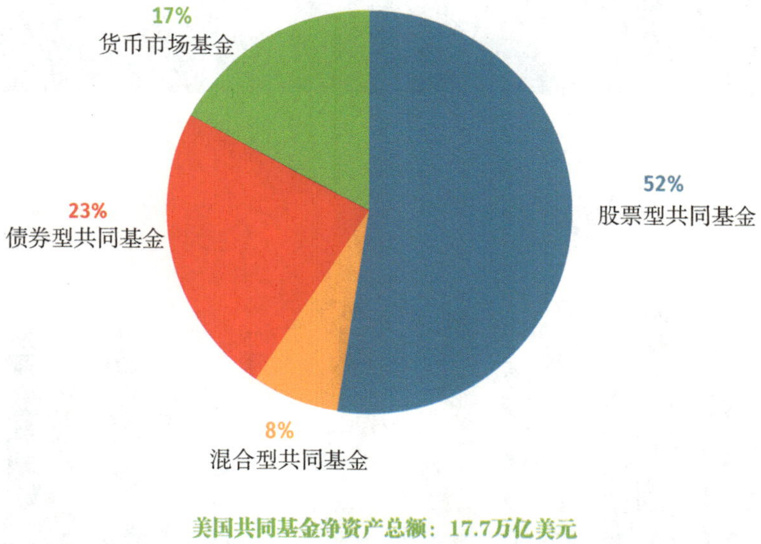

投资者对美国共同基金的需求

影响投资者对共同基金需求的因素有很多，如基金帮助投资者达成投资目标的能力。举例来说，美国家庭依赖股票型、债券型和混合型共同基金来满足长期个人理财目标，如为退休做准备。美国家庭、企业和其他机构投资者之所以将货币市场基金用作现金管理工具，是因为货币市场基金能够提供具有较强流动性和竞争力的短期收益。

2018年，美国国内股票型共同基金连续出现资金净流出，这可能反映了美国股票市场下跌以及投资者在不断转向其他指数型产品。此外，由于 2018年美联储四次抬高联邦基金目标利率，部分特定类型的债券型共同基金需求走弱。随着短期资产收益率的提高，联邦基金利率提升，进而拉动了投资者对货币市场基金的需求。

美国共同基金的发行和退出

共同基金发起人通过发行新基金来满足投资者需求，对那些不足以引起投资者兴趣的基金，则进行合并或清算。2017—2018年，股票型和应税债券型基金发行数量减少，导致新发行的共同基金数量从2017年的479只减少到2018年的345只（图3.2）。同期，被合并或清算的共同基金数量也相应减少。

图3.2
进入和退出基金行业的共同基金数量
2009—2018年数据（单位：只）

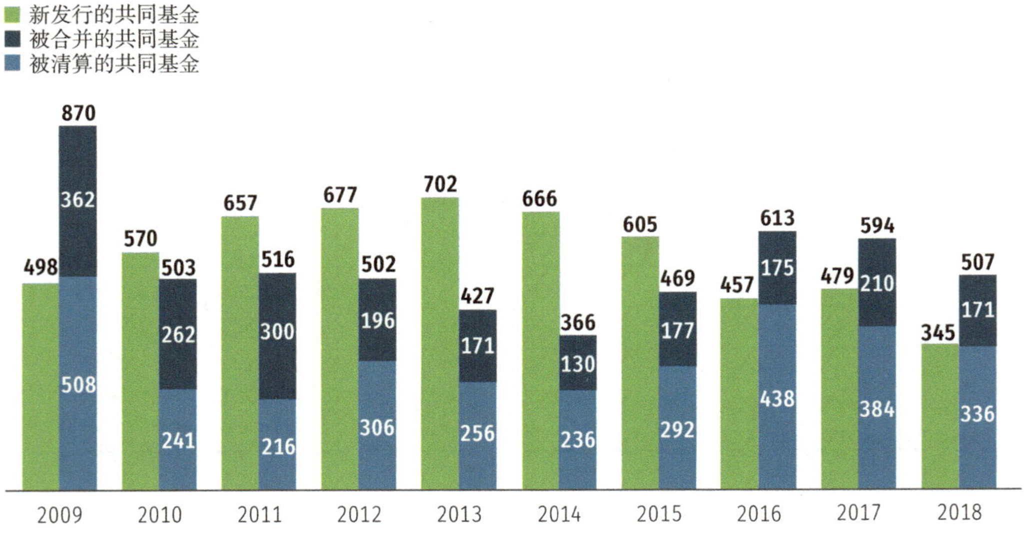

备注：数据包括没有向美国投资公司协会报告统计信息的共同基金，以及主要投资于其他共同基金的共同基金。

美国共同基金的投资者

共同基金的需求和持有共同基金份额的投资者类型相关。截至2018年年底，零售投资者（即家庭）持有美国共同基金净资产总额17.7万亿美元中的绝大部分（89%）（图3.3）。零售投资者持有的长期共同基金净资产总额占比甚至更高，达到95%。零售投资者还持有较大量的货币市场基金（1.9万亿美元），但这只占其共同基金资产总额的较小部分（12%）。

相比之下，非金融企业、金融机构和非营利性组织等机构投资者持有的共同基金净资产占比较小。2018年年底，机构投资者持有的共同基金仅占共同基金净资产总额的11%（图3.3）。机构投资者持有的1.9万亿美元共同基金中，大部分（58%）为货币市场基金，这是因为他们使用共同基金是为了帮助管理现金余额。

图3.3

家庭持有的共同基金净资产占共同基金净资产总额的89%

2018年年底数据（单位：万亿美元）

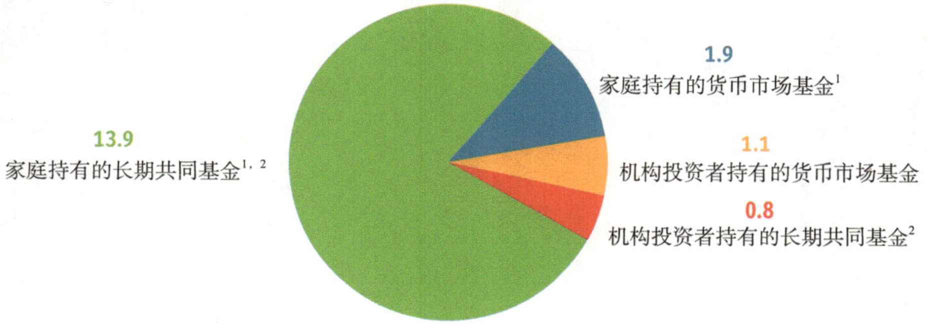

共同基金净资产总额：17.7万亿美元

长期共同基金净资产总额[2]：14.7万亿美元

货币市场基金净资产总额：3.0万亿美元

1. 个人退休账户、固定缴款退休计划、可变年金、529计划和Coverdell 教育储蓄账户中作为投资持有的共同基金被计入家庭持有的共同基金。
2. 长期共同基金总额包含家庭持有的长期共同基金额和机构投资者持有的长期共同基金额。

共同基金资金流发展情况

共同基金的整体需求是通过新增资金净流入计算的，即新基金发售量减去赎回量再加上净交易量，该需求在2018年显著下降（图3.4）。2018年，共同基金净流出1 910亿美元（约为2017年年底净资产总额的1.0%），而2017年则获得净流入1 790亿美元。2018年，长期共同基金净流出3 500亿美元，主要集中在美国国内股票型和混合型共同基金；货币市场基金净流入1 590亿美元，原因可能是美联储2018年4次提高联邦基金利率。影响美国共同基金资金流走势的因素还包括全球金融市场的整体下跌、持续的人口结构变化趋势以及指数型产品的需求增长。

图3.4

共同基金的新增资金净流入

2009—2018年年度数据（单位：十亿美元）

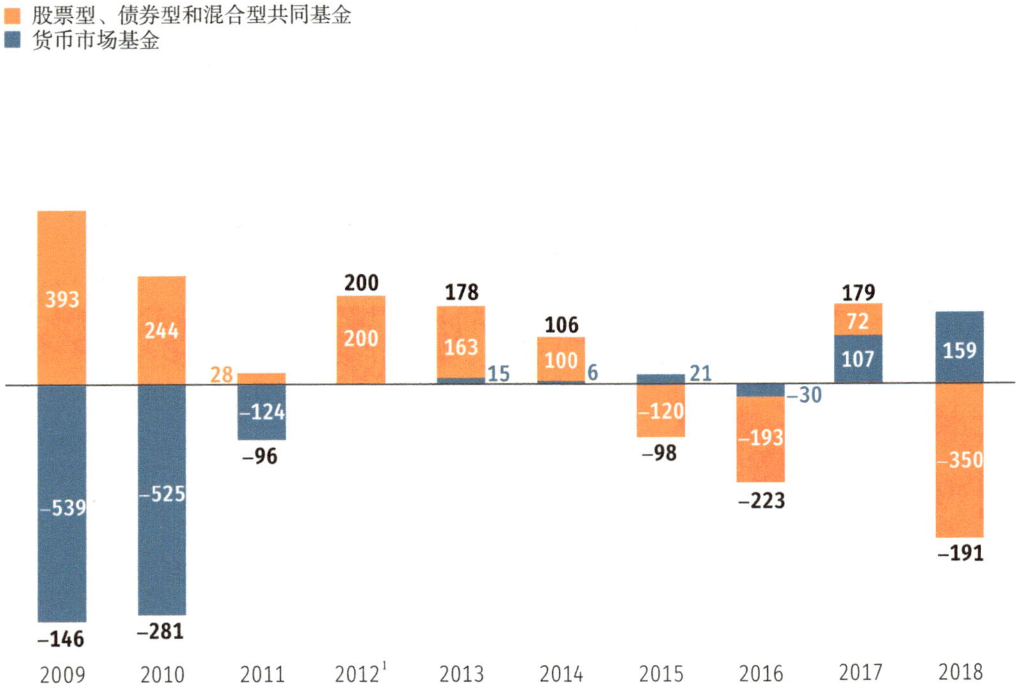

1. 2012年，投资者赎回的货币市场基金不到5亿美元。

2018年全球经济和金融市场

2018年是全球经济和金融市场遭受挑战的一年。尽管2017年和2018年全球国内生产总值（GDP）增幅为3.7%，但对国际贸易的担忧还是促使国际货币基金组织（IMF）下调了对未来经济增长的预期。2018年美国经济活动回暖，实际GDP增速为3.0%，高于2017年2.5%的水平，但其他国家和地区的经济增速开始放缓。以欧洲为例，经济增长速度由2017年的2.5%降至2018年的约2.2%。亚洲的经济增速同样减缓，实际GDP增幅由2017年的5.7%降至2018年的约5.5%。

尽管全球经济发展趋势不太平稳，但大量指标显示美国经济在2018年持续向好。劳动力市场持续改善，失业率从2017年年底的4.1%降到2018年年底的3.9%。此外，2018年平均时薪也上涨了3.3%。消费者价格指数在2018年上升了1.9%，虽比2017年的2.1%略有回落，但还是很接近美联储2%的通胀目标。

美国强劲的经济增长促使美联储在2018年4次上调联邦基金利率。虽然市场已普遍预测货币政策会收紧，但美联储的前瞻性指引模棱两可，让市场参与者无法确定未来的加息幅度及货币政策。2018年3月、6月、9月和12月短期利率先后4次各上调25个基点，加上国债期限结构延长导致收益率下降，造成国债收益率曲线（长期国债收益率与短期国债收益率之差）在2018年年底走平。部分市场参与者认为，这种发展趋势是经济衰退的典型征兆。

这些事件叠加，导致了2018年美国金融市场的震荡。受2007—2009年全球金融危机的影响，各国央行都采取了宽松的货币政策，此后很长一段时间股票市场处于平稳状态，直至2018年年初和年末再次出现大幅波动。虽然2018年9月末，美国股票价格上涨近10%，但整体来看，2018年仍收跌7%。①十年期美国国债收益率的走势和股票市场相仿，2018年上半年从1月份的低点反弹，之后在第四季度下滑近40个基点。

2018年全球股市的表现反映出市场对国际贸易和全球经济增长的担忧。英国金融时报股票交易所（FTSE）100指数全年下跌了近13%，德国DAX指数下跌了约18%，中国上证综指下跌了近25%。而根据MSCI新兴市场指数，新兴市场国家股票价格下跌了约17%。

长期共同基金资金流

尽管长期共同基金的新增资金净流入与市场回报率有关，但即使在市场震荡时期，长期共同基金在净资产总额中的占比也较为稳健。这一现象可能是由多个因素造成的。其中一个因素是美国家庭（即零售投资者）持有美国长期共同基金资产中的绝大多数（图3.3）。零售投资者对市场趋势的反应通常不如机构投资者强烈。值得注意的是，美国家庭通常使用共同基金来为大学教育或退休养老等长期目标储蓄。很多此类投资者通过周期性的工资扣减来稳定地缴费，即使在市场承压时期也能如此。此外，许多共同基金份额持有人会寻求理财顾问的建议，在市场低迷期间，这些顾问也能起到稳定人心的作用。同时，这些因素的影响力也被以下事实所放大：共同基金净资产分布在近1亿投资者之中，而且基金投资者的个人特征（如年龄、风险偏好）和目标（如为了买房、教育或退休养老而储蓄）各不相同。他们对于市场状况以及如何更好地应对这些市场状况来达成其个人目标的看法亦不尽相

① 以威尔逊 5000 指数衡量。

同。因此，即使是在基金整体上出现资金净流出的月份，很多投资者还是会继续申购长期共同基金份额。

股票型共同基金

股票型共同基金的新增资金净流入通常会随着股价涨落（图3.5）。MSCI 全球每日总回报率指数是衡量全球股票市场回报率的一项指标，该指数2017年增长了25%，而2018年则下滑了9%。随着全球股市下跌，2018年股票型共同基金净流出2 610亿美元（不到2017年年底净资产总额的3%），而2017年净流出1 590亿美元。在这两年中，股票型共同基金的净流出都集中在国内股票型基金。

除3月份外，股票型共同基金在2018年的其他月份均为净流出（图3.6）。2018年前3个月，投资者净赎回的股票型共同基金仅为150亿美元。从整体上看，共同基金第一季度的资金流入要高于其他时间，因为投资者可能会将收到的年终奖更快地

图3.5

股票型共同基金的新增资金净流入一般与全球股本回报率相关

2003—2018年月度数据

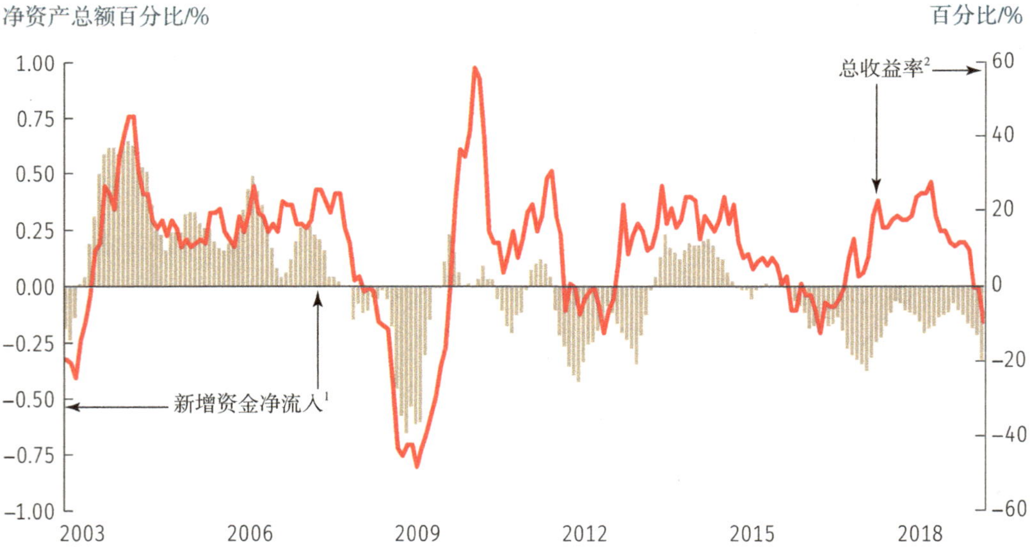

1. 新增资金净流入按其占上月底股票型共同基金净资产总额的百分比来衡量，图为6个月的移动平均值。

2. 股票的总收益率按照MSCI全球每日总回报率指数年度百分比变动来衡量。

资料来源：美国投资公司协会、MSCI和彭博（Bloomberg）。

投入下一年度的基金中。此外，还有一些投资者会等到报税之前再向个人退休账户（IRA）供款。随着时间的推移，股票型共同基金的净流出加速，4—12月，投资者的净赎回达2 450亿美元。

尽管几个主要股票指数在2018年创下历史新高，但它们也出现了急剧下滑，尤其是在第四季度。全年两次股市大幅波动可能是股票型基金资金外流的原因之一。芝加哥期权交易所（CBOE）市场波动率指数（VIX）是用来跟踪标普500指数波动幅度的一项指标，被广泛用于衡量市场风险。该数值高于30通常反映投资者高度恐慌，而低于20则表明市场交投平静。2018年2月初和12月末的每日VIX都高于30，且全年很多时候都高于20（占交易天数的近24%），而2017年VIX的最高值为16。

图3.6
2018年股票型共同基金的新增资金净流入
2018年1—12月月度数据（单位：十亿美元）

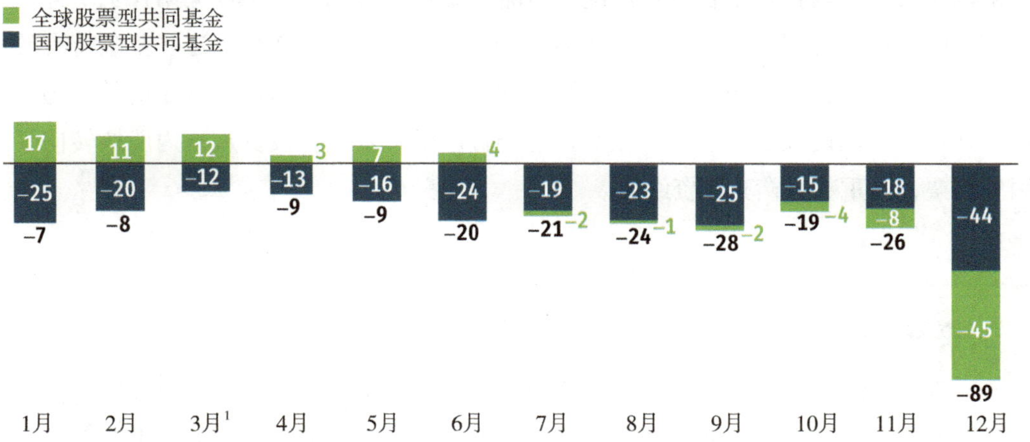

1. 2018年3月，股票型共同基金净流入不到5亿美元。

更多详情

《从12月的资金流出到1月的资金流入：影响共同基金现金流的季节性因素》

www.ici.org/viewpoints/view_19_seasonal_nncf

除波动性外，2018年国内股票型基金净流出也可能是因为投资者需求转向国内股票型交易所交易基金（ETF）。投资者对ETF的需求在过去几年里一直十分强劲。2018年国内股票型ETF仅在2月和3月出现了净赎回。总体来看，对国内股票型ETF的需求导致2018年其净发行规模达到1 390亿美元。相比之下，同期国内股票型共同基金净赎回达到2 540亿美元（图3.6）。

2018年，市场对全球股票型共同基金的需求同样走弱，投资者净赎回80亿美元（图3.6），而2017年则净申购770亿美元。2018年全球股票型共同基金的资金流入似乎也取决于基金的投资目标。2018年，全球股票型共同基金（通常持有美国股票）净流出近360亿美元，而国际股票型共同基金作为不含美股的分散化投资工具，获得了约330亿美元的净流入。此外，新兴市场股票型共同基金在2018年也获得了30亿美元的净流入。

2018年，投资者青睐国际股票型共同基金的原因可能有多个。首先，2012—2018年的美股价格上涨使得国际股票的价格收益看上去更有吸引力。其次，有些基金采取了自动平衡投资组合的资产配置策略。如目标日期基金（详见第76页）等提供资产配置策略的基金，其资产在2009—2018年获得了较大增长。这些基金持有的国外股票及债券比例一般高于许多传统上配置海外投资的美国投资者。此外，随着过去几年美国国内股票市场持续上涨，这类资产配置基金将投资从国内股票转向了国外股票，以重新平衡其投资组合。

加权资产换手率

换手率是指在一年内被买进或卖出的基金持有量的百分比，是衡量基金交易活跃度的一项指标。换手率的计算方式是用基金投资组合中购买量或销售量（不含短期资产的购买量或销售量）中的较小值除以平均净资产总额。

为了分析份额持有人的实际基金换手率，必须确定持有人投资最多的基金。简单的平均值或中位数不能体现基金资产的集中度。加权资产平均值给拥

更多详情

《即使身处熊市，股票型基金投资者也岿然不动》
www.ici.org/viewpoints/view_18_equity_flows

有更多净资产的基金分配更高的权重，因此能够显示基金持有人的平均投资组合换手率。2018年，股票型共同基金投资者的加权资产年换手率为32%，远低于过去35年的平均水平（图3.7）。

投资者倾向于持有换手率相对较低的股票型基金。2018年，约半数的股票型共同基金净资产总额集中在组合换手率低于25%的基金中。这表明换手率低于平均水平的共同基金更能吸引份额持有人投入资金。

图3.7
股票型共同基金投资者的换手率
1984—2018年数据

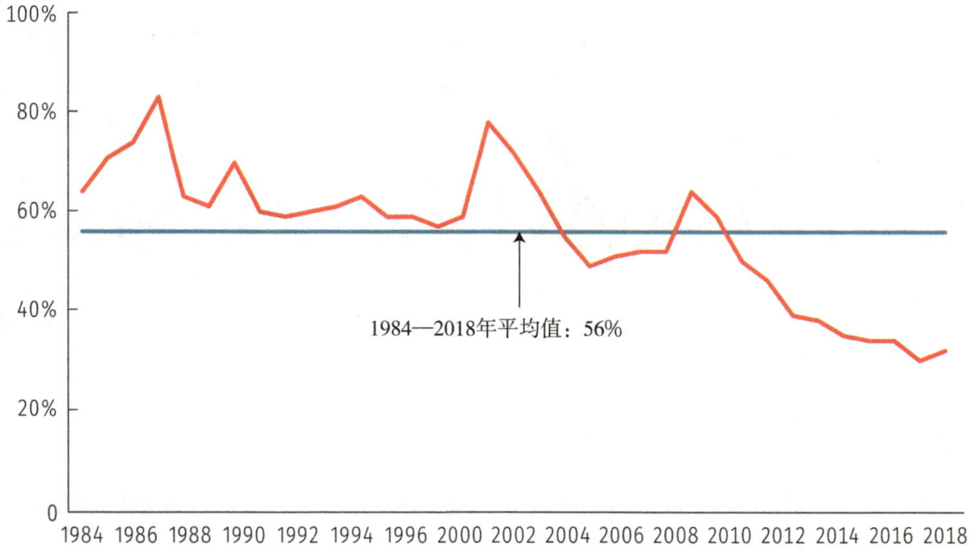

备注：换手率按与加权资产平均值的比值来衡量。

债券型共同基金

债券型共同基金的新增资金净流入通常与美国债券的表现相关（图3.8），而美国债券主要受美国利率环境的影响。2018年，长期利率持续波动，年底较年初上浮了约30个基点。十年期国债年初利率为2.40%，到9月30日上升了65个基点。同期，债券总收益率降至负数。2018年11月初，长期利率继续上涨，但在第四季度末急剧下降，年底时降至2.69%。

图3.8
债券型共同基金的新增资金净流入通常与债券回报率相关
2003—2018年月度数据

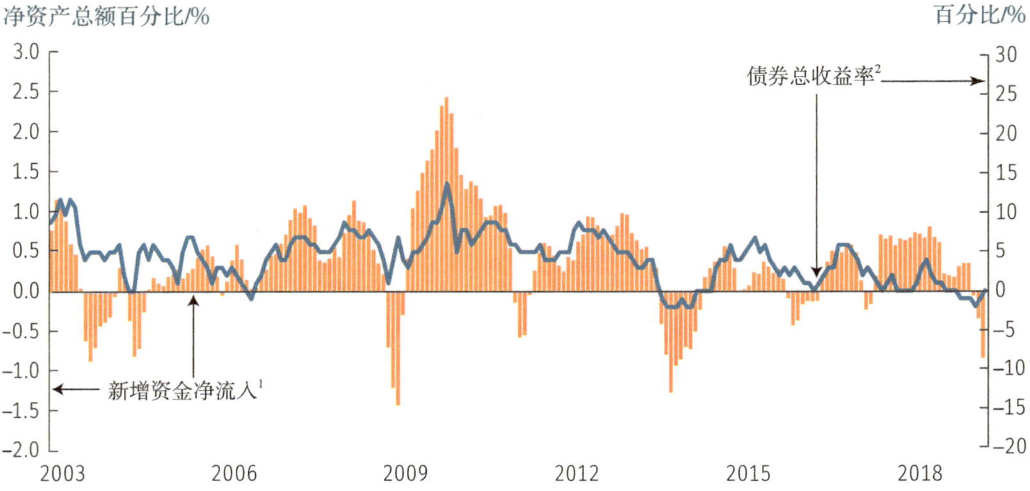

1. 新增资金净流入按其占上月底债券型共同基金净资产总额的百分比来衡量，图为3个月的移动平均值。数据不包含高收益债券型共同基金。
2. 债券总收益率以富时美国广义投资级债券指数的年度百分比变化来衡量。

资料来源：美国投资公司协会、富时罗素和彭博（Bloomberg）。

更多详情

《基金投资者会“撤资”吗？怀有这种预期的人可能要失望了》

www.ici.org/viewpoints/view_18_charlie_brown

尽管2018年前三季度长期利率上升（即债券价格下降），应税债券型共同基金仍然获得了1 090亿美元的净流入（图3.9）。2018年第四季度，尽管长期利率回落（债券价格上涨），投资者仍从应税债券型共同基金净赎回1 120亿美元。这种资金流出可能会让人有点意外，投资者可能受到第四季度国债收益率曲线突然走平的影响。十年期国债与三个月期国债的利差在2018年10月初为1%，但到年底却跌至24个基点这一年内低点。

2018年，投资者对不同类别的应税债券型共同基金有着不同的需求。随着利率上升，投资者将资金投入投资级和政府债券型共同基金（尤其是短期债券型共同基金），该类基金2018年获得220亿美元的净流入，而同年投资者赎回340亿美元的高

图3.9

2018年债券型共同基金的新增资金净流入

2018年1—12月月度数据（单位：十亿美元）

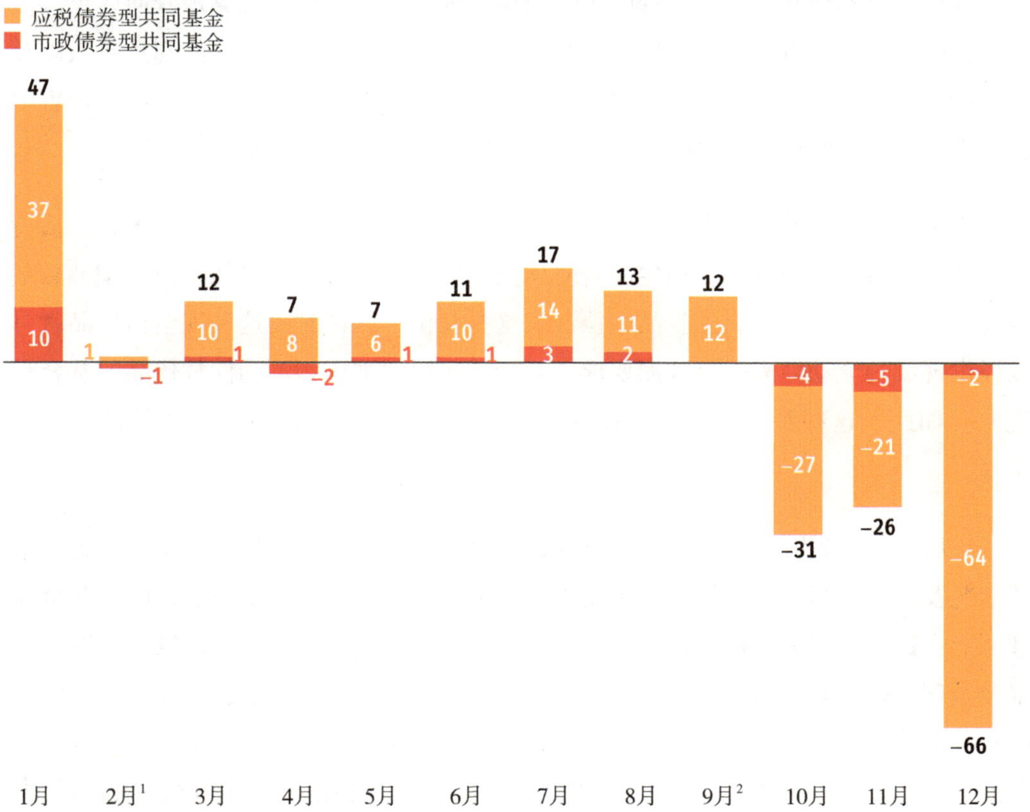

1. 2018年2月，债券型共同基金净流入不到5亿美元。

2. 2018年9月，市政债券型共同基金净流出不到5亿美元。

收益债券型共同基金。全球债券型共同基金通常混合持有以美元计价和以外币（非美元）计价的多种债券，2018年获得70亿美元的净流入。

市政债券型基金的需求全年强弱不一，至2018年年底，净流入为40亿美元。

债券型共同基金如何管理投资者的资金流

自2007—2009年金融危机以来，一些观察者担心债券型共同基金的资金流出可能会给固定收益市场带来挑战。基于一些理由，我们认为这种担忧有些过度。

首先，尽管在2009—2018年间，美国债券型共同基金净资产总额有所增长，但截至2018年12月，其仅占美国债券市场（美国政府债券、企业债券、免税债券）的9%，比2008年年底的5%有所提高。这意味着美国债券市场中91%的资产被共同基金之外的投资者持有。

其次，债券型共同基金经理除了卖出债券外，还有其他方式兑现赎回要求。债券型共同基金持有者每天都会以现金形式收到投资组合中所持债券的利息收入以及到期债券的收益。此外，在任何给定日期，共同基金普遍会从新基金份额的销售中获得现金。债券型基金经理通常可以利用这些现金来满足绝大部分赎回要求。

再次，债券型基金经理会采用多种策略来满足份额持有人的赎回要求，包括持有短期资产或使用衍生品。衍生品有时比其对应券种的流动性更强，而且基金必须划拨流动性资产来支撑其衍生品仓位。当这些仓位被平掉时，这种现金担保品就可以提供现成的流动性来满足赎回要求。对于许多通常被作为流动性替代品的基金来说尤其如此，这些基金通过专门设计，允许大量通过衍生品来进行频繁的投资者交易。

最后，在遇到赎回要求时，一方面，基金经理会根据市场条件、预期投资者申赎情况及其他因素，采取周详的策略来进行债券交易。如，在市场下行时，基金经理可能会购入一些流动性较低的债券来增加持有者价值。在流动性奇缺的情况下，基金经理可能会判断这类债券的价格相对于其基本价值来说偏低，因此是买入的好时机。而另一方面，基金经理可能认为，通过出售基金组合的“一部分”来满足资金流出要求，是必要且恰当的，所以他们可能会通过售出部分流动性更高的债券（这些债券需求非常高，交易价格会高出其基本价值）来增加持有者价值。

债券型共同基金的需求

2009—2018年，尽管多个时期出现市场震荡，但债券型共同基金大部分时间仍获得净流入。债券型共同基金获得了2.2万亿美元的净流入和再投资股息（图3.10）。维持债券型共同基金这种长期需求的因素有很多。

如，人口结构会影响债券型共同基金的需求。年长的投资者往往拥有更多的账户余额，因为他们有更多时间积累储蓄，并且从复利中获益。与此同时，随着投资者年龄的增长，他们通常会将投资转向固定收益类产品。在2009—2018年，婴儿潮一代的老龄化加速了债券型基金的资金流入。尽管随着2018年前三季度长期利率提高，预计债券型基金会出现资金净流出，但流出金额的其中一部分可能会被2009—2018年人口结构因素带来的债券型基金资金流入所消减。

图3.10

债券型共同基金在2009—2018年的大部分时间都获得了资金净流入

2009—2018年月度数据，债券型共同基金累计资金流入（单位：十亿美元）

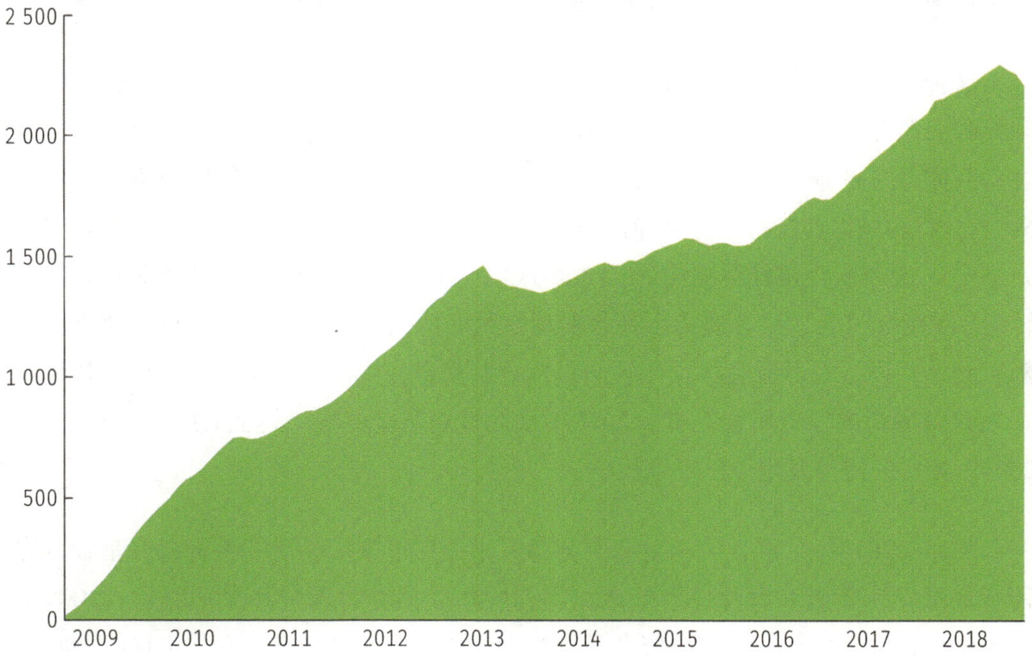

备注：债券型共同基金数据包括新增资金净流入和再投资股息。

更多详情

《驳斥有关债券型共同基金现金流和债券销售的假设》

www.ici.org/viewpoints/view_19_corporate_bond_funds

目标日期共同基金继续受到青睐也可能有助于减少2018年债券型共同基金的资金流出。目标日期基金投资于多种不同股票和固定收益投资。当基金接近并超过其目标日期（通常在基金名称中进行了规定）时，基金会逐渐重新配置资产，从股票转向固定收益投资，包括债券。目标日期基金一般通过组合型基金（FOF）进行投资，这意味着它们主要持有和投资其他股票型和债券型共同基金或ETF的份额。2009—2018年，目标日期共同基金获得5 320亿美元的资金净流入。2018年，目标日期共同基金的资金净流入为530亿美元，年底时净资产总额达1.1万亿美元。投资者对这些基金的兴趣与日俱增，可能是因为它们具有自动重新平衡的特性，且可以作为投资选项纳入诸多固定缴款（DC）计划。

混合型共同基金

混合型基金（也称为资产配置基金或平衡基金）投资于各种不同的股票和债券，这使其能够从长远上用债券的收益和相对稳定性来平衡潜在的股票资本升值。基金的投资组合可能会定期重新平衡，以便让基金的资产配置更加符合基金说明书所述目标，这一点在股票或债券市场出现资本损益时确有必要。

这种基金类型曾大受投资者欢迎，因为它可以帮助投资者管理和平衡好股票和债券投资组合。但过去几年中，投资者逐渐撤出混合型共同基金。2018年，混合型共同基金的新增资金净流出达到910亿美元（相当于上一年年底净资产总额的6%），而2016年和2017年分别净流出420亿美元和280亿美元（图3.11）。混合型共同基金的这种变化可能是由多种因素造成的。如，投资者可能从混合型共同基金转向ETF投资组合，后者通常会在收费理财顾问协助下对投资组合进行定期重新平衡。此外，投资者可能会将资产转向目标日期基金和生活方式基金，以这种替代方式来获得平衡的投资组合。如，2018年目标日期基金的资产达到1.1万亿美元，较2005年年底的规模发生了巨幅增长。[①]

2015—2018年，混合型基金的资金净流出主要集中在灵活的投资组合基金，这种基金可以在美国和海外持有任意比例的股票、债券、现金和大宗商品。2007—2009年金融危机之后，许多投资者寻求扩大投资组合，降低其投资与市场的关联度或控制下行风险。灵活的投资组合基金可以帮助投资者实现这些目标。因此，

① 美国投资公司协会一般在计算净资产总额和新增资金净流入时将组合型基金排除在外，以免重复计算。尽管美国投资公司协会将目标日期基金归为混合型基金，但目标日期基金资产中的99%集中在组合型基金，因此其现金流不计入图3.11中显示的混合型共同基金现金流。

2009—2014年，灵活的投资组合基金的资金净流入达到880亿美元。然而，由于市场长期走牛，且提供市场下行保护的基金收益相对较低，投资者在2014—2018年从灵活的投资组合基金中净赎回了1 100亿美元。

图3.11

混合型共同基金的新增资金净流入

2009—2018年年度数据（单位：十亿美元）

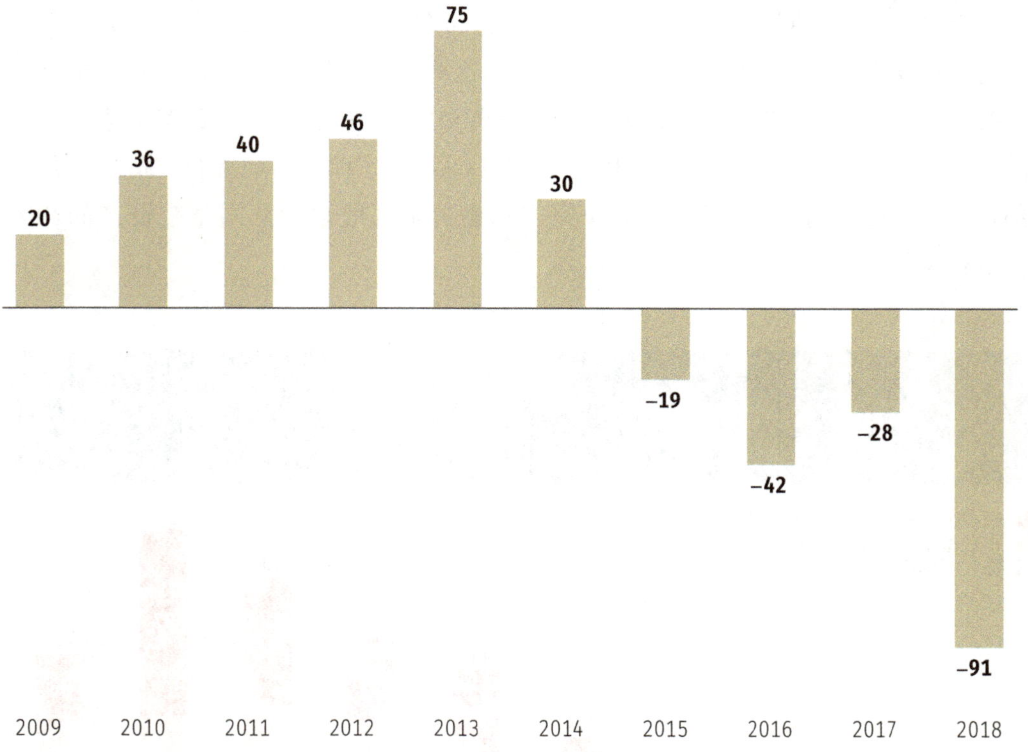

其他投资产品的增长

2018年长期共同基金的部分资金流出，反映出投资者和养老计划发起人普遍转投其他集合投资工具。这一趋势反映了2007年以来主动管理型基金的资金流出以及指数型共同基金、ETF、集合投资信托（CIT）的增长。

2018年，持有特定指数的全部证券（或具有代表性的证券样本）的指数型共同基金仍然受到投资者青睐。在2018年持有共同基金的家庭中，36%的家庭持有至少一只指数型股票共同基金。截至2018年年底，497只指数型共同基金管理的净资产总额达3.3万亿美元。2018年全年，投资者向这些基金增加了1 560亿美元的净资金（图3.12）。在流入指数型共同基金的新增资金中，40%投资于指数型全球股票基金，37%投资于指数型国内股票基金，余下23%投资于债券型或混合型指数基金。2018年，指数型股票共同基金的净资产总额占全部股票型共同基金资产的29%（图3.13）。

图3.12

指数型共同基金的新增资金净流入

2009—2018年年度数据（单位：十亿美元）

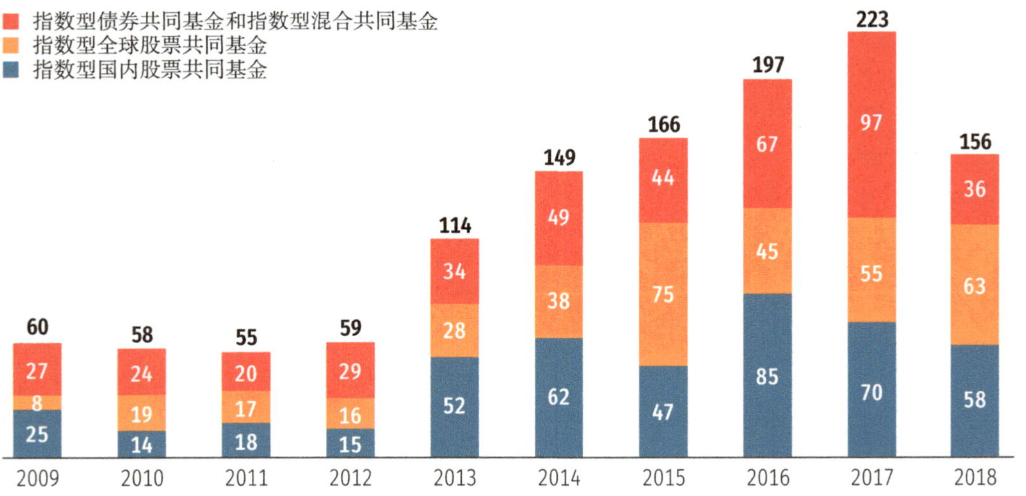

图3.13

指数型股票共同基金份额持续稳定上升

2009—2018年年末数据，指数型股票共同基金净资产总额占比（单位：%）

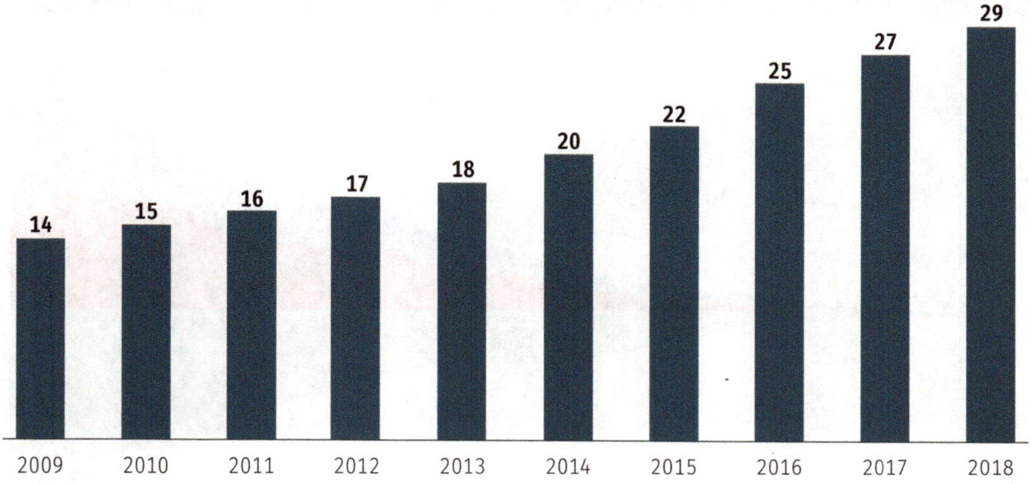

指数型国内股票共同基金和指数型ETF尤其得益于投资者对指数类投资产品的需求增长。2009—2018年，指数型国内股票共同基金和指数型ETF获得了1.6万亿美元的新增资金净流入和再投资股息，而主动管理型国内股票共同基金资金净流出1.4万亿美元（包括再投资股息）（图3.14）。指数型国内股票ETF增长尤为迅猛，自2009年以来吸引的资金净流入是指数型国内股票共同基金资金净流入的1.5倍。ETF近年越来越受欢迎，部分原因可能是更多的经纪商和理财顾问喜欢在客户的投资组合中配置ETF。2017年，全服务经纪商和收费理财顾问分别将其客户家庭资产中的17%和28%投资于ETF，而2011年这一比例仅分别为6%和10%（图3.15）。

图3.14

国内股票型共同基金的部分流出资金转入ETF

2009—2018年月度数据，国内股票型共同基金累计资金流入及指数型国内股票ETF的净发行份额[1]

（单位：十亿美元）

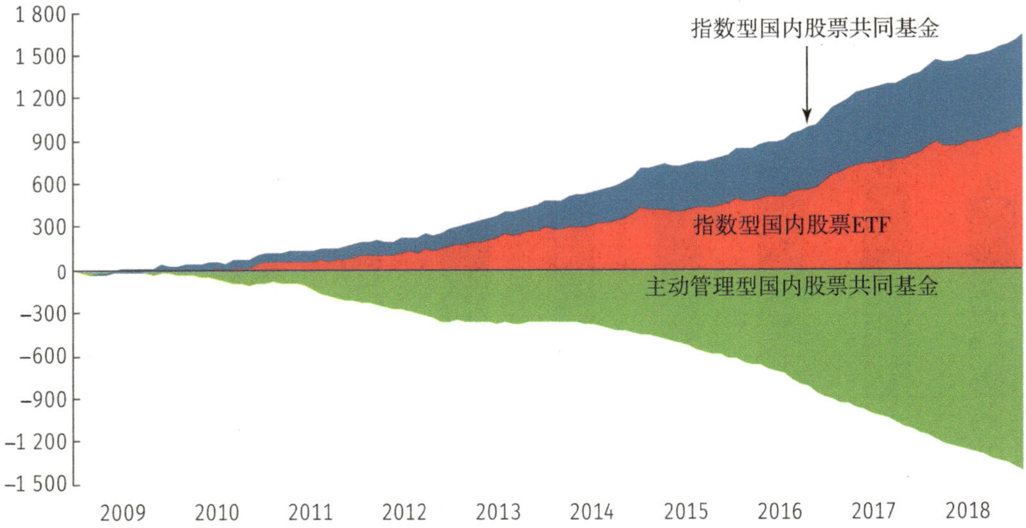

1. 2009年10月之前，指数型国内股票ETF数据包括少量主动管理型国内股票ETF。

备注：共同基金数据包含新增资金净流入和再投资股息；ETF净发行数据包含再投资股息。

图3.15

按管理模式收费的顾问拉高客户投资组合中ETF的占比

2011年和2017年，投资于各投资种类的家庭资产百分比（单位：%），按顾问类型划分

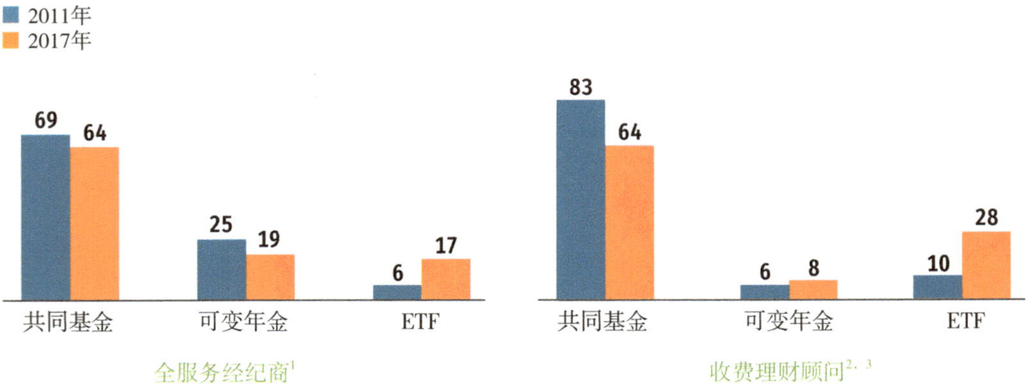

1. 本类别包含电讯化经纪公司以及地区、独立和银行经纪自营商。

2. 本类别包括注册投资顾问和双重注册投资顾问经纪自营商。

3. 本类别不包含根据收费理财顾问提出的意见通过折扣经纪商和基金超市自行交易的投资者的未知数量资产。

资料来源：Cerulli Associates、《2018年美国零售和机构投资者资产管理状况》。

集合投资信托（CIT）可以替代DC计划中的共同基金。和共同基金一样，CIT从投资者那里吸纳资金，并根据特定的策略（主动或被动地）用这些资产投资。与共同基金的机构份额十分类似，CIT通常会设置较高的最低投资限额，从而限制集合投资产品的管理成本。但与共同基金受《1940年投资公司法案》的监管不同，CIT受银行法的监管，其市场推广也没有共同基金那么广泛，因而与共同基金相比，CIT的运营和合规成本更低。

越来越多的养老计划发起人已经开始将CIT作为401（k）计划的备选。如图3.16所示，这一趋势使得大型401（k）计划持有的CIT资产比例不断上升。该比例已从2000年的6%上升到2017年的22%（估算值）。近年来的这种增长部分源于目标日期CIT的增长。

图3.16

集合投资信托所持大型401（k）计划的资产不断增加

部分年份数据，拥有100名及以上参与者的401（k）计划资产的占比（单位：%）

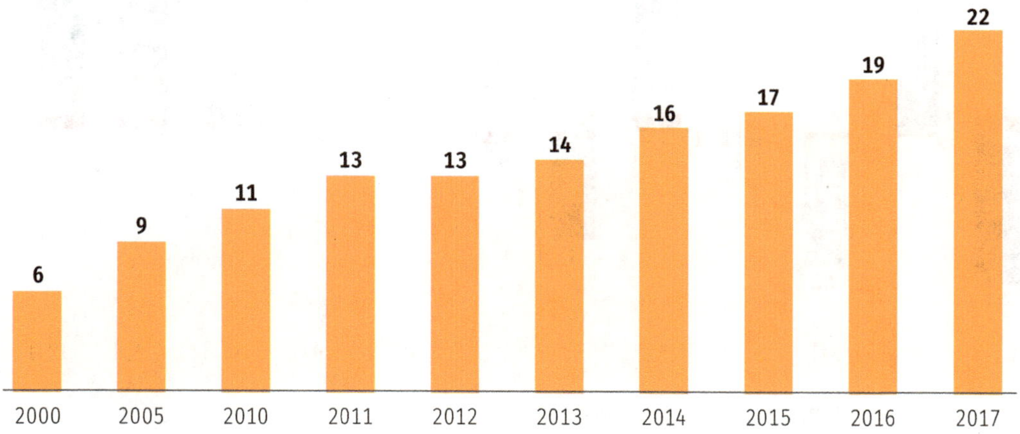

备注：资产不包括再投资于集合投资信托的直接申报实体（Direct Filing Entity）资产。2017年之前的数据来自劳工部发布的5500表格研究数据集。2017年的数据是初步数据，基于劳工部2017年5500表格中最新的数据集。

资料来源：美国投资公司协会根据劳工部5500表格数据制图。

货币市场基金

2018年，货币市场基金获得的新增资金净流入达1 590亿美元（图3.17），较2017年的1 070亿美元有所增加。优选货币市场基金获得大部分的资金流入（1 020亿美元）。政府货币市场基金紧随其后，获得440亿美元的净流入。货币市场基金需求增加，可能是由于2018年美联储四次上调联邦基金目标利率，使得货币市场基金对富余资金的投资吸引力增大。优选货币市场基金及政府货币市场基金净收益率在2018年逐渐升高，并且远超货币市场存款账户（MMDA）的设定利率（图3.18）。

图3.17

货币市场基金的新增资金净流入

2018年1—12月月度数据（单位：十亿美元）

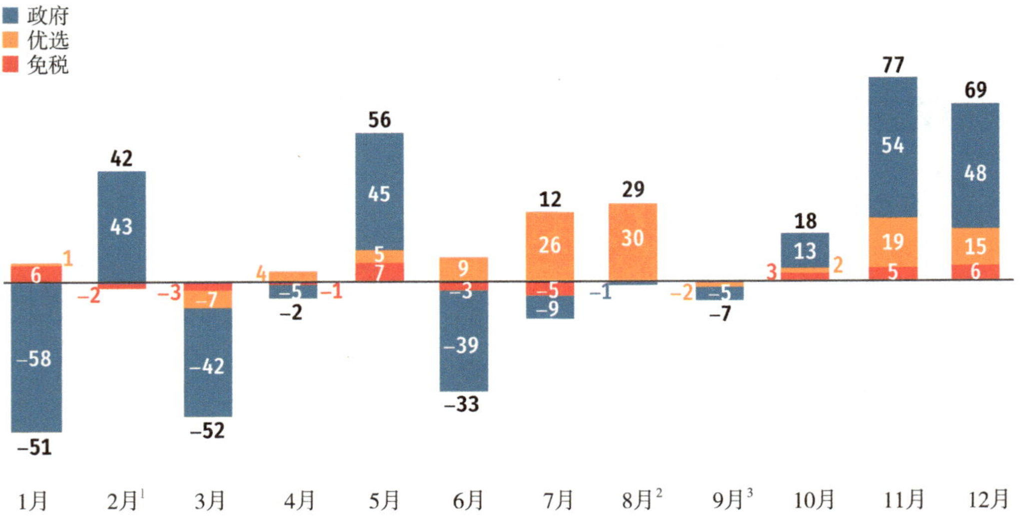

1. 2018年2月，优选货币市场基金净流入不到5亿美元。

2. 2018年8月，免税货币市场基金净流出不到5亿美元。

3. 2018年9月，免税货币市场基金净流入不到5亿美元。

图3.18

2018年年底，货币市场基金的净收益率远超货币市场存款账户（MMDA）收益率

2015年1月至2018年12月的月末数据，百分比（单位：%）

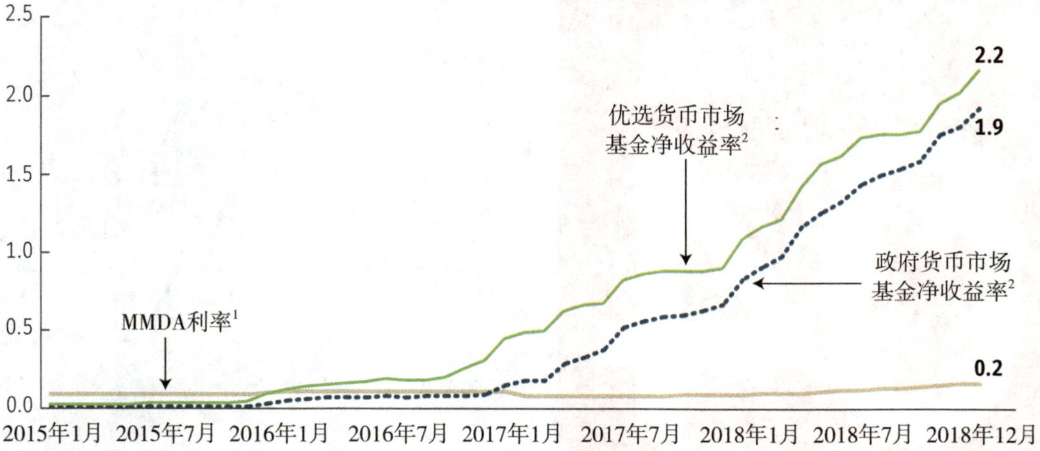

1. 货币市场存款账户（MMDA）利率根据所有可获得的全部存款保险机构和分支机构高收益储蓄账户利率的简单平均值计算。
2. 货币市场基金净收益率是七天复合年化净收益率。

资料来源：iMoneyNet、Bank Rate Monitor和美国联邦存款保险公司。

章节

04 美国交易所交易基金

对于寻求以宽基指数、特定行业或地区指数、特定规则投资策略建立或关闭风险敞口的投资者而言，ETF是一种便利而又实惠的工具。2009—2018年，随着投资者（无论是机构投资者还是零售投资者）越来越多地选择投资ETF，ETF的市场需求显著增长，发起人进一步发行了投资目标更为广泛多样的ETF。2009—2018年，ETF净发行总额达2.3万亿美元。截至2018年年底，美国ETF市场以3.4万亿美元的净资产总额稳居世界首位。尽管ETF和共同基金在一些基本特征上有着相同之处，但这两种投资产品在运营和结构方面存在关键差异。

2018年ETF份额净发行规模依然巨大

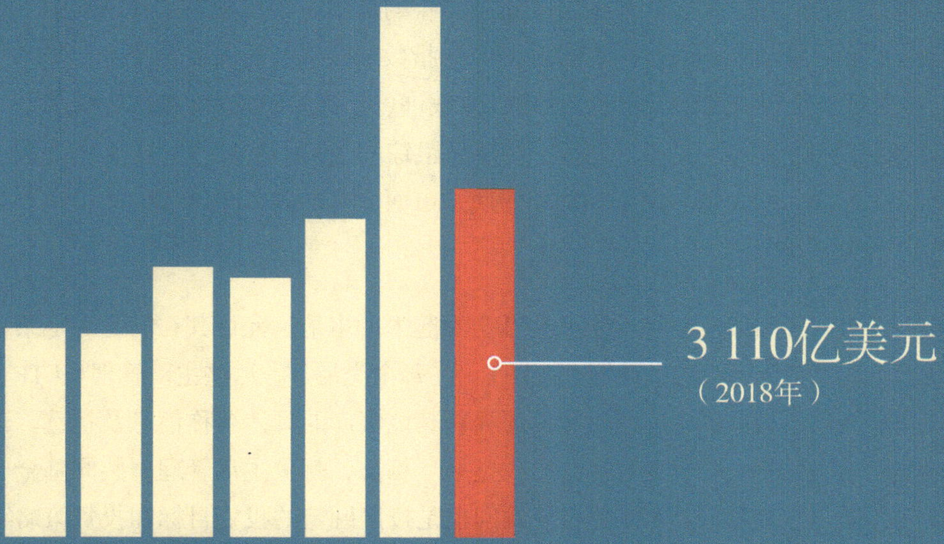

本章目录

什么是ETF

交易所交易基金（ETF）是一种集合投资工具，投资者全天都可以在证券交易所以市场价格买卖基金份额。投资者可以像买卖上市公司股份一样，通过经纪商或经纪账户来买卖ETF的基金份额。在美国，大部分ETF和共同基金一样，采用开放式投资公司的结构，并接受与共同基金相同的监管。主要投资于大宗商品、货币和期货的其他ETF，则采用不同的结构，监管要求也不一样。

在美国，ETF作为一种投资产品已有超过25年的历史。美国证监会（SEC）于1993年批准了第一只ETF，这是一只跟踪标普500指数的宽基型国内股票基金。2008年以前，美国证监会仅对跟踪特定指数的ETF发放许可。这些ETF通常被称为指数型ETF，旨在跟踪标的指数的表现，也有一些产品跟踪的是某个杠杆指数或反向指数（或反向杠杆指数）的表现。截至2018年年底，市面上有1 660只指数型ETF，净资产总额达到3.2万亿美元。

2008年年初，美国证监会批准了一些基金发起人的申请，允许其在满足一定条件的前提下，发行完全透明的主动管理型ETF。在每个交易日，这些主动管理型ETF必须在其公开网站上披露ETF持有的成分证券和其他资产的具体名称信息及权重。主动管理型ETF并不跟踪某个特定指数的收益率。相反，就像主动管理型共同基金的投资顾问一样，主动管理型ETF的投资顾问也是按照既定的投资目标和投资策略来建立独特的投资组合。截至2018年年底，259只主动管理型ETF已经在美国证监会注册成为投资公司，资产规模为690亿美元。

ETF和共同基金

ETF是一种注册投资公司，与共同基金相似，也向投资者提供由一定比例的股票、债券及其他资产（如衍生品或银行贷款）构成的投资组合份额。和共同基金一样，ETF必须在每个交易日结束时披露其投资组合的逐日盯市资产净值（NAV），并且必须遵守《1940年投资公司法案》中的主要投资者保护机制，包括杠杆限制、每日估值和流动性要求、对关联交易的禁止性条款以及严格的信息披露义务等。还有一点与共同基金相似，ETF份额的申购和赎回按照资产净值每天合计和执行一

更多详情

交易所交易基金资源中心

www.ici.org/etf

次。尽管存在这些相似点，但ETF和共同基金的一些关键特征仍存在差异。

关键差异

其中一个关键差异是，零售投资者在二级市场（股票交易市场）上通过经纪自营商买卖ETF份额，这和买卖股票的方式颇为相似。而共同基金份额并非在股票交易市场上交易，而是通过多种不同的分销渠道进行买卖，包括通过全服务经纪商、独立理财规划师、银行或储蓄机构代表、保险代理等投资专业人士，或直接通过基金公司、折扣经纪商进行买卖。

共同基金和ETF的定价也不相同。共同基金采取"未知价"的定价方式，这意味着尽管投资者全天都可以提交买卖共同基金的订单，但当天所有的订单均按下次计算的同一价格（即资产净值）成交。大多数共同基金在美国东部时间下午4点完成资产净值计算，因为美国证券交易所一般在这个时间点闭市。与之相反，ETF份额在证券交易所连续报价。因而，投资者在二级市场上买卖ETF份额的价格不一定与ETF证券组合的资产净值相等。两位投资者如果在同一交易日的不同时间卖掉同一只ETF，可能会收到不同的报价，这些报价可能会不同于ETF的资产净值（和共同基金一样，其资产净值也是在东部时间下午4点完成计算）。

ETF净资产总额

截至2018年年底，美国ETF市场共有1 988只基金，净资产总额为3.4万亿美元，占全球ETF净资产总额（4.7万亿美元）的72%，稳居世界首位（图4.1和图4.2）。

美国ETF的绝大部分资产都是按照《1940年投资公司法案》向美国证监会注册并受其监管的基金（图4.2）。截至2018年年底，美国ETF净资产总额中有2%由非《1940年投资公司法案》ETF持有，这些ETF未按《1940年投资公司法案》向美国证监会注册并受其监管，且主要投资于大宗商品、货币和期货。投资于大宗商品、货币和期货的非《1940年投资公司法案》ETF根据《商品交易法》受商品期货交易委员会（CFTC）的监管，同时根据《1933年证券法案》受美国证监会的监管。仅投资于实物商品或货币的ETF根据《1933年证券法案》受美国证监会监管。截至2018年年底，此类基金有69只，净资产达620亿美元。

更多详情

《了解交易所交易基金：ETF运作机制》
www.ici.org/industry-research

图4.1

美国拥有全球最大的ETF市场

2018年年底数据，净资产总额占比

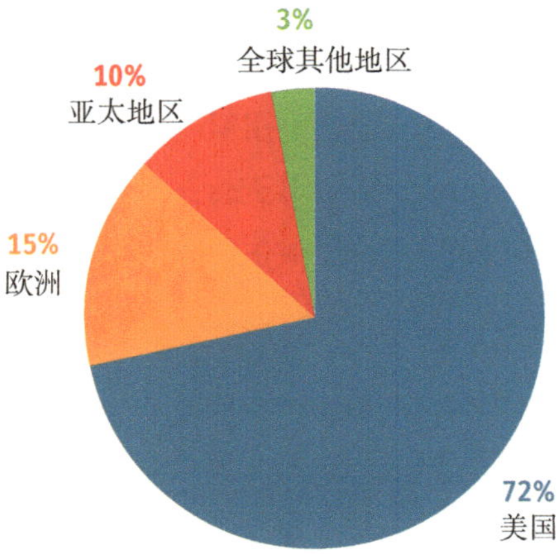

全球ETF净资产总额：4.7万亿美元

资料来源：美国投资公司协会和ETFGI。

图4.2

美国ETF的净资产总额和总数量

2009—2018年年末数据（单位：十亿美元）

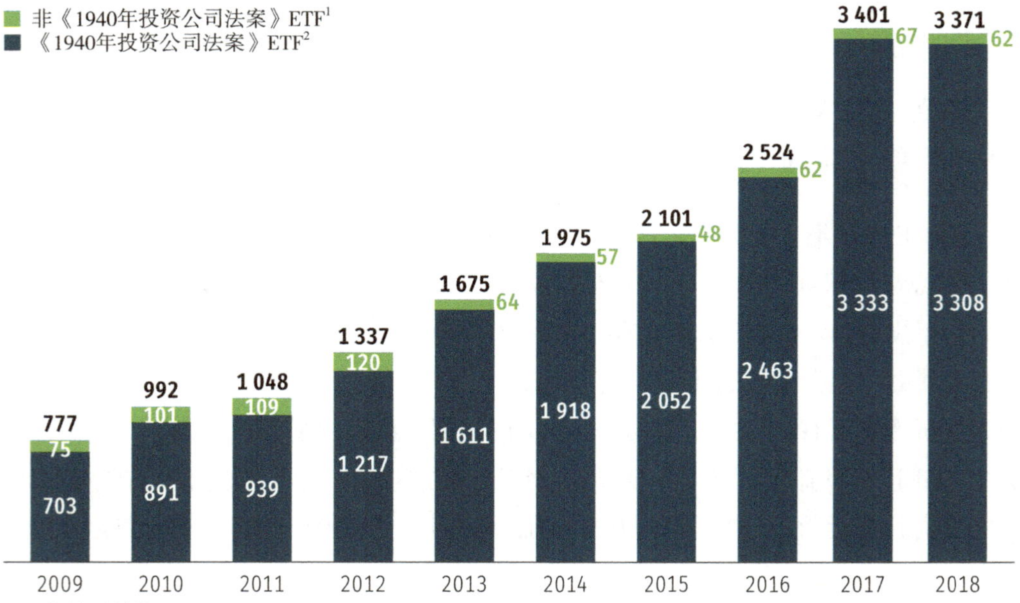

ETF数量（单位：只）

797	**923**	**1 135**	**1 195**	**1 295**	**1 412**	**1 595**	**1 716**	**1 835**	**1 988**

1. 该类型基金未按照《1940年投资公司法案》注册，且主要投资于大宗商品、货币和期货。

2. 该类型基金按照《1940年投资公司法案》注册。

ETF的发起设立

ETF由公司或金融机构作为发起人发起设立，并由其决定ETF的投资目标。以指数型ETF为例，发起人将决定标的指数和跟踪标的指数的方法。早期的许多ETF均跟踪传统指数，绝大部分都按照市值加权。近年来发行的指数型ETF跟踪的基准采取了多种指数编制方案，有的按照市值加权，有的按照其他基本面因子计算权重，如销售金额或账面价值。还有一些采用因子指标，这些指数首先按照一系列属性（包括价值、增长或股息支付）对候选证券进行筛选，然后按照相等权重或市值加权的方法确定筛选后股票组合的权重。其他定制指数方法包括对证券进行筛选、挑选以及加权，以最大限度地减少波动率，最大限度地增大分散度，或控制指数与市场的相关度。

指数型ETF跟踪标的指数的方法有很多种。指数型ETF可采取完全复制法（即将其全部资产按比例投资于标的指数的所有成分证券），也可通过投资于标的指数中具有代表性的证券样本进行抽样复制。有些ETF需要跟踪包含成千上万只证券的指数（如宽基指数或全市场指数），而且这些证券在持股和流通方面面临限制（某些外国证券）或难以获取（某些固定收益证券），对这类ETF而言，采用代表性抽样是一种非常实用的解决方案。

主动管理型ETF的发起人可以确定基金的投资目标，而且可以自行决定证券交易，这与主动管理型共同基金非常类似。如，发起人的投资目标可以领跑市场某个板块，也可以通过一个由股票、债券或其他资产构成的组合投资于某个特定板块。

ETF份额的申购和赎回（一级市场活动）

ETF份额的申购和赎回（直接涉及ETF标的证券的活动）被归为一级市场交易活动。ETF结构中的申购和赎回机制允许ETF流通在外的份额根据需求增加或减少（图4.3）。每个交易日，ETF都必须公布下一个交易日的申购赎回篮子。申购赎回篮子是载明证券、现金和/或其他资产的名称和数量的具体清单。申购赎回篮子通常按照整个投资组合等比例缩小或代表性抽样的方式来跟踪ETF投资组合。有时，申购赎回篮子可能只局限于ETF投资组合的一个子集，并包含一定数量的现金。如，债券型ETF申购赎回篮子的构成成分可能每天都不一样，其现金组合和债券挑选取决于标的债券市场的流动性。通常情况下，ETF每天的申购赎回篮子在构成成分上相差不大。

申购

授权参与商（AP，见第91页）提交一个或多个申购单位的订单时，新的ETF份额就完成了申购。一个申购单位包括特定数量的ETF份额，通常从2.5万份到25万份不等。当特定的申购篮子划入ETF投资组合中时，ETF份额就交付给授权参与商。ETF允许或要求授权参与商以现金代替申购篮子中的部分或全部证券或资产。此种情形一般发生在申购篮子中某个金融工具难以获取或不能被某些类型的投资者（如某些外国证券）所持有时。基金可能会向授权参与商收取一定的现金差额或交易费用来抵消基金承担的交易支出。申购篮子及任何现金差额的价值与申购单位的价值（按照交易发起日日终时ETF资产净值计算）相等。

授权参与商可以继续持有构成申购单位的ETF份额，也可以通过证券交易所、“暗池”（私营交易场所）或其他交易场所将ETF份额全部或部分出售给其客户或其他投资者。投资者之间（包括授权参与商）就现有ETF份额进行的交易被称为二级市场交易活动。

图4.3
ETF份额的申购

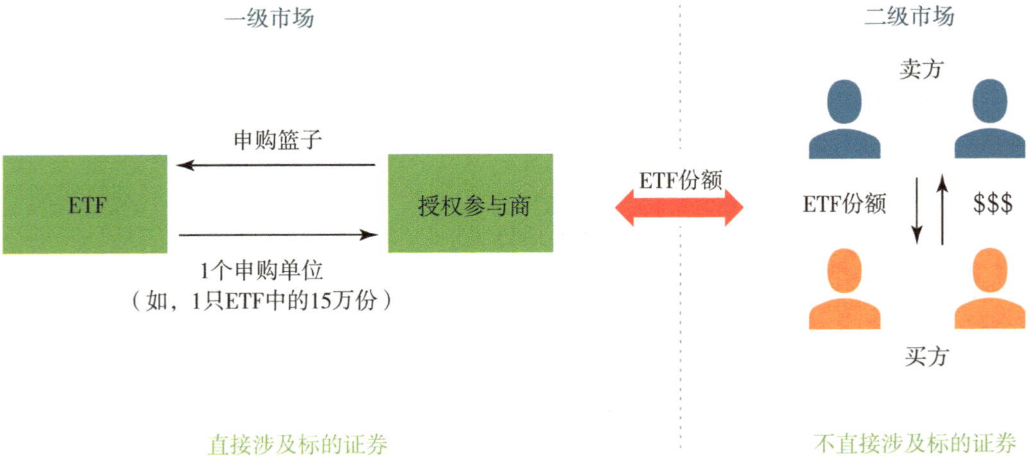

备注：申购篮子代表一份包含证券、现金和/或其他资产的具体清单。

赎回

一级市场的赎回过程与申购过程正好相反。授权参与商在获得ETF申购单位中指定数量的ETF份额后，将申购单位退回ETF，这样就完成了申购单位的赎回。随后，授权参与商会收到由证券、现金和/或其他资产构成的当日赎回篮子。赎回篮子及任何现金差额的总价值与申购单位的价值（按照交易发起日日终时ETF资产净值计算）相等。

什么是授权参与商

授权参与商（AP）通常是与ETF分销商签订了基金份额申购赎回法律合同的大型金融机构。此外，授权参与商是在美国注册、具备自主清算能力的经纪自营商，能够处理其自有账户所有交易的申请执行、清算和结算交易，同时也是国家证券清算公司（NSCC）和存款信托公司（DTC）的全面参与会员。

授权参与商在ETF的一级市场交易中扮演关键角色，因为他们是唯一可以直接与基金交易的投资者。授权参与商不从ETF或其发起人那里获得报酬，也没有申购和赎回ETF份额的法律义务。授权参与商通常通过交易ETF份额来获得报酬。而且，与在二级市场交易相比，授权参与商在一级市场申购和赎回份额能够更有效地管理公司总体风险敞口。有的授权参与商是清算经纪商（而非交易商），他们作为众多市场参与者申购和赎回基金的代理人而获得收入。这些市场参与者包括注册投资顾问和各种流动性提供者，如做市商、对冲基金和自营交易商。

有的授权参与商还在ETF生态系统中扮演其他角色，他们作为注册做市商经手在交易所交易的ETF份额。然而，ETF的二级市场交易并不仅仅依赖于授权参与商。事实上，除了授权参与商，还有许多实体同样以双边（买盘和卖盘）报价的方式为ETF提供流动性。这些流动性提供者也促进了ETF份额在二级市场上的交易。国内股票型ETF的流动性提供者数量最多（图4.4）。其他类型的ETF，如新兴市场股票ETF、国内高收益债券ETF和新兴市场债券ETF，同样在二级市场拥有众多流动性提供者。

更多详情

《申购和赎回过程及其重要性》
www.ici.org/viewpoints/view_12_etfbasics_creation

图4.4

二级市场拥有众多ETF流动性提供者

2014年12月数据

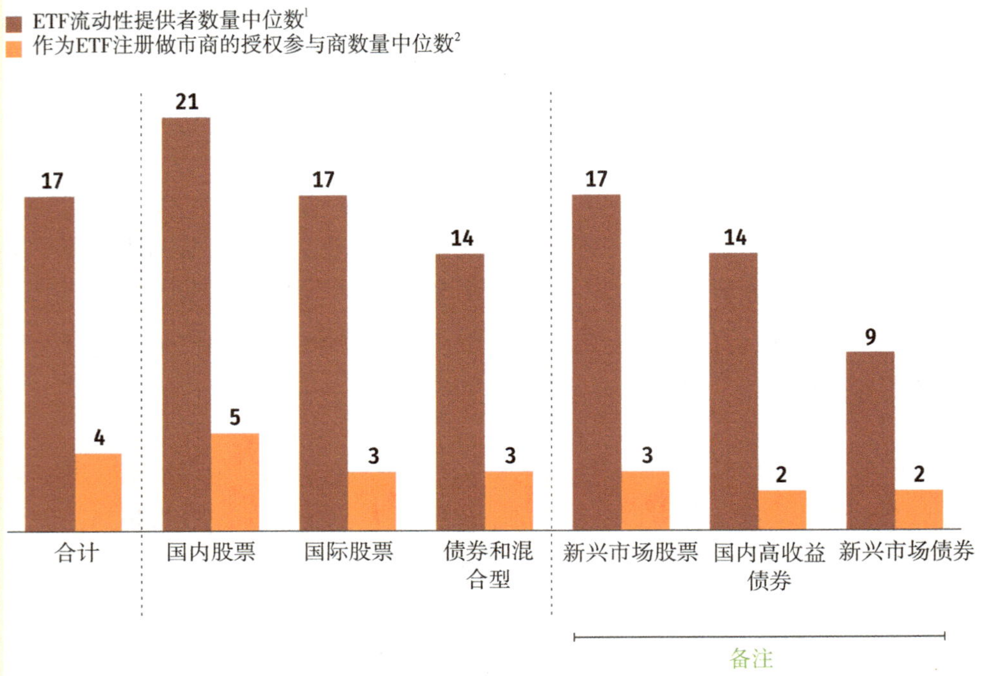

1. 在本图中，流动性提供者是指定期为ETF份额提供双边报价的主体。

2. 注册做市商在某家交易所注册，为该交易所的ETF份额提供双边市场。

资料来源：美国投资公司协会，《交易所交易基金授权参与商的角色和活动》。

ETF交易方式

ETF份额在证券交易所的价格受供需力量的影响。尽管供需失衡会导致ETF份额的价格偏离其标的资产价值，但大部分ETF的大幅偏离持续时间都比较短。ETF结构的两大特征使得基金交易价格接近其标的资产价值：一是投资组合透明，二是授权

更多详情

《交易所交易基金授权参与商的作用及活动》

www.ici.org/industry-research

参与商能够按照每个交易日日终的ETF资产净值申购或赎回ETF份额。

ETF持有量透明化可以通过完全披露投资组合来实现，也可以通过ETF投资组合的成分组成与已发布的指数、金融或宏观经济变量或其他指标之间的既定关系来实现。它可以使投资者观察交易日ETF份额价格和标的资产价值之间的差异并设法从中获利。ETF与第三方（通常是市场数据供应商）签订协议，委托其估算ETF份额的标的资产价值。该计算基于前一天投资组合的持有量，计算结果通常被称为日内参考价值（IIV），并在交易日内按照一定的时间间隔（通常间隔15秒）对外披露。有的市场参与商也会利用自有计算程序和专用数据流自行进行实时评估。

当ETF份额的价格与其标的证券价值之间存在差异时，交易可以让两者更加贴近。如，当ETF的交易价格低于标的资产价值出现折价时，投资者可以买入ETF份额或卖出标的证券，或两者同时进行。ETF需求的增长会抬高份额价格，而标的证券的销售则会降低份额价格，从而缩小ETF份额价格和标的资产价值之间的差距。当ETF的交易价格高于其标的资产价值出现溢价时，投资者可选择出售ETF或买入标的证券，或两者同时进行。这些交易行为将降低ETF份额价格或提高标的证券价格，也可能两种情况兼而有之，进而使得ETF的价格更加接近标的证券的市场价值。

在每个交易日结束时申购和赎回ETF份额的能力，同样有助于ETF以接近投资组合标的市场价值的市场价格进行交易。当ETF份额的市场价格与其标的资产价值之间出现偏差时，授权参与商（以自己的名义或其他市场参与者的名义）可在一级市场申购或赎回申购单位，从而获取利润。如，当ETF折价交易时，市场参与者可以通过买入ETF份额并卖空标的证券来获利。在该交易日日终时，授权参与商将ETF份额退还给基金，以换取ETF的赎回篮子，并用其覆盖标的证券的空头头寸。当ETF溢价交易时，市场参与者可通过在该交易日卖空ETF份额并买入标的证券来获利。在该交易日日终时，授权参与商（以自己的名义或其他市场参与者的名义）将向ETF交割申购篮子来换取ETF份额并用其覆盖之前卖空的ETF份额。

市场参与者的这些行为通常被叫作“套利”，有利于ETF份额的市场价格紧贴其标的资产价值。

更多详情

《ETF的流动性是否完全取决于授权参与商？》
www.ici.org/viewpoints/view_15_aps_etfs

ETF份额的二级市场交易

在二级市场（如通过交易所）交易的ETF投资者并不与ETF直接联系，大多也不会产生标的证券交易，因为他们只是在进行ETF份额的换手。尽管许多大型机构投资者可以同时在一级市场和二级市场进行ETF交易，但零售投资者一般仅能在二级市场投资ETF。大部分在二级市场交易的ETF投资者通常并不是为了套利，他们使用ETF是为了获取或减少对特定资产类别或投资策略的敞口。因此，ETF是投资者转移风险的有效手段。

纵观所有ETF，其交易活动大多在二级市场进行（交易ETF份额），而不是一级市场（通过授权参与商申购和赎回ETF份额）。如图4.5所示，平均来看，二级市场

图4.5

大部分ETF交易活动发生在二级市场

2015年1月2日至2018年12月31日每日数据，二级市场交易活动[1]相对于交易活动总量[2]的百分比（单位：%）

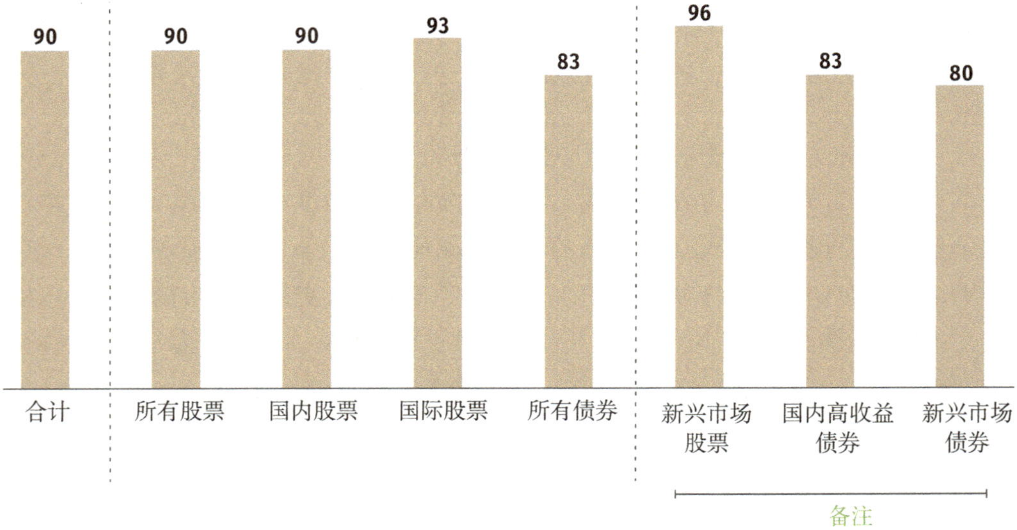

1. 二级市场交易活动是按照每一类型ETF在此样本内1 005个观察日的日均成交金额计算的。
2. 交易活动总量是按照一级市场和二级市场活动之和计算的。一级市场交易活动按照每只ETF的日申购或赎回规模计算，而这一规模是用每日ETF流通份额变动情况乘来自彭博（Bloomberg）的每日资产净值估算的。合计日申购和赎回规模是按照每个交易日不同投资目标的所有ETF的申购量与赎回规模绝对值之和计算的。平均日申购和赎回规模是合计日申购和赎回规模分摊到样本内1 005个观察日的平均值。

资料来源：美国投资公司协会和彭博（Bloomberg）。

更多详情

《了解1934年证券交易法案对交易所交易基金的监管规定》

www.ici.org/etf

上的ETF交易活动占每日交易总量的90%。即便是投资目标较窄的ETF（如新兴市场股票ETF、国内高收益债券ETF和新兴市场债券ETF），大部分交易也发生在二级市场（分别为96%、83%和80%）。平均而言，债券型ETF（83%）在二级市场的交易占比要低于股票型ETF（90%）。因为债券型ETF在行业内还处于成长期，许多规模偏小的债券型ETF还没有形成成熟的二级市场。随着债券型ETF净资产总额的不断增加，其二级市场深度可能也会不断改善。

投资者，尤其是机构投资者，利用ETF来快速、有效地转移和对冲风险。因此，ETF二级市场的成交量（按照基金份额的交易价值衡量）在市场震荡期间有所上升就不足为奇了。2018年2月的第1周，美国股票价格①下跌了5%，股票市场波动性在经历相当长一段时期的平缓之后快速加剧。如图4.6所示，截至2018年2月7日，ETF二级市场的当周市场交易量达到9 290亿美元，占美国股票市场交易总量2.7万亿美元的34%。相比之下，此前1周，股票市场相对平稳，ETF交易额占美国股票市场

图4.6

投资者在市场承压时利用ETF快速、有效地转移和对冲风险

美国股票市场交易份额的总价值（单位：十亿美元）

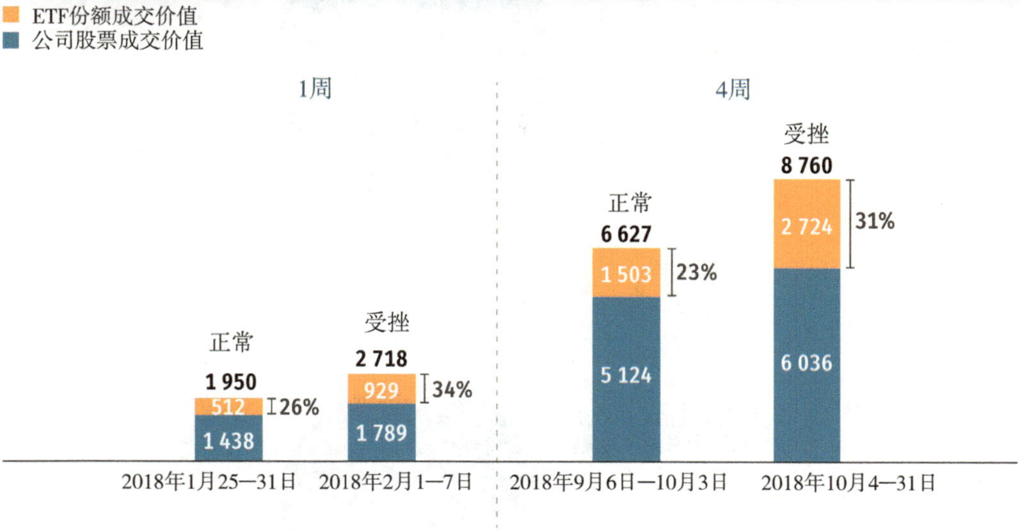

备注：标普500指数波动性（百分数%）[1]

2018年1月25—31日	2018年2月1—7日	2018年9月6日—10月3日	2018年10月4—31日
7.7	14.1	6.6	14.4

1. 这里使用的是标普500指数当期30天平均年化波动率。

资料来源：美国投资公司协会根据彭博（Bloomberg）和芝加哥期权交易所数据制作的表格。

① 以威尔逊5000 指数衡量。

交易总额的比重为26%。随后，在2018年10月4—31日，美国股票下跌8%，股票市场波动性进一步加剧。在这4周里，ETF二级市场交易额达到2.7万亿美元，相当于同期美国股票市场交易总额8.8万亿美元的31%。相比之下，在此之前的4周，ETF二级市场交易额仅占美国股票市场交易总额的23%。在这两次股票市场受挫的情形下，公司股票交易额均有所增加。

ETF二级市场的大部分交易都是投资者之间的交易。这些发生在二级市场上的交易并不会去"碰"ETF持有的证券，只有ETF份额在一级市场交易（申购和赎回）时才会发生这种情况。如图4.7所示，2018年2月的第1周，国内股票型ETF的净赎回规模为220亿美元（一级市场活动），仅占当周1.8万亿美元公司股票换手量

图4.7

2018年，ETF对标的股票的影响极小，并未导致市场波动

选定日期数据

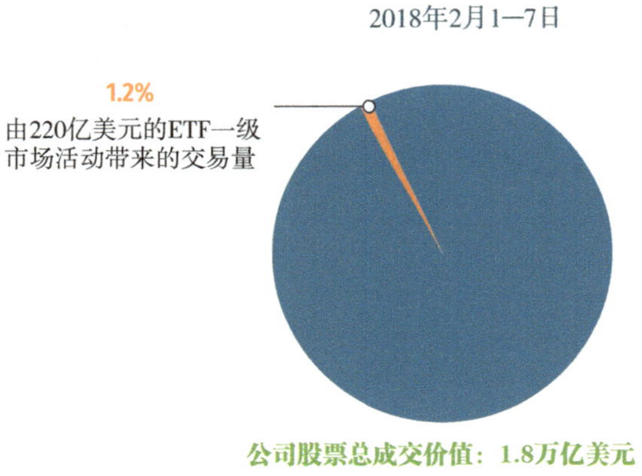

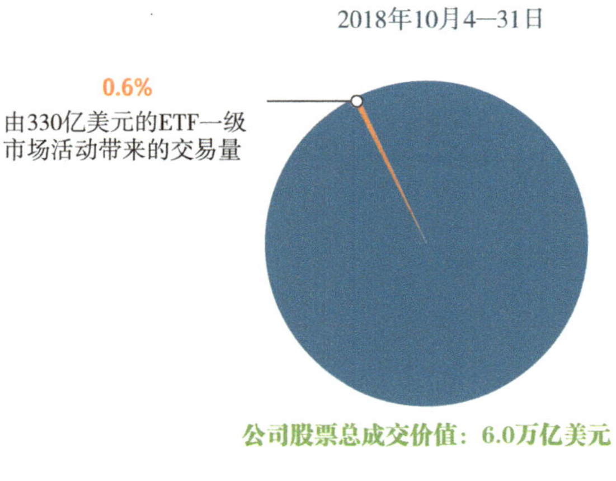

资料来源：美国投资公司协会根据彭博（Bloomberg）和芝加哥期权交易所数据制作的表格。

的1.2%。2018年10月4—31日的4周里，国内股票型ETF在一级市场的交易总额达到330亿美元（该时间段内每周净发行总量），占当期6.0万亿美元公司股票成交额的0.6%。在这段市场剧烈波动的时期，尽管公司股票的成交量很大，但仅有极小一部分成交量是由ETF带来的。

对ETF的需求

2009—2018年，机构投资者发现ETF是参与或对冲股票市场波动的便捷工具，于是他们对ETF的需求持续增长。零售投资者及其理财顾问对这些投资工具的认识不断加深，这也影响了市场对ETF的需求。截至2018年年底，ETF的净资产总额达到投资公司所管净资产总额的约16%。2018年全年，ETF份额净发行规模（包括股息再投资）为3 110亿美元，尽管低于2017年的历史记录，但数字也非常可观（图4.8）。

图4.8

2018年度ETF份额净发行规模依然可观

2009—2018年年度数据（单位：十亿美元）

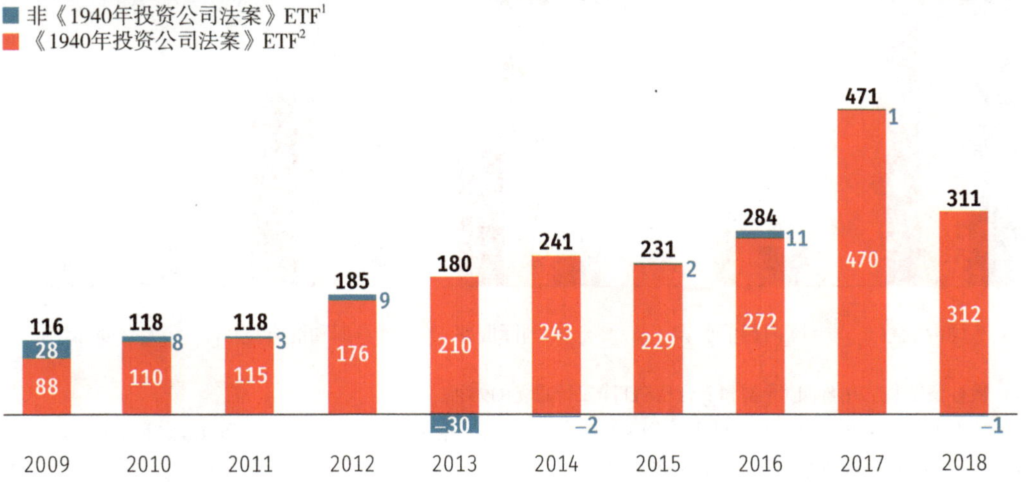

1. 该类型基金未按照《1940年投资公司法案》注册，且主要投资于大宗商品、货币和期货。

2. 该类型基金按照《1940年投资公司法案》注册。

备注：净发行规模数据含股息再投资数据。

更多详情

《将矛头对准指数型基金并不能揭示市场波动性的原因》

www.ici.org/viewpoints/view_18_index_volatility

2018年，除大宗商品外，所有宽基资产类别的ETF净发行规模均有所下降（图4.9）。全球/国际股票型ETF的需求在2018年大幅下降，净发行规模从2017年的1 600亿美元降至700亿美元。与2017年需求上升28%相比，2018年下降了14%（包括再投资红利），需求下降可能是因为国际股票市场表现疲软①，此外也与美元升值了7%有关②，这逐渐导致美国投资者对国际投资失去兴趣。尽管国内股票收益不佳（下降5%）③，但2018年宽基国内股票型ETF的净发行规模仍然强劲，新增净发行额为1 410亿美元，仅略低于2017年的1 560亿美元。2018年，债券型和混合型ETF的需求略有下降，新增净发行额总计为1 000亿美元，低于2017年的1 230亿美元。发行的大部分是短期债券型ETF，这可能是由于美国短期利率上升以及美国国债收益率曲线趋平。

图4.9

ETF净发行额（按投资类型划分）

2016—2018年年度数据（单位：十亿美元）

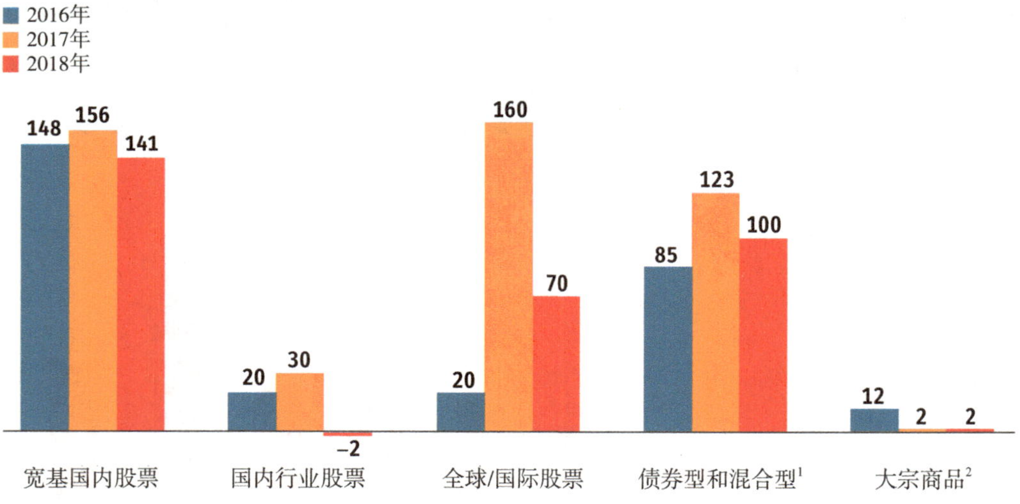

1. 债券型ETF占2018年债券型和混合型ETF净发行总量的98%。
2. 本类别包含主要投资于大宗商品、货币和期货的基金（无论是否按《1940年投资公司法案》注册）。
备注：净发行额的数据包含股息再投资数据。

① 根据MSCI全球每日总回报率指数（除美国以外）衡量。
② 根据广义贸易加权美元指数衡量。
③ 根据威尔逊5000全收益指数衡量。

更多详情

《大量市场参与者为ETF提供流动性》
www.ici.org/viewpoints/view_14_ft_etf_liquidity

ETF诞生已逾25年，在此期间，国内大盘股ETF已经成为ETF净资产总额中占比最大的类别。截至2018年年底，国内大盘股ETF净资产总额总计达9 270亿美元，占ETF净资产总额的28%（图4.10）。受近年来强劲的投资者需求推动，债券型和混合型ETF占ETF净资产总额的19%（6 410亿美元）。国际股票型ETF占ETF净资产总额的13%，达4 240亿美元。

图4.10

ETF净资产总额主要集中于国内大盘股

2018年年底数据（单位：十亿美元）

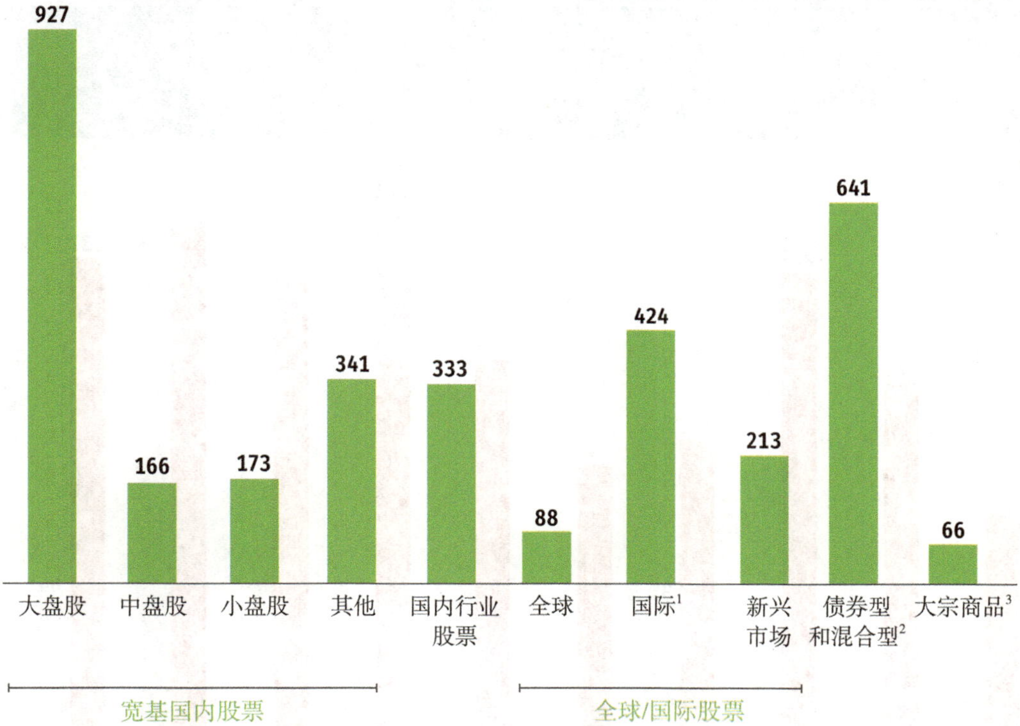

1. 本类别包含国际、地区和单个国家的ETF，但不包含新兴市场ETF。
2. 2018年，债券型ETF占债券型和混合型ETF净资产总额的99%。
3. 本类别包含主要投资于大宗商品、货币和期货的基金（无论是否按《1940年投资公司法案》注册）。

更多详情

《美国投资公司协会寻求改善ETF及其投资者的市场表现》
www.ici.org/video/fof_02_26_16_cap_mkts_etfs

投资者对ETF的需求大增，导致基金发起人申购的ETF数量快速增长，2009—2018年，基金发起人向投资者新发售了2 021只ETF基金（图4.11）。2017年和2018年，国内股票型ETF占新发售ETF的近半数。全球/国际股票型ETF和债券型ETF分别占2018年新发售ETF的约1/4。2008年市场开始承压时，发起人开始清算未能吸引足够投资者的ETF，而在此之前被清盘的ETF非常少。2012年，随着发起人退出指数型ETF市场，被清盘的ETF数量猛增到81只。2013—2017年，ETF清盘数量稳步上升，这是行业不断成熟的必然结果。2018年，随着发起人从其ETF组合中清除掉一些全球/国际股票型ETF和行业股票型ETF，又有84只ETF被清盘。

图4.11
进入和退出基金行业的ETF数量
2009—2018年数据（单位：只）

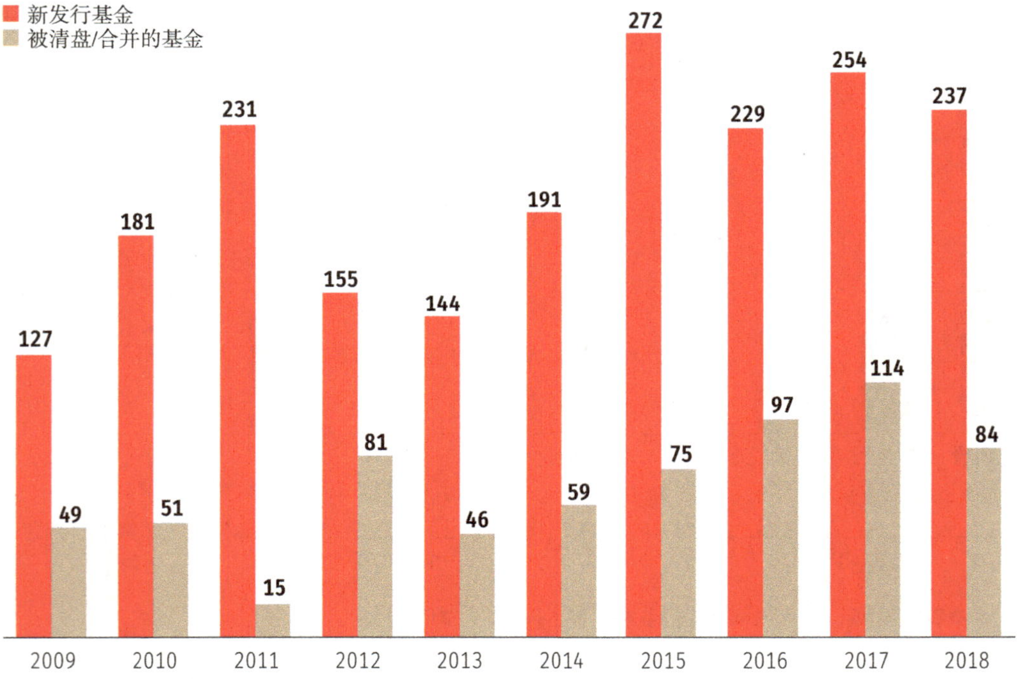

备注：数据包含主要投资于其他ETF的ETF。

持有ETF的家庭的特征

2018年，约有790万户美国家庭持有ETF，约占美国家庭总户数的6%。在持有共同基金的美国家庭中，约有13%的家庭同时持有ETF。持有ETF的家庭中通常包含持有大量股票和固定收益投资的富裕投资者。如图4.12所示，2018年，持有ETF的家庭中，有93%同时持有股票型共同基金、个人股或可变年金，有66%同时持有债券型共同基金、个人债券或固定年金，有48%拥有投资性房地产项目。

图4.12

持有ETF的家庭投资范围较广

2018年数据，持有ETF的家庭中持有各类投资的百分比（单位：%）

股票型共同基金、个人股或可变年金（总数）	93
债券型共同基金、个人债券或固定年金（总数）	66
共同基金（总数）	90
股票型	87
债券型	53
混合型	44
货币市场	57
个人股	74
个人债券	26
固定或可变年金	31
投资性房地产	48

备注：含调查问卷的多选答案。

持有ETF的家庭所呈现出的一些特征与持有共同基金和直接拥有股票的家庭较为相似。如，与持有共同基金和持有个人股的家庭一样，持有ETF的家庭，其家庭收入通常超过全国中位数，并且至少拥有一个固定缴款（DC）退休计划账户（图4.13）。然而，持有ETF的家庭也显示出一些与持有其他资产的家庭不同的特征。如，与持有共同基金和个人股的家庭相比，持有ETF的家庭往往受教育程度更高，家庭金融资产更多，而且拥有个人退休账户（IRA）的可能性更大。

图4.13

持有ETF的家庭的特征

2018年数据

	所有美国家庭	持有ETF的家庭	持有共同基金的家庭	持有个人股的家庭
中位数				
家庭户主的年龄[1]	52岁	49岁	51岁	53岁
家庭收入[2]	60 000美元	130 000美元	100 000美元	113 000美元
家庭金融资产[3]	80 000美元	500 000美元	250 000美元	400 000美元
家庭百分比/%				
家庭中储蓄和投资的主要决策者或共同决策者				
已婚或同居	57	71	70	69
大学或研究生学历	35	65	53	57
在职（全职或兼职）	62	76	76	72
从终身职业中退休	29	25	23	28
家庭拥有				
IRA（个人退休账户）	33	77	61	64
DC（退休计划账户）	48	74	84	72

1. 年龄的统计基于家庭储蓄和投资的唯一决策者或共同决策者的年龄。
2. 报告的总收入为2017年申报的税前家庭收入。
3. 家庭金融资产包括雇主发起式退休计划资产，但不包括家庭的主要住房。

持有ETF的家庭更愿意承担投资风险（图4.14）。2018年，在持有ETF的家庭中，51%的家庭愿意为获得巨额收益或较高收益承担重大投资风险或较高投资风险，而在所有美国家庭和持有共同基金的家庭中，这一比例分别为24%和35%。这一结果可能源于股票型ETF的主导地位，其在ETF净资产总额中占到79%（图4.10）。愿意承担投资风险的投资者更有可能投资股票。

更多详情

《持ETF家庭详析》

www.ici.org/industry-research

图4.14

持有ETF的家庭愿意承担更高的投资风险

2018年数据，在所有美国家庭、持有共同基金的家庭、持有ETF的家庭中所占百分比（单位：%）

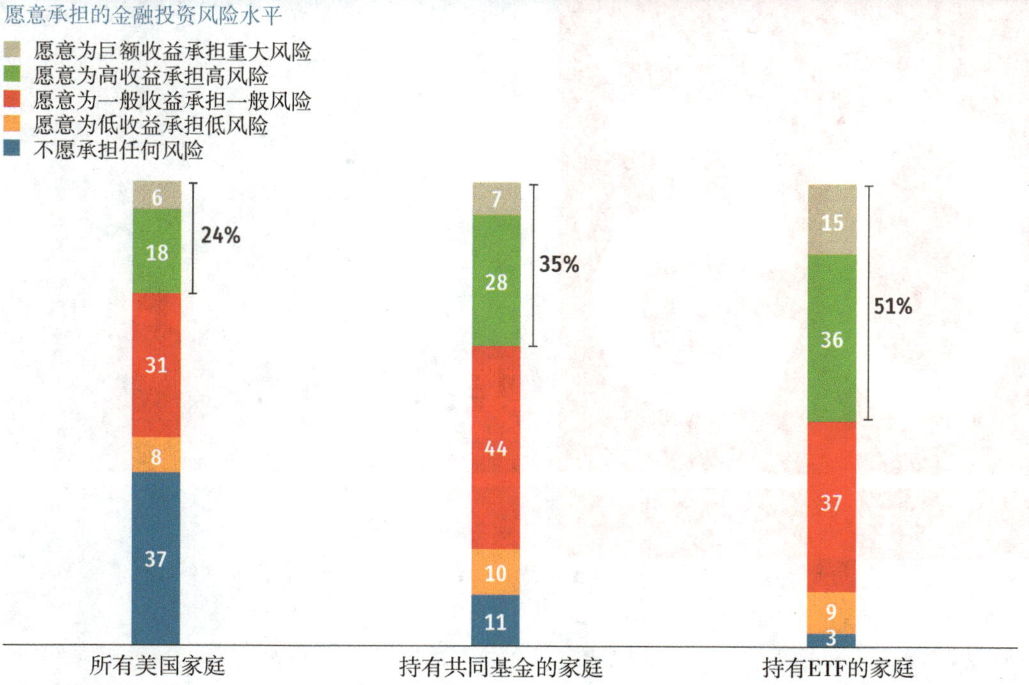

更多详情

《美国投资公司协会解析：了解ETF》

www.ici.org/video/explain_18_etfs

章节

05 美国封闭式基金

封闭式基金是投资公司四种主要类型之一，其他三种分别是共同（或开放式）基金、交易所交易基金（ETF）和单位投资信托。封闭式基金的基金份额一般是固定的，并且在交易所或场外交易（OTC）市场交易。封闭式基金的资产由专业人士根据基金的投资目标和投资政策管理，可以投向股票、债券和其他证券。

2018年年底，债券型基金占封闭式基金资产总额的近2/3

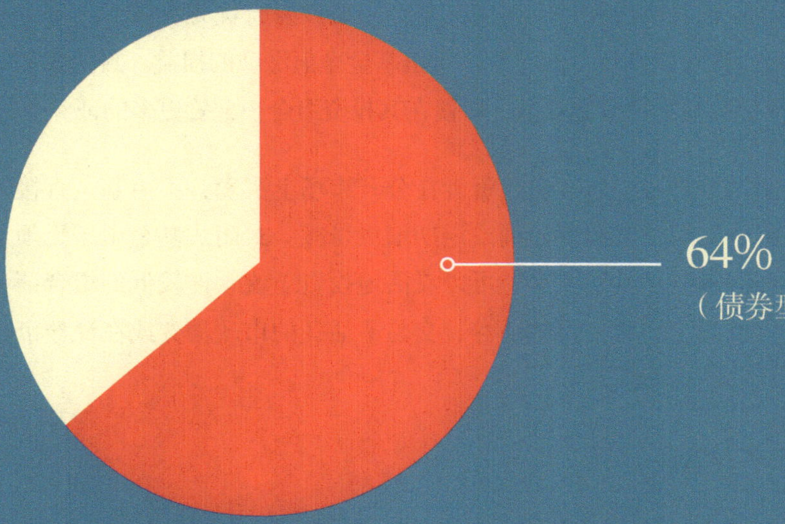

本章目录

什么是封闭式基金

封闭式基金是投资公司的一种类型，其基金份额在证券交易所上市或在场外交易（OTC）市场上交易。封闭式基金的资产由专业人士根据基金的投资目标和投资政策管理，可以投资于股票、债券及其他证券。和其他上市交易的证券一样，封闭式基金的市场价格会出现波动，并且由市场的供需情况决定。

封闭式基金的申购是通过在首次公开发行期间向投资者发行固定数量的普通级份额来完成的。通过二次发行或后续发行、按市价发行、附权发行或股息再投资，可以增发普通级份额。除普通级份额外，封闭式基金还可以发行优先级份额。与普通级份额不同，优先级份额可以获得分红，且不承担基金净值涨跌的损益。封闭式基金可以通过发行优先级份额募集更多的资金，以便在其投资组合中配置更多的证券。

封闭式基金的份额发行之后，通常由投资者在公开市场上买卖，不由基金直接申购或赎回。不过，有些封闭式基金可回购或定期增发份额。封闭式基金由于无须保留现金储备或出售证券来满足赎回要求，可以灵活地投资于流动性较低的组合证券。如，封闭式基金可投资于小型公司的证券、交易不活跃的市政债券或在证券市场尚不成熟的国家进行交易的证券。

封闭式基金净资产总额

2018年年底，506只封闭式基金的净资产总额为2 500亿美元（图5.1），较2017年年底减少9.8%。这主要是由于受全球股票市场下跌的影响。

更多详情

封闭式基金资源中心

www.ici.org/cef

图5.1

2018年年底，封闭式基金净资产总额达2 500亿美元

2008—2018年年末数据（单位：十亿美元）

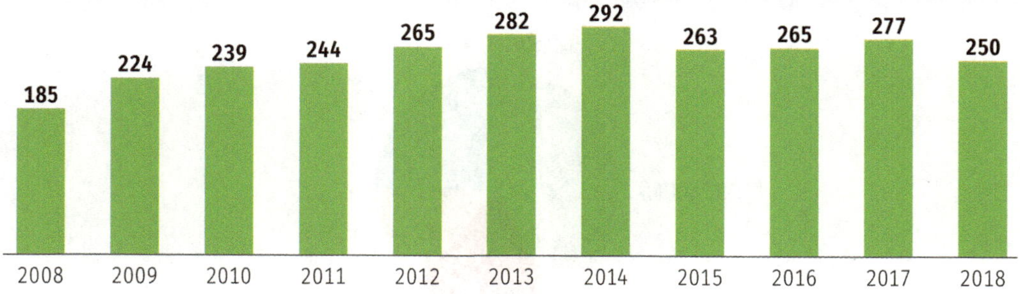

封闭式基金数量（单位：只）

2008	2009	2010	2011	2012	2013	2014	2015	2016	2017	2018
644	629	626	634	604	601	570	561	534	533	506

备注：总资产是指通过普通级份额和优先级份额募集资金的封闭式基金组合所持资产减去优先级份额之外的负债的公允价值。

资料来源：《封闭式基金市场（2018年）》（刊载于《美国投资公司协会研究视角》）。

长期以来，债券型基金在封闭式基金资产中一直占据很大份额。如图5.2所示，2008年年底，封闭式基金净资产总额的61%由债券型基金持有，其余由股票型基金持有。而2018年年底，封闭式基金净资产总额的64%（1 590亿美元）由债券型基金持有，其余36%（910亿美元）由股票型基金持有。这样的比例一直保持相对稳定，部分原因是有两个相互抵消的因素在发挥作用：2008—2018年，债券型封闭式基金的累计净发行规模高于股票型基金份额，但同期美国股票总收益①又高于美国债券总收益②。

2018年，投资者可投资的封闭式基金数量下降，远低于2011年的峰值水平（图5.1）。2011—2018年，清盘、合并、转为开放式共同基金或交易所交易基金的封闭式基金数量大于其发行数量。

① 根据威尔逊5000全收益指数衡量。

② 根据富时美国投资级债券综合指数衡量。

图5.2

封闭式基金市场构成（按投资目标划分）

2008年年底和2018年年底数据，封闭式基金资产总额百分比

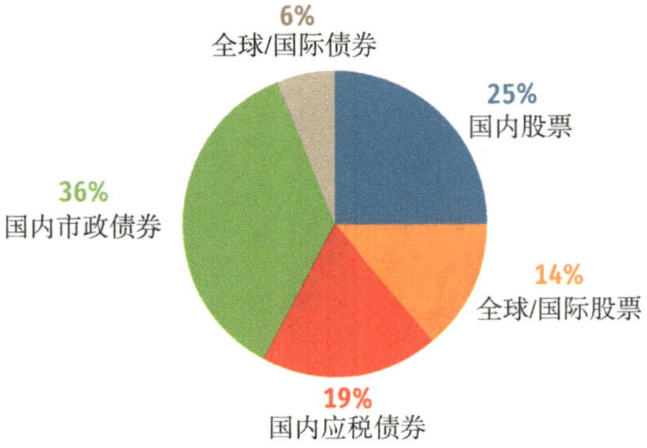

2008年净资产总额：1 850亿美元

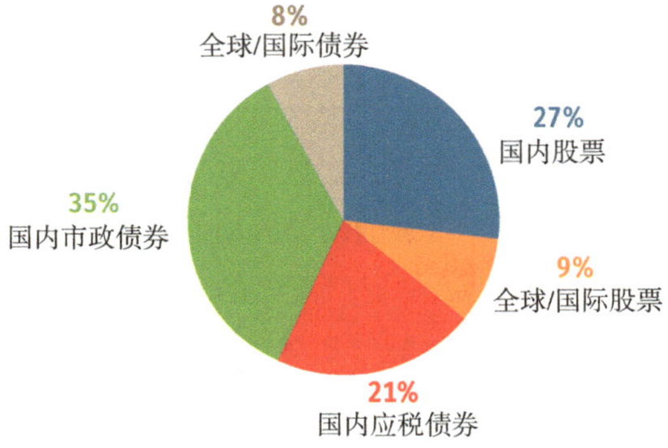

2018年净资产总额：2 500亿美元

资料来源：《封闭式基金市场（2018年）》（刊载于《美国投资公司协会研究视角》）。

封闭式基金净发行规模

2018年，封闭式基金净发行额为5.97亿美元（图5.3）。债券型封闭式基金净发行额约为10亿美元，且其中绝大多数是国内市政债券型封闭式基金。股票型封闭式基金净赎回额则为4.12亿美元。

更多详情

《2018年封闭式基金市场》

www.ici.org/research/investors/closedend

图5.3
封闭式基金份额净发行规模
2009—2018年数据（单位：百万美元）

年份	总规模	股票型			债券型			
		合计	国内	全球/国际	合计	国内应税	国内市政	全球/国际
2009	–3 259	–2 520	–2 366	–154	–739	–788	–238	287
2010	5 430	2 054	1 995	59	3 376	1 900	1 119	357
2011	6 018	4 466	3 206	1 260	1 551	724	825	2
2012	11 385	2 953	2 840	113	8 432	3 249	3 102	2 081
2013	14 515	3 605	4 097	–491	10 909	3 921	530	6 459
2014	4 935	4 314	3 819	494	621	266	567	–212
2015	1 829	1 267	224	1 043	562	678	–11	–104
2016	1 572	58	242	–184	1 515	1 437	576	–498
2017	570	–548	–147	–401	1 118	758	123	237
2018	597	–412	–352	–60	1 009	42	971	–4

备注：净发行规模是总发行规模（包括来自首次公开发行及增发份额的收益）的美元价值减去总赎回份额（包括回购份额和基金清盘）。正值表示总发行规模超过总赎回规模，负值表示总赎回规模超过总发行规模。
资料来源：《封闭式基金市场（2018年）》（刊载于《美国投资公司协会研究视角》）。

封闭式基金的收益分配

2018年，封闭式基金向份额持有人分配了167亿美元（图5.4）。封闭式基金可以通过三种来源向份额持有人分配收益：收入分配（包括利息和股息）、已实现资本利得和资本回报。收入分配占封闭式基金收益分配的67%，其中股票型封闭式基金和债券型封闭式基金的贡献比例基本相当。已实现资本利得占封闭式基金收益分配的18%，资本回报占15%。

图5.4
封闭式基金的收益分配
2018年数据，封闭式基金收益分配百分比

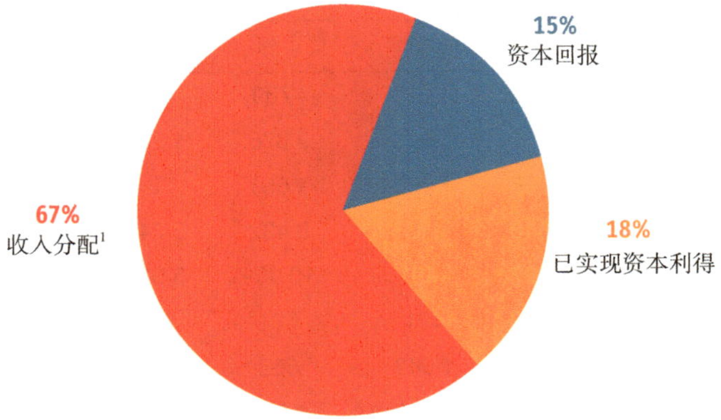

封闭式基金的收益分配总额：167亿美元

1. 收入分配来自基金投资证券所得的利息和股息。

资料来源：《封闭式基金市场（2018年）》（刊载于《美国投资公司协会研究视角》）。

封闭式基金的杠杆

由于受到严格的监管限制，封闭式基金允许在投资策略中使用杠杆。封闭式基金使用杠杆可以获得更高的长期回报，但同时也增加了份额价格波动的风险和可能性。封闭式基金杠杆分为结构化杠杆和投资组合杠杆两种。截至2018年年底，至少有332只封闭式基金（占封闭式基金总数的66%）在投资策略中使用了结构化杠杆或某些类型的投资组合杠杆（如软性选择权债券或逆回购协议），其中也有一些封闭式基金同时使用了这两种杠杆（图5.5）。

图5.5

封闭式基金使用结构化杠杆和某些类型的投资组合杠杆

2015—2017年，2018年第1—4季度期末数据，基金数量（单位：只）

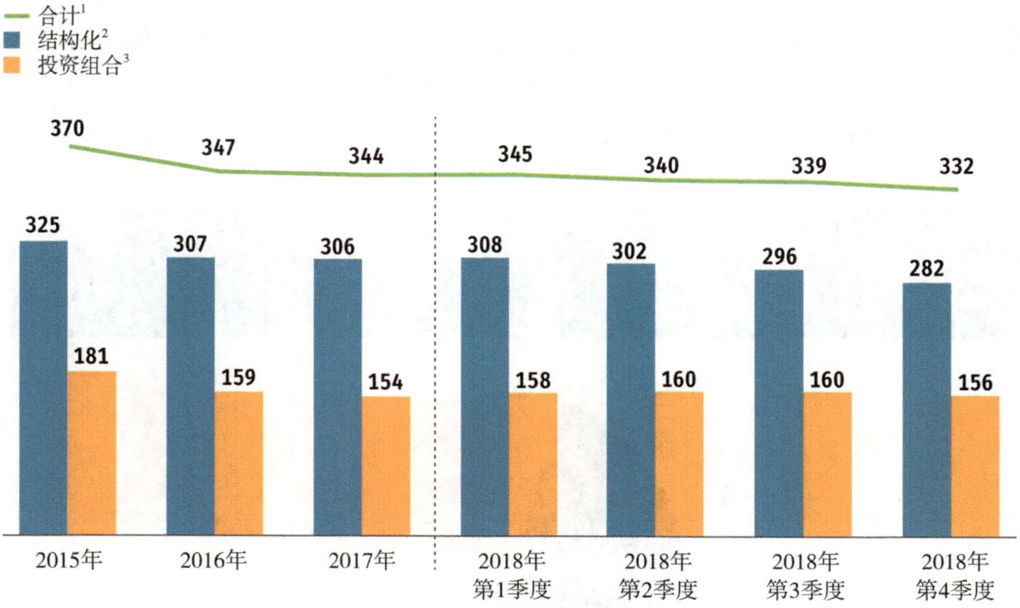

1. 各数相加之和可能并不等于合计数字，因为基金可能同时使用了结构化杠杆和投资组合杠杆。
2. 结构化杠杆通过借款、发行债务、发行优先级份额来增加基金的组合资产，从而改变封闭式基金的资本结构。
3. 投资组合杠杆是特定类型组合投资产生的杠杆，如特定类型的衍生品、逆回购协议、软性选择权债券以及其他投资或交易类型。仅逆回购协议和软性选择权债券的数据可供使用。由于数据收集方面的限制和各种带杠杆属性的投资/交易类型的持续发展（以及对杠杆的不同定义），实际的投资组合杠杆可能与上述数据存在较大差异。

资料来源：《封闭式基金市场（2018年）》（刊载于《美国投资公司协会研究视角》）。

更多详情

《有关封闭式基金及其所用杠杆的常见问题》

www.ici.org/faqs/faq/other/faqs_closed_end

结构化杠杆是最常见的杠杆类型，通过增加基金的组合资产来改变封闭式基金的资本结构。封闭式基金结构化杠杆的种类包括借款、发行债务和优先级份额。截至2018年年底，共有282只基金使用了结构化杠杆，总规模为514亿美元，其中超半数（54%）来自优先级份额（图5.5和图5.6）。其余46%的封闭式基金结构化杠杆为其他类型的结构化杠杆，包括银行借款和其他债务形式。截至2018年年底，使用结构化杠杆的封闭式基金的平均杠杆率①为28%。在使用结构化杠杆的封闭式基金中，债券型基金的平均杠杆率为30%，略高于股票型基金的24%。

图5.6

优先级份额在封闭式基金结构化杠杆中占绝大多数

2018年年末数据，封闭式基金结构化杠杆百分比

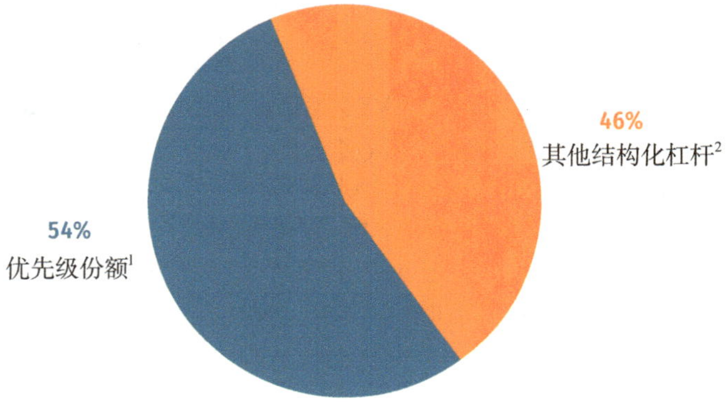

封闭式基金的结构化杠杆合计：514亿美元

1. 封闭式基金可以发行优先级份额来筹集更多资本，用于在投资组合中配置更多的证券。与普通级份额不同，优先级份额的持有人以固定收入和资本利得的方式获得收益分配，且不分担基金份额价值涨跌的损益。
2. 其他结构化杠杆包括银行借款和其他债务形式。

资料来源：《封闭式基金市场（2018年）》（刊载于《美国投资公司协会研究视角》）。

投资组合杠杆是特定类型组合投资产生的杠杆，如特定类型的衍生品、逆回购协议和软性选择权债券。截至2018年年底，共有156只封闭式基金持有193亿美元的逆回购协议和软性选择权债券（图5.5和图5.7）。

① 杠杆率是指优先级份额及其他结构化杠杆的金额与普通资产、优先级份额及其他结构化杠杆金额的总额之比。

图5.7
投资组合杠杆的使用情况
2015—2017年和2018年第1—4季度期末数据（单位：十亿美元）

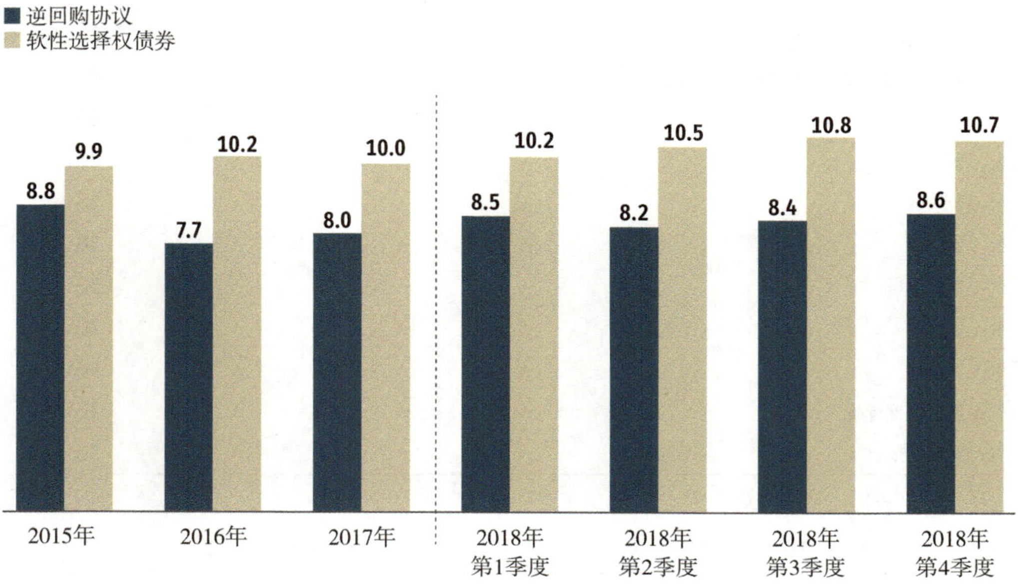

备注：投资组合杠杆是特定类型组合投资产生的杠杆，如特定类型的衍生品、逆回购协议、软性选择权债券以及其他投资或交易类型。仅逆回购协议和软性选择权债券的数据可供使用。由于数据收集方面的限制和各种带杠杆属性的投资/交易类型的持续发展（以及对杠杆的不同定义），实际的投资组合杠杆可能与上述数据存在较大差异。

资料来源：《封闭式基金市场（2018年）》（刊载于《美国投资公司协会研究视角》）。

持有封闭式基金的家庭的特征

2018年，约有360万美国家庭持有封闭式基金。这些家庭通常包含持有大量股票和固定收益投资的富裕投资者。如图5.8所示，2018年，持有封闭式基金的家庭中，有95%同时持有股票型共同基金、个人股或可变年金，有81%同时持有债券型共同基金、个人债券或固定年金，有53%还拥有投资性房地产项目。

图5.8

持有封闭式基金的投资者投资范围较广

2018年数据，持有封闭式基金的家庭持有各类投资的百分比（单位：%）

股票型共同基金、个人股或可变年金（总数）	95
债券型共同基金、个人债券或固定年金（总数）	81
共同基金（总数）	89
股票型	86
债券型	53
混合型	38
货币市场	52
个人股	70
个人债券	44
固定或可变年金	45
投资性房地产	53

备注：含调查问卷的多选答案。

资料来源：《封闭式基金市场（2018年）》（刊载于《美国投资公司协会研究视角》）。

由于持有封闭式基金的许多家庭同时也持有股票和共同基金，封闭式基金持有人在很多方面都类似于股票和共同基金持有人。如，与持有股票和共同基金的家庭一样，持有封闭式基金的家庭中，户主往往拥有大学教育背景，并且家庭收入超过全国家庭收入的中位数（图5.9）。

然而，持有封闭式基金的家庭与持有共同基金的家庭之间也存在一些不同之处。如，持有封闭式基金的家庭往往拥有更多的家庭金融资产（图5.9）。此外，持有封闭式基金的家庭中有37%已经从终身职业中退休，而持有共同基金的家庭中这一比例只有23%。

图5.9

封闭式基金投资者的家庭收入和金融资产高于平均水平

2018年数据

	所有美国家庭	持有封闭式基金的家庭	持有共同基金的家庭	持有个人股的家庭
中位数				
户主年龄[1]	52岁	54岁	51岁	53岁
家庭收入[2]	60 000美元	125 000美元	100 000美元	113 000美元
家庭金融资产[3]	80 000美元	500 000美元	250 000美元	400 000美元
家庭百分比/%				
家庭中储蓄和投资的主要决策者或共同决策者				
已婚或同居	57	63	70	69
大学或研究生学历	35	55	53	57
在职（全职或兼职）	62	65	76	72
从终身职业中退休	29	37	23	28
家庭拥有				
IRA	33	78	61	64
DC（退休计划账户）	48	70	84	72

1. 年龄的统计基于家庭储蓄和投资的唯一决策者或共同决策者的年龄。

2. 报告的总收入为2017年申报的税前家庭收入。

3. 家庭金融资产包括雇主发起式退休计划资产，但不包括家庭的主要住房。

资料来源：《封闭式基金市场（2018年）》（刊载于《美国投资公司协会研究视角》）。

更多详情

《封闭式基金指南》

www.ici.org/cef/background/bro_g2_ce

章节

06 美国基金的开支和费用

共同基金为投资者提供许多与投资相关的服务，投资者享受这些服务会产生两类主要开支和费用：运营费用和销售费用。长期以来，共同基金投资者支付的平均费率（即运营费用）已显著下降。如，按资产加权计算，股票型共同基金的平均费率从2000年的0.99%下降到2018年的0.55%，降幅达44%。

股票型共同基金投资者支付的费率已连续九年下降

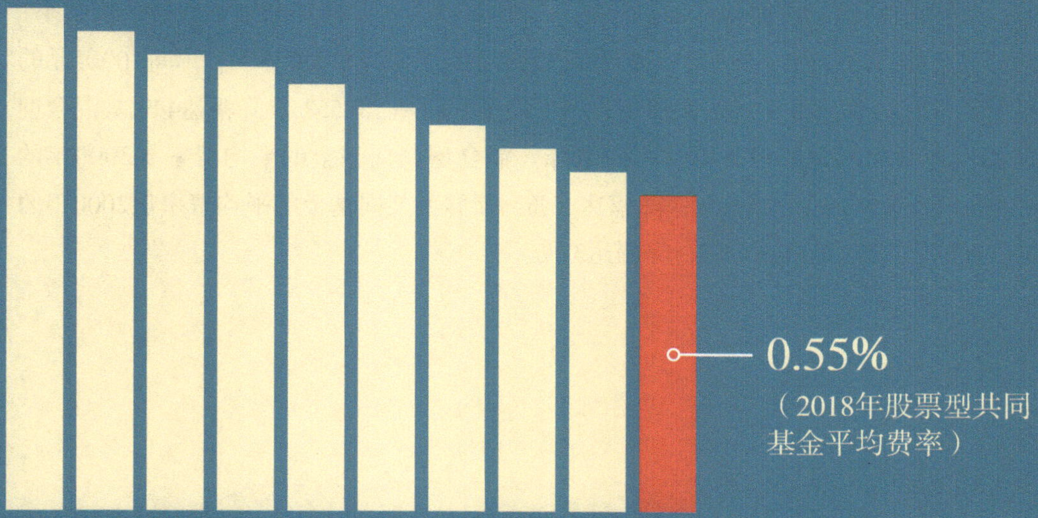

本章目录

共同基金费用趋势

共同基金投资者主要产生两类开支和费用：运营费用和销售费用。运营费用涵盖投资组合管理、基金管理、日常基金会计与定价、持有者服务（如客服中心和网站）、分销服务费（12b-1费用）及其他运作成本。这些支出均包含在基金的费率（以资产百分比形式表示的基金年度支出）中。由于费用是从基金资产中列支的，所以投资者是间接支付此类费用的。销售费用在购买基金份额时支付（前端费用），或在赎回基金份额时支付（后端费用），或按持有期计提（摊销收费）。

如图6.1所示，按照资产加权计算，2000年以来，共同基金投资者的平均费率①已显著下降。2000年，股票型共同基金投资者的平均费率为0.99%，即每100美元的投资需支付99美分费用。到2018年，该平均费率已降至0.55%，降幅达44%。混合型和债券型共同基金的费率同样有所下降。混合型共同基金的平均费率从2000年的0.89%下降到2018年的0.66%，降幅达26%。债券型共同基金的平均费率从2000年的0.76%下降到2018年的0.48%，降幅达37%。

① 在本章中，除非另有说明，否则平均费率均按资产加权计算。美国投资公司协会使用资产加权平均值来计算份额持有人通过基金支付的开支和费用。在此种情况下，资产加权平均值比简单平均值更加可取，因为投资者持有的资金金额较少时，后者会夸大基金的开支和费用。美国投资公司协会使用每只基金的年末资产来计算资产加权平均费率。

更多详情

《基金的开支和费用趋势（2018年）》

www.ici.org/industry-research

图6.1
共同基金投资者的费率自2000年以来显著下降
2000—2018年数据，百分比（单位：%）

年份	股票型共同基金	混合型共同基金	债券型共同基金
2000	0.99	0.89	0.76
2001	0.99	0.89	0.75
2002	1.00	0.89	0.73
2003	1.00	0.90	0.75
2004	0.95	0.85	0.72
2005	0.91	0.81	0.69
2006	0.88	0.78	0.67
2007	0.86	0.77	0.64
2008	0.83	0.77	0.61
2009	0.87	0.84	0.64
2010	0.83	0.82	0.63
2011	0.79	0.80	0.62
2012	0.77	0.79	0.61
2013	0.74	0.80	0.61
2014	0.70	0.78	0.57
2015	0.67	0.76	0.54
2016	0.63	0.73	0.51
2017	0.59	0.70	0.48
2018	0.55	0.66	0.48

备注：费率按照资产加权平均值计算。数据不包含可作为可变年金投资选择的共同基金。
资料来源：美国投资公司协会、理柏公司和晨星公司。参见《基金的开支和费用趋势（2018年）》（刊载于《美国投资公司协会研究视角》）。

共同基金费率下降的原因

共同基金费率下降的原因之一是基金费率变化通常与基金资产变化成反比。有些基金成本包含在费率中，如过户代理费、会计和审计费及董事费用等，这些基本都是固定费用。这意味着当基金资产增多时，这些成本在基金费率中的占比随之下降。因此，如果固定样本基金的资产在一段时期内有所增加，其同期平均费率就会相应下降（图6.2）。

图6.2

共同基金费率往往随着基金资产的增加而下降

2000—2018年数据，自2000年以来，主动管理型国内股票共同基金的份额类别持续存在[1]

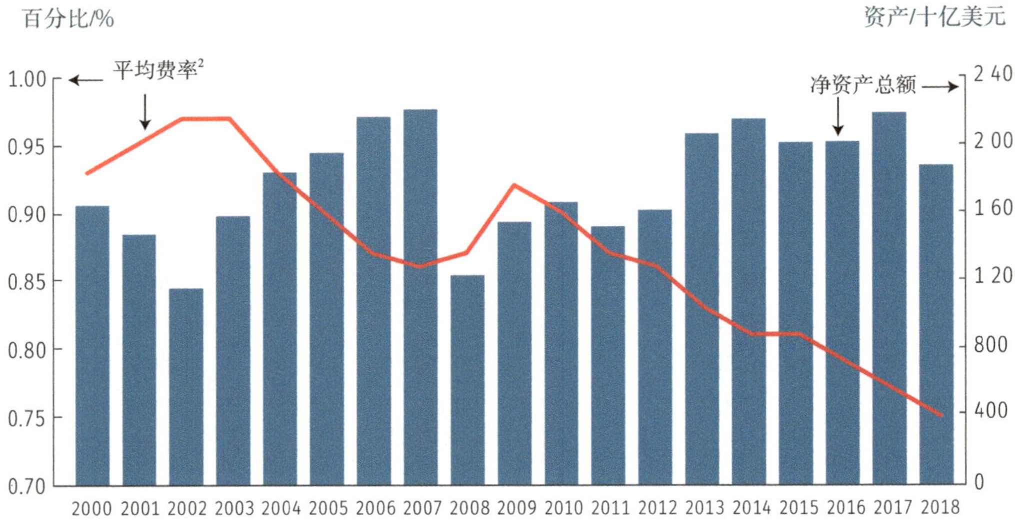

1. 相关计算基于固定的基金份额类别样本。数据不包含可作为可变年金和指数型共同基金投资选择的共同基金。
2. 费率按照资产加权平均值计算。

资料来源：美国投资公司协会、理柏公司和晨星公司。参见《基金的开支和费用趋势（2018年）》（刊载于《美国投资公司协会研究视角》）。

长期共同基金平均费率下降的另一个原因是相关份额向无销售费份额类别的转变（见第131页“无销售费份额类别”），尤其是向机构无销售费份额类别的转变，此类份额的费率通常低于平均水平。这一转变也在一定程度上反映出投资者向经纪商和其他金融专业人士支付服务费用方式的转变（见第131页“共同基金的销售费用”）。

共同基金费率下降的原因还包括规模经济和竞争。过去几十年里，投资者对共同基金服务的需求急剧增长。从1990年到2018年，持有共同基金的家庭增加了一倍多，从2 340万户增长到5 600万户。在其他情况不变的条件下，这种急剧增长通常会刺激共同基金费率上涨。然而，在现有共同基金发起人之间竞争激烈、新的共同

更多详情

《IRA投资者更多地集中在低成本共同基金中》

www.ici.org/viewpoints/view_18_ira_expenses_fees

基金发起人进入该行业、交易所交易基金（ETF）（见第4章和本章第126页）等产品的竞争以及基金资产增加产生的规模经济效应的共同作用下，基金费率受下行压力影响不升反降。

此外，份额持有人往往会投资费率低于平均水平的共同基金。2018年，股票型共同基金的简单平均费率（发售的所有股票型共同基金的平均值）为1.26%，股票型共同基金的资产加权平均费率（份额持有人实际支付费用的平均值）则要低得多，只有0.55%（图6.3）。

图6.3

基金份额持有人在股票型共同基金上支付的费率低于平均水平

2000—2018年数据，百分比（单位：%）

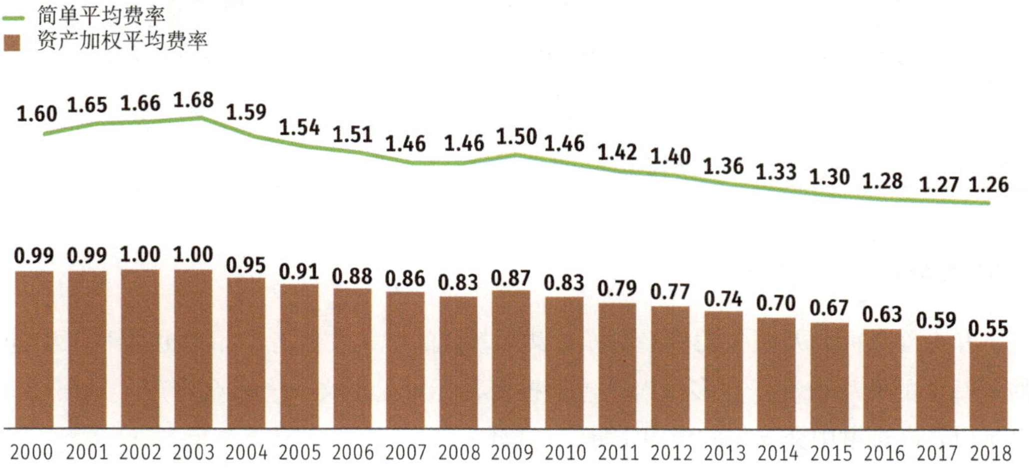

备注：数据不包含可作为可变年金投资选择的共同基金。

资料来源：美国投资公司协会、理柏公司和晨星公司。

另一种检验投资者是否更青睐低成本基金的方式是检查他们如何根据费率将其资产配置到各个基金。2018年年底，费率处于最末尾25%区间的股票型共同基金占股票型共同基金净资产总额的79%，而费率处于前75%区间的股票型共同基金仅占21%（图6.4）。主动管理型和指数型股票共同基金都呈现出这一模式。2018年年底，费率处于最末尾25%区间的主动管理型股票共同基金占主动管理型股票共同基金净资产总额的73%，低成本指数型股票共同基金占指数型股票共同基金净资产总额的80%。

图6.4
净资产总额主要集中于低成本共同基金
2018年数据，净资产总额百分比（单位：%）

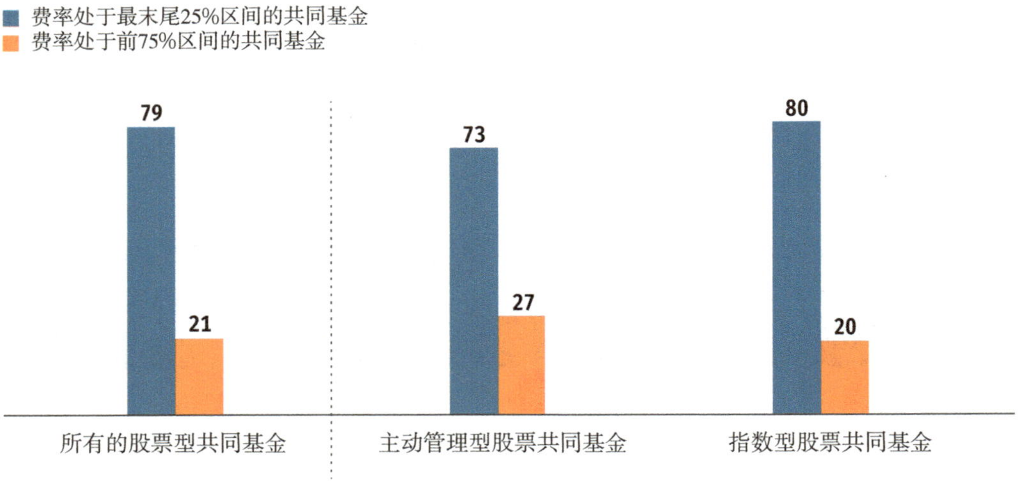

备注：数据不包含可作为可变年金投资选择的共同基金。

资料来源：美国投资公司协会和晨星公司。

共同基金费率的差异

和大部分商品及服务的价格一样，共同基金的费率在所有产品中也是千差万别的。基金的费率取决于许多因素，包括投资目标（见下文）、基金资产（见第125页）以及向金融中介支付的费用（见第131页）。

共同基金的投资目标

投资目标不同，共同基金的费率也不同（图6.5）。如，债券型和货币市场共同基金的费率通常低于股票型共同基金。在股票型共同基金中，专注于某一个行业（如医疗或房地产）或投资于全球股票的基金费率通常更高，因为这些基金的管理成本更高。即便投资目标相同，共同基金的费率也可能存在显著差异。如，在主要投资于成长股的股票型共同基金中，有10%的费率为0.66%或以下，但其中还有10%的基金费率达1.91%或更高。这种差别说明，有些成长型基金主要投资于中小盘股，还有些则主要投资于大盘股。这一点很重要，因为中小盘股的管理成本往往更高，原因是这类股票的信息不容易获取，投资组合经理需要花更多时间研究它们。

图6.5
共同基金费率因投资目标而异
2018年数据，百分比（单位：%）

投资目标	第10个百分位数	中位数	第90个百分位数	资产加权平均值	简单平均值
股票型共同基金[1]	**0.65**	**1.16**	**2.02**	**0.55**	**1.26**
成长	0.66	1.10	1.91	0.71	1.19
行业	0.77	1.31	2.15	0.73	1.40
价值	0.68	1.10	1.88	0.66	1.17
混合	0.39	0.98	1.77	0.33	1.03
全球	0.77	1.25	2.10	0.68	1.35
混合型共同基金[1]	**0.61**	**1.16**	**2.09**	**0.66**	**1.28**
债券型共同基金[1]	**0.44**	**0.81**	**1.63**	**0.48**	**0.94**
投资级	0.35	0.69	1.50	0.34	0.79
全球	0.64	1.00	1.81	0.60	1.13
政府	0.29	0.76	1.60	0.39	0.84
高收益	0.62	0.95	1.75	0.73	1.05
市政	0.46	0.76	1.59	0.52	0.90
货币市场共同基金[1]	**0.17**	**0.43**	**0.87**	**0.26**	**0.47**
投资备忘录：					
目标日期共同基金[2]	**0.35**	**0.74**	**1.46**	**0.40**	**0.82**
指数型股票共同基金[1]	**0.06**	**0.33**	**1.53**	**0.08**	**0.62**

1. 数据不包含可作为可变年金投资选择的共同基金。
2. 数据包含主要投资于其他共同基金的共同基金，但不包含可作为可变年金投资选择的共同基金。目标日期共同基金中有95%主要投资于其他共同基金。

备注：中位数、第10个百分位数、第90个百分位数对应的每个基金份额类别的权重相同。

资料来源：美国投资公司协会和晨星公司。参见《基金的开支和费用趋势（2018年）》（刊载于《美国投资公司协会研究视角》）。

指数型共同基金和指数型ETF的费率

指数型基金一般寻求复制特定指数的收益。这种方法通常被称为被动管理，指投资组合经理买入并持有标的指数中的全部或代表性证券。这种组合管理方法是指数型基金（共同基金或ETF）费率通常低于平均水平的主要原因。相比之下，在主动管理型投资方法中，基金经理有更大的自主权来决定增加或减少其受委托管理的基金投资范围内的行业或证券敞口。主动管理型基金经理还可对股票或债券、市场行业或地理区域进行深入研究。主动管理型投资方法让投资者有机会获得超额收益或实现特定的投资目标，如限制下行风险、管理波动性、减持或增持某些行业板块以及根据市场条件改变资产配置。这些特征使得主动管理型基金的管理成本往往高于指数型基金的管理成本。

指数型共同基金

指数型共同基金的增长也促使股票型和债券型基金资产加权平均费率下降。从2008年到2018年，指数型共同基金净资产总额显著增加，从6 190亿美元增至3.3万亿美元（图6.6）。结果，同期指数型共同基金在长期共同基金净资产总额中的占比扩大了一倍多，从2008年的10.7%增长到2018年的22.6%。2018年，在指数型共同基金中，指数型股票共同基金在指数型共同基金净资产总额中占绝大多数（80%）。

指数型共同基金的费率通常低于平均水平，其原因有以下几个方面。第一，指数型共同基金采用的投资组合管理方法是，基金经理一般通过买入并持有标的指数中的全部或代表性证券来复制特定指数的收益。指数型基金的投资组合一般不会频繁变化，因此换手率较低，进而导致管理成本较低。

第二，指数型共同基金的费率通常低于平均水平是由其投资重点促成的。指数型股票共同基金的净资产总额主要集中在大盘股混合型基金，这些基金主要跟踪美国大盘股指数，如标普500。另外，主动管理型股票共同基金的净资产总额可根据市值大小、国际区域或特定业务所在行业划分为不同类别。管理中小盘股、海外股票或行业板块股票的成本要高于管理美国大盘股组合的成本，这一点是公认的。

更多详情

《将矛头对准指数型基金并不能揭示市场波动性的原因》

www.ici.org/viewpoints/view_18_index_volatility

图6.6

指数型共同基金的净资产总额和数量近年来呈上升趋势

2008—2018年年末数据（单位：十亿美元）

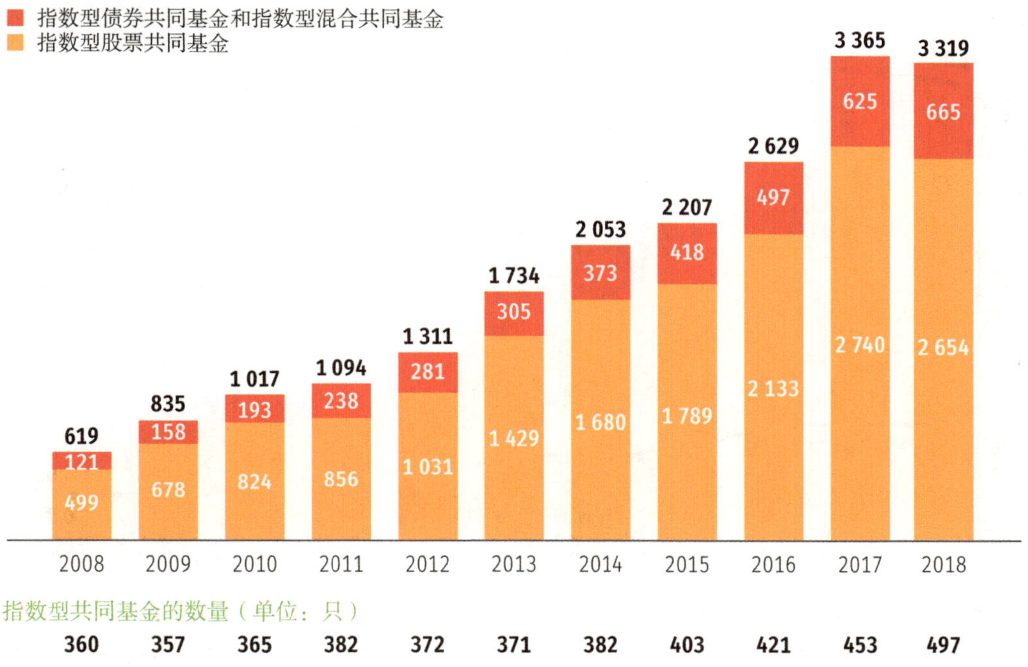

第三，指数型共同基金比主动管理型共同基金的平均规模更大，因而在规模经济的作用下基金费率下降。2018年，指数型股票共同基金的平均规模（63亿美元）约为主动管理型股票共同基金平均规模（15亿美元）的4倍。

第四，聘请金融专业人士的指数型共同基金投资者可能会另行支付服务费用，而不是通过基金费率（见第131页“共同基金的销售费用”）支付。相比之下，主动管理型共同基金中的特殊份额类别则经常将这些费用计入基金费率中。

上述原因及其他原因可以解释指数型共同基金的费率为何通常低于主动管理型共同基金的费率。需要注意的是，指数型共同基金和主动管理型共同基金都为共同基金平均费率的下降做出了贡献。如图6.7所示，从2000年到2018年，指数型股票共同基金的平均费率从0.27%下降到0.08%，而主动管理型股票共同基金的平均费率则从1.06%下降到0.76%。同期，指数型债券共同基金的平均费率从0.21%下降到0.07%，主动管理型债券共同基金的平均费率从0.77%下降到0.55%。

图6.7

主动管理型共同基金和指数型共同基金的费率呈下降趋势

2000—2018年数据，百分比（单位：%）

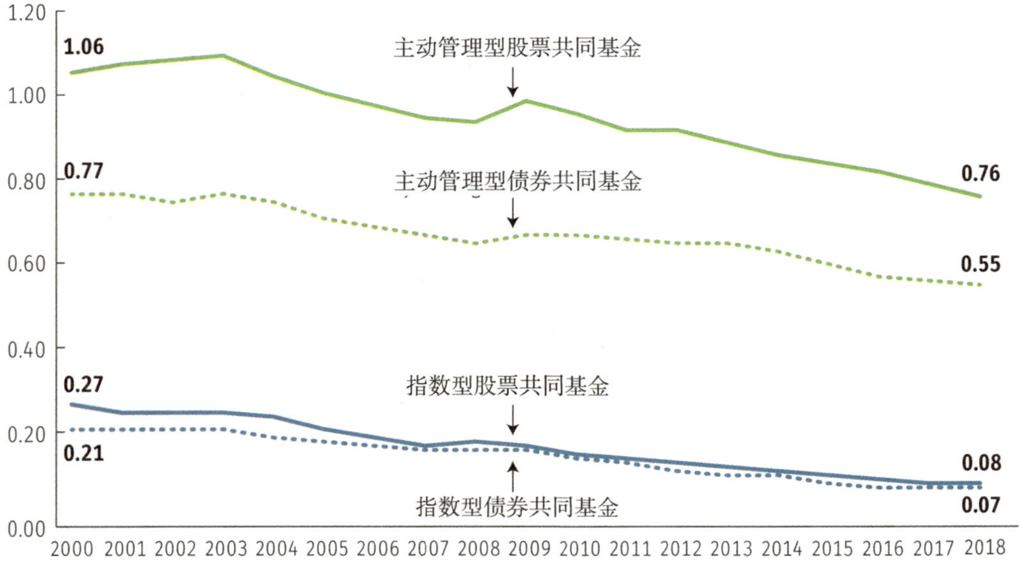

备注：费率按照资产加权平均值计算。数据不包含可作为可变年金投资选择的共同基金。

资料来源：美国投资公司协会、理柏公司和晨星公司。参见《基金的开支和费用趋势（2018年）》（刊载于《美国投资公司协会研究视角》）。

指数型共同基金和主动管理型共同基金费率下降的趋势，在一定程度上反映了投资者越来越倾向于购买低成本基金。投资者对指数型共同基金的需求大部分集中在低成本基金上。然而，这一现象并非指数型共同基金所独有，在主动管理型共同基金中，低成本基金的资产比重同样很高（图6.4）。

指数型ETF

2008—2018年，ETF的发展趋势影响了指数型股票ETF和指数型债券ETF的资产加权平均费率。ETF净资产总额近年来飞速增长，从2008年年底的5 310亿美元增长到2018年年底的约3.4万亿美元（图2.1）。在此期间，ETF成为证券市场的重要参与者，2018年年底其净资产约占投资公司管理的净资产总额的16%。ETF主要是指数

更多详情

《美国投资公司协会解析：所有的基金管理都是主动的》

www.ici.org/video/explain_18_active_management

型基金，并且按照《1940年投资公司法案》在美国证监会注册。2018年年底，主动管理型ETF和未按照《1940年投资公司法案》注册的ETF仅占2018年ETF净资产总额的4%。和指数型共同基金一样，ETF净资产也主要集中于投资股票的基金。股票型ETF占ETF净资产总额的79%。

ETF的强劲增长在一定程度上要归功于其分配结构。在这一结构中，ETF收取的费率通常不包含向金融专业人士支付的报酬。金融专业人士的基金销售、账户服务和维护等服务的报酬通常由投资者直接支付。①

金融专业人士常常根据投资者的投资目标提供一揽子ETF组合计划。在此情况下，除了选定ETF组合的费率之外，投资者通常还会根据持有ETF的资产规模向金融专业人士支付服务费用。由于ETF通常是指数型基金，其费率一般较低。

和共同基金投资者一样，ETF份额持有人倾向于投资费率低于平均水平的基金。如图6.8所示，2018年，指数型股票ETF的简单平均费率（发售的所有指数型股票ETF费用的平均值）为0.49%，而指数型股票ETF的资产加权平均费率（份额持有人实际支付费用的平均值）则要低得多，仅为0.20%。指数型债券ETF也是如此，2018年，其简单平均费率为0.28%，资产加权平均费率则为0.16%。

① 有的ETF会在费率中计入分销费用，以覆盖营销和分销支出。这类费用一般很少，在0.01%~0.06%之间。

更多详情

《了解交易所交易基金：ETF运作机制》

www.ici.org/industry-research

图6.8

指数型ETF投资者支付的费率近年来呈下降趋势

2005—2018年数据，百分比（单位：%）

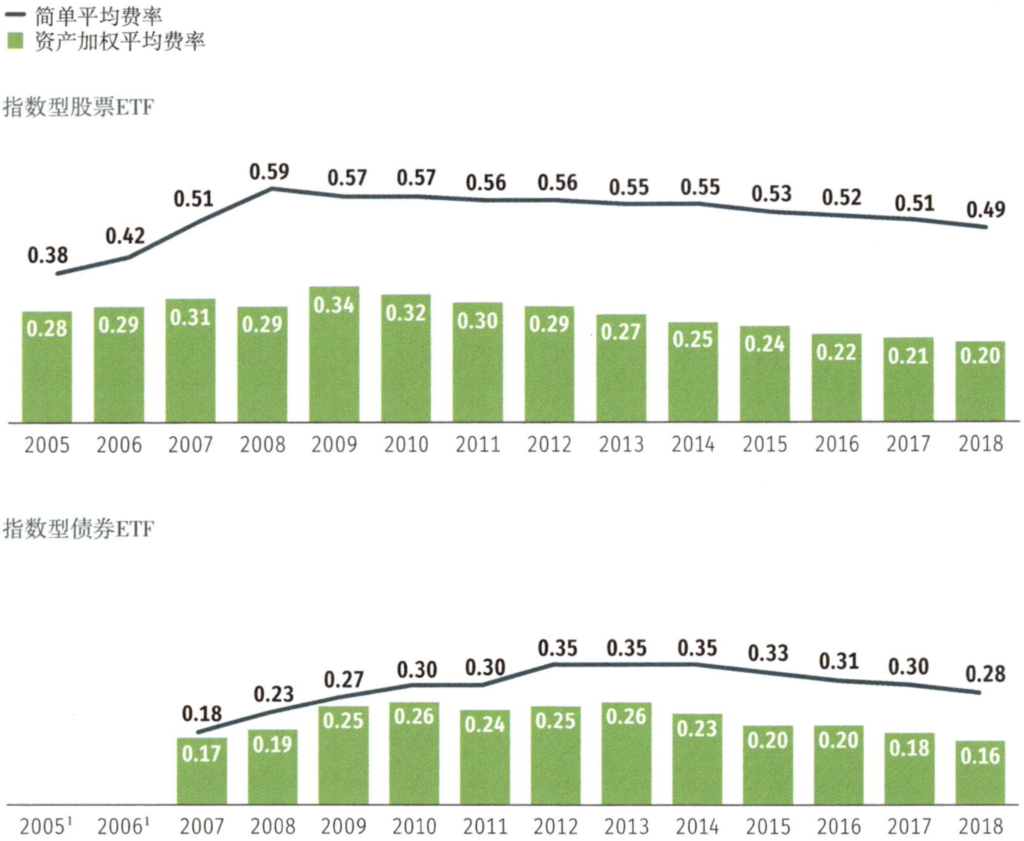

1. 2007年之前的指数型债券ETF由于基金数量有限，数据未列入图表。

备注：数据不包含未按照《1940年投资公司法案》注册的ETF。

资料来源：美国投资公司协会和晨星公司。参见《基金的开支和费用趋势（2018年）》（刊载于《美国投资公司协会研究视角》）。

此外，具有不同投资目标的指数型ETF的费率存在差异（图6.9）。如，在指数型债券ETF中，投资于美国以外国家债券或高收益债券的ETF费率通常较高，因为这类证券的管理成本往往更高（如与国债相比）。事实上，2018年指数型高收益债券ETF的资产加权平均费率为0.45%，而指数型政府债券ETF的资产加权平均费率则为0.14%。即使是在特定的相同投资目标类别下，不同的指数型ETF费率仍存在差异，这可能是由于给定投资目标下的各个指数型ETF并非全都依赖同一个指数，也可能是由于ETF向指数提供者支付的许可费存在差别。

图6.9

具有不同投资目标的指数型ETF费率存在差异

2018年数据，百分比（单位：%）

投资目标	第10个百分位数	中位数	第90个百分位数	资产加权平均值	简单平均值
指数型股票ETF	**0.13**	**0.47**	**0.95**	**0.20**	**0.49**
成长	0.07	0.30	0.64	0.19	0.36
行业	0.13	0.50	0.95	0.26	0.56
价值	0.08	0.30	0.64	0.21	0.34
混合	0.10	0.35	0.95	0.12	0.43
全球	0.25	0.53	0.82	0.30	0.54
指数型混合ETF	**0.56**	**0.68**	**0.95**	**0.60**	**0.70**
指数型债券ETF	**0.07**	**0.20**	**0.50**	**0.16**	**0.28**
企业	0.06	0.10	0.25	0.09	0.15
全球	0.24	0.41	0.50	0.31	0.40
政府	0.07	0.15	0.95	0.14	0.31
高收益	0.25	0.41	0.63	0.45	0.43
市政	0.18	0.25	0.35	0.23	0.25
投资备忘录：					
主动型股票ETF	**0.40**	**0.75**	**1.07**	**0.79**	**0.77**

备注：中位数、第10个百分位数、第90个百分位数对应的每个基金份额类别的权重相同。数据不包含未按照《1940年投资公司法案》注册的ETF。

资料来源：美国投资公司协会和晨星公司。参见《基金的开支和费用趋势（2018年）》（刊载于《美国投资公司协会研究视角》）。

共同基金的费用结构

共同基金通常根据基金发起人发行的份额类别来归类，主要分为收费和无销售费两个类别。收费类别一般面向通过金融专业人士买入份额的投资者，无销售费类别通常面向不在金融专业人士帮助下买入份额或选择另行支付金融专业人士服务报酬的投资者。通过金融专业人士销售的基金一般会提供多种份额类别，以便为投资者提供其他替代性的金融服务费用支付方式。

12b-1费用

自1980年美国证监会通过《1940年投资公司法案》12b-1条后，共同基金及其份额持有人在向金融专业人士及其他金融中介机构支付基于资产规模的服务费用方面具备了一定的灵活性。这些被称为“12b-1费用”的分销费用让投资者能够为金融专业人士（如经纪商）及其他金融中介机构（如退休计划管理人和折扣经纪商）提供部分或全部服务间接支付报酬。基金也可在非常有限的程度上使用12b-1费用来帮助支付广告和营销成本。

收费份额类别

收费份额类别包括销售费用、12b-1费用或两者均有。销售费用和12b-1费用用来向经纪商和其他金融专业人士支付服务费用。

前端收费份额主要是A类份额，是投资者针对所获得的帮助向金融专业人士支付服务费用的传统方式。这些份额在申购时通常会按销售价格或发行价格的一定比例收取销售费用。它们一般还会收取12b-1费用，通常为0.25%（25个基点）。前端收费份额有时被用于雇主发起式退休计划，但基金发起人通常会免收通过此类退休计划申购时的销售费用。此外，前端收费份额常常随投资者初始购买规模的增加而下降（称为“临界点折扣”），而且许多基金供应商还会给予所持有基金总存量超过供应商所供基金给定规模的投资者销售费用折扣。

后端收费份额通常称为B类份额，一般不收取前端费用。持有后端收费份额的投资者通过年度12b-1费用和或有递延销售费用（CDSL）来支付金融专业人士的服务费用。在基金份额未满特定持有年限时赎回，则需支付或有递延销售费用。通常，持有后端收费份额超过一定年限即可将其转换为12b-1费用较低的份额（如A类份额）。近年来，后端收费份额资产显著减少。

摊销收费份额即C类份额，通常不收取前端费用。该类份额的投资者每年向金融专业人士支付12b-1费用（通常为1%），如果份额持有期限不满1年，则还要向金融专业人士支付或有递延销售费用（通常也为1%）。

无销售费份额类别

无销售费份额类别既不收取前端费用，也不收取或有递延销售费用，仅收取不超过0.25%（25个基点）的12b-1费用。无销售费份额类别最初是由共同基金发起人直接销售给投资者的。如今，投资者可以通过雇主发起式退休计划、折扣经纪商和银行信托部门购买无销售费基金，也可直接向共同基金发起人购买。有些金融专业人士单独向投资者收取服务费，而不是通过销售费或12b-1费用来收费，这些金融专业人士会帮助投资者选择无销售费基金的投资组合。

共同基金的销售费用

许多共同基金投资者都会聘用投资专业人士，如经纪商、投资顾问或理财规划师。在持有雇主发起式退休计划之外的共同基金份额的家庭中，78%通过投资专业人士持有共同基金份额。这些专业人士可以为投资者带来很多好处，如帮助投资者确定理财目标、分析既有的金融投资组合、确定适当的资产配置以及提供投资建议或推荐投资产品（取决于金融专业人士的类型）。投资专业人士还可以提供长期服务，如答复投资者的问询或定期审查和重新调整投资组合。

在过去的几十年中，基金持有人向金融专业人士支付费用的方式发生了很大变化，从前端收费逐渐转向按资产规模收费。这种转变是导致共同基金收入分配结构变化的一个重要因素。基于资产规模的管理费是按照金融专业人士帮助投资者管理的资产百分比来计算的，这种费用越来越多地用于向销售共同基金的经纪商和其他金融专业人士支付报酬。投资者可以间接通过基金的12b-1费用（包含在基金费率中）来支付基于资产规模的管理费；或直接（自费）向金融专业人士支付费用，在这种情况下，该费用不包含在基金费率之中。

这种向按资产规模收费模式（通过基金支付或自费支付）的转变在一定程度上导致了近年来前端收费份额和后端收费份额的净资产总额呈下降趋势，而无销售费份额类别则显著增加。如，2009—2018年，前端收费和后端收费份额类别净资金流出超过1.2万亿美元（图6.10），而后端收费份额类别的总销售额已几近缩减为零（图6.11），这导致前端收费和后端收费份额类别占长期共同基金净资产总额的百分比下降了一半，从2009年年底的24%下降到2018年年底的12%（图6.12）。

图6.10

机构无销售费份额类别2018年的新增资金净流入为正

2009—2018年数据（单位：十亿美元）

	2009	2010	2011	2012	2013	2014	2015	2016	2017	2018
所有长期共同基金	**393**	**244**	**28**	**200**	**163**	**100**	**−120**	**−193**	**72**	**−350**
销售费	**9**	**−63**	**−129**	**−77**	**−70**	**−173**	**−130**	**−234**	**−291**	**−224**
前端[1]	2	−56	−100	−67	−57	−160	−101	−183	−218	−156
后端[2]	−24	−27	−23	−16	−11	−9	−7	−5	−2	−1
摊销[3]	31	21	−6	6	−2	−4	−22	−46	−71	−66
其他[4]	（*）	（*）	（*）	−1	（*）	（*）	（*）	（*）	（*）	（*）
未归类[5]	（*）	（*）	（*）	（*）	（*）	（*）	（*）	（*）	（*）	（*）
无销售费[6]	**323**	**266**	**169**	**299**	**271**	**339**	**79**	**122**	**450**	**−7**
零售	137	55	−46	16	38	112	8	−36	38	−97
机构	185	211	214	284	233	228	71	158	412	90
可变年金	**29**	**7**	**−22**	**−27**	**−51**	**−64**	**−67**	**−79**	**−112**	**−129**
“R”份额类别[7]	**33**	**33**	**10**	**4**	**13**	**−2**	**−2**	**−2**	**26**	**10**

1. 前端费用>1%。主要包含A类份额，包括免收前端销售费用的销售份额。

2. 前端费用=0%，或有递延销售费用>2%。主要包含B类份额。

3. 前端费用≤1%，或有递延销售费用≤2%，12b–1费用>0.25%。主要包含C类份额，不包含机构份额类别。

4. 本类别包含所有其他未被归为前端收费、后端收费或摊销收费的收费份额类别。

5. 本类别包含销售费数据缺失的收费份额类别。

6. 前端费用=0%，或有递延销售费用=0%，12b–1费用≤0.25%。

7. “R”份额包含美国投资公司协会指定为“退休金份额类别”的任何份额类别。这些份额类别主要是销往雇主发起式退休计划。然而，其他份额类别（包括零售和机构份额类别）也包含通过401（k）计划或IRA进行的投资。

备注：（*）=资金流入或流出少于5亿美元。

资料来源：美国投资公司协会、理柏公司和晨星公司。

图6.11

长期共同基金的总销售额主要集中于无销售费份额类别

2009—2018年数据（单位：十亿美元）

	2009	2010	2011	2012	2013	2014	2015	2016	2017	2018
所有长期共同基金	**2 374**	**2 701**	**2 860**	**2 963**	**3 511**	**3 611**	**3 500**	**3 560**	**3 925**	**4 116**
销售费	**559**	**565**	**543**	**509**	**598**	**544**	**490**	**427**	**365**	**354**
前端[1]	435	445	438	403	474	431	387	352	307	303
后端[2]	10	7	4	3	3	2	2	1	(*)	(*)
摊销[3]	112	111	98	99	119	109	99	73	56	49
其他[4]	2	2	2	4	3	1	2	1	1	1
未归类[5]	(*)	1	(*)	(*)	(*)	(*)	(*)	1	1	1
无销售费[6]	**1 446**	**1 706**	**1 897**	**2 050**	**2 501**	**2 692**	**2 611**	**2 741**	**3 173**	**3 361**
零售	825	934	948	973	1 153	1 226	1 229	1 226	1 331	1 413
机构	621	772	949	1 078	1 347	1 466	1 381	1 515	1 842	1 947
可变年金	**269**	**318**	**309**	**294**	**286**	**236**	**248**	**245**	**184**	**205**
“R”份额类别[7]	**100**	**112**	**111**	**109**	**126**	**139**	**152**	**148**	**203**	**195**

1. 前端费用>1%。主要包含A类份额，包括免收前端销售费用的销售份额。

2. 前端费用=0%，或有递延销售费用>2%。主要包含B类份额。

3. 前端费用≤1%，或有递延销售费用≤2%，12b–1费用>0.25%。主要包含C类份额，不包含机构份额类别。

4. 本类别包含所有其他未被归为前端收费、后端收费或摊销收费的收费份额类别。

5. 本类别包含销售费数据缺失的收费份额类别。

6. 前端费用=0%，或有递延销售费用=0%，12b–1费用≤0.25%。

7. “R”份额包含美国投资公司协会指定为“退休金份额类别”的任何份额类别。这些份额类别主要是销往雇主发起式退休计划。然而，其他份额类别（包括零售和机构份额类别）也包含通过401（k）计划或IRA进行的投资。

备注：（*）=总销售额少于5亿美元。

资料来源：美国投资公司协会、理柏公司和晨星公司。

图6.12

长期共同基金的净资产总额主要集中于无销售费份额类别

2009—2018年数据（单位：十亿美元）

	2009	2010	2011	2012	2013	2014	2015	2016	2017	2018
所有长期共同基金	**7 793**	**9 028**	**8 939**	**10 360**	**12 331**	**13 152**	**12 903**	**13 625**	**15 917**	**14 670**
销售费	**2 184**	**2 350**	**2 175**	**2 360**	**2 650**	**2 613**	**2 439**	**2 369**	**2 382**	**2 063**
前端[1]	1 749	1 881	1 750	1 892	2 148	2 115	1 989	1 946	1 989	1 763
后端[2]	98	78	50	39	32	24	15	9	6	4
摊销[3]	327	381	367	417	459	467	429	408	378	280
其他[4]	8	8	7	11	10	7	6	6	7	6
未归类[5]	1	2	（*）	1	1	（*）	（*）	1	2	10
无销售费[6]	**4 248**	**5 090**	**5 226**	**6 264**	**7 601**	**8 388**	**8 381**	**9 105**	**11 077**	**10 378**
零售	2 658	3 066	2 990	3 463	4 141	4 639	4 586	4 874	5 644	5 072
机构	1 590	2 024	2 235	2 801	3 460	3 749	3 795	4 231	5 433	5 307
可变年金	**1 129**	**1 290**	**1 249**	**1 396**	**1 628**	**1 671**	**1 596**	**1 636**	**1 793**	**1 587**
“R”份额类别[7]	**233**	**297**	**290**	**340**	**452**	**480**	**487**	**514**	**666**	**642**

1. 前端费用>1%。主要包含A类份额，包括免收前端销售费用的销售份额。
2. 前端费用=0%，或有递延销售费用>2%。主要包含B类份额。
3. 前端费用≤1%，或有递延销售费用≤2%，12b–1费用>0.25%。主要包含C类份额，不包含机构份额类别。
4. 本类别包含所有其他未被归为前端收费、后端收费或摊销收费的收费份额类别。
5. 本类别包含销售费数据缺失的收费份额类别。
6. 前端费用=0%，或有递延销售费用=0%，12b–1费用≤0.25%。
7. “R”份额包含美国投资公司协会指定为“退休金份额类别”的任何份额类别。这些份额类别主要是销往雇主发起式退休计划。然而，其他份额类别（包括零售和机构份额类别）也包含通过401（k）计划或IRA进行的投资。

备注：（*）=净资产总额少于5亿美元。

资料来源：美国投资公司协会、理柏公司和晨星公司。

与此相反，2009—2018年，无销售费份额类别（不收取前端费用和后端费用且12b-1费用不高于0.25%）整体上获得资金净流入且净资产规模增加（图6.10）。2009年年底，无销售费份额类别占长期共同基金净资产总额的55%，到2018年年底，这一比例上升到71%（图6.12）。

向无销售费份额类别的转变有一部分原因要归于“自助投资者”。但更主要的原因是固定缴款计划和无销售费份额类别的销售获得增长。无销售费份额类别通过基金以外资产费用向金融专业人士（如折扣经纪商、收费投资顾问、全服务型经纪平台）支付报酬的渠道进行销售。

更多详情

《提供401（k）计划的经济性分析：服务、费用和支出（2017年）》
www.ici.org/industry-research

章节

07 美国共同基金持有者的特征

20世纪80年代至90年代，持有共同基金的美国家庭比例大幅增长，自2000年以来的18年间稳定在平均值45%左右。2018年，约44%的美国家庭持有共同基金，共同基金持有者人数约9 950万人，涵盖所有年龄和收入群体。他们的投资目标各不相同，主要通过以下三个渠道买卖共同基金：专业投资人士、雇主发起式退休计划、基金公司直销或折扣经纪商。2018年，46%的“婴儿潮一代”家庭持有共同基金，其数量占持有共同基金家庭总户数的34%，持有规模占家庭持有共同基金总资产的45%。

2018年，“婴儿潮一代”家庭持有的共同基金资产约占美国家庭持有的共同基金资产的一半

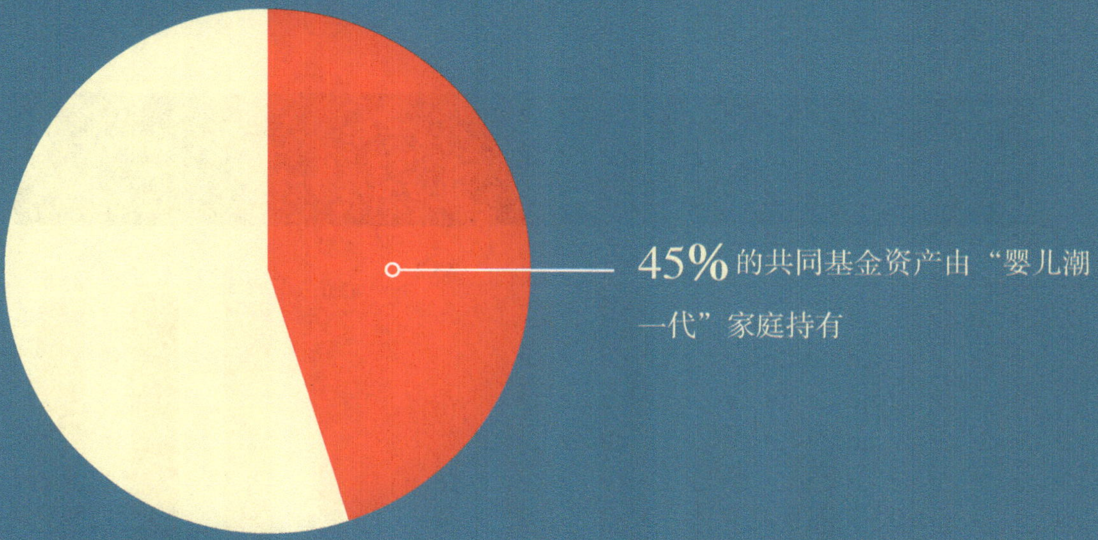

本章目录

个人和家庭持有共同基金的情况

2018年，美国约有9 950万个人投资者持有共同基金，到2018年年底，这些投资者直接持有或通过退休账户持有的资产占共同基金净资产总额的89%（图3.3）。自2000年以来，持有共同基金的家庭占比保持相对稳定。2018年，共有43.9%的美国家庭（5 600万户）持有共同基金，与2000—2018年的占比平均值45%相比变化不大（图7.1）。2018年，共同基金是许多美国家庭持有的主要金融资产。如图7.2所示，在持有共同基金的家庭中，共同基金投资金额中位数为15万美元。持有共同基金的家庭中，70%的户主为已婚或同居状态，50%以上为大学毕业生，75%以上有全职或兼职工作。

图7.1

2018年，43.9%的美国家庭持有共同基金

1980—2018年部分年份数据，美国持有共同基金的家庭百分比（单位：%）

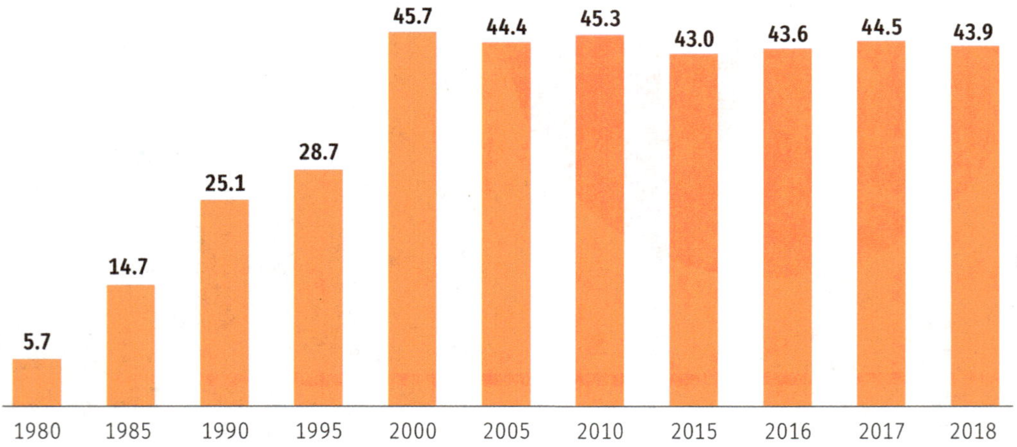

持有共同基金的美国家庭数量（单位：百万户）

1980	1985	1990	1995	2000	2005	2010	2015	2016	2017	2018
4.6	12.8	23.4	28.4	48.6	50.3	53.2	53.6	54.9	56.2	56.0

备注：2014年调查方法改为同时采用手机和座机两种方式获取样本。

资料来源：《共同基金持有情况、份额持有人情绪和互联网使用情况（2018年）》（刊载于《美国投资公司协会研究视角》）。

更多详情

《共同基金：人人皆宜》

www.ici.org/viewpoints/view_18_mf_ownership

图7.2
共同基金投资者的特征
2018年数据

有多少人持有共同基金?

9 950万人

5 600万户美国家庭

他们都是什么人?

户主年龄中位数为51岁

70%已婚或同居

53%为大学毕业生

76%在职（全职或兼职）

11%为“沉默的一代”或“大兵一代”（出生于1904—1945年）

34%为“婴儿潮一代”（出生于1946—1964年）

32%为“X世代”（出生于1965—1980年）

23%为“千禧世代”（出生于1981—2004年）[1]

家庭收入中位数为10万美元

他们持有哪些资产?

家庭金融资产中位数为25万美元

共同基金资产中位数为15万美元

67%的投资者所持金融资产有一半以上为共同基金

61%持有个人退休账户（IRA）

84%持有固定缴款（DC）退休计划账户

所持有的共同基金数量中位数为4只

88%持有股票型基金

他们首次购买共同基金是在何时？以何种方式购买?

55%是在2000年之前首次购买共同基金

63%通过雇主发起式退休计划首次购买共同基金

他们为什么要投资?

93%为退休养老而储蓄

46%为应对突发事件而储蓄

45%为了减少应税收入而持有共同基金

24%为教育而储蓄

1. 2018年，“千禧世代”的年龄为14~37岁，但调查受访者的年龄必须是18岁及以上。

资料来源：《共同基金持有情况、份额持有人情绪和互联网使用情况（2018年）》（刊载于《美国投资公司协会研究视角》）；《共同基金投资者的特征（2018年）》（刊载于《美国投资公司协会研究视角》）；《共同基金份额持有人特征（2018年）》（刊载于《美国投资公司协会研究报告》）。

按年龄和收入划分的共同基金持有情况

2018年，持有共同基金的家庭跨越各个年龄段，而“婴儿潮一代”和“X世代”人群持有共同基金的比例较高。如图7.3所示，2018年，户主为“婴儿潮一代”（出生于1946—1964年）的家庭中，有46%持有共同基金；户主为“X世代”（出生于1965—1980年）的家庭中，有52%持有共同基金；户主为“千禧世代”（出生于1981—2004年）的家庭中，有38%持有共同基金；户主为“沉默的一代”和“大兵一代”（出生于1904—1945年）的家庭中，有33%持有共同基金。

在2018年持有共同基金的家庭中，户主是“婴儿潮一代”的家庭占34%，户主是“X世代”的家庭占32%，户主是“千禧世代”的家庭占23%，户主是“沉默的一代”和“大兵一代”的家庭占11%（图7.4）。持有共同基金的家庭户主年龄中位数是51岁（图7.2）。

图7.3

“婴儿潮一代”和“X世代”持有共同基金的比例较高

2018年数据，持有共同基金的不同年龄段美国家庭的百分比（单位：%）

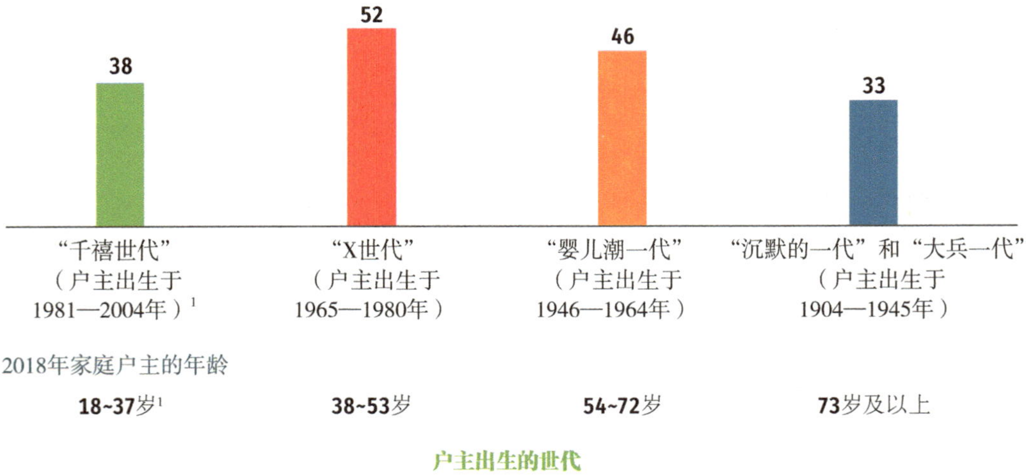

1. 2018年，“千禧世代”的年龄为14~37岁，但调查受访者的年龄必须是18岁及以上。

备注：世代是基于家庭储蓄和投资的独立决策者或共同决策者的年龄统计的。

资料来源：《共同基金投资者的特征（2018年）》（刊载于《美国投资公司协会研究视角》）。

更多详情

《共同基金持有情况、份额持有人情绪和互联网使用情况（2018年）》

www.ici.org/ownership

如图7.4所示，2018年，“婴儿潮一代”不仅是最大的共同基金份额持有人群体，其所持基金资产还在家庭持有的共同基金资产中占比最大（45%）；户主为“X世代”的家庭占34%；户主是“沉默的一代”和“大兵一代”的家庭占11%；户主是“千禧世代”的家庭占10%。这种资产所有权的分布模式反映了“千禧世代”的家庭较为年轻，不像正处于收入和储蓄高峰期的“婴儿潮一代”的家庭那样有充足的时间和资产储蓄。

图7.4

“婴儿潮一代”是最大的共同基金持有者群体，其持有近50%的家庭共同基金资产

2018年数据，持有共同基金的美国家庭数量及家庭共同基金资产的百分比（按世代划分）（单位：%）

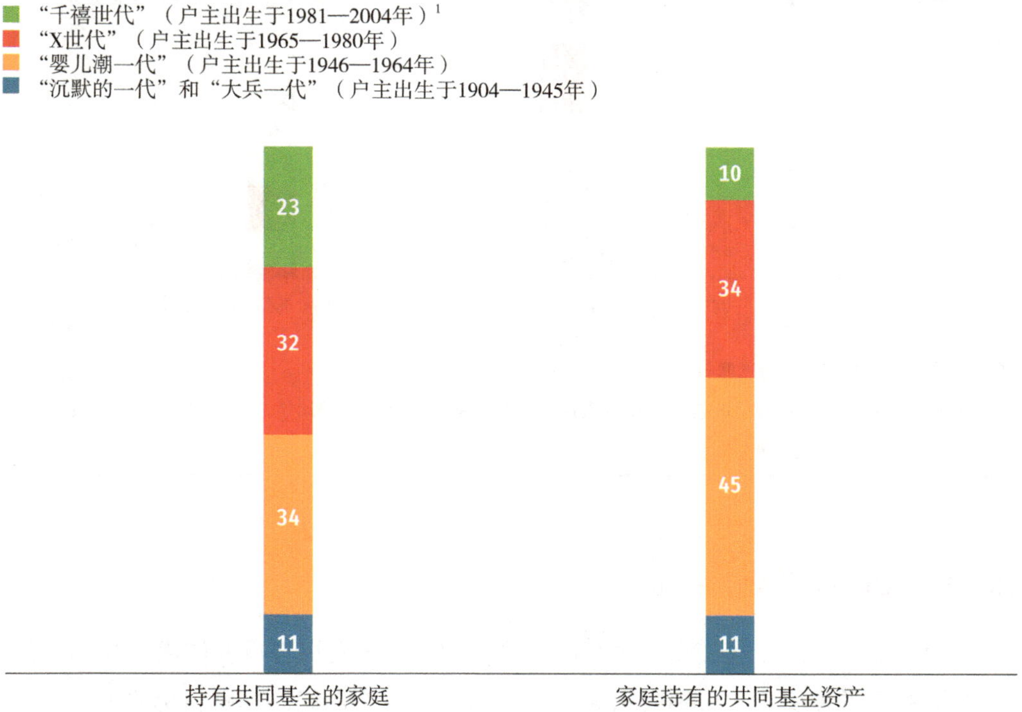

1. 2018年，“千禧世代”的年龄为14~37岁，但调查受访者的年龄必须是18岁及以上。

备注：世代是基于家庭储蓄和投资的独立决策者或共同决策者的年龄统计的。

资料来源：《共同基金投资者的特征（2018年）》（刊载于《美国投资公司协会研究视角》）。

根据2018年的统计数据，持有共同基金的美国家庭，其年收入范围跨度较大，如图7.5所示，16%的家庭年收入低于50 000美元；16%的家庭年收入在50 000美元至74 999美元之间；17%的家庭年收入在75 000美元至99 999美元之间；其余51%的家庭年收入在100 000美元及以上。2018年，持有共同基金的家庭，其收入的中位数为100 000美元（图7.2）。

图7.5

持有共同基金的家庭中，约半数为中低收入家庭

2018年数据，所有美国家庭及持有共同基金的美国家庭的家庭收入百分比（单位：%）

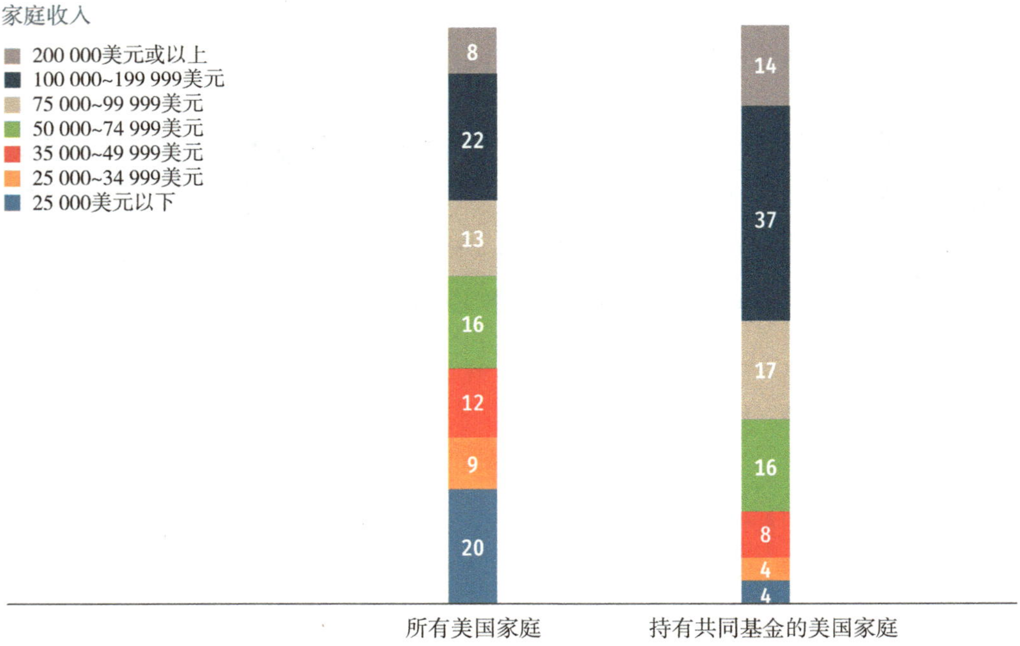

备注：总收入为2017年税前家庭收入。

资料来源：《共同基金持有情况、份额持有人情绪和互联网使用情况（2018年）》（刊载于《美国投资公司协会研究视角》）。

共同基金投资者的储蓄目标

共同基金在美国家庭实现长短期储蓄目标的过程中发挥着重要作用。2018年，持有共同基金的家庭中，93%表示为退休养老而储蓄是他们的理财目标之一，73%表示这是他们的主要理财目标（图7.6）。持有共同基金的家庭通常通过雇主发起式退休计划首次购买共同基金。2018年，在所有持有共同基金的家庭中，通过该渠道首次购买基金的家庭占63%（图7.2）。然而，退休养老并非持有共同基金的家庭唯一的理财目标，46%的家庭表示为应对突发事件而储蓄是目标之一，45%的家庭表示减少应税收入是目标之一，24%的家庭表示为教育而储蓄是目标之一。

图7.6

大部分共同基金投资者主要集中在退休基金

2018年数据，持有共同基金的美国家庭比例（单位：%）

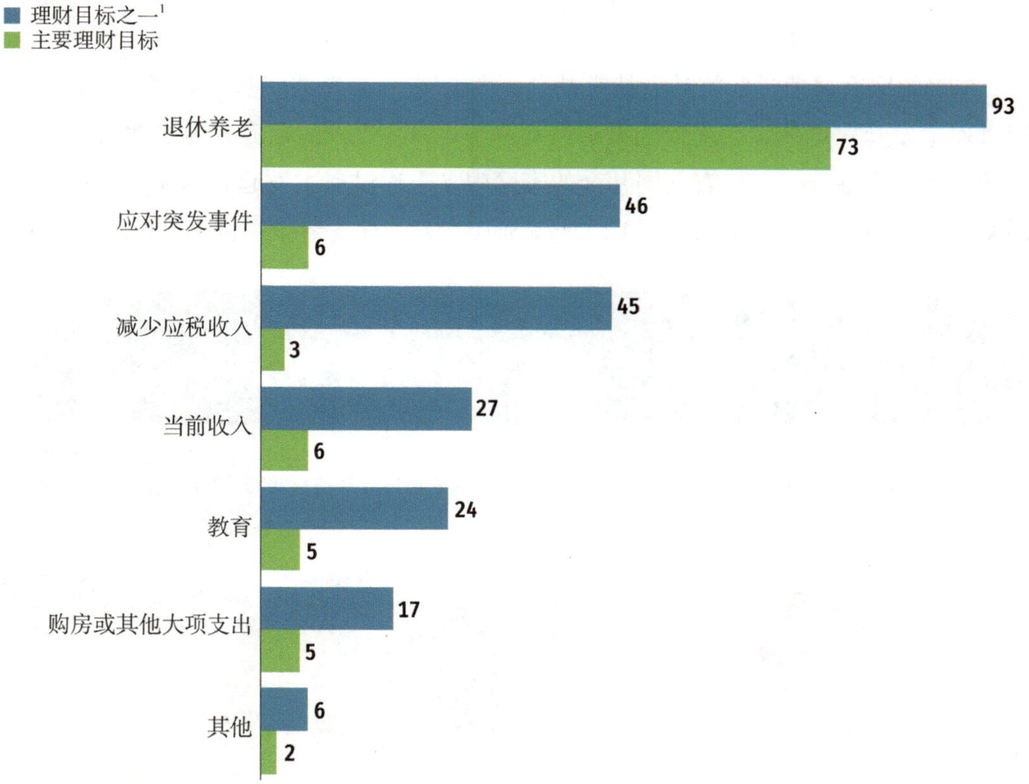

1. 含调查问卷的多选答案。

资料来源：《共同基金投资者的特征（2018年）》（刊载于《美国投资公司协会研究视角》）。

投资者申购共同基金的渠道

持有共同基金的家庭高度重视退休储蓄，这一点体现在他们的购买渠道之中。2018年，这些家庭中有94%通过雇主发起式退休计划、个人退休账户（IRA）和可变年金持有共同基金。这一点还体现在他们所选择的基金类型上，家庭更倾向于将他们的退休资产投资于长期共同基金，而不是货币市场基金。事实上，2018年年底，股票型、债券型和混合型共同基金持有的固定缴款（DC）退休计划和IRA资产

更多详情

《聚焦基金：最新数据显示美国退休储蓄者持有资产非常稳定》

www.ici.org/video/fof_07_20_18_holden_retirement

总规模达到7.8万亿美元，占这些基金在全行业净资产总额的53%。相比之下，货币市场基金中的DC退休计划和IRA资产总规模只有3 990亿美元，占这些基金在全行业净资产总额的13%。

2018年，持有共同基金的家庭中有80%通过雇主发起式退休计划持有基金，其中，37%的家庭只通过此类计划持有基金（图7.7）。持有共同基金的家庭中有63%通过雇主发起式退休计划之外的渠道持有基金，其中20%的家庭只通过此类计划之外的渠道持有基金。在持有共同基金的家庭中，未通过雇主发起式退休计划持有共同基金的家庭中有50%通过传统IRA或罗斯IRA来持有基金。在许多情况下，这些

图7.7

退休计划之外的共同基金投资通常有投资专业人士提供指导

2018年数据

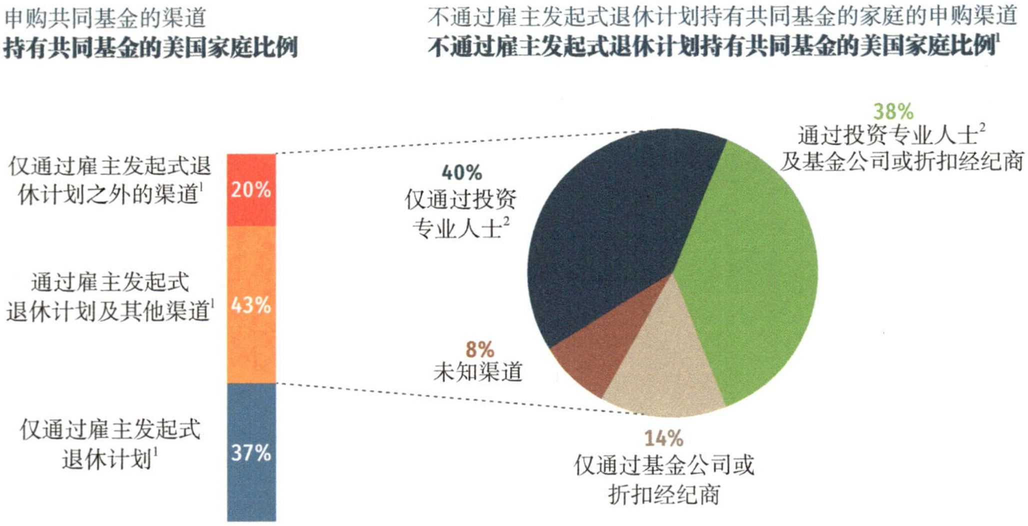

1. 雇主发起式退休计划包括DC计划［如401（k）、403（b）或457计划］以及雇主发起式IRA，如SEP IRA（简化雇员养老金计划）、SAR-SEP IRA（薪酬减免简化雇员养老金计划）和SIMPLE IRA（雇员储蓄激励配套计划）。
2. 投资专业人士包括注册投资顾问、全服务经纪商、独立理财规划师、银行和储蓄机构代表、保险代理人和会计师。

资料来源：《共同基金投资者的特征（2018年）》（刊载于《美国投资公司协会研究视角》）。

更多详情

《聚焦基金：诞生40年的401（k）计划是一个成功的储蓄产品》
www.ici.org/video/fof_11_16_18_holden_401k

IRA持有的资产是从401（k）计划或其他雇主发起式退休计划（固定收益计划或DC计划）中滚存的。

通过雇主发起式退休计划之外的渠道持有共同基金的家庭，其购买基金份额的方式有很多。2018年，这些家庭中有78%在注册投资顾问、全服务经纪商、独立理财规划师、银行和储蓄机构代表、保险代理人以及会计师等投资专业人士的协助下购买基金（图7.7）。在这些持有共同基金的家庭中，40%完全通过投资专业人士购买基金，38%直接通过投资专业人士、基金公司或折扣经纪商购买基金，14%仅直接从基金公司或折扣经纪商手中购买基金。

2018年，持有共同基金的家庭中有80%通过雇主发起式退休计划持有共同基金，63%通过该计划之外的渠道持有共同基金（图7.7和图7.8）。后者通过两种渠道购买基金：投资专业人士和直接市场渠道。2018年，持有共同基金的家庭中近50%通过投资专业人士购买基金，33%通过直接市场渠道购买基金。

成员年龄偏小的家庭更有可能仅通过雇主发起式退休计划购买共同基金，而成员年龄较大的家庭更可能通过该计划之外的渠道购买基金（图7.9）。2018年，持有共同基金的“千禧世代”家庭中，47%仅通过雇主发起式退休计划购买共同基金，而持有共同基金的“婴儿潮一代”家庭中，这一比例为33%。持有共同基金的“千禧世代”家庭中，53%通过雇主发起式退休计划之外的渠道购买基金，而持有共同基金的“婴儿潮一代”家庭中，这一比例为67%。与更年轻或更年长的家庭相比，持有共同基金的“婴儿潮一代”和“X世代”家庭更可能通过雇主发起式退休计划及其他渠道购买共同基金。2018年，48%持有共同基金的“X世代”家庭和46%持有共同基金的“婴儿潮一代”家庭通过雇主发起式退休计划及其他渠道购买共同基金，而“千禧世代”家庭与“沉默的一代”和“大兵一代”家庭这一比例则分别为36%和32%。虽然“沉默的一代”和“大兵一代”家庭中持有共同基金的占比最小，但是他们中持有共同基金的家庭却最有可能只通过雇主发起式退休计划之外的渠道购买基金。

图7.8

共同基金投资者通过多种渠道购买共同基金

2018年数据，持有共同基金的美国家庭百分比（单位：%）

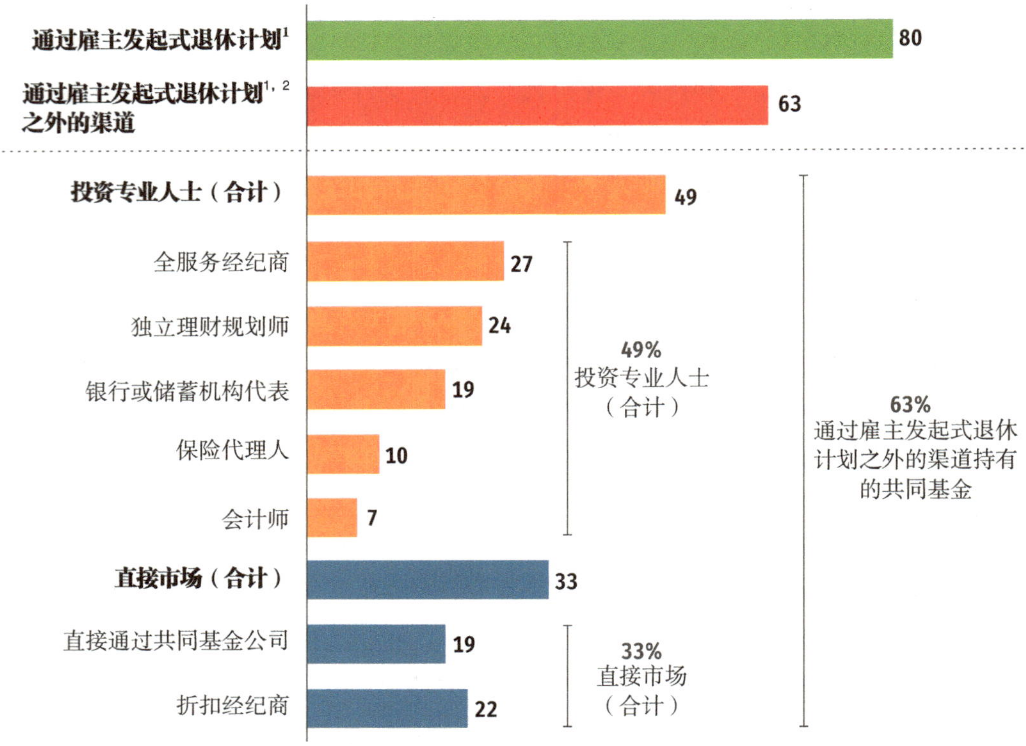

1. 雇主发起式退休计划包括DC计划［如401（k）、403（b）或457计划］以及雇主发起式IRA，如SEP IRA（简化雇员养老金计划）、SAR-SEP IRA（薪酬减免简化雇员养老金计划）和SIMPLE IRA（雇员储蓄激励配套计划）。
2. 通过雇主发起式退休计划之外的渠道购买共同基金的家庭中，有6%未说明其购买渠道。这6%包括通过雇主发起式退休计划及其他渠道购买基金的家庭（4%），以及只通过雇主发起式退休计划之外的渠道购买基金的家庭（2%）。

备注：含调查问卷的多选答案。

资料来源：《共同基金投资者的特征（2018年）》（刊载于《美国投资公司协会研究视角》）。

图7.9

通过雇主发起式退休计划及其他渠道持有的共同基金

2018年数据，持有共同基金的美国家庭百分比（按世代划分）（单位：%）

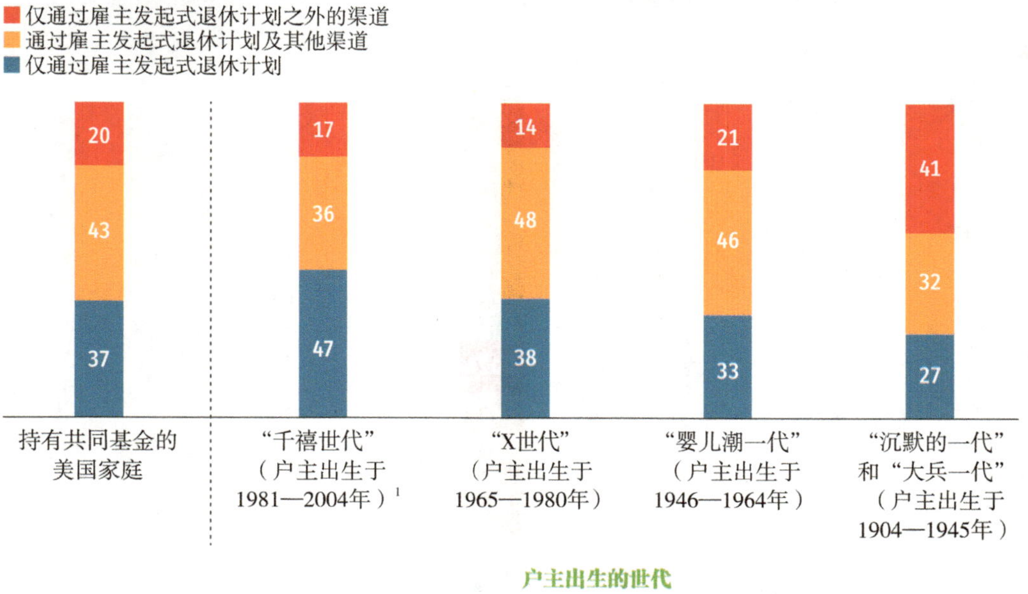

1. 2018年，"千禧世代"的年龄为14~37岁，但调查受访者的年龄必须是18岁及以上。

备注：世代是基于家庭储蓄和投资的独立决策者或共同决策者的年龄统计的。

雇主发起式退休计划包括DC计划［如401（k）、403（b）、457计划］以及雇主发起式IRA（SEP IRA、SAR-SEP IRA和SIMPLE IRA）。

资料来源：《共同基金投资者的特征（2018年）》（刊载于《美国投资公司协会研究视角》）。

2018年年底，DC计划和IRA账户持有的共同基金达8.2万亿美元，占美国退休市场规模（27.1万亿美元）的30%，占共同基金资产总额的46%。DC计划和IRA账户持有长期共同基金净资产总额的53%，但是其在货币市场基金净资产总额中的占比则小得多（13%）。同样，DC计划和IRA账户持有的共同基金占家庭持有的长期共同基金资产的56%，但仅占家庭持有的货币市场基金资产的21%（图7.10）。

图7.10
家庭持有的共同基金资产（按账户类型划分）
2018年年底数据（单位：十亿美元）

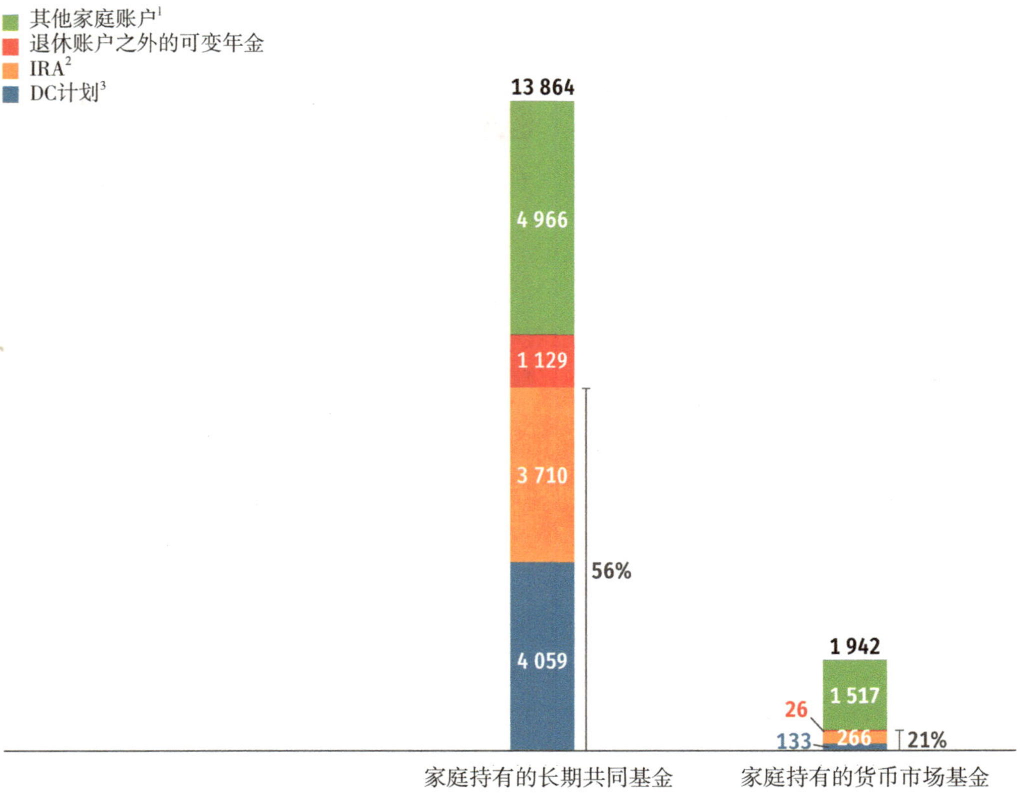

1. 该类别中统计了529计划和Coverdell教育储蓄账户中持有的共同基金投资。
2. IRA包括传统IRA、罗斯IRA和雇主发起式IRA（SEP IRA、SAR-SEP IRA和SIMPLE IRA）。
3. DC计划包括401（k）计划、403（b）计划、457计划及其他不含401（k）特点的DC计划。

份额持有人的情绪和信心

每年，美国投资公司协会都会就一系列问题对美国家庭进行调查，包括份额持有人的情绪。如图7.11所示，2018年，持有共同基金且熟悉共同基金公司的家庭中，有67%对基金公司“非常有好感”或“有一定好感”，这一比例与2017年相近；持有共同基金的家庭中，对基金公司“非常有好感”的家庭占比为15%。

图7.11

大部分份额持有人都看好共同基金行业

2017—2018年部分年份数据，持有共同基金且熟悉共同基金公司的共同基金持有家庭百分比（单位：%）

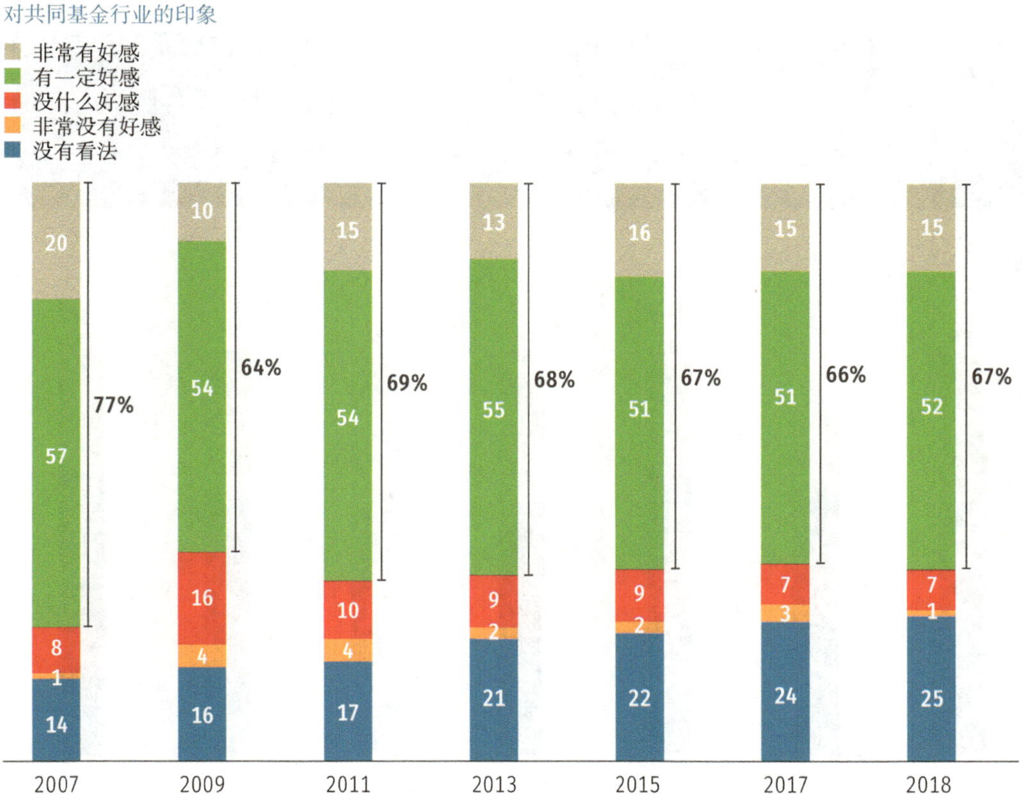

备注：2014年调查方法改为同时采用手机和座机两种方式获取样本。

资料来源：《共同基金持有情况、份额持有人情绪和互联网使用情况（2018年）》（刊载于《美国投资公司协会研究视角》）。

金融危机发生后，持有共同基金的家庭对共同基金能够帮助他们实现理财目标的信心有所减弱。如图7.12所示，2009年，持有共同基金的家庭中，有72%表示他们对共同基金帮助其实现理财目标抱有信心，低于2007年的84%。2011—2013年，持有共同基金的家庭中，约80%表示他们对共同基金帮助其实现理财目标抱有信

更多详情

《共同基金投资者的特征（2018年）》

www.ici.org/ownership

心，其中20%以上的家庭表示他们“非常有信心”。2015—2017年，持有共同基金的家庭中，约85%表示他们对共同基金帮助其实现理财目标抱有信心。2018年，这一比例上升到88%，其中29%表示他们对共同基金帮助其实现理财目标“非常有信心”。

图7.12

2018年，近九成持有共同基金的家庭对共同基金抱有信心

2007—2018年部分年份数据，持有共同基金的美国家庭中对共同基金有助于实现理财目标抱有信心的家庭占比（按信心强烈程度划分）（单位：%）

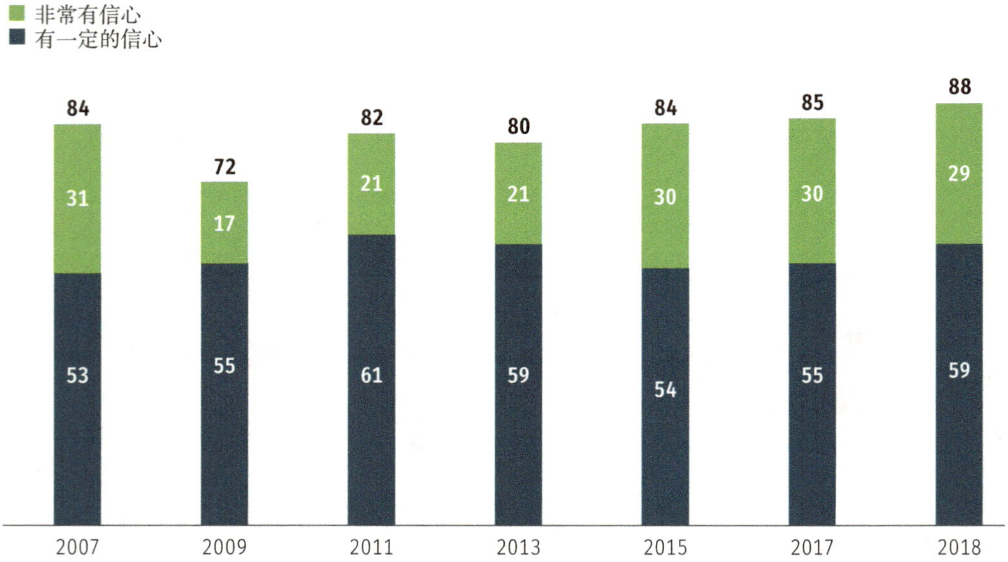

备注：2014年调查方法改为同时采用手机和座机两种方式获取样本。该问题有4个选项，另外两个选项是“不太有信心”和“完全没有信心”。

资料来源：《共同基金持有情况、份额持有人情绪和互联网使用情况（2018年）》（刊载于《美国投资公司协会研究视角》）。

份额持有人承担投资风险的意愿

美国投资公司协会调查研究了家庭承担投资风险的意愿。持有共同基金的家庭承担投资风险的意愿明显高于其他家庭。2018年，持有共同基金的家庭中有35%愿意承担较高或重大投资风险，是未持有共同基金的家庭的2.5倍多，后者的这一比例只有13%（图7.13）。

图7.13

家庭承担投资风险的意愿

2018年数据，持有共同基金的美国家庭占比（按世代划分）（单位：%）

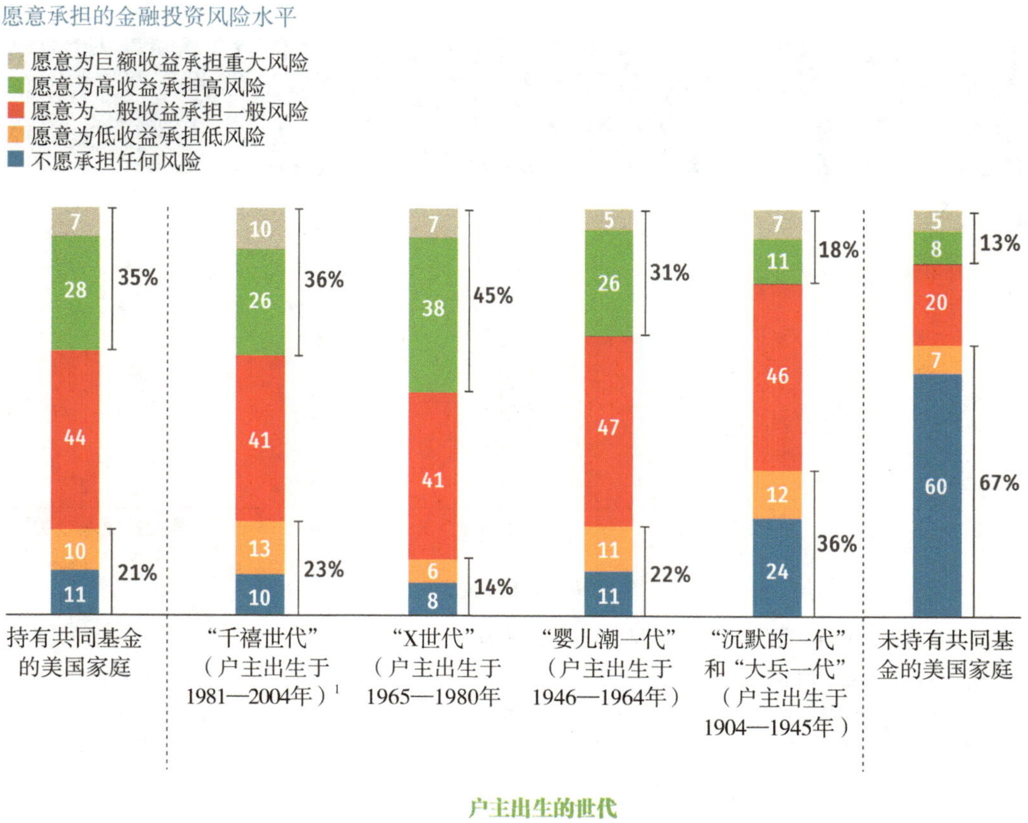

1. 2018年，“千禧世代”的年龄为14~37岁，但调查受访者的年龄必须是18岁及以上。

备注：世代是基于家庭储蓄和投资的独立决策者或共同决策者的年龄统计的。

资料来源：《共同基金持有情况、份额持有人情绪和互联网使用情况（2018年）》（刊载于《美国投资公司协会研究视角》）和《共同基金份额持有人特征（2018年）》（刊载于《美国投资公司协会研究报告》）。

不同年龄段的户主对风险的容忍度不同，年轻户主比年长户主更愿意承担风险。2018年，持有共同基金的家庭中，36%的“千禧世代”和45%的“X世代”家庭愿意承担较高或重大投资风险；而持有共同基金的家庭中，愿意承担风险的“婴儿潮一代”家庭与“沉默的一代”和“大兵一代”家庭占比分别降至31%和18%（图7.13）。

持有共同基金的家庭承担投资风险的意愿体现在他们持有的基金类型中。2018年，股票型基金是最常持有的共同基金类型，占持有共同基金家庭的88%；此外，36%的家庭持有平衡型基金，44%持有债券型基金，57%持有货币市场基金（图7.14）。

图7.14

股票型基金是持有比例最高的共同基金类型

2018年数据，持有共同基金的美国家庭百分比（单位：%）

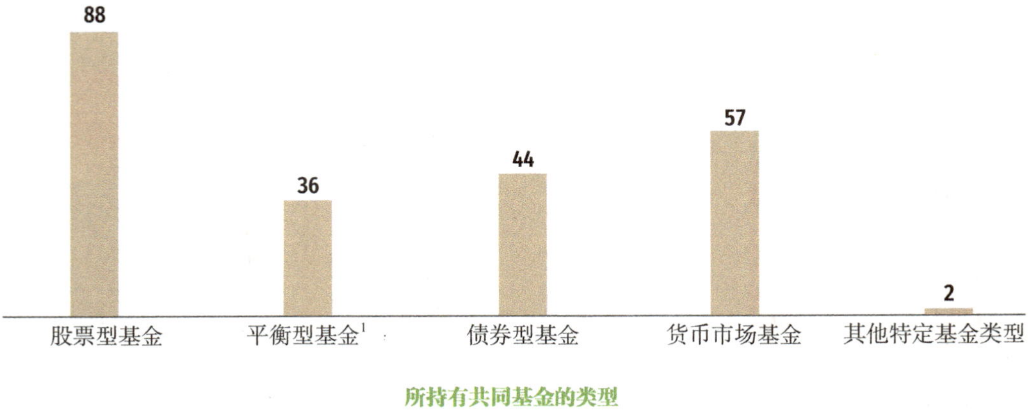

1. 在本数据中，美国投资公司协会将该基金归入混合型基金。

备注：含调查问卷中的多选答案。

资料来源：《共同基金投资者的特征（2018年）》（刊载于《美国投资公司协会研究视角》）。

份额持有人使用互联网的情况

绝大多数持有共同基金的家庭都可以使用互联网。2018年，持有共同基金的美国家庭中，93%可以使用互联网（图7.15），高于2000年的68%。一直以来，互联网使用率在年轻人群中比例最高，对于持有共同基金的家庭来说是如此，对于普罗大众来说也是如此。但是，互联网在年长的份额持有人群中的普及很大程度上缩小了这一差距。

更多详情

《共同基金份额持有者特征（2018年）》

www.ici.org/ownership

图7.15

持有共同基金的家庭几乎普遍可以使用互联网

2018年数据，使用互联网的美国家庭占比（单位：%）

	所有美国家庭	持有共同基金的家庭	拥有DC计划账户的家庭[1]
户主的年龄[2]			
35岁以下	88	95	93
35~49岁	88	98	97
50~64岁	82	94	93
65岁及以上	64	85	81
受教育程度			
高中或以下学历	65	86	83
接受过大学教育或专科学历	86	93	93
大学或研究生学历	91	96	96
家庭收入[3]			
低于50 000美元	64	83	79
50 000美元~99 999美元	89	93	93
100 000美元~149 999美元	95	97	97
150 000美元或以上	93	97	97
合计	**80**	**93**	**92**

1. DC计划包含401（k）、403（b）、457和其他DC计划。

2. 年龄是基于家庭储蓄和投资的独立决策者或共同决策者的年龄统计的。

3. 申报的总金额为2017年税前家庭收入。

备注：可使用互联网包括在家、工作场所或其他场所能够使用互联网。

资料来源：《共同基金持有情况、份额持有人情绪和互联网使用情况（2018年）》（刊载于《美国投资公司协会研究视角》）。

章节

08 美国的退休和教育储蓄

美国的一些政策提出设立或优化税收优惠型储蓄账户。事实证明，这些政策确实有助于美国人为实现退休储蓄和其他长期储蓄目标做好准备。为了实现这些目标，许多美国人都会使用税收优惠型储蓄账户的共同基金，因此，美国投资公司协会研究了美国退休市场使用401（k）计划、IRA、529计划和其他税收优惠型储蓄工具的投资者，以及共同基金在退休和教育储蓄市场上发挥的作用。

2018年年底，DC计划和IRA占退休资产的60%

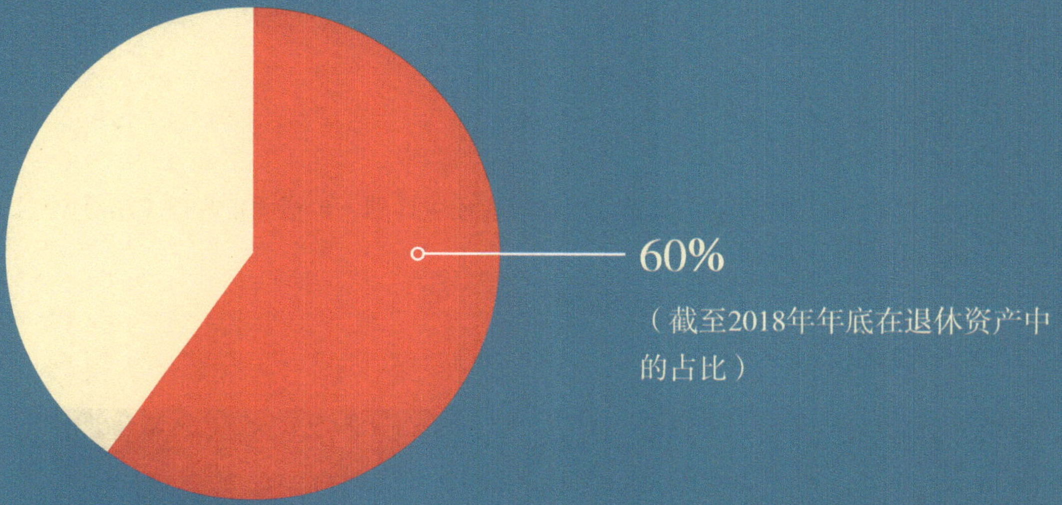

本章目录

美国退休体系

美国家庭依赖一系列退休资源来保障退休养老，而每一种资源在不同时期、不同家庭中的作用各不相同。人们通常将退休资源比喻成一张三条腿的板凳，这三条腿分别代表三种势均力敌的资源：社会保障、雇主发起式养老金计划以及私人储蓄。但把美国的退休资源形容为一座五层的金字塔，是最为贴切的。

退休资源金字塔

退休资源金字塔来源于政府保障计划、退休后方能获得的报酬以及其他储蓄（图8.1），分为五层：

» 社会保障
» 自有住房
» 雇主发起式退休计划［私营部门和政府雇主计划，包括固定收益（DB）计划和固定缴款（DC）计划］
» 个人退休账户（IRA），包括滚存资产
» 其他资产

图8.1
退休资源金字塔

资料来源：美国投资公司协会，《美国退休体系取得的成功》。

更多详情

《美国退休体系详细信息》
www.factsonretirement.org

虽然每个家庭对各层级的使用情况不同，但是这五个层级整体上保障了近几代退休者退休后的生活水平。

不同家庭的退休金字塔结构因收入高低而不同。如，低收入家庭通常会更多地依赖社保，这说明对于终身低收入的职工来说，社保福利金能够替代退休前收入中的很大一部分。

退休资源的金额和成分也会随着年龄的不同而变化。年轻家庭的储蓄更多地偏向于退休养老之外的目的，如购房、家庭生活开支或教育（图8.2）。与之相反，年长家庭的主要储蓄目标就是退休养老，因为其中有许多家庭已经实现了其他的储蓄目标。年轻人较少关注退休储蓄，这一点符合生命周期消费的经济学模型，该模型认为大部分人在职业生涯后期才会开始退休储蓄。

图8.2

家庭储蓄的主要原因随年龄的增长而变化

2016年数据，按户主年龄划分的家庭的百分比（单位：%）

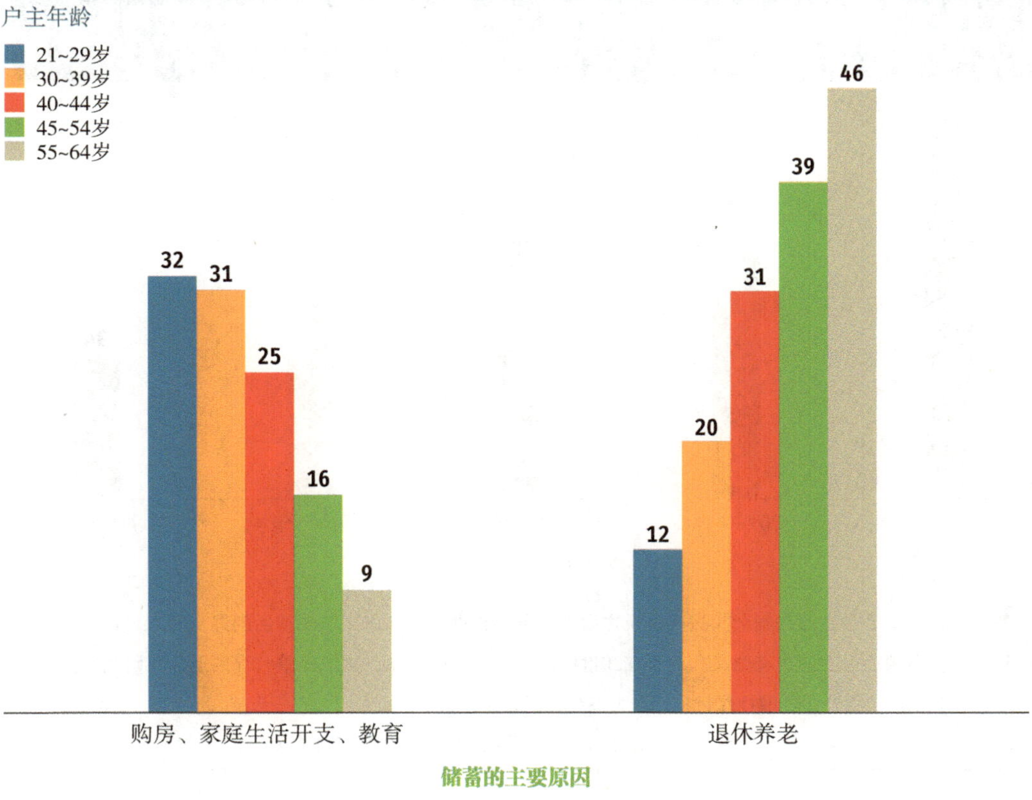

资料来源：美国投资公司协会根据2016年联邦储备委员会消费者金融调查数据制表。

社会保障是美国退休资源金字塔的基石，是退休收入的重要组成部分，也是低收入退休人员的主要收入来源。社保福利金的资金来源是按享受社保待遇的雇员税前收入12.4%的比例计提的“工资税”（雇主和雇员各缴纳6.2%），并设置了应税收入上限（2018年上限为128 400美元）。这种福利金计算方式累进程度很高，对于终身收入较低的职工来说，福利金占其总收入的很大一部分。

从方案设计来说，社保是终身低收入退休人员的主要支柱，也是所有退休人员的主要收入来源。如图8.3所示，美国国会预算办公室（CBO）预测，对于出生于20世纪60年代并从65岁开始领社保的人来说，在终身家庭收入排名最低的20%的家庭中，首年社保补贴对其平均终身收入（经通胀指数调整后）的替代率可达85%。而在收入排名处于20%~40%区间的家庭中，这一替代率下降至65%，然后随着家庭收入的增加而缓慢下降。即使是在收入排名处于前20%（80%~100%）的家庭中，社保福利金预计也可替代收入中相当大的一部分（34%）。

图8.3

社保福利金计算方法的累进程度很高

20世纪60年代出生的职工的平均社保替代率（按家庭收入五等分数统计），百分比（单位：%）

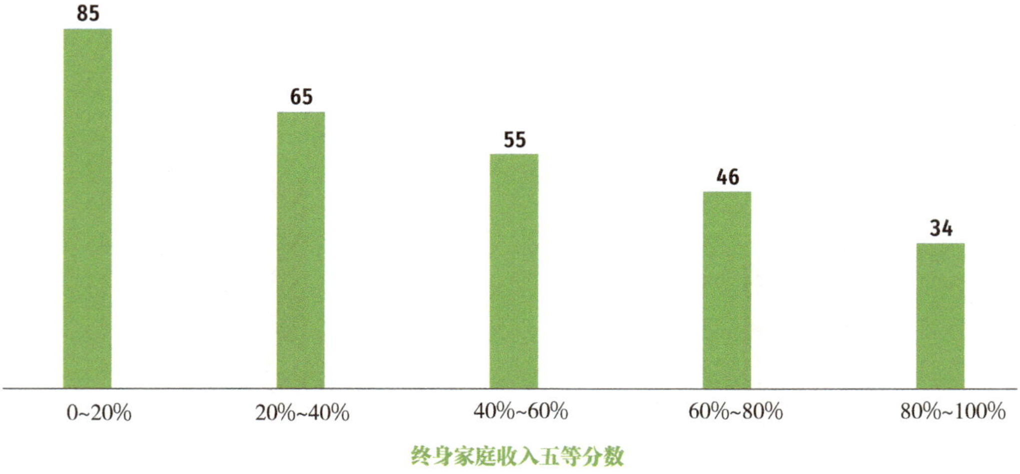

备注：替代率是指社保福利金扣除所得税之后的部分与根据平均通胀指数调整后的终身收入之比。替代率只对65岁申领社保的职工有意义。对于在20世纪60年代出生的职工，领取完整社保的退休年龄是67岁。如果这些职工从67岁开始领取社保，福利金大概会提高15%。

资料来源：美国国会预算办公室，《CBO对2018年长期社保目标的预测：补充说明》。

对于许多即将退休的家庭来说，自有住房是重要程度仅次于社保的第二大退休资源。年长家庭更可能拥有自住房，完全结清或大部分结清房贷的可能性也较大。退休后的家庭通常会因为无须再支付住房租金而在经济上更加宽裕。

作为社保的补充，雇主发起式退休计划和IRA对于每个家庭（无论收入高低和财富状况好坏）而言都是重要的资源，对于用社保补贴替代小部分收入的家庭来说尤为重要。2016年，每10个即将退休的家庭中就有8个通过雇主发起式退休计划（私营部门和政府雇主发起的DB计划和DC计划）或IRA获得收益（图8.4）。

图8.4

各收入群体的即将退休家庭都拥有退休资产、DB计划收益或两者兼有

2016年数据，即将退休家庭的百分比[1]（按收入五等分数划分）[2]（单位：%）

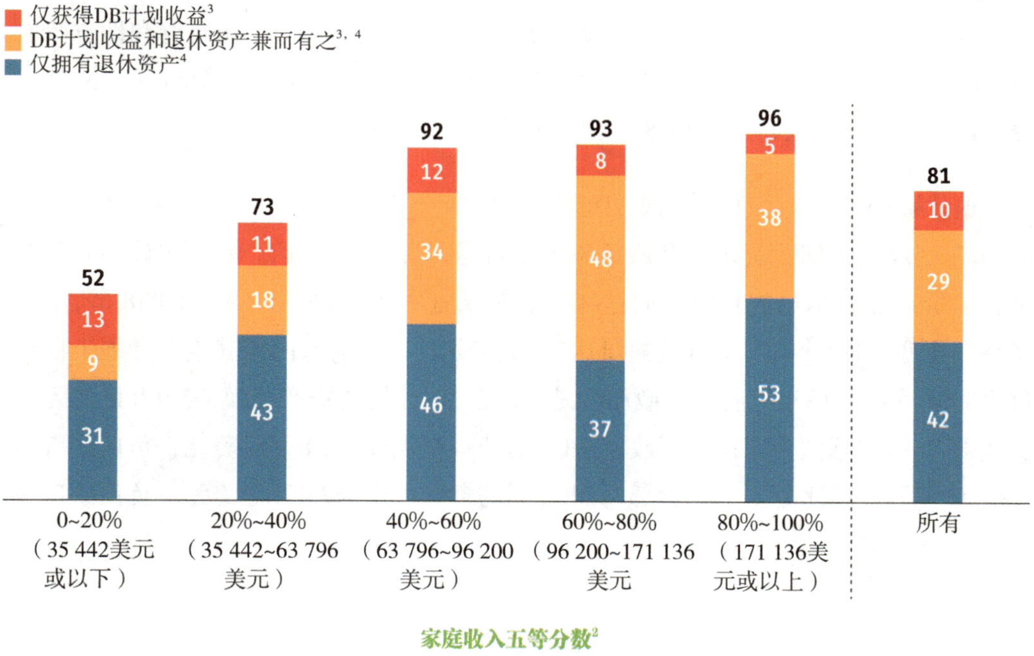

1. 即将退休的家庭是指户主年龄为55~64岁且户主或户主配偶仍在职的家庭。
2. 收入是2015年家庭税前收入。
3. 正在从私营部门或政府雇主发起的DB计划中获得收益的家庭和有望从未来的DB计划中获得收益的家庭，都计入此类别。
4. 退休资产包括私营部门或政府雇主发起的DC计划资产［401（k）计划、403（b）计划、457计划、节俭储蓄计划以及其他DC计划］以及IRA（传统IRA、罗斯IRA、SEP IRA、SAR-SEP IRA和SIMPLE IRA）。

资料来源：美国投资公司协会根据2016年联邦储备委员会消费者金融调查数据制表。

最后，退休人员还会依赖其他退休资产，尽管这部分通常不太重要。这些资产既可以是金融资产，包括银行存款、股票、债券和通过雇主发起式退休计划和IRA之外的渠道购买的共同基金；也可以是非金融资产，包括企业股本、投资性房地产、二套住宅、车辆和耐用消费品（家用电器和家具等使用寿命较长的商品）。高收入家庭更有可能在后一种类别中持有较多资产。

美国退休市场资产概况

雇主发起式退休计划（私营部门和政府雇主发起的DB和DC计划）、IRA（包括滚存资产）以及年金在美国退休体系中发挥着重要作用。2018年年底，美国退休市场资产规模达到27.1万亿美元（图8.5），与2017年年底相比下降了4.6%，但与该年度美国股市[①]下跌5.3%后的市值规模一致。退休资产中最大的组成部分是IRA和雇主发起式DC计划，二者共占2018年年底退休市场总资产的60%（图8.5）。其他雇主发起式计划包括私营部门发起的DB养老金计划（2.9万亿美元）、州政府和地方政府DB退休计划（3.9万亿美元）、联邦政府DB计划（1.8万亿美元）（图8.6）。此外，退休计划之外的年金储备在2018年年底达到2.1万亿美元。

退休资产包括个人账户存款（DC计划和IRA）以及DB计划中持有的资产。传统的DB计划承诺根据薪资水平和服务年限支付退休补贴。然而，有些DB计划并没有足够的资产支付承诺的补贴，而这些补贴是家庭依法有权享有的。如图8.6所示，2018年年底，DB计划的总负债缺口达7万亿美元，而政府部门的养老金计划负债缺口更为严重。2018年年底，州政府和地方政府DB计划的资产规模为3.9万亿美元，负债缺口达4.7万亿美元；联邦政府DB计划的资产规模为1.8万亿美元，负债缺口达1.7万亿美元。相比之下，私营部门DB计划的资产规模为2.9万亿美元，负债缺口仅为0.6万亿美元。

① 根据威尔逊5000全收益指数衡量。

更多详情

《聚焦基金：诞生40年的401（k）计划是一个成功的储蓄产品》
www.ici.org/video/fof_11_16_18_holden_401k

图8.5

美国退休市场资产总额

1995—2018年部分年份年末数据（单位：万亿美元）

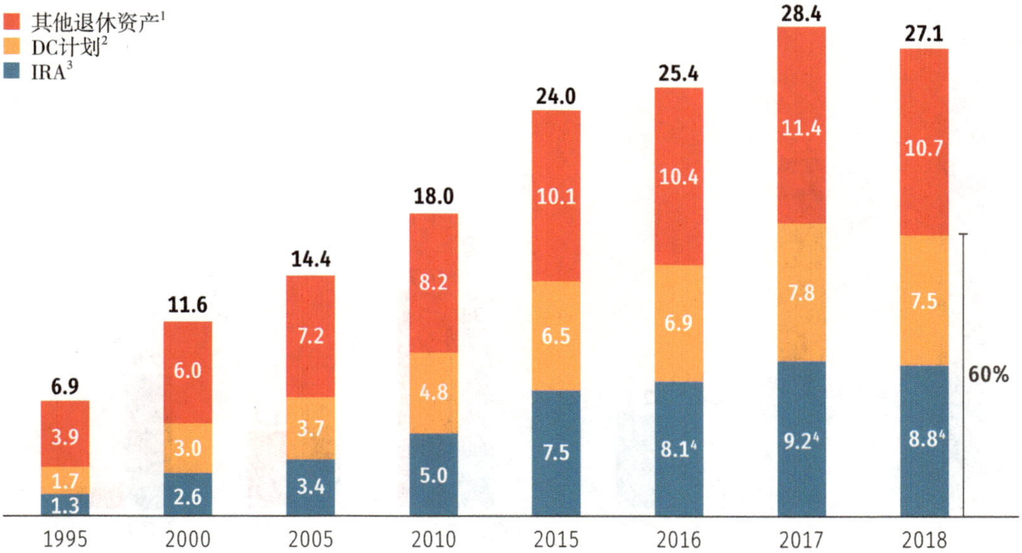

1. 其他退休资产包括私营部门DB计划，联邦、州和地方政府DB计划，所有在退休计划和IRA之外持有的固定年金和可变年金。联邦养老金计划包括公务员退休与残疾基金、军人退休基金、司法人员退休基金、铁路职工退休管理委员会及外交部门退休与残疾基金持有的美国国债。这些计划还包括国家铁路退休投资信托中持有的证券。2017年年底报告的联邦养老金计划资产已针对美国联邦政府借款达到法定限额之后开展的美国国债融资活动进行了调整。这些行动暂时性地减少了公务员退休与残疾基金资产负债表上报告的国债的数量。
2. DC计划包括私营雇主发起式DC计划［包括401（k）计划、403（b）计划、457计划］和联邦雇员退休系统（FERS）节俭储蓄计划（TSP）。
3. IRA包括传统IRA、罗斯IRA和雇主发起式IRA（SEP IRA、SAR-SEP IRA和SIMPLE IRA）。
4. 数据为估算值。

资料来源：美国投资公司协会、联邦储备委员会、劳工部、全国政府固定缴费管理者协会、美国人寿保险理事会和美国国税局收入统计署。见美国投资公司协会，《美国退休市场（2018年第四季度）》。

更多详情

《美国退休市场》

www.ici.org/research/stats/retirement

图8.6

美国退休资产总额及固定收益计划负债缺口

2018年年底数据（单位：万亿美元）

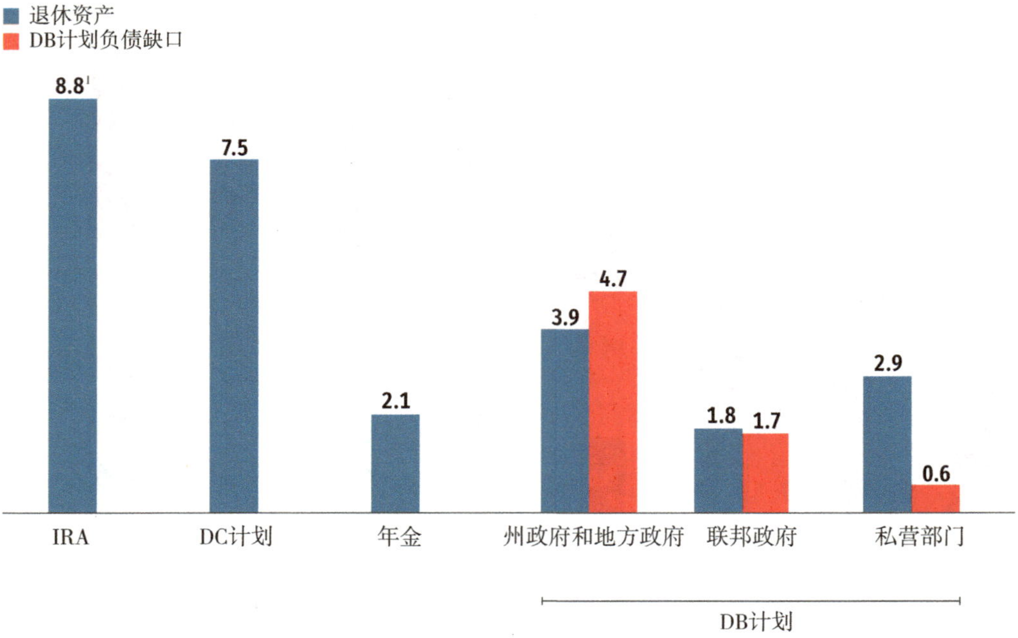

1. 数据为估算值。

资料来源：美国投资公司协会和联邦储备委员会。见美国投资公司协会，《美国退休市场（2018年第四季度）》。

退休资源的持有情况

许多美国家庭积累了专用于退休养老的资源。如图8.7所示，2018年，在所有年龄段中，62%的美国家庭（7 900万户）称其持有雇主发起式退休计划、IRA或两者都有。56%的美国家庭称其持有雇主发起式退休计划（即持有DC计划账户的资产），且正在接受或有望得到DB计划或这两种计划的补贴。33%的家庭称其持有IRA资产，其中27%同时持有IRA和雇主发起式退休计划。接受调查的美国家庭分属于不同年龄段，处于储蓄生命周期的不同阶段。对退休养老储蓄的重视程度随着年龄的增加而提高（图8.2），年长家庭更可能拥有退休资源，如，约80%即将退休的家庭有养老金积蓄（图8.4）。

更多详情

《美国民众：我们信任固定缴款计划》

www.ici.org/viewpoints/view_18_american_views

图8.7
许多美国家庭拥有社保之外的退休资源
2018年数据，美国家庭占比（单位：%）

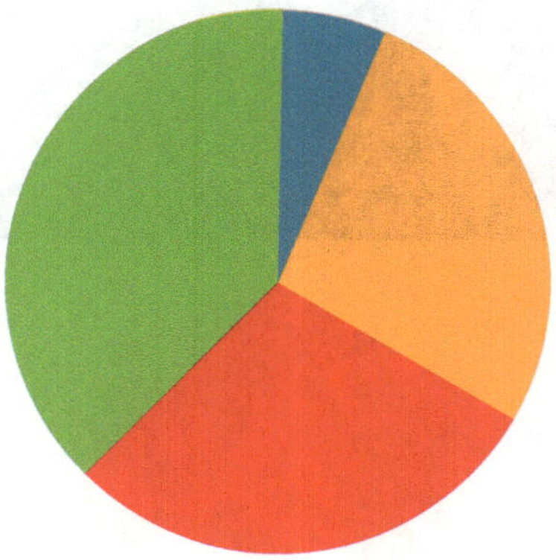

美国家庭总户数：1.276亿户

1. IRA包括传统IRA、罗斯IRA和雇主发起式IRA（SEP IRA、SAR-SEP IRA和SIMPLE IRA）。

2. 雇主发起式退休计划包括DC退休计划和DB退休计划。

资料来源：美国投资公司协会和美国人口调查局。参见《IRA在美国家庭退休储蓄中发挥的作用（2018年）》（刊载于《美国投资公司协会研究视角》）。

美国退休人员的收入

美国投资公司协会和美国国税局收入统计司共同开展的最新研究显示，许多美国职工在领取社保之后，能够保持原来的可支配收入水平或其可支配收入水平有所提高。该研究还发现，在申领社保之后，大部分人都（从雇主发起式退休计划、年金或IRA中）获得了可观的社保补贴和退休收入。

如图8.8所示，低收入职工通常有较高的可支配收入（缴税和向退休账户缴费后

更多详情

退休资源中心

www.ici.org/retirement

的收入）替代率。在领取社保3年后，研究对象中中位数职工持有的可支配收入高于领取社保前的可支配收入，前者是后者的103%。值得注意的是，1999年，收入处于最低20%区间的人群中，其替代率中位数最高（123%），而收入处于最高20%区间的人群中，其替代率中位数最低（93%）。

图8.8

大部分职工在领取社保之后仍保持原来的可支配收入水平

样本[1]中的个人在领取社保3年后的可支配收入替代率[2]中位数（按1999年人均收入[3]划分），百分比（单位：%）

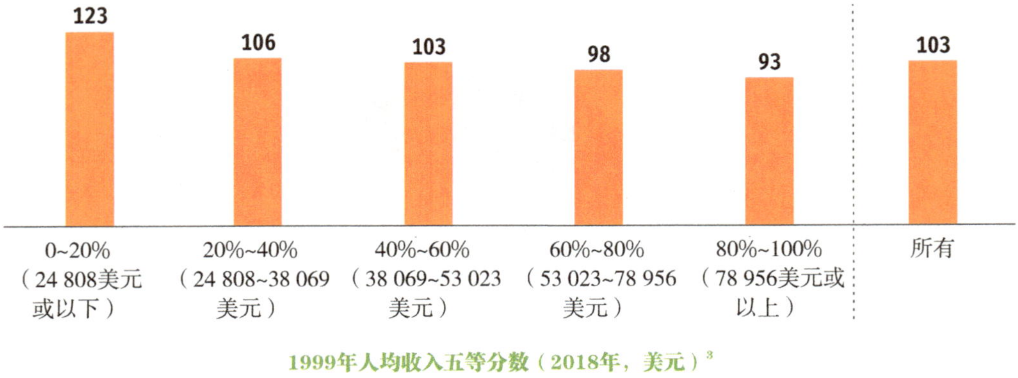

1. 样本包含1999年55~61岁之间的所有在职纳税人，他们在2000—2007年领取社保养老金。
2. 可支配收入是劳动力收入、社保福利金、退休收入（DB和DC养老金、年金和IRA收入）之和减去工资税和一定比例的联邦所得税。替代率是指个人退休后领取的养老金占退休前可支配收入的百分比。
3. 对于非联合申报的个人，其人均收入为所得税申报表上的收入。对于申请联合申报的已婚夫妇，其人均收入为所得税申报表上的收入除以2。

资料来源：《使用面板税收数据来研究向退休的过渡》，见www.ici.org/transition_to_retirement。

如图8.9所示，除社保之外，分析对象中大部分职工的退休资源来自雇主发起式退休计划、年金和IRA。在个人申请领取社保前1年到领取后3年的这5年间，81%的人直接或通过配偶从雇主计划、年金或IRA中获得收入。有迹象表明，另有8%的人从1099-R表格（申报滚存资产或其他不产生收入的退休账户交易）、5498表格（确认IRA所有权）或从两者同时获得收入，但这些收入还没有被动用。

更多详情

《美国投资公司协会分析显示，美国人在领取社保之后可支配收入水平保持不变或有所提高》

www.ici.org/news-release/17_news_retirement_income

图8.9

近九成退休职工拥有社保之外的退休资源

研究样本[1]中持有社保之外的退休资源证明资料者的百分比[2]（按1999年人均收入[3]统计）（单位：%）

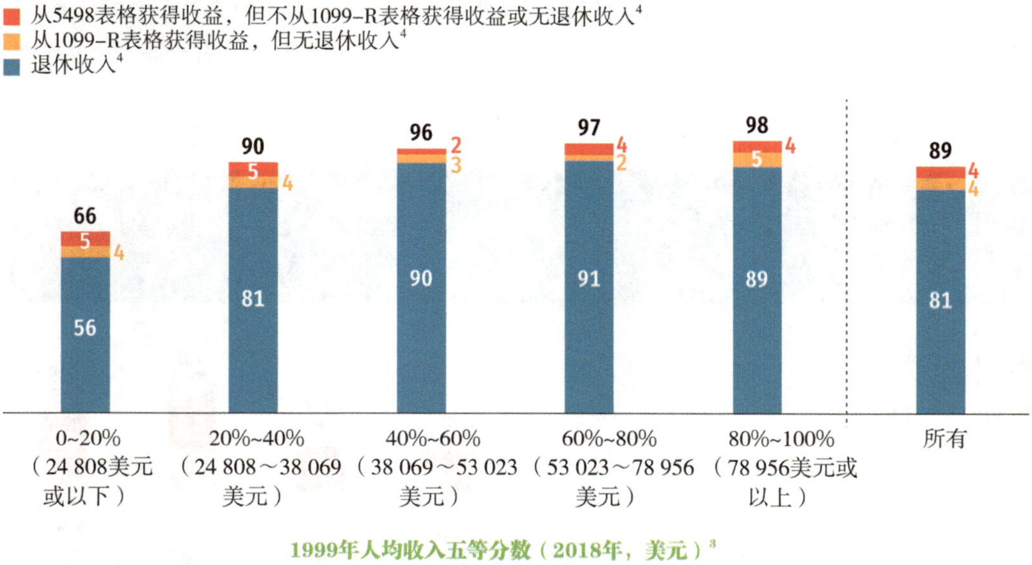

1. 样本包含1999年55~61岁之间的所有在职纳税人，他们在2000—2007年领取社保养老金。
2. 分析的时间范围为领取社保的前1年起至领取社保后3年止的5年间。
3. 对于非联合申报的个人，其人均收入为所得税申报表上的收入。对于申请联合申报的已婚夫妇，其人均收入为所得税申报表上的收入除以2。
4. 退休收入包括从DB退休计划、DC退休计划、年金和IRA中获得的收入。

资料来源：《使用面板税收数据来研究向退休的过渡》，见www.ici.org/transition_to_retirement。

固定缴款退休计划

DC计划为雇员提供的退休账户由雇主缴费、雇员缴费或两者共同缴费提供资金来源，在此基础上，缴费的投资损益在抵扣支取款项后全部计入账户余额。1988—2018年，雇主发起式DC计划的资产增长速度比DB计划更快，雇主发起式DC计划资产占DC计划和DB计划总资产的比例由1988年的29%增至2018年年底的46%。

如图8.10所示，2018年年底，雇主发起式DC计划［包括401（k）计划、403

更多详情

《美国如何支持养老：挑战关于谁受益的传统观点》

www.ici.org/whobenefits

（b）计划、457计划、联邦节俭储蓄计划（TSP）以及其他私营部门DC计划］资产规模约为7.5万亿美元。其中，401（k）计划的资产规模达到5.2万亿美元，占雇主发起式DC计划资产中的最大份额。403（b）计划与401（k）计划相似，由教育机构和特定非营利性组织提供，资产规模达0.9万亿美元。此外，457计划（服务对象为州政府和地方政府雇员以及特定免税组织）和联邦节俭储蓄计划（TSP）的资产规模共计0.9万亿美元。不含401（k）特点的其他私营部门DC计划持有余下的0.5万亿美元资产。

图8.10

固定缴款计划资产（按计划类型划分）

1995—2018年部分年份的年末数据（单位：万亿美元）

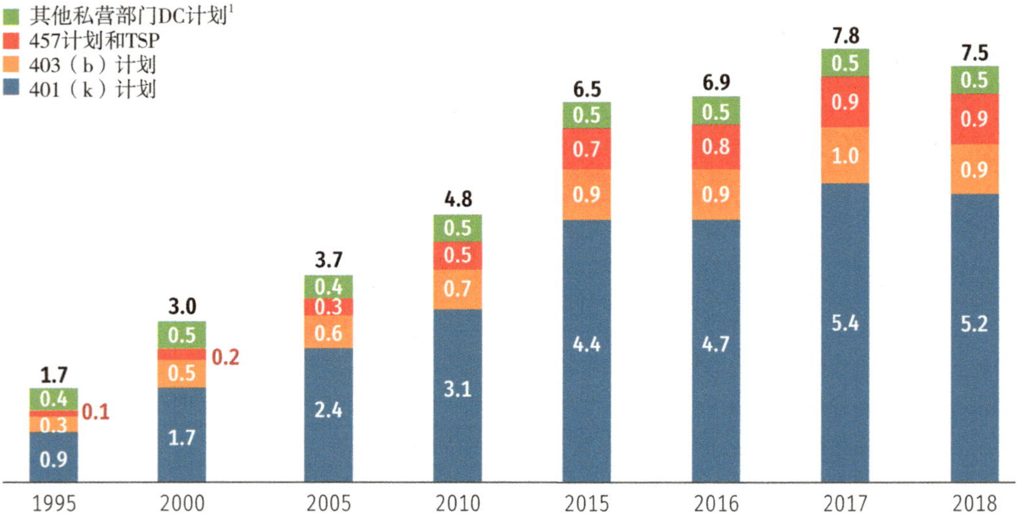

1. 其他私营部门DC计划包括基欧计划和其他不具有401（k）特点的私营部门DC计划（利润共享计划、股票分红计划、货币购买计划）。

资料来源：美国投资公司协会、联邦储备委员会、劳工部、全国政府固定缴费管理者协会和美国人寿保险理事会。参见美国投资公司协会，《美国退休市场（2018年第四季度）》。

更多详情

《聚焦基金：最新数据显示美国退休储蓄者持有资产非常稳定》

www.ici.org/video/fof_07_20_18_holden_retirement

401（k）计划和403（b）计划的设计和投资组合

计划的设计

发起式计划的雇主可以设定一些特色来刺激雇员参与计划，如雇主缴费、支持参与者从计划的资产中贷款以及为雇员开通自动加入等。这些计划最常见的特征是雇主缴费。在401（k）计划中，雇主的缴费可以不考虑雇员的缴费水平，采取按一定比例结构匹配的方式激励雇员参与计划。对大型401（k）计划的最新分析发现，2016年，有85%的计划采取了雇主缴费，近八成（78%）的计划为参与者提供贷款，近三成（28%）的计划为雇员开通了自动加入。一项对大型403（b）计划的分析发现，此类计划可能同样会采用雇主缴费，但提供贷款和开通自动加入的可能性较低。

在设计401（k）计划时，雇主往往选择雇员可能会重视的一些特征并加以组合应用。2016年，46%的大型401（k）计划同时采用雇主缴费和支持参与者从计划的资产中贷款，但是不含自动加入，这是最常见的计划组合。其次便是三种方式的组合，即雇主缴费、自动加入和提供贷款，大型401（k）计划中有21%采用此种组合，有14%只提供雇主缴费模式。约4%的大型401（k）计划未采用上述三种方式中的任何一种。

投资组合

除了选择如何匹配401（k）计划的缴费结构外，雇主还会选择一些计划参与者可以使用的投资方案。2015年，几乎所有的大型401（k）计划都提供了国内股票型基金、国际股票型基金和国内债券型基金（图8.11）。尽管提供这三种基金的可能性相当，但是当计划可以配置这三种基金时，雇主通常会提供更多的国内股票型基金（平均为10只），而国内债券型基金或国际股票型基金则要少一些（各3只）。目标日期基金也是常见的投资选择，约有80%的大型401（k）计划提供这类基金（平均为10只）。此外，约有50%的大型401（k）计划平均提供1只货币型基金，75%提供1份担保投资合同（GIC）。总体来看，2015年大型401（k）计划平均向参与者提供了29只基金。大型私营部门403（b）计划也向参与者提供了多种多样的投资方案供其选择。

更多详情

《BrightScope/美国投资公司协会固定缴款计划简介：近观401（k）计划（2015年）》
www.ici.org/retirement-research

图8.11

大型401（k）计划中提供的投资方案发生率（按投资类型划分）

2015年数据，BrightScope数据库中经审计的401（k）申报计划百分比（单位：%）

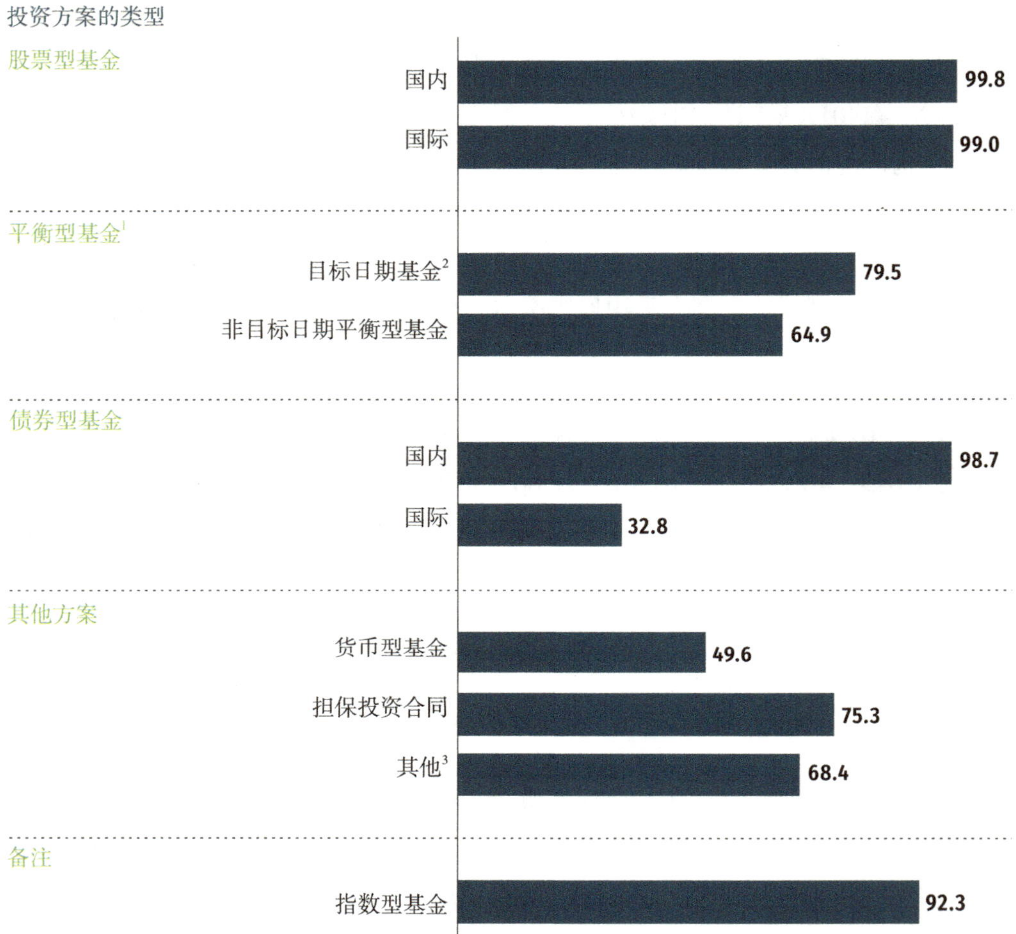

1. 在本数据中，美国投资公司协会将平衡型基金归入混合型基金。
2. 目标日期基金通常在其运作时段接近或超过基金名称中预先设定的目标日期时，对投资组合进行再平衡，使其减少对成长性资产的关注，增加对收益性资产的配置。
3. “其他”包括商品基金、房地产基金、单个股票（含公司股票）和债券。

备注：样本包含19 422项计划，参与人数为4 150万人，资产规模为3.3万亿美元（不包含参与者贷款）。基金包括共同基金、集合投资信托、独立账户和其他集合投资产品。BrightScope审计的401（k）申报通常包括参与人数达到或超过100人的计划。投资选择少于4种或超过100种的计划，或资产少于100万美元的计划都不在此次分析的BrightScope审计401（k）申报计划的范围之列。

资料来源：BrightScope固定缴款计划数据库。见BrightScope和美国投资公司协会，《BrightScope/美国投资公司协会固定缴款计划简介：近观401（k）计划（2015年）》。

更多详情

401（k）资源中心

www.ici.org/401k

401（k）计划参与者：资产配置、账户余额和贷款活动

资产配置

401（k）计划账户提供的养老收入部分取决于计划参与者的资产配置。

平均而言，与年长参与者相比，年轻参与者会在投资组合中配置更多的权益资产。根据美国投资公司协会和雇员福利研究所（EBRI）开展的研究，2016年年底，平均来看，在20~29岁参与者的401（k）计划资产中，权益资产约占80%，而在60~69岁参与者的401（k）计划资产中，权益资产约占55%（图8.12）。401（k）计划可以通过股票型共同基金、其他集合股票投资、平衡型基金（包括目标日期基金）中的股票投资以及公司股票来提供股权投资。

美国投资公司协会和雇员福利研究所的研究还发现，不同年龄的参与者在权益资产投资方向上也有差异。如图8.12所示，2016年年底，平均来看，20~29岁的401（k）计划参与者将29%的401（k）资产投资于股票型基金、48%投资于目标日期基金、8%投资于非目标日期平衡型基金、4%投资于公司股票。相比之下，年长的401（k）计划参与者配置的股票型基金比例更高，达到其401（k）计划资产的38%，而对目标日期基金、非目标日期平衡型基金和公司股票的配置则低一些，分别为18%、6%和6%。这些年长参与者还配置了更高比例的固定收益投资。2016年年底，平均来看，60~69岁的401（k）计划参与者将25%的401（k）账户资产投资于货币型基金、债券型基金、GIC和其他稳定价值基金，而20~29岁的401（k）计划参与者配置的上述投资较少，平均仅占8%。

更多详情

养老目标日期基金资源中心
www.ici.org/trdf

图8.12

不同年龄段的参与者其401（k）资产配置各不相同

2016年年底数据，401（k）账户余额的平均资产配置，账户余额百分比（单位：%）

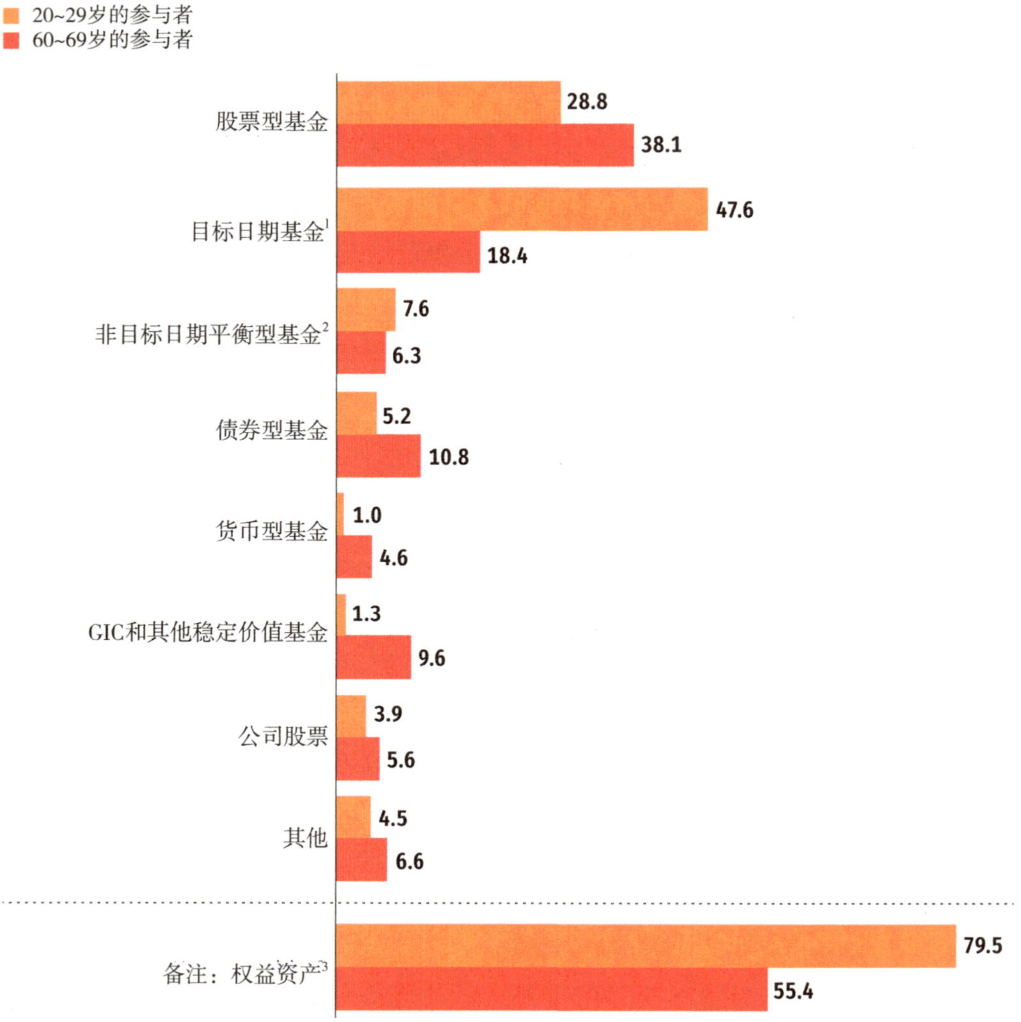

1. 目标日期基金通常在其运作时段接近或超过基金名称中预先设定的目标日期时，对投资组合进行再平衡，使其减少对成长性资产的关注，增加对收益性资产的配置。

2. 在本数据中，美国投资公司协会将平衡型基金归入混合型基金。

3. 权益资产包含股票型基金、公司股票和平衡型基金中的股票投资部分。

备注：基金包括共同基金、银行集体信托、人寿独立账户及主要投资于指定证券的集合投资产品。百分比为资金规模加权平均值。

资料来源：根据EBRI/美国投资公司协会指定参与者退休计划数据收集项目制表。参见《401（k）计划的资产配置、账户余额和贷款活动（2016年）》（刊载于《美国投资公司协会研究视角》）。

不同年龄段的投资组合配置也存在巨大差异。如图8.13所示，截至2016年年底，在20~29岁的401（k）计划参与者中，权益资产占其账户资产总额80%以上的参与者有77%；而在60~69岁的参与者中，这一比例不到20%，他们不太倾向于持有如此高比例的权益资产。相比之下，在20~29岁的401（k）计划参与者中，9%的人持有的权益资产占其账户资产总额的比例不超过40%，而在60~69岁的401（k）计划参与者中，这一比例为31%。

图8.13

401（k）计划参与者对权益资产的配置存在巨大差异

2016年年底数据，401（k）计划参与者账户余额中的股权资产配置比重，在不同参与者中所占百分比（单位：%）

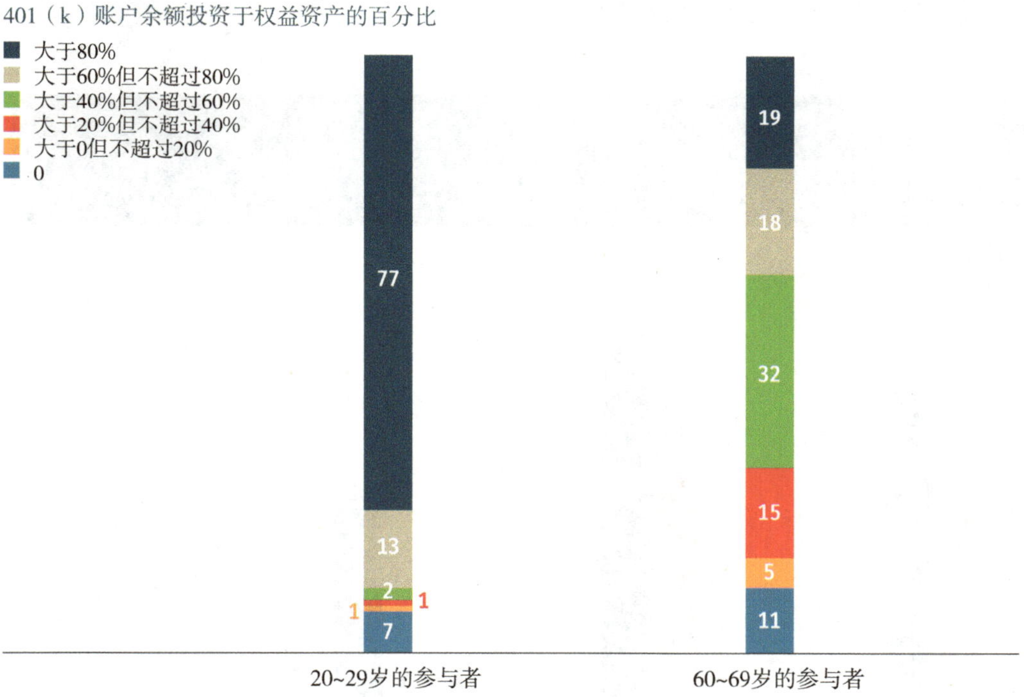

备注：权益资产包含股票型基金、公司股票和平衡型基金中的股票投资部分。基金包括共同基金、银行集体信托、人寿独立账户及主要投资于指定证券的集合投资产品。在本数据中，美国投资公司协会将平衡型基金归入混合型基金。

资料来源：根据EBRI/美国投资公司协会指定参与者退休计划数据收集项目制表。参见《401（k）计划的资产配置、账户余额和贷款活动（2016年）》（刊载于《美国投资公司协会研究视角》）。

目标日期基金

目标日期基金（包括目标日期共同基金和其他运用目标日期投资策略的集合投资产品）根据设定的目标退休日期、事先确定的方案按时间对资产进行重新配置。目标日期基金通常在其运作时段接近或超过基金名称中预先设定的目标日期时，对投资组合进行再平衡，使其减少对成长性资产的关注，增加对收益性资产的配置。

2006—2016年目标日期基金在401（k）计划中的资产占比持续提升，从2006年年底的5%提升至2016年年底的21%（图8.14）。提供目标日期基金的401（k）计划和获目标日期基金的401（k）计划参与者的占比都有所增长。2016年年底，68%的401（k）计划提供了目标日期基金，75%的401（k）计划参与者获目标日期基金。参与者对目标日期基金的使用率也有所提升，2016年，50%以上的401（k）计划参与者持有这些基金，而2006年这一占比还不到20%。

图8.14

目标日期基金在401（k）计划市场上所占比重

2006年和2016年年末数据，占401（k）市场总规模的百分比（单位：%）

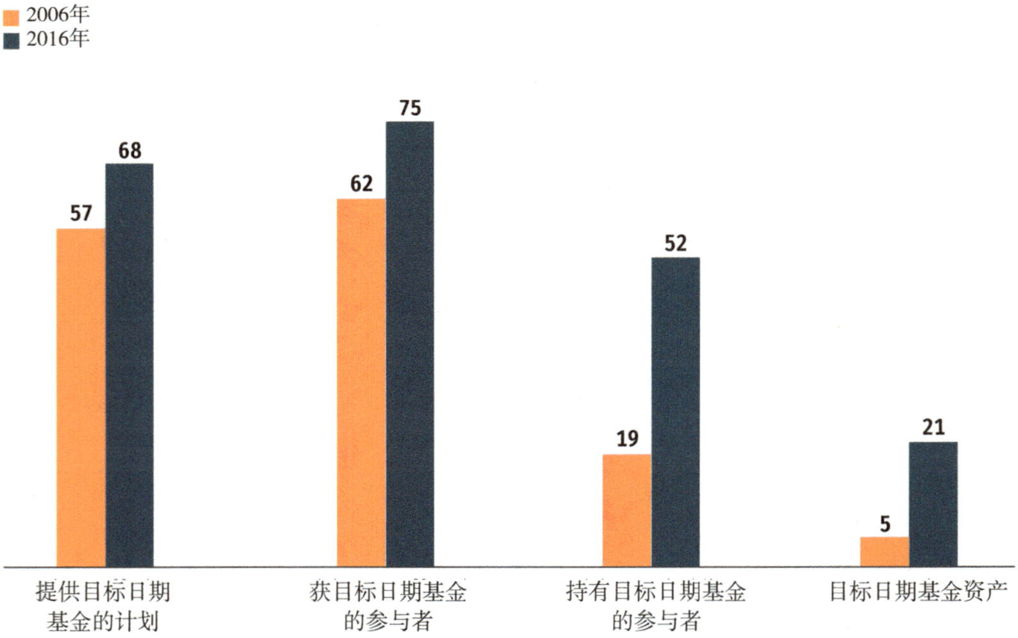

备注：基金包括共同基金、银行集体信托、人寿独立账户及其他集合投资产品。

资料来源：根据EBRI/美国投资公司协会指定参与者退休计划数据收集项目制表。参见《401（k）计划的资产配置、账户余额和贷款活动（2016年）》（刊载于《美国投资公司协会研究视角》）。

账户余额

401（k）计划参与者为当前雇主工作的时间越长，参与者年龄越大，账户余额往往越高。如图8.15所示，2016年年底，60~69岁且为当前雇主工作30年以上的参与者，401（k）计划账户的平均余额约为287 500美元。40~49岁且为当前雇主工作5~10年的参与者，401（k）计划账户的平均余额约为69 600美元。2016年年底，401（k）计划参与者的年龄中位数为45岁，工作年限中位数为7年。

图8.15

401（k）计划账户余额往往随着参与者年龄增长和工作年限增长而增加

2016年年底数据，401（k）计划账户平均余额（按参与者年龄和工作年限划分）（单位：美元）

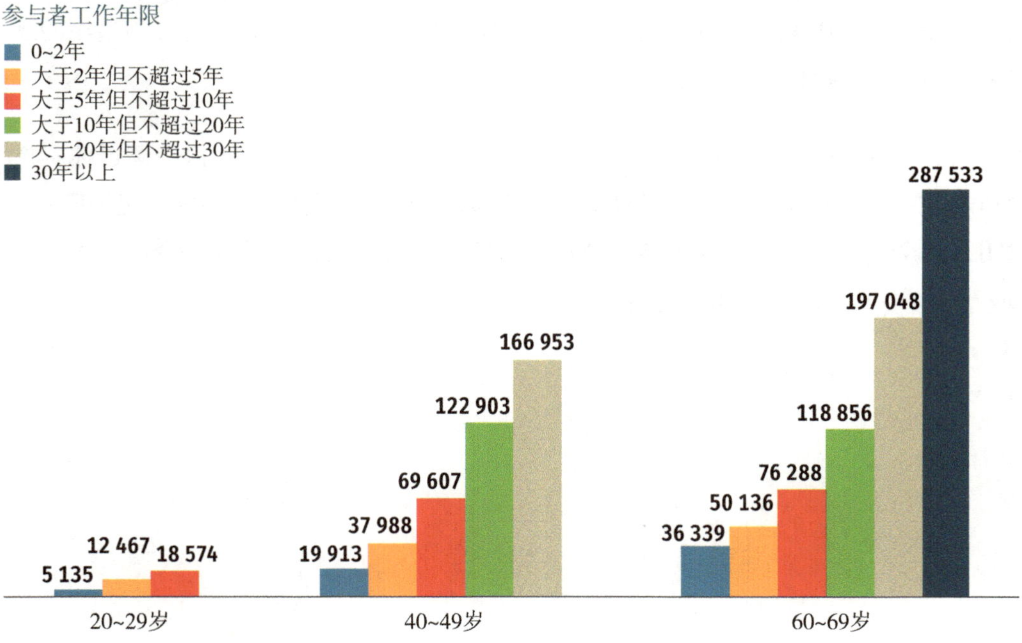

资料来源：根据EBRI/美国投资公司协会指定参与者退休计划数据收集项目制表。参见《401（k）计划的资产配置、账户余额和贷款活动（2016年）》（刊载于《美国投资公司协会研究视角》）。

贷款活动

虽然大部分（86%）401（k）计划的参与者可以从计划中贷款，但多数参与者并没有这样做。截至2016年年底，符合贷款条件的参与者中只有19%进行了贷款。但是，并非所有参与者都可以从401（k）计划中获得贷款，对EBRI/美国投资公司协会401（k）数据库中的所有可以贷款和不能贷款的401（k）计划参与者进行分析发现，截至2016年年底，仅有16%的参与者获得了贷款。参与者未偿还的贷款余额平均占401（k）计划账户余额的11%。美国劳工部数据显示，总体来看，2016年未偿还的贷款金额在401（k）计划资产中的占比不到2%。

个人退休账户

第一种类型的IRA（即传统型IRA）是根据1974年《雇员退休收入保障法案》（ERISA）设立的。IRA为所有雇员提供了一种积累退休储蓄的工具，并通过滚存的方式让即将离职的员工能够保留雇主发起式退休计划提供的税收优惠和增值机会。罗斯IRA创建于1998年，其创设目的是提供一种税后缴费型退休储蓄工具，只要是符合条件的支取就可以免税。此外，政策制定者还增加了雇主发起式IRA（SEP IRA、SAR–SEP IRA和 SIMPLE IRA），通过简化符合税收优惠条件的计划适用的规定来鼓励小企业提供退休计划。

如图8.16所示，2018年年底，IRA资产总计达到8.8万亿美元，占美国退休资产的33%；共同基金占IRA资产的45%，达到4.0万亿美元；其他资产类别（包括ETF、封闭式基金、个人股和个人债券及通过经纪账户持有的其他非共同基金证券）持有44%的IRA资产，达到3.8万亿美元。

更多详情

个人退休账户资源中心

www.ici.org/ira

图8.16

IRA资产

1995—2018年部分年份的年末数据（单位：万亿美元）

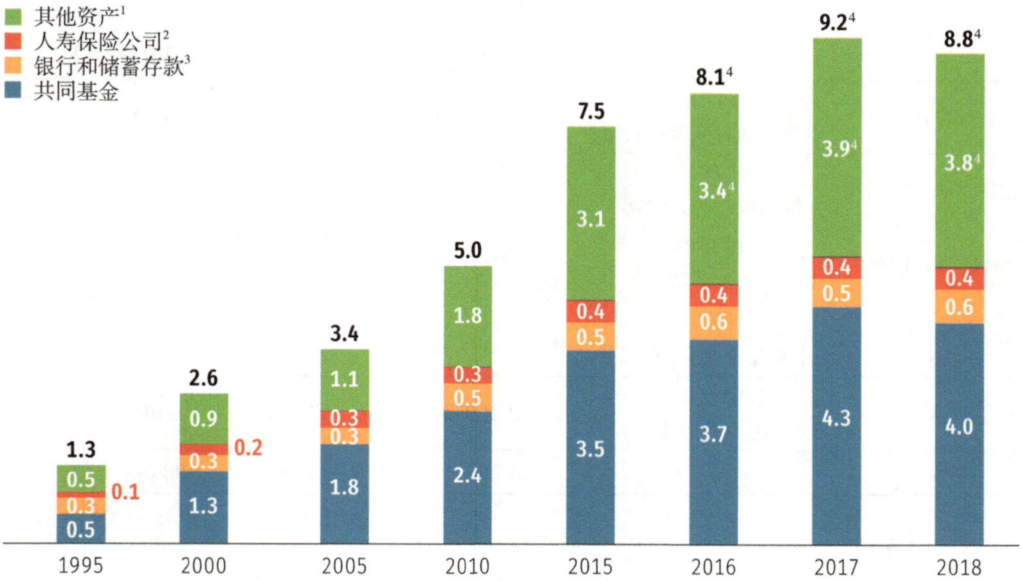

1. 其他资产包括个人股、个人债券、封闭式基金、ETF和通过经纪账户或信托账户持有的其他资产。

2. 人寿保险公司的IRA资产是IRA持有的年金，不包括可变年金型共同基金IRA资产（该部分归入共同基金）。

3. 银行和储蓄存款包括基欧存款。

4. 数据为估算值。

资料来源：美国投资公司协会、联邦储备委员会、美国人寿保险理事会和美国国税局收入统计司。参见美国投资公司协会，《美国退休市场（2018年第四季度）》。

IRA投资者

2018年，约1/3的美国家庭（近4 300万户）持有至少1种IRA（图8.17）。按照ERISA推出的传统型IRA是最常见的类型，约3 300万户美国家庭持有该类型IRA。罗斯IRA是根据1997年《纳税人救助法案》而设立的，近2 300万户美国家庭持有该类型IRA。近800万户美国家庭持有雇主发起式IRA（SEP IRA、SAR-SEP IRA和SIMPLE IRA）。

图8.17
近4 300万户美国家庭持有IRA

	创建年份	持有IRA的美国家庭户数 2018年	持有IRA的美国家庭百分比 2018年	IRA资产规模 2018年年底
传统型IRA	1974年（《雇员退休收入保障法案》）	3 320万户	26.0%	74 960亿美元[1]
SEP IRA	1978年（《国内税收收入法案》）	750万户	5.9%	5 100亿美元[1]
SAR-SEP IRA	1986年（《税制改革法案》）			
SIMPLE IRA	1996年（《小企业就业保护法案》）			
罗斯 IRA	1997年（《纳税人救助法案》）	2 250万户	17.6%	8 000亿美元[1]
任何 IRA		4 260万户	33.4%	88 060亿美元[1]

1. 数据为估算值。

备注：家庭可能持有不止一种IRA。SEP IRA、SAR-SEP IRA和SIMPLE IRA都是雇主发起式IRA。

资料来源：《IRA在美国家庭退休储蓄中发挥的作用（2018年）》和《美国退休市场（2018年第四季度）》（两文均刊载于《美国投资公司协会研究视角》）。

雇主发起式退休计划的投资回报和滚存资产大于新增缴费，其推动着IRA持续增长。美国国税局收入统计司称，2015年（纳税年度）滚存到IRA的资产共计4 730亿美元，而新增缴费只有640亿美元。尽管大部分美国家庭都具有向IRA缴费的资格，但实际上这样做的人很少。事实上，2017年（纳税年度），只有11%的美国家庭向传统型IRA或罗斯IRA缴费，而且只有极少数符合条件的家庭进行了“补缴”（50岁及以上的人可以额外缴费）。

对IRA投资者数据库（包含约1 700万IRA投资者的信息）进行分析发现，滚存在开立传统型IRA的过程中发挥着非常重要的作用。2016年，大部分新传统型IRA（84%）账户是完全通过滚存开立的；相反，大部分新罗斯IRA（70%）账户是完全通过缴费开立的（图8.18）。

图8.18

开立新罗斯IRA账户通常采取缴费方式；开立新传统型IRA账户通常采取滚存方式

占2016年新开立的IRA账户百分比（按IRA类型划分）（单位：%）

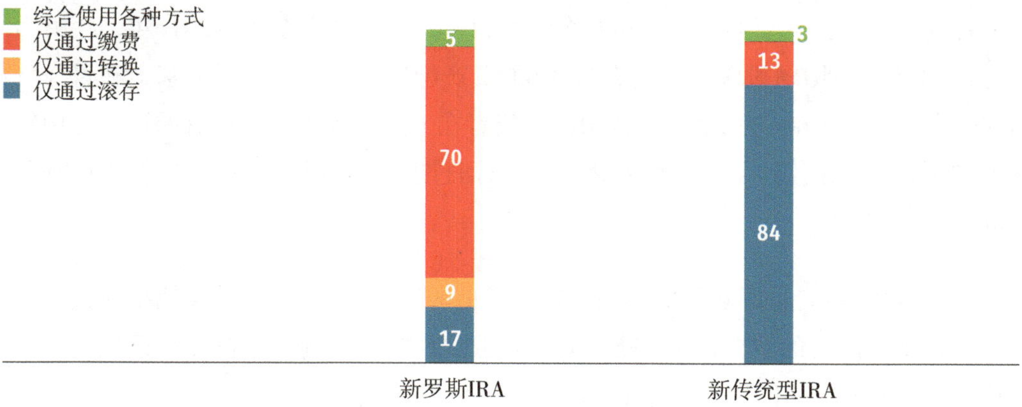

备注：新的IRA账户是指不在2015年IRA投资者数据库中，而是在2016年按照上述方式之一开立的账户。该计算不包含更换金融服务公司的IRA。样本中包含40万名新的罗斯IRA投资者（截至2016年年底年满18岁）和80万名新的传统型IRA投资者（截至2016年年底年龄为25~74岁）。

资料来源：IRA投资者数据库™。参见《IRA投资者简介：罗斯IRA投资者的活动（2007—2016年）》（刊载于《美国投资公司协会研究报告》）。

相当一部分传统型IRA投资者将雇主发起式退休计划中的资产滚存到IRA账户。在任何给定年份，只有一小部分传统型IRA投资者有滚存，但是大体来看，每年进行滚存的群体都发生变化。如，2007—2016年，IRA投资者数据库中每年大约有1/10的传统型IRA投资者有滚存，但是2016年年底传统型IRA投资者中有半数以上在这一时期都有不同程度的滚存。

持有传统型IRA的家庭通常会研究决定是否将之前雇主发起式退休计划中的资金滚存到传统型IRA之中。这些家庭就此最常咨询的是专业理财顾问。60%持有传统型IRA的家庭会咨询顾问是否滚存，其中近半数表示他们主要依赖这些理财专业人士的意见。相比于年轻家庭，年长家庭更倾向于咨询专业理财顾问。进行滚存的传统型IRA家庭中有7%表示他们的主要信息来源是金融服务公司发布在网上的资料。与年长家庭相比，年轻家庭更倾向于将网上资料视为主要信息来源。进行滚存的传统型IRA家庭中有12%主要依赖于雇主提供的信息。

IRA投资组合

IRA投资者数据库数据显示，和401（k）计划的参与者一样，与年长投资者相比，年轻IRA投资者通常会更多地投资股票、股票型基金和目标日期基金，而年长投资者则倾向于投资债券、债券型基金和非目标日期平衡型基金。2016年，年龄为30~39岁的传统型IRA投资者平均有71.4%的资产配置在股票、股票型基金和目标日期基金中；年龄为60~69岁的传统型IRA投资者在上述几种投资中持有的资产份额较少（57%），但在债券、债券型基金和非目标日期平衡型基金方面配置的资产则要多得多（图8.19）。

罗斯IRA投资者也因年龄的不同呈现出类似的投资模式。但与传统型IRA投资者相比，各个年龄段的罗斯IRA投资者都倾向于配置较高比例的股票和股票型基金以及较低比例的债券和债券型基金（图8.19）。

IRA的资产收益分配

投资者通常在晚年开始从IRA中取款，且往往需要满足法定最低提款额（RMD）。RMD是以剩余预期寿命为依据，按照IRA余额的一定比例计算的。传统型IRA持有者年龄达到或超过70.5岁的，每年必须取出最低提款额，否则须缴纳罚金。2017年（纳税年度），72%已从传统型IRA中取款的家庭称，他们根据RMD规则计算取款金额。

投资者个人似乎对分配规则和罚金的反应最大。如，RMD规则开始实施时，传统型IRA的取款量大幅上升（图8.20）。但是，这一趋势在罗斯IRA上并未显现。因为与传统型IRA不同，罗斯IRA没有RMD规则（除非该账户为继承账户）。由于59.5岁以下的罗斯IRA和传统型IRA投资者提前取款都要缴纳罚金，因此，60岁以下的投资者与60岁以上的投资者相比，支取养老金的活动更少。

更多详情

《IRA投资者简介》
www.ici.org/research/investors/database

图8.19

不同年龄段的投资者其IRA资产配置方式不同

2016年年末数据，IRA账户余额的平均资产配置，资产百分比（单位：%）

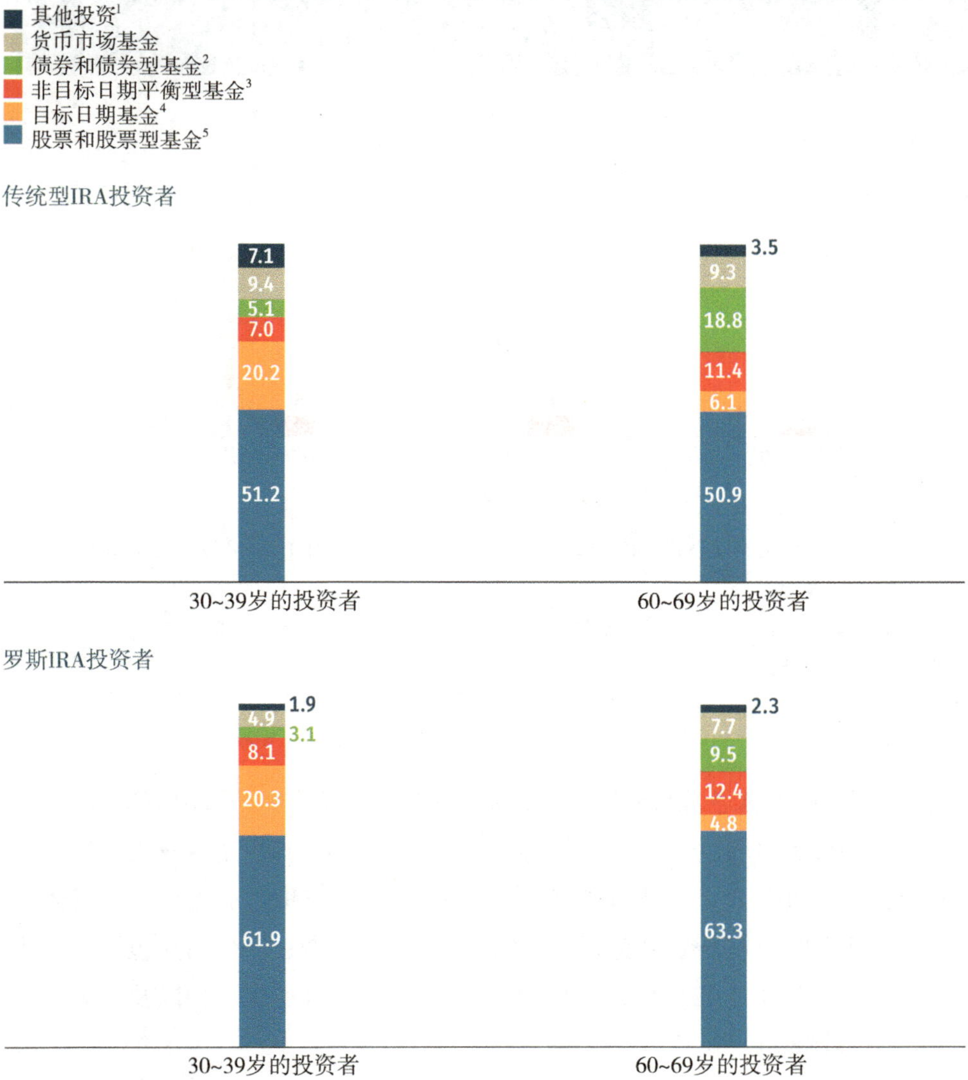

1. 其他投资包括存单和无法识别的资产。

2. 债券型基金包括债券型共同基金、债券型封闭式基金和债券型ETF。

3. 在本数据中，美国投资公司协会将平衡型基金归入混合型基金。

4. 目标日期基金通常在其运作时段接近或超过基金名称中预先设定的目标日期时，对投资组合进行再平衡，使其减少对成长性资产的关注，增加对收益性资产的配置。

5. 股票型基金包括股票型共同基金、股票型封闭式基金和股票型ETF。

备注：本数据中的百分比为资金规模加权平均值。

资料来源：IRA投资者数据库™。参见《IRA投资者简介：传统型IRA投资者活动（2007—2016年）》（刊载于《美国投资公司协会研究报告》）和《IRA投资者简介：罗斯IRA投资者的活动（2007—2016年）》（刊载于《美国投资公司协会研究报告》）。

图8.20

罗斯IRA投资者很少支取养老金，传统型IRA投资者深受法定最低提款额（RMD）规则的影响

2016年数据，支取养老金的IRA投资者百分比（按IRA类型和投资者年龄划分）（单位：%）

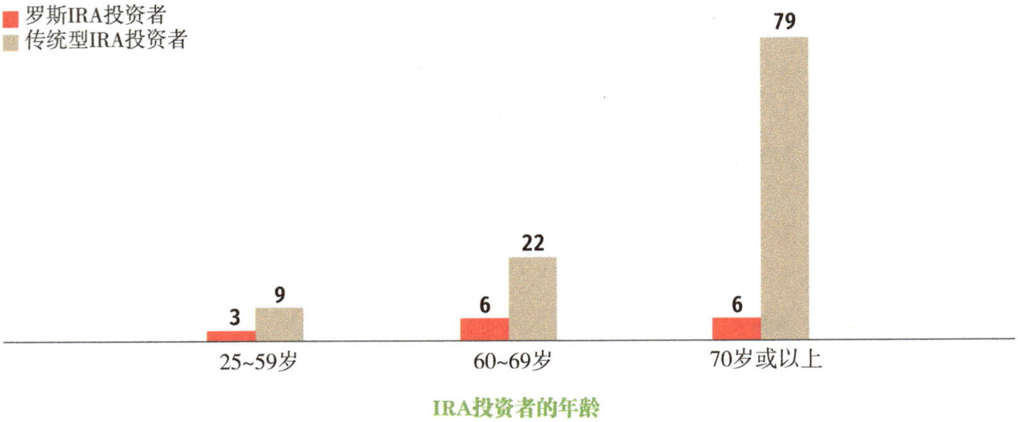

备注：样本中包含570万名罗斯IRA投资者（截至2016年年底年满25岁）和1 190万名传统型IRA投资者（截至2016年年底年满25岁）。

资料来源：IRA投资者数据库™。参见《IRA投资者简介：罗斯IRA投资者的活动（2007—2016年）》（刊载于《美国投资公司协会研究报告》）。

投资者从IRA中取款通常与退休养老有关。2018年，持有传统型IRA的家庭中，有26%称其在2017年提取过养老金，在这些家庭中，85%称其户主或户主配偶或夫妻双方均已退休。2018年，在持有传统型IRA并于2017年支取过养老金的已退休家庭中，42%称其支取的部分金额或全部金额用于支付生活费；其他用途包括在其他账户进行再投资或储蓄（42%），购买、修缮或改造住房（15%），以及应对突发事件（3%）等（图8.21）。

2018年，持有传统型IRA且在2017年支取过养老金的未退休家庭对资金有不同的用途。这些家庭中，表示将支取的资金部分或全部用于其他账户的再投资或储蓄的比例占已退休家庭的约一半（23%），表示将资金用于应对突发事件的比例却是已退休家庭的6倍多（19%）（图8.21）。

图8.21

退休人员从传统型IRA账户中支取养老金通常是用于支付生活费

2018年数据，在持有传统型IRA账户且支取过养老金的家庭中所占百分比（按退休状态划分）（单位：%）[1]

从传统型IRA账户中支取养老金的目的	已退休[1，2]	未退休[2，3]
用于支付生活费	42	30
用于住房之外的车、船或大额开销	10	14
医疗开支	9	14
应急开支	3	19
购买、修缮或改造住房	15	12
在其他账户进行再投资或储蓄	42	23
教育开支	1	8
其他目的	10	1

1. 受访者群体包括22%已于2018年退休并在2017年（纳税年度）支取过养老金的传统型IRA持有家庭。
2. 如果家庭户主或其配偶中任何一人对以下问题做出肯定答复，则该家庭即被视为已退休家庭："您是否已从终身职业中退休？"
3. 受访者群体包括4%在2018年尚未退休但在2017年（纳税年度）支取过养老金的传统型IRA持有家庭。

备注：含调查问卷中的多选答案。

资料来源：《IRA在美国家庭退休储蓄中发挥的作用（2018年）》（刊载于《美国投资公司协会研究视角》）。

共同基金在退休储蓄中发挥的作用

共同基金在雇主发起式DC计划［例如401（k）计划］和IRA中发挥着重要作用。2018年年底，共同基金占DC计划资产的56%，占IRA资产的45%；投资者在DC计划中持有的共同基金资产（4.2万亿美元）略高于在IRA中持有的共同基金资产（4.0万亿美元）（图8.22）。在DC计划中，401（k）计划持有的共同基金资产最多（3.3万亿美元），其次是403（b）计划（4 320亿美元），然后是其他私营部门DC计划（3 500亿美元）和457计划（1 080亿美元）（图8.23）。截至2018年年底，DC计划和IRA共持有约8.2万亿美元的共同基金资产，占整个美国退休市场资产规模（27.1万亿美元）的30%。

从整体上来看，DC计划和IRA持有的共同基金资产，在所有共同基金资产尤其是长期共同基金资产中占据很大比重（图8.22）。这8.2万亿美元共同基金退休资产占2018年年底共同基金净资产总额的46%。DC计划和IRA持有53%的股票型、混合型和债券型共同基金资产，但仅持有13%的货币市场基金资产。

图8.22
大量退休金资产投资于共同基金
2018年年底数据（单位：十亿美元）

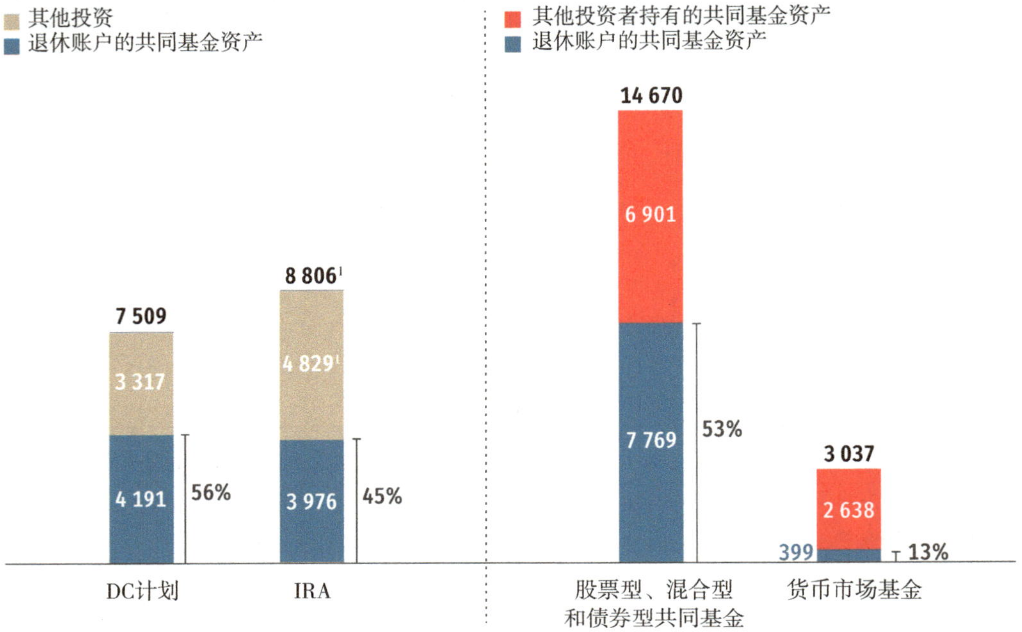

1. 数据为估算值。

资料来源：美国投资公司协会和联邦储备委员会。参见美国投资公司协会，《美国退休市场（2018年第四季度）》。

退休金投资者使用的共同基金类型

退休金投资者通常持有股权投资。2018年年底，DC计划和IRA持有的8.2万亿美元共同基金退休金资产中有56%投资于股票型基金；仅美国国内股票型基金就达到3.5万亿美元，占DC计划和IRA持有的共同基金资产的43%，全球股票型基金另占14%（图8.23）。

退休金投资者还通过混合型基金获得对股票的敞口，混合型基金投资于一系列的股票、债券和货币市场证券。2018年年底，DC计划和IRA持有的共同基金资产中有24%投资于混合型基金（图8.23）。

2018年年底，DC计划和IRA持有的共同基金资产中余下的19%投资于债券型基金和货币市场基金。债券型基金持有1.2万亿美元资产，占DC计划和IRA持有的共同基金资产的15%，而货币市场基金的资产规模为3 990亿美元，占5%（图8.23）。

图8.23

共同基金退休金账户资产中大部分投资于股票

2018年年底数据（单位：十亿美元）

	股票					
	国内	全球	混合型[1]	债券型	货币市场	合计
IRA[2]	**1 641**	**512**	**862**	**696**	**266**	**3 976**
DC计划	**1 860**	**592**	**1 110**	**497**	**133**	**4 191**
401（k）计划	1 415	499	932	366	90	3 302
403（b）计划	254	37	85	36	20	432
457计划	56	16	22	13	1	108
其他私营部门DC计划[3]	135	40	70	83	22	350
合计	**3 501**	**1 104**	**1 971**	**1 193**	**399**	**8 168**

1. 混合型基金投资于一系列股票和固定收益证券。大多数目标日期基金和生活方式基金都计入本类别。

2. 本类别包括传统IRA、罗斯IRA和雇主发起式IRA（SEP IRA、SAR-SEP IRA和SIMPLE IRA）。

3. 其他私营部门DC计划包括不具有401（k）特点的私营部门DC计划。

资料来源：美国投资公司协会，《美国退休市场（2018年第四季度）》。

退休账户中的目标日期共同基金和生活方式共同基金

目标日期共同基金和生活方式共同基金通常被归为混合型基金类别，2009—2018年日益受到投资者和退休计划发起人的青睐。目标日期共同基金根据设定的目标退休日期，依照事先确定的方案按时间对资产进行重新配置。目标日期共同基金通常在其运作时段接近或超过基金名称中预先设定的目标日期时对投资组合进行再平衡，使其减少对成长性资产的关注，增加对收益性资产的配置。生活方式共同基金维持事先确定的风险水平，且通常在名称中用“保守型”“稳健型”或“进取型”等字眼来形容其风险水平。

如图8.24所示，2018年年底，目标日期共同基金和生活方式共同基金的资产总额为14 490亿美元，低于2017年年底的15 150亿美元。其中，目标日期共同基金的资产为11 010亿美元，较2017年年底下降1%；生活方式共同基金的资产达到3 480亿美元，比2017年年底下降了13%；大部分（86%）目标日期共同基金资产由退休账户持有，其中主要为DC计划账户。2018年年底，尽管大多数（56%）生活方式共同基金资产并非由退休账户持有，但由退休账户持有的资产中，26%由IRA持有，18%由DC计划持有。

图8.24

目标日期共同基金和生活方式共同基金的资产（按账户类型划分）

2005—2018年部分年份的年末数据（单位：十亿美元）

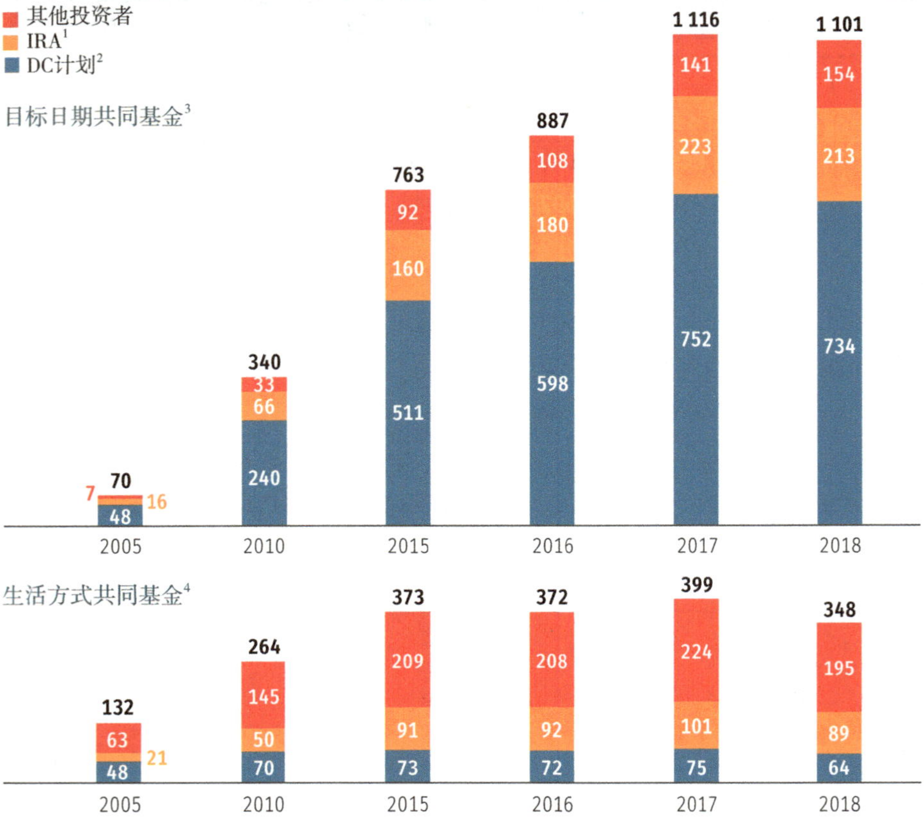

1. IRA包括传统IRA、罗斯IRA和雇主发起式IRA（SEP IRA、SAR-SEP IRA和SIMPLE IRA）。
2. DC计划包括401（k）计划、403（b）计划、457计划及其他不具有401（k）特点的私营部门DC计划。
3. 目标日期共同基金通常在其运作时段接近或超过基金名称中预先设定的目标日期时，对投资组合进行再平衡，使其减少对成长性资产的关注，增加对收益性资产的配置。
4. 生活方式共同基金维持事先确定的风险水平，名称中通常包含“保守型”“稳健型”或“进取型”等字眼。

资料来源：美国投资公司协会，《美国退休市场（2018年第四季度）》。

共同基金在教育储蓄中发挥的作用

2018年，持有共同基金的家庭中，有24%称其基金投资的理财目标之一是教育储蓄（图7.6）。尽管如此，自20世纪90年代教育储蓄工具推出以来，市场需求相对平和，其中部分原因是这些工具相对有限，并且投资者对其还不够熟悉。2001年制定的《经济增长与税收减免协调法案》（EGTRRA），通过提高529计划和Coverdell教育储蓄账户（ESA）的灵活性并增加其缴费额度，增强了这两种教育储蓄工具的吸引力。EGTRRA在制定之初只是暂时实施，直到《2006年养老金保护法案》

（PPA）出台后才开始永久生效。2010年《税负减免、失业保险再授权和就业创造法案》将EGTRRA对Coverdell教育储蓄账户的修订有效期延长了2年，2012年《美国纳税人救助法案》出台后，这些修订开始永久生效。

529储蓄计划的资产规模

2018年年底，529储蓄计划的资产规模达到2 882亿美元，较2017年年底下降了2%（图8.25）。截至2018年年底，共有1 280万个529储蓄计划账户，平均每个账户资产规模约为22 500美元。

为大学教育而储蓄的家庭特征

如图8.26所示，2018年，通过529计划、Coverdell教育储蓄计划或这些账户之外所持共同基金来进行大学教育储蓄的家庭，其户主一般较为年轻，其中近半数（47%）不到45岁。为大学教育而储蓄的家庭，其户主的教育背景参差不齐。其中，61%完成了大学教育，23%拥有专科学历或接受过部分大学教育，16%拥有高中

图8.25

“529储蓄计划”资产规模

2000—2018年部分年份的年末数据（单位：十亿美元）

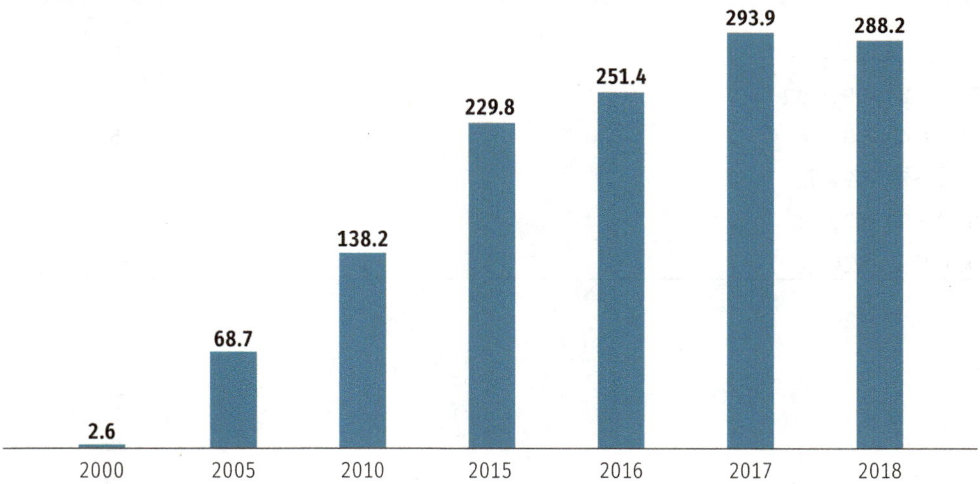

备注：为保证观察结果在时间上的延续性，部分州的观察结果为估算值。

资料来源：美国投资公司协会和大学储蓄计划网络。参见美国投资公司协会，《529计划项目统计结果（2018年12月）》。

更多详情

《529计划项目统计结果》

www.ici.org/research/stats/529s

或以下学历。这些家庭的收入水平也大不相同：在为大学教育而储蓄的家庭中，40%的家庭收入低于100 000美元，25%的家庭收入低于75 000美元。此外，这些家庭中大约有60%的家庭育有未满18岁的子女，38%的家庭育有不止1个子女。

图8.26

储蓄大学教育金的家庭的特征

2018年数据，在为大学教育而储蓄的美国家庭中所占百分比[1]（单位：%）

户主的年龄[2]	
35岁以下	23
35~44岁	24
45~54岁	29
55~64岁	13
65岁或以上	11
户主的受教育水平[2]	
高中或以下学历	16
专科学历或接受过部分大学教育	23
已完成大学教育	25
接受过研究生教育或已完成研究生教育	36
家庭收入[3]	
25 000美元以下	6
25 000~34 999美元	3
35 000~49 999美元	5
50 000~74 999美元	11
75 000~99 999美元	15
100 000美元或以上	60
家庭中子女人数[4]	
无	41
1个	21
2个	25
3个或以上	13

1. 为大学教育而储蓄的家庭是指持有教育储蓄计划（Coverdell教育储蓄计划或529计划），或声称教育是其投资共同基金的理财目标之一的家庭。
2. 年龄和受教育程度的统计以储蓄和投资的独立决策者或共同决策者为准。
3. 所报告的总收入是2017年申报的税前家庭收入。
4. 所报告的子女人数是指居住在家中未满18岁的子女人数。

第二部分

数据表

数据表目录

第一章
美国共同基金总资产

第二章
美国封闭式基金、交易所交易基金和单位投资信托

第三章
美国长期共同基金

第四章
美国货币市场基金

第五章
美国共同基金的其他类别

第六章
美国共同基金行业的机构投资者

第七章
投资于美国共同基金的退休账户

第八章
全球受监管开放式基金总规模

章节

01 美国共同基金总资产

表1.1

共同基金：净资产总额、基金数量和份额类别数量

1940—2018年部分年份年末数据

年份	净资产总额（单位：十亿美元）	基金数量（单位：只）	份额类别数量（单位：只）
1940	0.45	68	—
1945	1.28	73	—
1950	2.53	98	—
1955	7.84	125	—
1960	17.03	161	—
1965	35.22	170	—
1970	47.62	361	—
1975	45.87	426	—
1976	51.28	452	—
1977	48.94	477	—
1978	55.84	505	—
1979	94.51	526	—
1980	134.76	564	—
1981	241.37	665	—
1982	296.68	857	—
1983	292.99	1 026	—
1984	370.68	1 243	1 243
1985	495.39	1 528	1 528
1986	715.67	1 835	1 835
1987	769.17	2 312	2 312
1988	809.37	2 737	2 737
1989	980.67	2 935	2 935
1990	1 064.34	3 078	3 176
1991	1 392.17	3 402	3 586
1992	1 641.58	3 823	4 207
1993	2 068.94	4 533	5 561
1994	2 153.69	5 324	7 696
1995	2 807.61	5 724	9 006
1996	3 520.29	6 246	10 350
1997	4 461.17	6 675	11 988
1998	5 516.07	7 308	13 707
1999	6 833.75	7 758	15 209
2000	6 955.94	8 134	16 687
2001	6 969.00	8 268	17 967
2002	6 380.19	8 223	18 947
2003	7 398.75	8 107	19 290
2004	8 093.27	8 039	20 025
2005	8 888.70	7 967	20 534
2006	10 395.24	8 106	21 231
2007	11 995.19	8 019	21 569
2008	9 618.69	8 022	22 233
2009	11 108.97	7 651	21 621
2010	11 831.06	7 546	21 894
2011	11 630.37	7 581	22 277
2012	13 053.59	7 596	22 659
2013	15 048.93	7 721	23 413
2014	15 876.62	7 934	24 251
2015	15 657.87	8 121	25 078
2016	16 353.46	8 073	25 134
2017	18 763.96	7 965	25 132
2018	17 706.87	8 078	25 024

备注：本系列不包含主要投资于其他共同基金的基金数据。

表1.2

共同基金：总销售额、新增销售额、转换交易销售额、赎回规模和转换交易赎回规模

1945—2018年部分年份年度数据（单位：十亿美元）

年份	总销售额[1]	新增销售额	转换交易销售额[2]	赎回规模	转换交易赎回规模[3]
1945	0.29	—	—	0.11	—
1950	0.52	—	—	0.28	—
1955	1.21	—	—	0.44	—
1960	2.10	—	—	0.84	—
1965	4.36	3.93	—	1.96	—
1970	4.63	3.84	—	2.99	—
1975	10.06	8.94	—	9.57	—
1980	247.42	238.96	10.10	216.08	9.94
1981	472.13	452.42	14.44	362.44	14.59
1982	626.94	604.09	28.25	588.35	27.86
1983	547.77	532.04	35.67	565.83	36.03
1984	680.12	661.74	36.66	607.02	37.11
1985	953.85	933.37	46.55	864.88	46.84
1986	1 204.90	1 179.40	107.75	1 015.64	107.96
1987	1 251.19	1 220.27	205.68	1 178.75	207.35
1988	1 176.81	1 143.62	134.28	1 166.67	134.24
1989	1 444.84	1 401.21	130.66	1 327.05	131.95
1990	1 564.55	1 517.16	138.79	1 470.80	140.98
1991	2 037.33	1 990.26	155.75	1 879.62	154.31
1992	2 749.56	2 704.59	197.43	2 548.05	198.15
1993	3 187.32	3 137.61	248.79	2 904.31	253.95
1994	3 074.99	3 019.14	317.53	2 928.42	324.99
1995	3 598.52	3 523.91	351.53	3 314.74	351.08
1996	4 669.20	4 584.62	504.73	4 265.81	503.91
1997	5 799.28	5 703.11	613.42	5 323.65	618.42
1998	7 227.21	7 123.95	742.91	6 647.64	743.30
1999	9 041.22	8 920.81	949.94	8 560.63	947.21
2000	11 107.08	10 968.25	1 149.66	10 582.54	1 145.07
2001	12 864.47	12 745.95	797.12	12 239.48	797.34
2002	13 167.80	13 083.43	747.34	13 008.87	745.47
2003	12 393.19	12 315.05	571.85	12 360.77	573.70
2004	12 190.71	12 100.61	408.99	12 038.36	417.93
2005	13 938.45	13 811.67	420.83	13 546.09	432.40
2006	17 408.21	17 227.72	487.70	16 751.26	492.17
2007	23 467.84	23 233.76	606.40	22 350.06	611.68
2008	26 346.85	26 132.75	734.70	25 710.86	729.68
2009	20 679.42	20 528.10	530.15	20 675.75	528.31
2010	18 208.99	18 052.27	420.14	18 319.00	434.82
2011	17 836.37	17 660.62	448.02	17 738.10	466.44
2012	17 023.22	16 832.51	422.01	16 620.59	434.00
2013	18 159.43	17 970.31	517.65	17 778.86	530.96
2014	18 718.53	18 501.76	425.47	18 388.00	433.27
2015	20 939.31	20 715.43	442.75	20 811.36	444.97
2016	21 890.20	21 663.10	593.63	21 888.85	591.10
2017	21 102.06	20 845.27	597.31	20 665.21	598.18
2018	24 125.61	23 820.17	622.18	24 014.97	618.31

1. 总销售额是新销售额加上通过已有账户收入股息再投资的销售额，但不包括资本利得分配的再投资。
2. 转换交易销售额是指将共同基金份额转换为同一组别中其他基金的美元价值。
3. 转换交易赎回规模是指赎回共同基金份额转而投资同一组别中其他基金的美元价值。

备注：本系列不含主要投资于其他共同基金的基金数据。

表1.3
共同基金：净资产总额
1960—2018年部分年份年末数据（单位：十亿美元）

年份	合计	长期基金：股票型	长期基金：债券型和收入型	货币市场基金
1960	17.03	16.00	1.02	—
1965	35.22	32.76	2.46	—
1970	47.62	45.13	2.49	—
1975	45.87	37.49	4.68	3.70
1980	134.76	44.42	13.98	76.36
1981	241.37	41.19	14.01	186.16
1982	296.68	53.63	23.21	219.84
1983	292.99	76.97	36.63	179.39

年份	合计	长期基金：股票型：国内	长期基金：股票型：全球	长期基金：混合型	长期基金：债券型：应税	长期基金：债券型：市政	货币市场基金：应税	货币市场基金：免税
1984	370.68	74.55	5.19	11.15	25.45	20.79	209.75	23.80
1985	495.39	103.39	7.94	17.61	83.20	39.44	207.55	36.25
1986	715.67	138.98	15.47	25.76	167.63	75.67	228.35	63.81
1987	769.17	158.02	17.43	29.25	171.40	76.97	254.68	61.42
1988	809.37	171.40	17.98	26.35	168.96	86.73	272.20	65.76
1989	980.67	221.45	23.59	35.64	166.25	105.66	358.62	69.47
1990	1 064.34	211.18	28.30	35.98	170.29	120.25	414.56	83.78
1991	1 392.17	365.21	39.52	52.04	238.75	154.20	452.46	89.98
1992	1 641.58	468.41	45.68	77.63	307.41	196.26	451.35	94.84
1993	2 068.94	626.54	114.13	142.33	366.03	254.60	461.88	103.44
1994	2 153.69	691.57	161.19	161.40	301.21	227.31	501.11	109.89
1995	2 807.61	1 052.57	196.51	206.70	345.52	253.29	631.32	121.69
1996	3 520.29	1 440.81	285.20	248.36	391.05	253.07	763.94	137.87
1997	4 461.17	2 021.58	346.37	311.71	450.75	271.87	901.23	157.66
1998	5 516.07	2 585.90	391.64	360.04	528.25	298.57	1 166.97	184.71
1999	6 833.75	3 454.77	585.19	374.31	535.11	271.31	1 413.16	199.90
2000	6 955.94	3 368.86	563.87	360.84	538.71	278.41	1 611.38	233.87
2001	6 969.00	2 946.98	444.03	357.95	638.60	296.22	2 026.15	259.08
2002	6 380.19	2 272.69	369.37	335.27	807.75	330.04	1 988.78	276.30
2003	7 398.75	3 117.83	535.01	447.53	922.68	336.31	1 749.10	290.29
2004	8 093.27	3 625.92	716.20	552.25	968.96	328.24	1 589.70	312.00
2005	8 888.70	3 929.15	955.72	621.48	1 016.58	338.95	1 690.45	336.37
2006	10 395.24	4 471.16	1 360.43	731.50	1 128.60	365.09	1 969.42	369.03
2007	11 995.19	4 694.05	1 718.55	821.47	1 301.49	374.14	2 617.67	467.83
2008	9 618.69	2 738.21	916.34	562.26	1 231.86	337.79	3 338.55	493.68
2009	11 108.97	3 564.05	1 307.47	717.58	1 745.48	458.50	2 916.96	398.94
2010	11 831.06	4 053.48	1 542.69	842.20	2 115.22	473.95	2 473.51	330.01
2011	11 630.37	3 855.07	1 357.72	883.98	2 345.16	497.53	2 399.22	291.70
2012	13 053.59	4 324.37	1 614.39	1 032.46	2 809.03	580.17	2 405.74	287.43
2013	15 048.93	5 726.44	2 036.11	1 284.70	2 784.59	499.29	2 447.20	270.61
2014	15 876.62	6 230.01	2 083.98	1 379.20	2 892.31	566.48	2 463.85	260.79
2015	15 657.87	6 042.96	2 106.65	1 341.47	2 818.64	593.41	2 499.81	254.93
2016	16 353.46	6 412.01	2 165.26	1 399.87	3 034.49	613.70	2 597.87	130.27
2017	18 763.96	7 478.62	2 827.34	1 545.36	3 400.04	665.30	2 716.18	131.13
2018	17 706.87	6 798.65	2 426.11	1 383.26	3 386.40	675.41	2 891.77	145.27

备注：本系列不含主要投资于其他共同基金的基金数据。本数据中1984年前后为不同系列的数据。1984年对所有基金进行了重新归类，并单独创建了混合型基金类别。由于四舍五入，各数相加可能与总数略有出入。

表1.4

共同基金：净资产总额（按组成部分投资目标划分）

2000—2018年年末数据（单位：十亿美元）

	股票型基金				债券型基金							货币市场基金	
年份	资本升值	全球	总收益	混合型基金	投资级	高收益	全球	政府	多部门	州市政	全国市政	应税	免税
2000	1 433.91	563.87	1 934.94	360.84	245.68	103.20	32.85	124.87	32.10	131.92	146.49	1 611.38	233.87
2001	1 105.05	444.03	1 841.92	357.95	311.07	105.20	31.75	154.01	36.57	139.78	156.44	2 026.15	259.08
2002	765.43	369.37	1 507.26	335.27	410.53	105.61	34.12	218.98	38.51	152.63	177.41	1 988.78	276.30
2003	1 040.99	535.01	2 076.85	447.53	476.32	156.84	43.97	197.99	47.56	149.26	187.05	1 749.10	290.29
2004	1 148.42	716.20	2 477.50	552.25	520.67	165.81	52.63	176.61	53.24	144.09	184.15	1 589.70	312.00
2005	1 232.62	955.72	2 696.53	621.48	572.64	157.27	59.95	167.34	59.38	147.46	191.50	1 690.45	336.37
2006	1 319.99	1 360.43	3 151.17	731.50	642.92	173.86	80.90	153.14	77.79	154.42	210.67	1 969.42	369.03
2007	1 420.73	1 718.55	3 273.31	821.47	762.92	172.06	109.93	158.19	98.38	155.93	218.21	2 617.67	467.83
2008	809.26	916.34	1 928.94	562.26	737.53	116.91	105.65	188.04	83.73	135.09	202.70	3 338.55	493.68
2009	1 086.38	1 307.47	2 477.67	717.58	1 050.97	196.09	158.07	210.31	130.04	159.26	299.24	2 916.96	398.94
2010	1 247.08	1 542.69	2 806.40	842.20	1 241.68	241.66	246.41	225.43	160.04	156.16	317.80	2 473.51	330.01
2011	1 177.36	1 357.72	2 677.71	883.98	1 365.14	269.49	294.42	242.04	174.07	158.89	338.64	2 399.22	291.70
2012	1 317.67	1 614.39	3 006.70	1 032.46	1 569.96	340.42	369.02	298.28	231.35	177.53	402.64	2 405.74	287.43
2013	1 723.64	2 036.11	4 002.81	1 284.70	1 447.72	417.12	431.37	239.38	249.00	144.82	354.47	2 447.20	270.61
2014	1 854.68	2 083.98	4 375.33	1 379.20	1 520.74	376.36	466.87	253.81	274.54	156.16	410.32	2 463.85	260.79
2015	1 843.31	2 106.65	4 199.64	1 341.47	1 510.30	325.39	431.51	265.75	285.70	159.84	433.57	2 499.81	254.93
2016	1 779.27	2 165.26	4 632.74	1 399.87	1 639.10	371.73	420.41	280.82	322.44	160.86	452.84	2 597.87	130.27
2017	2 092.89	2 827.34	5 385.73	1 545.36	1 838.50	372.84	491.41	290.23	407.06	165.00	500.30	2 716.18	131.13
2018	1 941.64	2 426.11	4 857.01	1 383.26	1 844.51	331.08	493.58	299.05	418.18	157.84	517.57	2 891.77	145.27

备注：本系列不含主要投资于其他共同基金的基金数据。

表1.5

共同基金：基金数量

1997—2018年部分年份年末数据（单位：只）

年份	合计	长期基金：股票型	长期基金：债券型和收入型	货币市场基金
1970	361	323	38	—
1975	426	314	76	36
1980	564	288	170	106
1981	665	306	180	179
1982	857	340	199	318
1983	1 026	396	257	373

年份	合计	长期基金：股票型：国内	长期基金：股票型：全球	长期基金：混合型	长期基金：债券型：应税	长期基金：债券型：市政	货币市场基金：应税	货币市场基金：免税
1984	1 243	430	29	89	159	111	331	94
1985	1 528	519	43	103	229	174	350	110
1986	1 835	621	57	121	302	247	360	127
1987	2 312	743	81	164	415	366	389	154
1988	2 737	897	109	179	522	420	433	177
1989	2 935	941	128	189	561	443	470	203
1990	3 078	944	155	192	583	463	505	236
1991	3 402	985	206	211	657	523	552	268
1992	3 823	1 086	239	234	772	628	585	279
1993	4 533	1 280	306	281	950	796	627	293
1994	5 324	1 463	423	360	1 103	1 012	649	314
1995	5 724	1 611	528	411	1 166	1 011	676	321
1996	6 246	1 901	668	465	1 243	981	669	319
1997	6 675	2 181	768	499	1 283	931	685	328
1998	7 308	2 620	889	525	1 349	899	687	339
1999	7 758	2 993	945	528	1 367	882	702	341
2000	8 134	3 308	1 051	506	1 362	870	703	334
2001	8 268	3 593	1 077	470	1 300	814	689	325
2002	8 223	3 703	1 016	457	1 290	769	677	311
2003	8 107	3 648	927	472	1 309	779	659	313
2004	8 039	3 648	887	472	1 322	767	638	305
2005	7 967	3 655	911	480	1 312	740	592	277
2006	8 106	3 738	993	500	1 316	712	573	274
2007	8 019	3 671	1 059	495	1 320	672	544	258
2008	8 022	3 646	1 139	511	1 306	638	533	249
2009	7 651	3 412	1 168	481	1 287	599	476	228
2010	7 546	3 315	1 193	495	1 308	583	442	210
2011	7 581	3 257	1 267	519	1 344	563	430	201
2012	7 596	3 217	1 280	570	1 392	557	400	180
2013	7 721	3 192	1 346	613	1 455	560	382	173
2014	7 934	3 234	1 413	674	1 529	557	364	163
2015	8 121	3 272	1 490	726	1 579	573	336	145
2016	8 073	3 230	1 521	727	1 599	575	319	102
2017	7 965	3 197	1 509	738	1 566	573	299	83
2018	8 078	3 226	1 527	783	1 617	557	287	81

备注：本系列不含主要投资于其他共同基金的基金数据。本数据中1984年前后为不同系列的数据。1984年对所有基金进行了重新归类，并单独创建了混合型基金类别。

表1.6

共同基金：基金数量（按组成部分投资目标划分）

2000—2018年年末数据（单位：只）

年份	股票型基金			混合型基金	债券型基金							货币市场基金	
	资本升值	全球	总收益		投资级	高收益	全球	政府	多部门	州市政	全国市政	应税	免税
2000	1 554	1 051	1 754	506	573	217	155	322	95	588	282	703	334
2001	1 712	1 077	1 881	470	554	221	140	294	91	550	264	689	325
2002	1 722	1 016	1 981	457	575	209	126	283	97	514	255	677	311
2003	1 673	927	1 975	472	601	210	120	281	97	523	256	659	313
2004	1 648	887	2 000	472	615	215	122	275	95	513	254	638	305
2005	1 629	911	2 026	480	609	226	123	262	92	498	242	592	277
2006	1 665	993	2 073	500	594	219	139	255	109	477	235	573	274
2007	1 575	1 059	2 096	495	605	219	150	243	103	444	228	544	258
2008	1 553	1 139	2 093	511	593	214	161	236	102	414	224	533	249
2009	1 441	1 168	1 971	481	571	205	169	237	105	377	222	476	228
2010	1 391	1 193	1 924	495	583	209	183	229	104	361	222	442	210
2011	1 355	1 267	1 902	519	579	209	216	222	118	346	217	430	201
2012	1 341	1 280	1 876	570	580	217	255	216	124	336	221	400	180
2013	1 325	1 346	1 867	613	591	229	290	213	132	331	229	382	173
2014	1 328	1 413	1 906	674	602	240	347	198	142	322	235	364	163
2015	1 344	1 490	1 928	726	618	239	370	191	161	319	254	336	145
2016	1 314	1 521	1 916	727	622	242	370	189	176	319	256	319	102
2017	1 300	1 509	1 897	738	605	239	354	186	182	312	261	299	83
2018	1 319	1 527	1 907	783	604	247	362	193	211	293	264	287	81

备注：本系列不含主要投资于其他共同基金的基金数据。

表1.7
共同基金：份额类别数量
1984—2018年年末数据（单位：只）

年份	合计	长期基金					货币市场基金	
		股票型			债券型			
		国内	全球	混合型	应税	市政	应税	免税
1984	1 243	430	29	89	159	111	331	94
1985	1 528	519	43	103	229	174	350	110
1986	1 835	621	57	121	302	247	360	127
1987	2 312	743	81	164	415	366	389	154
1988	2 737	897	109	179	522	420	433	177
1989	2 935	941	128	189	561	443	470	203
1990	3 176	962	166	199	597	490	522	240
1991	3 586	1 021	227	223	686	558	591	280
1992	4 207	1 189	263	257	876	708	616	298
1993	5 561	1 560	385	347	1 206	1 054	672	337
1994	7 696	2 026	630	515	1 604	1 660	858	403
1995	9 006	2 442	845	634	1 843	1 862	953	427
1996	10 350	3 055	1 155	749	2 049	1 889	1 005	448
1997	11 988	3 858	1 449	872	2 288	1 973	1 075	473
1998	13 707	4 865	1 769	963	2 530	1 954	1 136	490
1999	15 209	5 800	1 964	1 015	2 710	1 992	1 228	500
2000	16 687	6 709	2 288	1 002	2 810	2 030	1 327	521
2001	17 967	7 712	2 496	991	2 866	1 957	1 403	542
2002	18 947	8 407	2 509	1 029	3 058	1 938	1 463	543
2003	19 290	8 531	2 366	1 110	3 215	2 040	1 460	568
2004	20 025	8 995	2 357	1 202	3 374	2 050	1 474	573
2005	20 534	9 252	2 500	1 343	3 420	1 992	1 462	565
2006	21 231	9 625	2 772	1 355	3 532	1 937	1 452	558
2007	21 569	9 688	3 027	1 350	3 624	1 878	1 443	559
2008	22 233	9 871	3 384	1 424	3 739	1 827	1 441	547
2009	21 621	9 333	3 543	1 374	3 768	1 757	1 330	516
2010	21 894	9 195	3 714	1 450	3 980	1 774	1 281	500
2011	22 277	9 173	3 953	1 561	4 142	1 719	1 254	475
2012	22 659	9 145	4 046	1 715	4 433	1 698	1 174	448
2013	23 413	9 221	4 266	1 892	4 715	1 748	1 141	430
2014	24 251	9 418	4 539	2 054	4 991	1 743	1 100	406
2015	25 078	9 631	4 798	2 237	5 212	1 773	1 056	371
2016	25 134	9 633	4 911	2 186	5 333	1 796	1 003	272
2017	25 132	9 626	4 882	2 224	5 359	1 864	946	231
2018	25 024	9 533	4 880	2 292	5 383	1 808	911	217

备注：本系列不含主要投资于其他共同基金的基金数据。

表1.8

共同基金：份额类别数量（按组成部分投资目标划分）

2000—2018年年末数据（单位：只）

	股票型基金				债券型基金							货币市场基金	
年份	资本升值	全球	总收益	混合型基金	投资级	高收益	全球	政府	多部门	州市政	全国市政	应税	免税
2000	3 229	2 288	3 480	1 002	1 134	488	310	678	200	1 392	638	1 327	521
2001	3 754	2 496	3 958	991	1 187	521	292	659	207	1 325	632	1 403	542
2002	3 959	2 509	4 448	1 029	1 340	525	291	675	227	1 285	653	1 463	543
2003	3 938	2 366	4 593	1 110	1 462	535	289	703	226	1 333	707	1 460	568
2004	4 062	2 357	4 933	1 202	1 554	568	302	716	234	1 333	717	1 474	573
2005	4 088	2 500	5 164	1 343	1 576	606	315	687	236	1 306	686	1 462	565
2006	4 239	2 772	5 386	1 355	1 606	616	367	664	279	1 257	680	1 452	558
2007	4 151	3 027	5 537	1 350	1 657	648	412	629	278	1 208	670	1 443	559
2008	4 175	3 384	5 696	1 424	1 660	669	491	624	295	1 150	677	1 441	547
2009	3 926	3 543	5 407	1 374	1 630	650	542	633	313	1 069	688	1 330	516
2010	3 835	3 714	5 360	1 450	1 709	685	615	652	319	1 065	709	1 281	500
2011	3 778	3 953	5 395	1 561	1 721	698	743	619	361	1 029	690	1 254	475
2012	3 764	4 046	5 381	1 715	1 798	739	892	626	378	1 002	696	1 174	448
2013	3 763	4 266	5 458	1 892	1 842	791	1 044	630	408	1 010	738	1 141	430
2014	3 789	4 539	5 629	2 054	1 872	830	1 250	600	439	990	753	1 100	406
2015	3 867	4 798	5 764	2 237	1 943	842	1 332	591	504	976	797	1 056	371
2016	3 817	4 911	5 816	2 186	1 983	851	1 348	590	561	998	798	1 003	272
2017	3 811	4 882	5 815	2 224	1 995	865	1 324	589	586	1 027	837	946	231
2018	3 831	4 880	5 702	2 292	1 983	871	1 295	586	648	963	845	911	217

备注：本系列不含主要投资于其他共同基金的基金数据。

章节

02 美国封闭式基金、交易所交易基金和单位投资信托

表2.1

封闭式基金：基金总资产规模和数量（按基金类型划分）

1996—2018年年末数据

	总资产 年末数据（单位：百万美元）						基金数量 年末数据（单位：只）					
		股票型基金		债券型基金				股票型基金		债券型基金		
年份	合计	国内	全球/国际	国内应税	国内市政	全球/国际	合计	国内	全球/国际	国内应税	国内市政	全球/国际
1996	152 415	19 830	27 074	33 925	59 540	12 046	497	50	91	119	205	32
1997	158 477	20 536	29 011	35 025	61 992	11 912	487	45	89	116	205	32
1998	164 456	22 529	25 011	42 833	63 628	10 454	492	44	83	124	211	30
1999	156 581	24 696	16 494	40 529	64 513	10 348	512	49	74	118	241	30
2000	149 798	24 557	11 986	35 313	68 266	9 676	482	53	69	110	220	30
2001	145 185	22 309	8 748	30 559	74 467	9 102	490	52	64	109	238	27
2002	161 165	26 596	6 988	28 143	90 024	9 414	543	63	59	105	291	25
2003	215 909	42 987	9 743	57 581	94 060	11 539	581	75	55	127	297	27
2004	255 455	63 732	18 072	65 963	94 841	12 847	618	95	61	137	295	30
2005	276 482	77 090	27 784	64 485	94 563	12 559	635	120	71	133	280	31
2006	299 111	88 013	33 657	69 836	94 526	13 079	646	128	74	135	276	33
2007	316 135	87 869	57 329	66 335	88 920	15 682	664	136	92	133	269	34
2008	185 099	45 753	26 525	34 596	67 334	10 891	644	128	93	130	260	33
2009	224 407	52 940	34 489	45 639	77 677	13 660	629	117	91	129	260	32
2010	239 384	60 461	36 239	50 578	77 140	14 965	626	117	87	132	258	32
2011	244 023	62 414	33 441	49 646	84 100	14 422	634	125	87	134	256	32
2012	265 175	68 461	32 179	55 195	90 594	18 746	604	125	86	133	223	37
2013	281 806	81 757	32 480	60 170	83 626	23 773	601	131	85	134	210	41
2014	291 613	88 962	30 422	58 361	90 957	22 910	570	126	84	126	194	40
2015	262 959	72 201	27 593	52 882	90 371	19 912	561	122	84	128	188	39
2016	264 521	75 587	26 217	54 742	87 720	20 254	534	118	82	128	172	34
2017	277 061	79 688	29 610	57 127	89 782	20 853	533	117	80	131	172	33
2018	250 040	67 873	23 136	52 309	87 073	19 649	506	110	70	131	161	34

备注：由于四舍五入，各数相加可能与总数略有出入。“合计”中包含优先级份额类别。

表2.2

封闭式基金：总发行规模、总赎回规模和净发行规模（按基金类型划分）

2002—2018年年度数据（单位：百万美元）

		股票型基金		债券型基金		
年份	合计	国内	全球/国际	国内应税	国内市政	全球/国际
总发行规模[1]						
2002	24 895	9 191	3	2 309	13 392	0
2003	40 810	11 187	50	25 587	2 954	1 032
2004	27 991	15 424	5 714	5 820	5	1 028
2005	21 388	12 559	6 628	2 046	31	124
2006	12 745	7 992	2 505	1 718	196	334
2007	31 086	5 973	19 764	2 221	433	2 695
2008	275	8	145	121	0	0
2009	3 615	549	485	876	1 389	317
2010	14 017	3 719	114	2 374	7 454	358
2011	14 990	3 850	1 469	1 000	8 669	2
2012	16 844	3 815	533	4 088	6 328	2 081
2013	17 850	4 311	157	4 525	2 393	6 464
2014	8 456	4 263	619	677	2 897	1
2015	4 292	572	1 461	1 403	804	51
2016	3 739	346	156	2 101	1 132	4
2017	2 920	776	302	1 270	221	350
2018	2 165	111	50	143	1 862	0
总赎回规模[2]						
2007	2 717	1 024	105	254	1 313	20
2008	22 713	7 060	1 832	7 031	6 089	701
2009	6 875	2 916	639	1 664	1 627	30
2010	8 587	1 724	55	474	6 335	0
2011	8 972	644	209	276	7 843	0
2012	5 459	974	420	838	3 226	0
2013	3 335	214	649	604	1 864	5
2014	3 522	444	124	411	2 330	213
2015	2 463	348	419	725	816	156
2016	2 167	104	340	664	556	502
2017	2 350	923	703	512	98	113
2018	1 568	463	109	101	891	4
净发行规模[3]						
2007	28 369	4 949	19 659	1 966	−880	2 675
2008	−22 438	−7 052	−1 687	−6 910	−6 089	−700
2009	−3 259	−2 366	−154	−788	−238	287
2010	5 430	1 995	59	1 900	1 119	357
2011	6 018	3 206	1 260	724	825	2
2012	11 385	2 840	113	3 249	3 102	2 081
2013	14 515	4 097	−491	3 921	530	6 459
2014	4 935	3 819	494	266	567	−212
2015	1 829	224	1 043	678	−11	−104
2016	1 572	242	−184	1 437	576	−498
2017	570	−147	−401	758	123	237
2018	597	−352	−60	42	971	−4

1. 总发行规模是指承销、额外发售和其他发行的净收益价值。2002年之前的数据缺失。
2. 总赎回规模是指份额回购和基金清盘的价值。2007年之前的数据缺失。
3. 净发行规模是指总发行规模减去总赎回规模的美元价值。正值表示总发行规模超过总赎回规模。负值表示总赎回规模超过总发行规模。2007年之前的数据缺失。

备注：由于四舍五入，各数相加可能与总数略有出入。“合计”中包含优先级份额类别。

表2.3

交易所交易基金：净资产总额（按基金类型划分）

1996—2018年年末数据（单位：百万美元）

		投资目标						法律地位			备注
		股票						根据《1940年投资公司法案》注册的ETF			
		国内股票									
年份	合计	宽基	行业[1]	全球/国际	大宗商品[2]	混合型	债券型	指数型	主动管理型	未按《1940年投资公司法案》注册的ETF[3]	组合型基金[4]
1996	2 411	2 159	—	252	—	—	—	2 411	—	—	—
1997	6 707	6 200	—	506	—	—	—	6 707	—	—	—
1998	15 568	14 058	484	1 026	—	—	—	15 568	—	—	—
1999	33 873	29 374	2 507	1 992	—	—	—	33 873	—	—	—
2000	65 585	60 529	3 015	2 041	—	—	—	65 585	—	—	—
2001	82 993	74 752	5 224	3 016	—	—	—	82 993	—	—	—
2002	102 143	86 985	5 919	5 324	—	—	3 915	102 143	—	—	—
2003	150 983	120 430	11 901	13 984	—	—	4 667	150 983	—	—	—
2004	227 540	163 730	20 315	33 644	1 335	—	8 516	226 205	—	1 335	—
2005	300 820	186 832	28 975	65 210	4 798	—	15 004	296 022	—	4 798	—
2006	422 550	232 487	43 655	111 194	14 699	—	20 514	407 850	—	14 699	—
2007	608 422	300 930	64 117	179 702	28 906	119	34 648	579 517	—	28 906	—
2008	531 288	266 161	58 374	113 684	35 728	132	57 209	495 314	245	35 728	97
2009	777 128	304 044	82 053	209 315	74 528	169	107 018	701 586	1 014	74 528	824
2010	991 989	372 377	103 807	276 622	101 081	322	137 781	888 175	2 759	101 055	1 294
2011	1 048 139	400 702	108 548	245 114	109 176	377	184 222	934 232	5 039	108 868	1 575
2012	1 337 123	509 350	135 378	328 521	120 016	656	243 203	1 207 037	10 211	119 875	2 215
2013	1 674 713	761 798	202 706	398 834	64 042	1 469	245 862	1 596 580	14 267	63 866	2 561
2014	1 974 550	935 825	267 523	414 805	56 974	3 047	296 376	1 901 223	16 789	56 538	5 030
2015	2 100 658	965 338	267 355	474 640	49 317	3 738	340 270	2 029 296	22 891	48 471	10 476
2016	2 524 388	1 224 187	302 637	502 702	62 777	4 951	427 133	2 433 745	29 014	61 629	9 701
2017	3 400 705	1 603 965	374 463	792 248	68 927	7 800	553 302	3 288 444	44 974	67 288	11 944
2018	3 370 665	1 606 004	332 621	725 345	65 868	8 708	632 120	3 239 002	69 257	62 406	12 718

1. 本类别包含按照《1940年投资公司法案》注册和未按照《1940年投资公司法案》注册的基金。
2. 本类别包含主要投资于大宗商品、货币和期货的基金（无论是否按《1940年投资公司法案》注册）。
3. 本类别的基金未按照《1940年投资公司法案》注册。
4. “合计”中不含主要投资于其他ETF的ETF数据。

备注：由于四舍五入，各数相加可能与总数略有出入。

资料来源：美国投资公司协会和Strategic Insight Simfund。

表2.4

交易所交易基金：基金数量（按基金类型划分）

1996—2018年年末数据（单位：只）

		投资目标						法律地位			备注
		股票						根据《1940年投资公司法案》注册的ETF			
		国内股票									
年份	合计	宽基	行业[1]	全球/国际	大宗商品[2]	混合型	债券型	指数型	主动管理型	未按《1940年投资公司法案》注册的ETF[3]	组合型基金[4]
1996	19	2	—	17	—	—	—	19	—	—	—
1997	19	2	—	17	—	—	—	19	—	—	—
1998	29	3	9	17	—	—	—	29	—	—	—
1999	30	4	9	17	—	—	—	30	—	—	—
2000	80	29	26	25	—	—	—	80	—	—	—
2001	102	34	34	34	—	—	—	102	—	—	—
2002	113	34	32	39	—	—	8	113	—	—	—
2003	119	39	33	41	—	—	6	119	—	—	—
2004	152	60	42	43	1	—	6	151	—	1	—
2005	204	81	65	49	3	—	6	201	—	3	—
2006	359	133	119	85	16	—	6	343	—	16	—
2007	629	197	191	159	28	5	49	601	—	28	—
2008	728	204	186	225	45	6	62	670	13	45	15
2009	797	222	179	244	49	5	98	727	21	49	23
2010	923	243	193	298	55	6	128	843	26	54	27
2011	1 135	288	229	368	75	7	168	1 029	33	73	31
2012	1 195	275	222	404	79	13	202	1 076	42	77	44
2013	1 295	293	235	438	76	15	238	1 163	60	72	37
2014	1 412	317	236	494	82	19	264	1 232	108	72	39
2015	1 595	361	266	592	81	21	274	1 402	120	73	49
2016	1 716	396	304	629	80	22	285	1 500	150	66	58
2017	1 835	472	301	629	91	33	309	1 570	196	69	65
2018	1 988	515	327	668	91	35	352	1 660	259	69	69

1. 本类别包含按照《1940年投资公司法案》注册和未按照《1940年投资公司法案》注册的基金。
2. 本类别包含主要投资于大宗商品、货币和期货的基金（无论是否按《1940年投资公司法案》注册）。
3. 本类别的基金未按照《1940年投资公司法案》注册。
4. “合计”中不含主要投资于其他ETF的ETF数据。

资料来源：美国投资公司协会和Strategic Insight Simfund。

表2.5

交易所交易基金：净发行规模（按基金类型划分）

1996—2018年年度数据（单位：百万美元）

		投资目标						法律地位			备注
		股票						根据《1940年投资公司法案》注册的ETF			
		国内股票									
年份	合计	宽基	行业[1]	全球/国际	大宗商品[2]	混合型	债券型	指数型	主动管理型	未按《1940年投资公司法案》注册的ETF[3]	组合型基金[4]
1996	1 108	842	—	266	—	—	—	1 108	—	—	—
1997	3 466	3 160	—	306	—	—	—	3 466	—	—	—
1998	6 195	5 158	484	553	—	—	—	6 195	—	—	—
1999	11 929	10 221	1 596	112	—	—	—	11 929	—	—	—
2000	42 508	40 591	1 033	884	—	—	—	42 508	—	—	—
2001	31 012	26 911	2 735	1 366	—	—	—	31 012	—	—	—
2002	45 302	35 477	2 304	3 792	—	—	3 729	45 302	—	—	—
2003	15 810	5 737	3 587	5 764	—	—	721	15 810	—	—	—
2004	56 375	29 084	6 514	15 645	1 353	—	3 778	55 021	—	1 353	—
2005	56 729	16 941	6 719	23 455	2 859	—	6 756	53 871	—	2 859	—
2006	73 995	21 589	9 780	28 423	8 475	—	5 729	65 520	—	8 475	—
2007	150 617	61 152	18 122	48 842	9 062	122	13 318	141 555	—	9 062	—
2008	177 220	88 105	30 296	25 243	10 567	58	22 952	166 372	281	10 567	107
2009	116 469	−11 842	14 329	39 599	28 410	15	45 958	87 336	724	28 410	237
2010	117 982	28 317	10 187	41 527	8 155	144	29 652	108 136	1 716	8 129	433
2011	117 646	34 657	9 674	24 250	2 948	72	46 045	112 464	2 555	2 627	385
2012	185 399	57 744	14 307	51 896	8 889	246	52 318	171 377	4 988	9 035	505
2013	179 959	99 545	34 434	62 807	−29 870	849	12 195	205 154	4 710	−29 905	1 106
2014	240 844	102 394	40 593	46 642	−1 420	1 629	51 007	240 026	2 584	−1 766	2 365
2015	230 970	49 757	13 368	109 668	2 118	1 110	54 949	222 005	7 435	1 530	5 726
2016	283 914	147 805	19 705	20 195	11 679	1 088	83 442	266 170	6 300	11 444	−638
2017	470 809	156 459	29 542	159 771	1 603	2 500	120 933	454 249	15 432	1 128	1 058
2018	310 871	141 229	−2 153	70 261	1 700	1 689	98 145	283 313	28 298	−741	1 988

1. 本类别包含按照《1940年投资公司法案》注册和未按照《1940年投资公司法案》注册的基金。
2. 本类别包含主要投资于大宗商品、货币和期货的基金（无论是否按《1940年投资公司法案》注册）。
3. 本类别的基金未按照《1940年投资公司法案》注册。
4. “合计”中不含主要投资于其他ETF的ETF数据。

备注：ETF净发行规模的数据含再投资股息。由于四舍五入，各数相加可能与总数略有出入。

资料来源：美国投资公司协会和Strategic Insight Simfund。

表2.6

单位投资信托：净资产总额、信托数量和新增存款（按信托类型划分）

1996—2018年年末数据

年份	净资产总额 年末数据（单位：百万美元）				信托数量 年末数据（单位：只）				新增存款 年度数据（单位：百万美元）			
	合计	股票型	应税债务	免税债务	合计	股票型	应税债务	免税债务	合计	股票型	应税债务	免税债务
1996	72 204	22 922	8 485	40 796	11 764	378	591	10 795	21 662	18 316	800	2 546
1997	84 761	40 747	6 480	37 533	11 593	563	513	10 517	38 546	35 855	771	1 919
1998	93 943	56 413	5 380	32 151	10 966	872	414	9 680	47 675	45 947	562	1 166
1999	91 970	62 128	4 283	25 559	10 414	1 081	409	8 924	52 046	50 629	343	1 074
2000	74 161	48 060	3 502	22 599	10 072	1 554	369	8 149	43 649	42 570	196	883
2001	49 249	26 467	3 784	18 999	9 295	1 500	324	7 471	19 049	16 927	572	1 550
2002	36 016	14 651	4 020	17 345	8 303	1 247	366	6 690	11 600	9 131	862	1 607
2003	35 826	19 024	3 311	13 491	7 233	1 206	320	5 707	12 731	10 071	931	1 729
2004	37 267	23 201	2 635	11 432	6 499	1 166	295	5 038	17 125	14 559	981	1 585
2005	40 894	28 634	2 280	9 980	6 019	1 251	304	4 464	22 598	21 526	289	782
2006	49 662	38 809	2 142	8 711	5 907	1 566	319	4 022	29 057	28 185	294	578
2007	53 040	43 295	2 066	7 680	6 030	1 964	327	3 739	35 836	35 101	298	438
2008	28 543	20 080	2 007	6 456	5 984	2 175	343	3 466	23 590	22 335	557	698
2009	38 336	24 774	3 668	9 894	6 049	2 145	438	3 466	22 293	16 159	2 201	3 933
2010	50 567	34 112	3 780	12 675	5 971	2 212	491	3 268	30 936	25 003	928	5 006
2011	59 931	40 638	3 602	15 691	6 043	2 395	512	3 136	36 026	31 900	765	3 361
2012	71 725	51 905	4 063	15 757	5 787	2 426	553	2 808	43 404	40 012	1 236	2 157
2013	86 504	70 850	3 560	12 094	5 552	2 428	580	2 544	55 628	53 719	916	993
2014	101 136	85 887	3 135	12 114	5 381	2 501	593	2 287	65 529	63 991	624	915
2015	94 127	80 417	2 597	11 113	5 188	2 609	587	1 992	65 949	64 582	492	875
2016	84 627	71 590	2 676	10 362	5 100	2 586	635	1 879	49 346	47 564	631	1 151
2017	84 939	73 262	2 370	9 307	5 035	2 557	639	1 839	49 580	48 695	322	563
2018	69 932	59 807	2 246	7 880	4 917	2 522	642	1 753	49 289	48 285	498	506

备注：由于四舍五入，各数相加可能与总数略有出入。

章节

03

美国长期共同基金

表3.1

长期共同基金：流动资产和流动资产占净资产总额的百分比

1984—2018年年末数据

年份	流动资产[1]（单位：百万美元）合计	股票型基金	混合型基金	债券型基金	流动资产占净资产总额的百分比（单位：%）总体平均	股票型基金	混合型基金	债券型基金
1984	12 181	7 295	878	4 007	8.9	9.1	7.9	8.7
1985	20 593	10 452	1 413	8 728	8.2	9.4	8.0	7.1
1986	30 611	14 612	2 514	13 485	7.2	9.5	9.8	5.5
1987	37 930	16 319	2 730	18 881	8.4	9.3	9.3	7.6
1988	44 980	17 742	2 986	24 252	9.5	9.4	11.3	9.5
1989	44 603	25 602	5 747	13 253	8.1	10.4	16.1	4.9
1990	48 369	27 344	4 198	16 827	8.5	11.4	11.7	5.8
1991	60 243	30 657	3 309	26 277	7.1	7.6	6.4	6.7
1992	73 858	42 417	6 560	24 881	6.7	8.3	8.5	4.9
1993	99 251	57 539	16 613	25 099	6.6	7.8	11.7	4.0
1994	120 228	70 885	19 929	29 414	7.8	8.3	12.3	5.6
1995	141 245	97 743	19 271	24 231	6.9	7.8	9.3	4.0
1996	151 196	107 667	17 954	25 575	5.8	6.2	7.2	4.0
1997	198 035	145 560	24 634	27 841	5.8	6.1	7.9	3.9
1998	190 519	143 507	25 289	21 724	4.6	4.8	7.0	2.6
1999	217 266	174 660	20 976	21 630	4.2	4.3	5.6	2.7
2000	276 329	224 990	26 777	24 562	5.4	5.7	7.4	3.0
2001	222 019	170 315	26 906	24 798	4.7	5.0	7.5	2.7
2002	208 669	120 491	25 422	62 757	5.1	4.6	7.6	5.5
2003	259 441	154 859	30 645	73 937	4.8	4.2	6.8	5.9
2004	307 048	184 119	36 419	86 510	5.0	4.2	6.6	6.7
2005	303 161	190 880	43 133	69 149	4.4	3.9	6.9	5.1
2006	346 718	218 626	57 461	70 631	4.3	3.7	7.9	4.7
2007	381 641	266 256	56 813	58 572	4.3	4.2	6.9	3.5
2008	314 270	203 272	52 712	58 285	5.4	5.6	9.4	3.7
2009	365 705	169 791	52 845	143 068	4.7	3.5	7.4	6.5
2010	330 323	192 599	61 022	76 702	3.7	3.4	7.2	3.0
2011	462 132	182 547	70 744	208 841	5.2	3.5	8.0	7.3
2012	517 184	200 436	101 222	215 526	5.0	3.4	9.8	6.4
2013	661 363	272 504	151 578	237 280	5.4	3.5	11.8	7.2
2014	745 389	291 688	168 182	285 519	5.7	3.5	12.2	8.3
2015	677 166	258 379	185 527	233 260	5.2	3.2	13.8	6.8
2016	674 376	257 872	179 700	236 803	4.9	3.0	12.8	6.5
2017	802 582	307 302	197 804	297 476	5.0	3.0	12.8	7.3
2018	680 981	268 927	170 530	241 524	4.6	2.9	12.3	5.9

1. 流动资产包含存单、商业票据、美国政府机构发行证券（1年期或更短期限）、回购协议、现金储备、其他证券（1年期或更短期限）及应收款项减去负债。

备注：本系列不含主要投资于其他共同基金的基金数据。由于四舍五入，各数相加可能与总数略有出入。

表3.2

长期共同基金：流动资产[1]占净资产总额的百分比（按组成部分投资目标划分）

2000—2018年年末数据（单位：%）

	股票型基金				债券型基金						
年份	资本升值	全球	总收益	混合型基金	投资级	高收益	全球	政府	多部门	州市政	全国市政
2000	6.1	7.7	4.9	7.4	4.5	9.0	−2.2	−2.8	−2.2	3.1	3.5
2001	4.9	6.2	4.8	7.5	3.3	7.6	−3.7	−0.6	0.6	2.3	3.2
2002	4.9	5.7	4.1	7.6	9.8	7.9	−2.5	0.5	7.1	2.6	4.2
2003	3.7	5.8	4.1	6.8	9.5	6.1	3.3	1.7	8.7	2.2	3.7
2004	3.6	5.5	4.2	6.6	8.8	6.1	6.1	3.8	8.3	2.9	6.5
2005	3.3	5.2	3.7	6.9	6.4	5.2	6.1	1.2	6.7	2.5	5.7
2006	3.4	4.3	3.7	7.9	6.8	5.0	12.5	−4.1	2.6	2.0	4.5
2007	4.3	5.2	3.6	6.9	2.1	4.7	17.0	−0.8	4.5	1.8	4.6
2008	6.1	7.9	4.2	9.4	1.1	10.9	13.0	4.4	3.6	1.7	4.9
2009	4.5	3.9	2.8	7.4	6.8	5.5	13.5	4.0	6.6	2.8	6.0
2010	3.5	4.4	2.9	7.2	0.3	6.0	16.5	−2.5	2.7	2.1	5.2
2011	3.8	4.5	2.8	8.0	7.2	7.3	17.5	0.9	5.2	3.1	6.6
2012	3.6	4.0	2.9	9.8	5.4	5.7	15.1	2.8	6.9	3.4	6.2
2013	3.6	4.5	3.0	11.8	6.8	4.4	17.2	1.0	7.0	2.0	6.5
2014	3.3	4.9	2.9	12.2	7.5	4.5	19.3	2.5	8.1	3.6	7.6
2015	3.3	4.3	2.6	13.8	4.7	5.9	15.0	3.2	9.5	4.4	8.2
2016	3.1	4.2	2.4	12.8	6.0	5.7	13.7	1.3	6.4	2.7	6.7
2017	3.5	4.1	2.2	12.8	7.4	5.1	15.4	3.8	5.2	2.6	6.3
2018	3.1	4.0	2.3	12.3	5.6	4.2	14.1	2.2	2.5	2.6	6.5

1. 流动资产包含存单、商业票据、美国政府机构发行证券（1年期或更短期限）、回购协议、现金储备、其他证券（1年期或更短期限）及应收款项减去负债。

表3.3

长期共同基金：新增资金净流入、净资产总额及资金流占净资产总额的百分比

1984—2018年数据

年份	新增资金净流入 年度数据（单位：百万美元）				净资产总额 年末数据（单位：百万美元）				资金流占净资产总额的百分比（单位：%）			
	合计	股票型基金	混合型基金	债券型基金	合计	股票型基金	混合型基金	债券型基金	总体平均	股票型基金	混合型基金	债券型基金
1984	19 194	4 336	1 801	13 058	137 126	79 735	11 152	46 239	—	—	—	—
1985	73 490	6 643	3 720	63 127	251 583	111 329	17 609	122 646	53.6	8.3	33.4	136.5
1986	129 991	20 386	6 988	102 618	423 516	154 446	25 764	243 305	51.7	18.3	39.7	83.7
1987	29 776	19 231	3 748	6 797	453 076	175 452	29 253	248 370	7.0	12.5	14.5	2.8
1988	−23 119	−14 948	−3 684	−4 488	471 417	189 383	26 346	255 688	−5.1	−8.5	−12.6	−1.8
1989	8 731	6 774	3 183	−1 226	552 578	245 037	35 636	271 905	1.9	3.6	12.1	−0.5
1990	20 997	12 915	1 463	6 619	565 998	239 478	35 981	290 539	3.8	5.3	4.1	2.4
1991	106 004	39 888	7 067	59 049	849 725	404 732	52 045	392 948	18.7	16.7	19.6	20.3
1992	171 833	78 983	21 725	71 126	1 095 390	514 087	77 630	503 673	20.2	19.5	41.7	18.1
1993	242 034	127 261	42 619	72 154	1 503 626	740 667	142 331	620 628	22.1	24.8	54.9	14.3
1994	74 741	114 525	21 998	−61 782	1 542 688	852 765	161 405	528 519	5.0	15.5	15.5	−10.0
1995	120 245	124 392	3 738	−7 884	2 054 588	1 249 077	206 705	598 807	7.8	14.6	2.3	−1.5
1996	230 198	216 935	11 796	1 468	2 618 485	1 726 009	248 358	644 118	11.2	17.4	5.7	0.2
1997	270 994	227 107	15 755	28 132	3 402 280	2 367 951	311 713	722 615	10.3	13.2	6.3	4.4
1998	240 458	156 856	10 457	73 144	4 164 395	2 977 539	360 037	826 819	7.1	6.6	3.4	10.1
1999	169 232	187 550	−13 031	−5 288	5 220 693	4 039 961	374 315	806 417	4.1	6.3	−3.6	−0.6
2000	230 927	315 325	−36 736	−47 661	5 110 689	3 932 725	360 841	817 123	4.4	7.8	−9.8	−5.9
2001	131 019	33 272	7 235	90 512	4 683 769	3 391 004	357 947	934 818	2.6	0.8	2.0	11.1
2002	122 354	−28 888	7 979	143 263	4 115 111	2 642 057	335 270	1 137 784	2.6	−0.9	2.2	15.3
2003	216 445	143 996	38 958	33 491	5 359 359	3 652 839	447 530	1 258 989	5.3	5.5	11.6	2.9
2004	210 054	171 903	53 052	−14 901	6 191 574	4 342 123	552 250	1 297 200	3.9	4.7	11.9	−1.2
2005	191 923	123 843	42 752	25 328	6 861 884	4 884 874	621 477	1 355 533	3.1	2.9	7.7	2.0
2006	226 826	147 242	19 859	59 725	8 056 786	5 831 591	731 503	1 493 693	3.3	3.0	3.2	4.4
2007	224 138	73 216	40 361	110 561	8 909 694	6 412 592	821 474	1 675 628	2.8	1.3	5.5	7.4
2008	−210 794	−216 457	−25 523	31 185	5 786 458	3 654 545	562 262	1 569 652	−2.4	−3.4	−3.1	1.9
2009	393 337	2 150	19 792	371 395	7 793 077	4 871 520	717 580	2 203 977	6.8	0.1	3.5	23.7
2010	243 647	−24 384	35 612	232 420	9 027 544	5 596 173	842 198	2 589 174	3.1	−0.5	5.0	10.5
2011	28 200	−129 506	39 682	118 024	8 939 449	5 212 787	883 980	2 842 683	0.3	−2.3	4.7	4.6
2012	200 108	−152 678	46 267	306 519	10 360 421	5 938 757	1 032 462	3 389 202	2.2	−2.9	5.2	10.8
2013	163 016	159 481	74 733	−71 198	12 331 127	7 762 556	1 284 695	3 283 876	1.6	2.7	7.2	−2.1
2014	99 728	25 458	30 399	43 871	13 151 980	8 313 989	1 379 201	3 458 790	0.8	0.3	2.4	1.3
2015	−119 613	−75 620	−19 046	−24 947	12 903 124	8 149 607	1 341 466	3 412 051	−0.9	−0.9	−1.4	−0.7
2016	−192 974	−258 030	−41 882	106 938	13 625 320	8 577 267	1 399 866	3 648 187	−1.5	−3.2	−3.1	3.1
2017	72 337	−159 231	−28 115	259 682	15 916 658	10 305 955	1 545 365	4 065 338	0.5	−1.9	−2.0	7.1
2018	−349 727	−260 525	−91 030	1 829	14 669 831	9 224 755	1 383 259	4 061 817	−2.2	−2.5	−5.9	0.0

备注：新增资金净流入是指新增销售额的美元价值减去赎回额与净转换交易额之和。本系列不含主要投资于其他共同基金的基金数据。由于四舍五入，各数相加可能与总数略有出入。

表3.4

股票型共同基金：新增资金净流入和新增资金净流入的组成部分

1984—2018年年度数据（单位：百万美元）

年份	新增资金净流入[1]	销售额			赎回规模		
		新增销售额+转换交易额	新增销售额[2]	转换交易额[3]	定期赎回+转换交易赎回	定期赎回[4]	转换交易赎回[5]
1984	4 336	28 705	16 586	12 119	24 369	10 669	13 700
1985	6 643	40 608	25 046	15 562	33 965	17 558	16 406
1986	20 386	87 997	50 774	37 224	67 612	26 051	41 561
1987	19 231	139 596	65 093	74 502	120 365	38 601	81 764
1988	−14 948	68 827	25 641	43 186	83 775	33 247	50 528
1989	6 774	89 345	46 817	42 528	82 571	37 229	45 342
1990	12 915	104 334	62 872	41 462	91 419	44 487	46 931
1991	39 888	146 618	90 192	56 427	106 730	53 394	53 336
1992	78 983	201 720	134 309	67 411	122 738	61 465	61 272
1993	127 261	307 356	213 639	93 717	180 095	91 944	88 151
1994	114 525	366 659	252 887	113 772	252 134	141 097	111 037
1995	124 392	433 853	282 937	150 915	309 461	170 402	139 059
1996	216 935	674 323	442 372	231 951	457 388	240 533	216 854
1997	227 107	880 285	579 063	301 222	653 178	362 020	291 158
1998	156 856	1 065 012	699 372	365 640	908 156	534 090	374 066
1999	187 550	1 410 664	918 438	492 226	1 223 113	743 983	479 130
2000	315 325	1 970 909	1 318 803	652 107	1 655 585	1 031 260	624 325
2001	33 272	1 329 228	953 220	376 008	1 295 956	891 564	404 392
2002	−28 888	1 213 934	893 841	320 094	1 242 822	875 050	367 772
2003	143 996	1 073 973	837 298	236 676	929 977	707 423	222 554
2004	171 903	1 096 318	926 741	169 577	924 415	758 715	165 701
2005	123 843	1 192 366	1 016 940	175 427	1 068 524	877 996	190 527
2006	147 242	1 416 347	1 213 690	202 657	1 269 106	1 047 184	221 922
2007	73 216	1 728 761	1 506 107	222 655	1 655 545	1 388 642	266 903
2008	−216 457	1 525 723	1 331 066	194 656	1 742 180	1 467 312	274 867
2009	2 150	1 194 084	1 032 246	161 838	1 191 934	1 011 588	180 346
2010	−24 384	1 405 936	1 236 196	169 740	1 430 320	1 238 430	191 890
2011	−129 506	1 492 242	1 322 125	170 117	1 621 748	1 417 372	204 376
2012	−152 678	1 449 655	1 260 225	189 430	1 602 333	1 382 129	220 203
2013	159 481	1 864 206	1 641 084	223 122	1 704 725	1 496 823	207 903
2014	25 458	2 009 016	1 797 760	211 256	1 983 558	1 773 309	210 249
2015	−75 620	2 004 953	1 795 262	209 692	2 080 573	1 875 778	204 795
2016	−258 030	1 941 717	1 722 731	218 986	2 199 746	1 955 001	244 745
2017	−159 231	2 226 122	1 937 952	288 170	2 385 353	2 072 874	312 479
2018	−260 525	2 408 476	2 114 454	294 022	2 669 002	2 352 601	316 400

1. 新增资金净流入是指新增销售额的美元价值减去赎回额与净转换交易额之和。
2. 新增销售额是指新购买的共同基金份额的美元价值。这不包括通过已有账户股息再投资而购买的份额。
3. 转换交易销售额是指将共同基金份额转换为同一基金组别中其他基金的美元价值。
4. 定期赎回规模是指份额持有者清算的共同基金份额价值。
5. 转换交易赎回额是指赎回并投资于同一基金组别中其他基金的共同基金份额价值。

备注：本系列不含主要投资于其他共同基金的基金数据。由于四舍五入，各数相加可能与总数略有出入。

表3.5

混合型共同基金：新增资金净流入和新增资金净流入的组成部分

1984—2018年年度数据（单位：百万美元）

年份	新增资金净流入[1]	销售额			赎回规模		
		新增销售额+转换交易额	新增销售额[2]	转换交易额[3]	定期赎回+转换交易赎回	定期赎回[4]	转换交易赎回[5]
1984	1 801	4 118	3 842	277	2 318	2 017	301
1985	3 720	7 502	6 976	526	3 782	3 161	621
1986	6 988	13 535	12 342	1 194	6 548	5 162	1 386
1987	3 748	14 948	12 420	2 529	11 200	7 848	3 353
1988	−3 684	6 259	4 601	1 658	9 943	7 521	2 422
1989	3 183	11 139	9 334	1 805	7 956	5 780	2 176
1990	1 463	9 671	7 989	1 682	8 208	5 600	2 608
1991	7 067	16 860	13 754	3 106	9 793	7 011	2 782
1992	21 725	32 772	26 463	6 309	11 047	7 209	3 838
1993	42 619	60 610	49 526	11 083	17 990	11 735	6 256
1994	21 998	58 541	49 043	9 498	36 544	25 298	11 245
1995	3 738	43 024	35 385	7 640	39 286	27 807	11 479
1996	11 796	56 783	47 436	9 348	44 988	31 413	13 575
1997	15 755	68 345	55 261	13 084	52 590	38 265	14 326
1998	10 457	82 691	67 294	15 397	72 234	53 161	19 073
1999	−13 031	81 904	67 607	14 297	94 935	69 790	25 144
2000	−36 736	70 364	56 920	13 445	107 100	77 159	29 941
2001	7 235	83 442	65 530	17 912	76 207	58 803	17 405
2002	7 979	93 414	75 394	18 021	85 436	67 201	18 234
2003	38 958	115 845	96 728	19 117	76 888	63 367	13 520
2004	53 052	143 459	125 434	18 025	90 407	77 520	12 887
2005	42 752	144 267	126 616	17 650	101 514	86 200	15 314
2006	19 859	146 088	127 532	18 555	126 229	106 066	20 163
2007	40 361	206 397	183 464	22 933	166 036	144 102	21 934
2008	−25 523	181 436	155 075	26 361	206 959	165 395	41 564
2009	19 792	174 217	150 048	24 169	154 425	127 179	27 246
2010	35 612	205 830	181 871	23 959	170 218	146 547	23 672
2011	39 682	263 981	234 392	29 589	224 299	191 200	33 099
2012	46 267	266 569	239 916	26 653	220 302	195 788	24 514
2013	74 733	339 527	302 752	36 775	264 794	233 859	30 935
2014	30 399	323 388	291 911	31 476	292 989	265 828	27 161
2015	−19 046	299 590	268 713	30 877	318 636	284 185	34 451
2016	−41 882	302 250	263 627	38 624	344 132	303 791	40 342
2017	−28 115	291 354	250 525	40 829	319 468	278 347	41 121
2018	−91 030	262 375	229 475	32 901	353 406	313 974	39 432

1. 新增资金净流入是指新增销售额的美元价值减去赎回额与净转换交易额之和。
2. 新增销售额是指新购买的共同基金份额的美元价值。这不包括通过已有账户股息再投资而购买的份额。
3. 转换交易销售额是指将共同基金份额转换为同一基金组别中其他基金的美元价值。
4. 定期赎回规模是指份额持有者清算的共同基金份额价值。
5. 转换交易赎回额是指赎回并投资于同一基金组别中其他基金的共同基金份额价值。

备注：本系列不含主要投资于其他共同基金的基金数据。由于四舍五入，各数相加可能与总数略有出入。

表3.6

债券型共同基金：新增资金净流入和新增资金净流入的组成部分

1984—2018年年度数据（单位：百万美元）

年份	新增资金净流入[1]	销售额 新增销售额+转换交易额	销售额 新增销售额[2]	销售额 转换交易额[3]	赎回规模 定期赎回+转换交易赎回	赎回规模 定期赎回[4]	赎回规模 转换交易赎回[5]
1984	13 058	25 554	20 774	4 780	12 497	7 344	5 152
1985	63 127	83 359	74 485	8 874	20 232	13 095	7 137
1986	102 618	158 874	138 240	20 634	56 256	35 776	20 480
1987	6 797	123 528	93 725	29 803	116 731	69 628	47 104
1988	−4 488	72 174	47 378	24 796	76 662	51 558	25 103
1989	−1 226	71 770	48 602	23 168	72 996	48 517	24 480
1990	6 619	80 414	56 861	23 552	73 795	47 947	25 848
1991	59 049	141 399	107 819	33 580	82 350	56 111	26 239
1992	71 126	217 769	171 897	45 872	146 643	96 398	50 246
1993	72 154	262 155	208 459	53 696	190 001	127 163	62 838
1994	−61 782	186 270	130 728	55 542	248 051	162 620	85 432
1995	−7 884	164 348	108 361	55 986	172 232	114 559	57 673
1996	1 468	201 252	135 795	65 457	199 784	125 092	74 693
1997	28 132	240 600	174 592	66 008	212 468	140 297	72 171
1998	73 144	312 004	228 564	83 440	238 860	159 225	79 635
1999	−5 288	297 350	215 587	81 764	302 638	206 057	96 581
2000	−47 661	250 001	186 271	63 730	297 662	217 819	79 844
2001	90 512	393 737	301 021	92 716	303 225	224 211	79 014
2002	143 263	514 694	401 687	113 008	371 431	283 497	87 934
2003	33 491	520 642	428 512	92 130	487 151	376 116	111 035
2004	−14 901	395 224	340 323	54 901	410 125	341 056	69 070
2005	25 328	402 232	350 627	51 605	376 904	321 127	55 776
2006	59 725	446 110	390 877	55 234	386 385	328 938	57 447
2007	110 561	591 464	505 718	85 745	480 903	409 347	71 555
2008	31 185	709 214	580 580	128 633	678 028	581 399	96 630
2009	371 395	1 006 192	856 450	149 742	634 797	524 597	110 200
2010	232 420	1 089 250	964 032	125 217	856 830	742 133	114 697
2011	118 024	1 103 549	975 974	127 575	985 525	869 663	115 863
2012	306 519	1 246 679	1 121 167	125 512	940 161	837 899	102 261
2013	−71 198	1 307 639	1 158 510	149 129	1 378 837	1 190 488	188 349
2014	43 871	1 278 248	1 174 182	104 066	1 234 377	1 137 576	96 801
2015	−24 947	1 195 117	1 090 489	104 629	1 220 064	1 119 502	100 562
2016	106 938	1 315 909	1 188 167	127 742	1 208 971	1 102 267	106 705
2017	259 682	1 407 854	1 262 215	145 639	1 148 172	1 026 868	121 304
2018	1 829	1 444 776	1 300 307	144 469	1 442 947	1 304 260	138 687

1. 新增资金净流入是指新增销售额的美元价值减去赎回额与净转换交易额之和。
2. 新增销售额是指新购买的共同基金份额的美元价值。这不包括通过已有账户股息再投资而购买的份额。
3. 转换交易销售额是指将共同基金份额转换为同一基金组别中其他基金的美元价值。
4. 定期赎回规模是指份额持有人清算的共同基金份额价值。
5. 转换交易赎回额是指赎回并投资于同一基金组别中其他基金的共同基金份额价值。

备注：本系列不含主要投资于其他共同基金的基金数据。由于四舍五入，各数相加可能与总数略有出入。

表3.7

长期共同基金：新增资金净流入（按组成部分投资目标划分）

2000—2018年年度数据（单位：百万美元）

	股票型基金				债券型基金						
年份	资本升值	全球	总收益	混合型基金	投资级	高收益	全球	政府	多部门	州市政公债	国家市政公债
2000	262 240	57 893	−4 809	−36 736	5 293	−12 798	−4 648	−16 633	−4 439	−5 438	−8 998
2001	−22 874	−23 242	79 389	7 235	49 014	3 371	−1 151	24 657	2 436	6 293	5 892
2002	−52 330	−4 118	27 560	7 979	64 518	4 309	−71	53 225	4 475	5 259	11 549
2003	27 022	24 361	92 613	38 958	30 200	22 589	4 028	−22 124	5 539	−8 212	1 471
2004	−11 539	71 583	111 858	53 052	22 080	−2 843	4 310	−26 259	3 160	−7 939	−7 410
2005	−25 447	106 911	42 379	42 752	36 749	−13 495	6 404	−14 211	5 171	1 232	3 480
2006	−27 082	150 923	23 401	19 859	36 992	3 322	10 937	−17 834	11 203	3 876	11 229
2007	−43 158	141 736	−25 362	40 361	75 928	−4 755	21 130	−2 242	9 646	3 233	7 622
2008	−48 373	−66 945	−101 139	−25 523	8 553	−5 229	6 070	20 600	−6 628	−2 301	10 121
2009	−7 270	29 645	−20 224	19 792	202 248	22 466	32 554	18 950	24 801	6 081	64 296
2010	−26 724	56 679	−54 340	35 612	110 745	19 453	70 076	4 059	16 427	−2 838	14 499
2011	−44 500	4 124	−89 130	39 682	51 100	22 004	44 462	3 338	8 736	−9 890	−1 726
2012	−39 022	6 563	−120 218	46 267	104 800	34 550	42 969	33 743	40 285	8 539	41 633
2013	−2 981	141 377	21 085	74 733	−97 715	55 689	66 239	−51 224	14 307	−22 420	−36 074
2014	−41 233	85 219	−18 528	30 399	9 210	−43 854	24 402	5 729	20 396	−1 064	29 051
2015	−54 254	94 172	−115 538	−19 046	−770	−36 417	−23 568	12 403	8 615	682	14 109
2016	−138 374	−23 058	−96 598	−41 882	83 748	6 852	−39 539	11 294	21 580	2 454	20 548
2017	−103 192	76 977	−133 016	−28 115	138 208	−17 963	47 240	2 031	63 844	−2 010	28 332
2018	−93 653	−7 315	−159 558	−91 030	16 647	−34 137	7 350	5 772	2 017	−7 634	11 813

备注：新增资金净流入是指新增销售额的美元价值减去赎回额与净转换交易额之和。本系列不含主要投资于其他共同基金的基金数据。

表3.8

长期共同基金：新增销售额（按组成部分投资目标划分）

2000—2018年年度数据（单位：百万美元）

年份	股票型基金			混合型基金	债券型基金						
	资本升值	全球	总收益		投资级	高收益	全球	政府	多部门	州市政公债	国家市政公债
2000	574 045	342 451	402 306	56 920	79 000	26 742	8 242	24 347	6 787	16 985	24 168
2001	306 495	251 519	395 206	65 530	127 444	36 183	8 948	58 983	12 245	25 028	32 191
2002	249 939	245 137	398 764	75 394	173 270	39 644	10 920	93 873	14 537	26 274	43 168
2003	250 424	205 235	381 638	96 728	187 544	65 537	18 946	71 167	20 084	20 546	44 688
2004	267 837	184 371	474 533	125 434	166 268	48 120	18 132	38 511	17 923	16 821	34 548
2005	263 366	239 613	513 960	126 616	172 174	41 686	23 786	32 063	20 629	21 959	38 331
2006	301 651	354 877	557 163	127 532	184 657	45 475	29 025	29 690	29 478	25 566	46 985
2007	368 158	479 123	658 826	183 464	248 103	54 490	45 536	34 593	38 826	29 589	54 582
2008	340 148	374 346	616 573	155 075	277 360	47 176	53 445	64 528	37 527	30 562	69 983
2009	273 503	284 643	474 100	150 048	426 897	70 111	69 216	90 702	57 875	28 386	113 264
2010	309 445	379 531	547 220	181 871	450 177	95 780	129 602	79 464	71 230	28 530	109 250
2011	340 259	398 432	583 434	234 392	448 976	128 866	138 821	72 172	76 840	19 798	90 501
2012	335 524	362 983	561 719	239 916	489 072	124 084	132 763	109 826	106 453	30 912	128 058
2013	395 529	511 267	734 288	302 752	466 187	172 324	193 007	74 495	117 003	23 833	111 661
2014	425 118	543 102	829 540	291 911	492 618	147 566	194 845	70 511	128 794	22 423	117 425
2015	422 935	584 834	787 492	268 713	466 612	124 802	154 000	79 994	127 043	24 301	113 737
2016	384 479	500 397	837 854	263 627	530 330	130 474	114 885	90 939	132 663	34 344	154 531
2017	415 724	612 382	909 847	250 525	552 551	124 304	159 081	74 598	175 775	28 833	147 073
2018	464 176	671 022	979 257	229 475	568 032	117 302	148 264	89 583	164 883	32 103	180 141

备注：新增销售额是指新购买的共同基金份额的美元价值。这不包括通过已有账户股息再投资而购买的份额。本系列不含主要投资于其他共同基金的基金数据。

表3.9

长期共同基金：转换交易销售额（按组成部分投资目标划分）

2000—2018年年度数据（单位：百万美元）

年份	股票型基金			混合型基金	债券型基金						
	资本升值	全球	总收益		投资级	高收益	全球	政府	多部门	州市政公债	国家市政公债
2000	343 618	169 388	139 101	13 445	16 756	10 298	3 011	15 829	1 662	5 304	10 870
2001	176 019	85 777	114 212	17 912	32 609	11 378	2 057	24 779	2 860	5 348	13 686
2002	144 274	71 079	104 740	18 021	39 468	11 200	2 373	37 280	3 460	5 625	13 602
2003	94 568	41 777	100 330	19 117	33 966	17 109	3 528	18 355	4 664	4 288	10 218
2004	57 575	27 630	84 373	18 025	23 681	8 943	2 056	7 022	4 314	2 750	6 135
2005	55 786	38 396	81 244	17 650	20 833	7 257	2 780	6 575	4 742	2 983	6 435
2006	64 340	56 926	81 392	18 555	21 900	7 278	2 740	5 972	7 024	3 451	6 869
2007	60 892	68 791	92 972	22 933	41 588	7 881	4 629	10 226	5 035	5 706	10 680
2008	58 295	49 364	86 998	26 361	50 417	7 363	8 504	27 495	10 048	7 039	17 767
2009	44 896	47 478	69 464	24 169	76 507	13 163	7 976	18 336	8 641	5 081	20 037
2010	41 943	55 909	71 888	23 959	58 253	13 047	9 482	14 512	10 791	3 852	15 280
2011	48 425	40 006	81 686	29 589	59 218	14 797	10 801	14 323	10 756	3 736	13 944
2012	45 113	47 473	96 843	26 653	54 576	13 406	9 807	14 912	12 957	3 685	16 171
2013	68 219	44 076	110 827	36 775	52 652	18 960	26 824	13 320	10 343	4 900	22 131
2014	61 403	48 147	101 706	31 476	46 053	12 165	10 140	7 231	9 770	3 600	15 107
2015	60 632	53 753	95 307	30 877	40 680	13 664	13 601	9 151	9 412	3 899	14 222
2016	54 074	49 012	115 900	38 624	52 757	14 264	15 466	10 539	9 738	4 106	20 874
2017	62 762	82 370	143 038	40 829	65 914	13 602	18 054	11 159	13 367	4 122	19 422
2018	69 967	73 031	151 024	32 901	52 723	12 054	31 960	13 872	9 098	4 508	20 254

备注：转换交易销售额是指转换到同一基金组别中其他基金的共同基金份额价值。本系列不含主要投资于其他共同基金的基金数据。

表3.10

长期共同基金：定期赎回规模（按组成部分投资目标划分）

2000—2018年年度数据（单位：百万美元）

年份	股票型基金			混合型基金	债券型基金						
	资本升值	全球	总收益		投资级	高收益	全球	政府	多部门	州市政公债	国家市政公债
2000	367 514	288 496	375 250	77 159	71 748	34 638	11 437	35 823	10 431	21 857	31 884
2001	307 078	264 301	320 185	58 803	87 959	32 315	9 538	38 047	10 368	18 584	27 401
2002	276 695	243 144	355 211	67 201	117 988	34 988	11 384	53 740	11 082	20 881	33 434
2003	222 805	183 741	300 877	63 367	152 547	46 729	15 501	79 437	14 856	25 603	41 443
2004	269 507	122 228	366 980	77 520	142 701	48 641	13 819	58 824	14 628	22 818	39 625
2005	273 948	148 065	455 983	86 200	136 661	51 704	18 359	43 913	15 546	20 457	34 488
2006	313 641	223 282	510 261	106 066	147 491	41 939	18 602	43 974	19 036	21 692	36 205
2007	393 826	347 693	647 123	144 102	187 116	56 044	26 366	38 850	28 060	25 962	46 949
2008	375 930	413 224	678 159	165 395	282 512	49 838	49 479	59 781	44 522	32 199	63 068
2009	273 995	254 602	482 991	127 179	248 657	51 002	40 269	69 920	35 644	22 685	56 421
2010	329 575	317 496	591 358	146 547	347 951	79 416	62 812	74 240	55 216	29 101	93 398
2011	377 054	383 010	657 308	191 200	407 090	107 838	95 478	69 559	69 157	28 412	92 128
2012	367 394	354 582	660 153	195 788	393 758	91 821	92 006	77 394	70 308	22 815	89 798
2013	401 196	374 285	721 341	233 859	529 402	121 424	141 365	117 156	101 578	40 542	139 023
2014	464 838	459 393	849 078	265 828	490 263	186 224	170 248	63 788	110 968	23 917	92 168
2015	480 214	501 265	894 299	284 185	466 336	156 690	181 379	68 931	119 597	23 870	102 699
2016	509 013	513 034	932 955	303 791	458 908	126 135	155 357	81 447	114 381	31 051	134 988
2017	506 244	546 083	1 020 548	278 347	427 086	141 256	118 101	74 455	114 556	30 481	120 933
2018	555 492	679 313	1 117 796	313 974	552 216	148 194	160 659	85 618	149 979	38 606	168 988

备注：定期赎回规模是指份额持有人清算的共同基金份额价值。本系列不含主要投资于其他共同基金的基金数据。

表3.11

长期共同基金：转换交易赎回规模（按组成部分投资目标划分）

2000—2018年年度数据（单位：百万美元）

年份	股票型基金			混合型基金	债券型基金						
	资本升值	全球	总收益		投资级	高收益	全球	政府	多部门	州市政公债	国家市政公债
2000	287 909	165 451	170 965	29 941	18 714	15 200	4 463	20 986	2 457	5 870	12 153
2001	198 310	96 238	109 844	17 405	23 080	11 874	2 618	21 058	2 301	5 499	12 583
2002	169 848	77 190	120 734	18 234	30 232	11 547	1 981	24 188	2 440	5 759	11 787
2003	95 166	38 910	88 478	13 520	38 764	13 328	2 945	32 210	4 354	7 443	11 992
2004	67 443	18 190	80 067	12 887	25 168	11 265	2 059	12 969	4 450	4 692	8 467
2005	70 651	23 033	96 843	15 314	19 597	10 734	1 804	8 936	4 653	3 253	6 798
2006	79 432	37 597	104 893	20 163	22 074	7 493	2 227	9 521	6 263	3 449	6 420
2007	78 381	58 486	130 037	21 934	26 647	11 082	2 669	8 210	6 155	6 099	10 692
2008	70 886	77 430	126 551	41 564	36 711	9 930	6 400	11 642	9 682	7 703	14 562
2009	51 675	47 874	80 797	27 246	52 499	9 807	4 371	20 168	6 071	4 702	12 584
2010	48 536	61 264	82 090	23 672	49 734	9 959	6 196	15 678	10 379	6 119	16 632
2011	56 130	51 303	96 942	33 099	50 005	13 821	9 681	13 597	9 703	5 012	14 043
2012	52 265	49 311	118 628	24 514	45 090	11 119	7 594	13 601	8 818	3 243	12 797
2013	65 533	39 680	102 689	30 935	87 152	14 171	12 228	21 882	11 461	10 611	30 844
2014	62 916	46 637	100 696	27 161	39 199	17 360	10 335	8 225	7 199	3 170	11 313
2015	57 607	43 151	104 038	34 451	41 726	18 193	9 790	7 812	8 244	3 648	11 150
2016	67 914	59 434	117 398	40 342	40 431	11 752	14 532	8 737	6 439	4 945	19 869
2017	75 433	71 693	165 353	41 121	53 170	14 613	11 794	9 271	10 742	4 484	17 230
2018	72 304	72 054	172 042	39 432	51 891	15 299	12 215	12 065	21 985	5 639	19 594

备注：转换交易赎回额是指赎回并投资于同一基金组别中其他基金的共同基金份额价值。本系列不含主要投资于其他共同基金的基金数据。

表3.12
长期共同基金：年赎回率
1985—2018年数据（百分数，单位：%）

	狭义赎回率[1]				广义赎回率[2]			
年份	总体平均	股票型基金	混合型基金	债券型基金	总体平均	股票型基金	混合型基金	债券型基金
1985	17.4	18.4	22.0	15.5	29.8	35.6	26.3	24.0
1986	19.8	19.6	23.8	19.6	38.6	50.9	30.2	30.7
1987	26.5	23.4	28.5	28.3	56.7	73.0	40.7	47.5
1988	20.0	18.2	27.1	20.5	36.9	45.9	35.8	30.4
1989	17.9	17.1	18.7	18.4	31.9	38.0	25.7	27.7
1990	17.5	18.4	15.6	17.0	31.0	37.7	22.9	26.2
1991	16.5	16.6	15.9	16.4	28.1	33.1	22.2	24.1
1992	17.0	13.4	11.1	21.5	28.8	26.7	17.0	32.7
1993	17.8	14.7	10.7	22.6	29.9	28.7	16.4	33.8
1994	21.6	17.7	16.7	28.3	35.2	31.6	24.1	43.2
1995	17.4	16.2	15.1	20.3	29.0	29.4	21.3	30.6
1996	17.0	16.2	13.8	20.1	30.1	30.7	19.8	32.1
1997	18.0	17.7	13.7	20.5	30.5	31.9	18.8	31.1
1998	19.7	20.0	15.8	20.6	32.2	34.0	21.5	30.8
1999	21.7	21.2	19.0	25.2	34.5	34.9	25.9	37.1
2000	25.7	25.9	21.0	26.8	39.9	41.5	29.1	36.7
2001	24.0	24.3	16.4	25.6	34.2	35.4	21.2	34.6
2002	27.9	29.0	19.4	27.4	38.6	41.2	24.6	35.8
2003	24.2	22.5	16.2	31.4	31.5	29.5	19.6	40.7
2004	20.4	19.0	15.5	26.7	24.7	23.1	18.1	32.1
2005	19.7	19.0	14.7	24.2	23.7	23.2	17.3	28.4
2006	19.9	19.5	15.7	23.1	23.9	23.7	18.7	27.1
2007	22.9	22.7	18.6	25.8	27.1	27.0	21.4	30.3
2008	30.1	29.2	23.9	35.8	35.8	34.6	29.9	41.8
2009	24.5	23.7	19.9	27.8	29.2	28.0	24.1	33.6
2010	25.3	23.7	18.8	31.0	29.2	27.3	21.8	35.8
2011	27.6	26.2	22.2	32.0	31.5	30.0	26.0	36.3
2012	25.0	24.8	20.4	26.9	28.6	28.7	23.0	30.2
2013	25.7	21.8	20.2	35.7	29.5	24.9	22.9	41.3
2014	24.9	22.1	20.0	33.7	27.6	24.7	22.0	36.6
2015	25.2	22.8	20.9	32.6	27.8	25.3	23.4	35.5
2016	25.3	23.4	22.2	31.2	28.3	26.3	25.1	34.2
2017	22.9	22.0	18.9	26.6	26.1	25.3	21.7	29.8
2018	26.0	24.1	21.4	32.1	29.2	27.3	24.1	35.5

1. 狭义赎回率是以当年定期赎回总额占年初和年末平均净资产的百分比来计算的。
2. 广义赎回率是以当年定期赎回额与转换交易赎回额之和占年初和年末平均净资产的百分比来计算的。
备注：本系列不包括主要投资于其他共同基金的基金数据。

表3.13

长期共同基金：投资组合的持有情况——在净资产总额中的价值和百分比

1995—2018年年末数据

年份	净资产总额	普通股和优先股	长期美国政府债券	企业债券	市政债券	流动资产	其他
单位：百万美元							
1995	2 054 588	1 215 223	259 192	187 575	245 331	141 245	6 021
1996	2 618 485	1 718 207	265 127	233 127	245 183	151 196	5 645
1997	3 402 280	2 358 201	282 360	286 516	266 303	198 035	10 866
1998	4 164 395	3 003 688	286 697	381 435	292 368	190 519	9 688
1999	5 220 692	4 057 388	293 241	380 357	267 264	217 266	5 176
2000	5 110 688	3 908 281	309 755	342 983	269 334	276 329	4 007
2001	4 683 769	3 423 161	379 606	367 727	289 490	222 019	1 766
2002	4 115 111	2 687 479	481 481	415 160	320 410	208 669	1 910
2003	5 359 359	3 760 375	504 575	499 950	331 980	259 441	3 038
2004	6 191 574	4 489 103	537 319	531 265	318 354	307 048	8 483
2005	6 861 884	5 054 529	612 828	547 881	330 945	303 161	12 540
2006	8 056 786	6 023 836	644 739	666 374	359 163	346 718	15 956
2007	8 909 694	6 608 519	749 423	779 991	369 046	381 641	21 075
2008	5 786 458	3 733 391	705 043	675 350	336 874	314 270	21 531
2009	7 793 077	5 089 644	849 829	1 019 336	451 152	365 705	17 411
2010	9 027 544	5 869 326	1 084 731	1 256 539	479 661	330 323	6 964
2011	8 939 449	5 507 290	1 185 690	1 317 241	506 830	462 132	−39 734
2012	10 360 421	6 294 164	1 379 388	1 603 032	592 848	517 184	−26 196
2013	12 331 127	8 222 937	1 208 861	1 728 524	512 634	661 363	−3 192
2014	13 151 980	8 797 072	1 213 235	1 839 763	568 191	745 389	−11 671
2015	12 903 124	8 624 289	1 253 021	1 793 063	582 720	677 166	−27 135
2016	13 625 320	9 069 741	1 363 004	1 933 480	607 889	674 376	−23 170
2017	15 916 658	10 826 528	1 515 022	2 110 521	661 426	802 582	579
2018	14 669 831	9 655 092	1 584 797	2 098 161	667 708	680 981	−16 907
单位：%							
1995	100.0	59.1	12.6	9.1	11.9	6.9	0.3
1996	100.0	65.6	10.1	8.9	9.4	5.8	0.2
1997	100.0	69.3	8.3	8.4	7.8	5.8	0.3
1998	100.0	72.1	6.9	9.2	7.0	4.6	0.2
1999	100.0	77.7	5.6	7.3	5.1	4.2	0.1
2000	100.0	76.5	6.1	6.7	5.3	5.4	0.1
2001	100.0	73.1	8.1	7.9	6.2	4.7	0.0
2002	100.0	65.3	11.7	10.1	7.8	5.1	0.0
2003	100.0	70.2	9.4	9.3	6.2	4.8	0.1
2004	100.0	72.5	8.7	8.6	5.1	5.0	0.1
2005	100.0	73.7	8.9	8.0	4.8	4.4	0.2
2006	100.0	74.8	8.0	8.3	4.5	4.3	0.2
2007	100.0	74.2	8.4	8.8	4.1	4.3	0.2
2008	100.0	64.5	12.2	11.7	5.8	5.4	0.4
2009	100.0	65.3	10.9	13.1	5.8	4.7	0.2
2010	100.0	65.0	12.0	13.9	5.3	3.7	0.1
2011	100.0	61.6	13.3	14.7	5.7	5.2	−0.4
2012	100.0	60.8	13.3	15.5	5.7	5.0	−0.3
2013	100.0	66.7	9.8	14.0	4.2	5.4	0.0
2014	100.0	66.9	9.2	14.0	4.3	5.7	−0.1
2015	100.0	66.8	9.7	13.9	4.5	5.2	−0.2
2016	100.0	66.6	10.0	14.2	4.5	4.9	−0.2
2017	100.0	68.0	9.5	13.3	4.2	5.0	0.0
2018	100.0	65.8	10.8	14.3	4.6	4.6	−0.1

备注：本系列不含主要投资于其他共同基金的基金数据。由于四舍五入，各数相加可能与总数略有出入。

表3.14

长期共同基金：投资组合头寸占净资产总额的百分比（按基金类型划分）

2002—2018年年末数据（单位：%）

年份	净资产总额	普通股和优先股	长期美国政府债券	企业债券	市政债券	流动资产	其他	净资产总额（单位：百万美元）
股票型基金								
2002	100.0	94.2	0.4	0.8	0.0	4.6	0.0	2 642 057
2003	100.0	95.0	0.2	0.5	0.0	4.2	0.0	3 652 839
2004	100.0	95.2	0.1	0.4	0.0	4.2	0.1	4 342 123
2005	100.0	95.5	0.1	0.4	0.0	3.9	0.1	4 884 874
2006	100.0	95.6	0.1	0.4	0.0	3.8	0.1	5 831 591
2007	100.0	95.2	0.1	0.4	0.0	4.2	0.2	6 412 592
2008	100.0	93.5	0.2	0.5	0.0	5.6	0.3	3 654 545
2009	100.0	95.8	0.1	0.5	0.0	3.5	0.1	4 871 520
2010	100.0	95.7	0.2	0.5	0.0	3.4	0.1	5 596 173
2011	100.0	95.6	0.3	0.6	0.0	3.5	0.0	5 212 787
2012	100.0	95.6	0.3	0.6	0.0	3.4	0.0	5 938 757
2013	100.0	95.6	0.2	0.6	0.0	3.5	0.0	7 762 556
2014	100.0	95.7	0.2	0.6	0.0	3.5	0.1	8 313 989
2015	100.0	96.1	0.2	0.5	0.0	3.2	0.1	8 149 607
2016	100.0	96.2	0.2	0.5	0.0	3.0	0.1	8 577 267
2017	100.0	96.3	0.2	0.4	0.0	3.0	0.1	10 305 955
2018	100.0	96.4	0.2	0.5	0.0	2.9	0.0	9 224 755
混合型基金								
2002	100.0	57.4	12.4	22.3	0.2	7.5	0.1	335 270
2003	100.0	62.5	10.6	19.7	0.3	6.9	0.0	447 530
2004	100.0	63.5	11.0	18.4	0.4	6.6	0.1	552 250
2005	100.0	62.6	10.5	19.5	0.4	6.9	0.0	621 477
2006	100.0	61.2	10.0	19.5	0.3	8.9	0.1	731 503
2007	100.0	60.5	10.3	20.8	0.3	8.0	0.1	821 474
2008	100.0	55.4	9.8	24.3	0.4	9.6	0.4	562 262
2009	100.0	58.3	9.8	23.4	0.4	7.7	0.5	717 580
2010	100.0	60.7	8.9	22.3	0.5	7.3	0.4	842 198
2011	100.0	59.3	9.4	22.1	0.5	7.9	0.8	883 980
2012	100.0	59.4	8.8	21.1	0.5	9.4	0.8	1 032 462
2013	100.0	61.2	7.8	18.6	0.4	11.3	0.6	1 284 695
2014	100.0	59.4	8.2	19.6	0.5	11.9	0.4	1 379 201
2015	100.0	57.4	8.8	19.5	0.6	13.7	–0.1	1 341 466
2016	100.0	57.3	9.0	20.5	0.6	12.6	0.0	1 399 866
2017	100.0	56.8	10.2	19.6	0.6	12.5	0.2	1 545 365
2018	100.0	54.2	12.2	20.8	0.7	11.9	0.2	1 383 259
债券型基金								
2002	100.0	0.6	37.7	28.0	28.1	5.5	0.0	1 137 784
2003	100.0	0.8	35.8	31.2	26.2	5.8	0.1	1 258 989
2004	100.0	0.8	36.3	31.6	24.2	6.6	0.4	1 297 200
2005	100.0	0.8	39.7	29.9	24.0	5.1	0.6	1 355 533
2006	100.0	0.8	37.4	33.4	23.7	4.3	0.5	1 493 693
2007	100.0	1.0	38.9	34.9	21.7	3.0	0.6	1 675 628
2008	100.0	0.6	40.8	33.2	21.2	3.7	0.5	1 569 652
2009	100.0	0.8	34.9	37.3	20.2	6.5	0.4	2 203 977
2010	100.0	0.9	38.2	39.9	18.1	3.0	–0.1	2 589 174
2011	100.0	0.8	37.8	38.2	17.4	7.4	–1.7	2 842 683
2012	100.0	0.9	37.0	39.5	17.1	6.5	–1.0	3 389 202
2013	100.0	1.1	32.9	43.7	15.3	7.5	–0.4	3 283 876
2014	100.0	1.1	31.3	43.9	16.1	8.4	–0.7	3 458 790
2015	100.0	0.9	32.7	43.6	16.7	6.9	–0.9	3 412 051
2016	100.0	0.7	33.3	43.8	16.3	6.6	–0.8	3 648 187
2017	100.0	0.8	32.8	43.3	15.9	7.4	–0.2	4 065 338
2018	100.0	0.6	34.2	43.5	16.1	6.1	–0.5	4 061 817

备注：本系列不含主要投资于其他共同基金的基金数据。由于四舍五入，各数相加可能与总数略有出入。

表3.15

长期共同基金：已支付股息和再投资股息（按基金类型划分）

1984—2018年年度数据（单位：百万美元）

年份	已支付股息				再投资股息			
	合计	股票型基金	混合型基金	债券型基金	合计	股票型基金	混合型基金	债券型基金
1984[1]	7 238	2 613	583	4 042	4 655	1 881	432	2 342
1985	12 719	3 229	1 098	8 392	7 731	2 321	768	4 642
1986	22 689	6 328	1 499	14 862	13 991	3 706	1 087	9 197
1987	31 708	7 246	1 934	22 528	18 976	4 841	1 476	12 659
1988	31 966	6 554	1 873	23 539	17 494	4 476	1 217	11 801
1989	34 102	10 235	2 165	21 702	20 584	7 119	1 383	12 082
1990	33 156	8 787	2 350	22 018	21 124	6 721	1 717	12 686
1991	35 145	9 007	2 337	23 801	24 300	7 255	1 898	15 147
1992	58 608	17 023	4 483	37 102	30 393	8 845	2 923	18 625
1993	73 178	20 230	6 810	46 137	38 116	12 174	4 239	21 703
1994	61 261	17 279	6 662	37 320	39 136	12 971	4 907	21 258
1995	67 229	22 567	8 856	35 806	46 635	18 286	6 792	21 558
1996	73 282	25 061	9 580	38 642	53 213	21 345	8 031	23 837
1997	79 522	27 597	11 319	40 606	58 423	23 100	9 413	25 910
1998	81 011	25 495	11 104	44 413	60 041	22 377	9 328	28 336
1999	95 443	32 543	12 441	50 458	69 973	27 332	10 544	32 096
2000	88 194	27 021	10 848	50 325	66 259	23 768	9 537	32 954
2001	82 964	21 386	10 361	51 216	62 304	19 248	9 270	33 786
2002	82 057	20 465	9 740	51 853	62 406	18 552	8 778	35 076
2003	85 924	24 356	9 920	51 648	66 868	22 125	8 840	35 903
2004	98 126	34 702	12 186	51 237	78 247	31 421	10 668	36 158
2005	115 502	42 413	16 691	56 397	94 024	38 435	14 579	41 011
2006	143 500	60 112	19 134	64 254	119 074	54 210	16 989	47 875
2007	181 014	77 563	25 058	78 393	151 777	69 596	22 092	60 090
2008	182 120	70 598	26 032	85 490	153 100	63 634	23 045	66 421
2009	168 019	58 877	22 213	86 930	140 359	53 098	19 388	67 873
2010	180 989	62 196	23 277	95 516	152 331	56 385	20 671	75 275
2011	202 446	68 706	29 026	104 714	172 526	62 436	25 630	84 461
2012	215 295	83 226	24 937	107 131	186 528	76 125	22 678	87 725
2013	209 487	84 509	24 208	100 769	183 897	77 978	22 146	83 773
2014	237 039	101 055	29 949	106 035	211 694	93 774	27 698	90 222
2015	242 330	108 268	31 358	102 705	218 402	100 850	29 139	88 413
2016	244 401	115 464	28 700	100 237	221 591	107 715	26 934	86 942
2017	271 211	128 071	32 672	110 468	235 092	119 414	30 607	90 113
2018	311 542	146 616	34 399	130 528	282 135	135 997	32 242	113 895

1. 股票型基金、混合型基金、债券型基金“已支付股息”各部分为估算值，但“合计”并非估算值。

备注：本系列不含主要投资于其他共同基金的基金数据。由于四舍五入，各数相加可能与总数略有出入。

表3.16

长期共同基金：已支付资本利得和再投资资本利得（按基金类型划分）

1984—2018年年度数据（单位：百万美元）

	已支付资本利得				再投资资本利得			
年份	合计	股票型基金	混合型基金	债券型基金	合计	股票型基金	混合型基金	债券型基金
1984[1]	6 019	5 247	553	219	5 122	4 655	338	129
1985	4 895	3 699	739	457	3 751	3 091	398	261
1986	17 661	13 942	1 240	2 478	14 275	11 851	778	1 646
1987	22 926	18 603	1 605	2 718	17 816	15 449	1 056	1 312
1988	6 354	4 785	620	948	4 769	3 883	364	522
1989	14 766	12 665	540	1 562	9 710	8 744	348	617
1990	8 017	6 833	443	742	5 515	4 975	255	285
1991	13 917	11 961	861	1 095	9 303	8 242	484	577
1992	22 089	17 294	1 488	3 306	14 906	12 233	1 130	1 542
1993	35 905	27 705	3 496	4 704	25 514	19 954	2 687	2 872
1994	29 744	26 351	2 399	993	24 864	22 038	2 086	740
1995	54 271	50 204	3 322	745	46 866	43 550	2 832	484
1996	100 489	88 212	10 826	1 451	87 416	76 638	9 769	1 009
1997	182 764	160 744	19 080	2 941	164 916	145 358	17 360	2 198
1998	164 989	138 681	21 572	4 737	151 105	127 473	19 698	3 935
1999	237 624	219 484	16 841	1 299	206 508	190 300	15 229	979
2000	325 841	305 994	18 645	1 202	298 429	279 891	17 506	1 032
2001	68 626	60 088	6 105	2 433	64 820	56 965	5 790	2 065
2002	16 097	10 538	907	4 651	14 749	9 838	887	4 024
2003	14 397	7 782	758	5 857	12 956	7 188	703	5 065
2004	54 741	41 581	6 600	6 560	49 896	38 074	6 167	5 655
2005	129 058	113 167	11 895	3 995	117 566	103 208	10 955	3 403
2006	256 915	235 853	18 720	2 342	236 465	217 010	17 509	1 946
2007	413 641	377 682	32 163	3 795	380 921	347 633	30 011	3 277
2008	132 404	110 883	9 786	11 735	123 272	103 801	9 064	10 407
2009	15 300	5 740	771	8 789	13 994	5 418	702	7 874
2010	42 950	15 739	1 290	25 921	38 961	14 785	1 199	22 977
2011	73 284	51 455	5 503	16 326	67 437	48 120	5 275	14 042
2012	100 185	66 771	5 563	27 851	93 350	62 866	5 328	25 157
2013	239 183	201 806	22 834	14 544	227 570	191 961	22 138	13 471
2014	399 582	345 744	40 526	13 312	382 164	330 047	39 564	12 554
2015	379 426	331 241	35 248	12 938	363 847	316 962	34 580	12 305
2016	220 403	197 820	14 249	8 335	213 382	191 403	14 034	7 944
2017	370 046	333 629	32 440	3 978	358 549	322 895	31 830	3 825
2018	511 429	461 944	45 324	4 162	495 081	446 710	44 375	3 996

1. 股票型基金、混合型基金、债券型基金“已支付资本利得”各部分为估算值，但“合计”并非估算值。

备注：资本利得的收益分配包含长期资本利得和短期资本利得。本系列不含主要投资于其他共同基金的基金数据。由于四舍五入，各数相加可能与总数略有出入。

表3.17

长期共同基金：投资组合购入额、售出额和净购入额（按证券类型划分）

1996—2018年年度数据（单位：百万美元）

年份	投资组合总额			普通份额			其他证券		
	购入额	售出额	净购入额	购入额	售出额	净购入额	购入额	售出额	净购入额
1996	2 014 471	1 734 681	279 790	1 151 258	927 261	223 997	863 213	807 420	55 793
1997	2 380 579	2 104 978	275 601	1 457 383	1 268 979	188 404	923 196	835 999	87 197
1998	2 857 469	2 557 559	299 910	1 761 777	1 597 051	164 727	1 095 692	960 508	135 184
1999	3 434 814	3 221 790	213 024	2 262 359	2 088 332	174 027	1 172 455	1 133 457	38 998
2000	4 917 851	4 691 428	226 423	3 558 646	3 328 033	230 613	1 359 205	1 363 395	–4 190
2001	4 682 606	4 385 924	296 682	2 733 670	2 606 442	127 228	1 948 936	1 779 482	169 454
2002	4 016 226	3 803 575	212 651	2 175 875	2 141 252	34 623	1 840 351	1 662 323	178 028
2003	4 279 139	3 995 890	283 248	2 054 070	1 884 388	169 682	2 225 068	2 111 502	113 567
2004	4 307 465	4 016 592	290 873	2 390 635	2 198 265	192 370	1 916 830	1 818 327	98 503
2005	4 831 622	4 529 560	302 062	2 764 796	2 610 540	154 256	2 066 826	1 919 020	147 806
2006	5 734 401	5 395 034	339 367	3 329 028	3 171 157	157 871	2 405 374	2 223 877	181 496
2007	7 094 402	6 717 330	377 071	3 834 824	3 732 412	102 412	3 259 578	2 984 919	274 659
2008	7 350 891	7 291 533	59 359	3 655 169	3 715 052	–59 883	3 695 723	3 576 481	119 242
2009	6 932 015	6 451 974	480 040	2 644 766	2 543 164	101 602	4 287 249	3 908 811	378 438
2010	7 335 194	6 865 394	469 799	2 811 379	2 752 104	59 275	4 523 815	4 113 290	410 524
2011	8 531 542	8 125 848	405 694	3 033 112	3 033 762	–650	5 498 430	5 092 085	406 344
2012	8 191 304	7 603 869	587 435	2 772 466	2 827 128	–54 662	5 418 838	4 776 741	642 097
2013	9 253 292	8 733 458	519 834	3 409 921	3 226 955	182 966	5 843 371	5 506 503	336 868
2014	8 527 228	7 967 414	559 815	3 523 203	3 447 214	75 989	5 004 025	4 520 199	483 826
2015	8 882 423	8 425 247	457 176	3 597 960	3 559 243	38 716	5 284 463	4 866 004	418 460
2016	8 571 080	8 172 753	398 327	3 417 690	3 538 433	–120 743	5 153 390	4 634 320	519 070
2017	9 047 666	8 469 126	578 540	3 474 384	3 620 522	–146 138	5 573 281	4 848 603	724 678
2018	9 492 573	9 023 405	469 168	4 026 903	4 164 259	–137 356	5 465 670	4 859 146	606 524

备注：本系列不含主要投资于其他共同基金的基金数据。由于四舍五入，各数相加可能与总数略有出入。

表3.18

股票型共同基金：投资组合购入额、售出额和净购入额（按证券类型划分）

1996—2018年年度数据（单位：百万美元）

年份	投资组合总额			普通份额			其他证券		
	购入额	售出额	净购入额	购入额	售出额	净购入额	购入额	售出额	净购入额
1996	1 116 902	896 639	220 263	1 050 880	832 482	218 398	66 022	64 157	1 865
1997	1 421 210	1 223 458	197 751	1 352 084	1 166 645	185 439	69 126	56 814	12 312
1998	1 723 409	1 556 960	166 449	1 635 510	1 475 133	160 377	87 899	81 827	6 072
1999	2 232 671	2 049 338	183 333	2 126 719	1 941 307	185 411	105 952	108 031	−2 078
2000	3 513 553	3 256 504	257 049	3 391 531	3 142 910	248 621	122 022	113 595	8 427
2001	2 704 374	2 590 457	113 917	2 568 207	2 461 596	106 611	136 167	128 861	7 305
2002	2 140 466	2 112 381	28 085	2 017 518	1 999 454	18 064	122 949	112 928	10 021
2003	1 965 144	1 822 530	142 614	1 902 448	1 757 922	144 526	62 696	64 608	−1 912
2004	2 278 466	2 110 374	168 091	2 216 669	2 053 424	163 245	61 796	56 950	4 846
2005	2 670 842	2 524 140	146 702	2 591 755	2 452 060	139 695	79 086	72 080	7 007
2006	3 230 084	3 062 769	167 315	3 128 793	2 965 097	163 696	101 292	97 672	3 620
2007	3 759 468	3 657 698	101 770	3 582 008	3 489 479	92 529	177 460	168 219	9 241
2008	3 627 580	3 697 755	−70 174	3 361 218	3 425 944	−64 725	266 362	271 811	−5 449
2009	2 749 690	2 676 251	73 438	2 433 080	2 338 835	94 245	316 609	337 416	−20 807
2010	2 828 651	2 828 670	−19	2 568 313	2 532 479	35 834	260 338	296 191	−35 853
2011	2 914 461	2 942 815	−28 355	2 755 590	2 785 154	−29 564	158 871	157 662	1 209
2012	2 639 817	2 696 135	−56 318	2 499 411	2 571 685	−72 274	140 405	124 450	15 956
2013	3 178 861	2 993 404	185 457	3 043 658	2 877 064	166 595	135 203	116 340	18 863
2014	3 301 189	3 190 975	110 214	3 120 746	3 033 031	87 715	180 443	157 945	22 499
2015	3 385 506	3 308 692	76 814	3 188 293	3 121 591	66 703	197 212	187 101	10 111
2016	3 235 378	3 327 498	−92 120	3 025 556	3 128 195	−102 639	209 821	199 303	10 519
2017	3 340 294	3 399 330	−59 036	3 089 524	3 172 276	−82 753	250 771	227 054	23 717
2018	3 849 259	3 916 107	−66 847	3 603 197	3 686 808	−83 611	246 062	229 299	16 763

备注：本系列不含主要投资于其他共同基金的基金数据。由于四舍五入，各数相加可能与总数略有出入。

表3.19

混合型共同基金：投资组合购入额、售出额和净购入额（按证券类型划分）

1996—2018年年度数据（单位：百万美元）

年份	投资组合总额			普通份额			其他证券		
	购入额	售出额	净购入额	购入额	售出额	净购入额	购入额	售出额	净购入额
1996	223 905	201 872	22 033	92 485	88 464	4 021	131 420	113 408	18 011
1997	255 200	234 816	20 384	98 109	94 976	3 132	157 092	139 839	17 252
1998	282 651	257 096	25 555	115 703	111 401	4 301	166 948	145 694	21 254
1999	296 228	296 836	−607	128 298	138 910	−10 612	167 930	157 926	10 004
2000	308 675	335 254	−26 579	157 997	174 917	−16 920	150 678	160 337	−9 659
2001	357 427	334 013	23 414	155 118	134 256	20 862	202 308	199 757	2 552
2002	340 604	320 551	20 053	145 342	129 192	16 150	195 263	191 359	3 903
2003	360 522	312 045	48 477	137 487	113 780	23 707	223 035	198 265	24 769
2004	404 947	337 214	67 733	163 795	132 966	30 829	241 151	204 248	36 904
2005	397 694	346 259	51 435	165 487	150 166	15 321	232 207	196 094	36 113
2006	408 861	381 374	27 487	191 740	197 120	−5 380	217 122	184 255	32 867
2007	529 026	465 012	64 014	241 633	230 855	10 778	287 393	234 157	53 236
2008	594 118	577 594	16 524	281 814	273 655	8 159	312 304	303 939	8 365
2009	477 006	443 131	33 876	200 907	194 826	6 081	276 099	248 305	27 794
2010	512 564	463 314	49 250	225 191	204 365	20 826	287 374	258 950	28 424
2011	660 464	596 747	63 716	254 665	229 513	25 152	405 799	367 235	38 564
2012	721 488	659 618	61 870	252 700	236 516	16 184	468 788	423 102	45 686
2013	911 886	831 231	80 655	345 324	328 480	16 845	566 562	502 751	63 810
2014	933 624	865 393	68 232	371 983	386 419	−14 436	561 641	478 973	82 668
2015	946 306	911 822	34 484	380 355	404 392	−24 037	565 951	507 430	58 521
2016	882 133	842 628	39 505	354 704	375 405	−20 701	527 430	467 223	60 207
2017	911 923	873 320	38 603	326 610	379 484	−52 874	585 313	493 836	91 477
2018	1 029 649	1 014 247	15 402	381 777	430 263	−48 486	647 872	583 983	63 888

备注：本系列不含主要投资于其他共同基金的基金数据。由于四舍五入，各数相加可能与总数略有出入。

表3.20

债券型共同基金：投资组合购入额、售出额和净购入额（按证券类型划分）

1996—2018年年度数据（单位：百万美元）

年份	投资组合总额			普通份额			其他证券		
	购入额	售出额	净购入额	购入额	售出额	净购入额	购入额	售出额	净购入额
1996	673 665	636 170	37 494	7 893	6 316	1 578	665 771	629 855	35 917
1997	704 169	646 704	57 465	7 190	7 358	–167	696 978	639 346	57 632
1998	851 409	743 503	107 906	10 565	10 516	49	840 845	732 987	107 858
1999	905 914	875 616	30 299	7 342	8 115	–773	898 572	867 501	31 072
2000	1 095 623	1 099 669	–4 046	9 118	10 206	–1 088	1 086 505	1 089 464	–2 958
2001	1 620 805	1 461 454	159 351	10 345	10 589	–245	1 610 461	1 450 864	159 596
2002	1 535 155	1 370 642	164 513	13 015	12 606	409	1 522 140	1 358 036	164 104
2003	1 953 473	1 861 315	92 158	14 135	12 686	1 449	1 939 338	1 848 629	90 709
2004	1 624 053	1 569 004	55 049	10 171	11 875	–1 704	1 613 882	1 557 129	56 753
2005	1 763 087	1 659 162	103 925	7 554	8 314	–760	1 755 533	1 650 847	104 686
2006	2 095 456	1 950 891	144 565	8 495	8 940	–445	2 086 961	1 941 951	145 010
2007	2 805 908	2 594 620	211 288	11 183	12 077	–894	2 794 725	2 582 542	212 182
2008	3 129 193	3 016 184	113 009	12 136	15 453	–3 317	3 117 057	3 000 731	116 326
2009	3 705 319	3 332 592	372 727	10 778	9 502	1 276	3 694 541	3 323 090	371 451
2010	3 993 978	3 573 410	420 568	17 875	15 260	2 615	3 976 103	3 558 150	417 953
2011	4 956 617	4 586 285	370 333	22 858	19 096	3 762	4 933 760	4 567 189	366 571
2012	4 829 999	4 248 116	581 883	20 355	18 926	1 428	4 809 644	4 229 190	580 455
2013	5 162 545	4 908 823	253 722	20 938	21 411	–473	5 141 607	4 887 412	254 195
2014	4 292 415	3 911 046	381 369	30 474	27 764	2 710	4 261 941	3 883 281	378 659
2015	4 550 611	4 204 733	345 878	29 311	33 261	–3 950	4 521 300	4 171 472	349 828
2016	4 453 569	4 002 627	450 942	37 430	34 832	2 598	4 416 139	3 967 795	448 344
2017	4 795 448	4 196 475	598 973	58 251	68 761	–10 511	4 737 198	4 127 714	609 484
2018	4 613 664	4 093 051	520 613	41 928	47 187	–5 259	4 571 736	4 045 864	525 872

备注：本系列不含主要投资于其他共同基金的基金数据。由于四舍五入，各数相加可能与总数略有出入。

章节

04 美国货币市场基金

表4.1

货币市场基金：净资产总额、基金数量和份额类别数量（按基金类型划分）

1996—2018年年末数据

年份	净资产总额（单位：百万美元）				基金数量（单位：只）				份额类别数量（单位：只）			
		应税				应税				应税		
	合计	政府	优选	免税	合计	政府	优选	免税	合计	政府	优选	免税
1996	901 807	223 790	540 146	137 871	988	277	392	319	1 453	413	592	448
1997	1 058 886	254 223	647 005	157 658	1 013	279	406	328	1 548	442	633	473
1998	1 351 677	312 905	854 061	184 711	1 026	277	410	339	1 626	461	675	490
1999	1 613 058	333 726	1 079 435	199 897	1 043	281	421	341	1 728	488	740	500
2000	1 845 248	367 780	1 243 598	233 869	1 037	274	429	334	1 848	530	797	521
2001	2 285 232	461 631	1 564 520	259 081	1 014	269	420	325	1 945	573	830	542
2002	2 265 075	453 157	1 535 621	276 297	988	259	418	311	2 006	581	882	543
2003	2 039 393	410 041	1 339 061	290 291	972	251	408	313	2 028	571	889	568
2004	1 901 700	379 706	1 209 995	311 999	943	239	399	305	2 047	575	899	573
2005	2 026 820	399 330	1 291 117	336 373	869	221	371	277	2 027	569	893	565
2006	2 338 451	426 838	1 542 584	369 029	847	215	358	274	2 010	577	875	558
2007	3 085 500	760 389	1 857 280	467 832	802	202	342	258	2 002	570	873	559
2008	3 832 232	1 490 204	1 848 349	493 680	782	199	334	249	1 988	583	858	547
2009	3 315 893	1 107 035	1 809 923	398 935	704	180	296	228	1 846	561	769	516
2010	2 803 514	855 021	1 618 488	330 006	652	165	277	210	1 781	544	737	500
2011	2 690 921	970 075	1 429 149	291 697	631	166	264	201	1 729	544	710	475
2012	2 693 169	928 749	1 476 993	287 426	580	158	242	180	1 622	519	655	448
2013	2 717 808	962 009	1 485 187	270 612	555	152	230	173	1 571	508	633	430
2014	2 724 641	1 010 783	1 453 071	260 787	527	148	216	163	1 506	512	588	406
2015	2 754 743	1 226 735	1 273 077	254 931	481	146	190	145	1 427	523	533	371
2016	2 728 137	2 221 873	375 999	130 266	421	230	89	102	1 275	718	285	272
2017	2 847 304	2 260 750	455 428	131 126	382	225	74	83	1 177	700	246	231
2018	3 037 039	2 326 389	565 379	145 271	368	217	70	81	1 128	680	231	217

备注：本系列不含主要投资于其他共同基金的基金数据。由于四舍五入，各数相加可能与总数略有出入。

表4.2

货币市场基金：净资产总额（按基金类型划分）

1996—2018年年末数据（单位：百万美元）

	所有货币市场基金				零售货币市场基金				机构货币市场基金			
		应税				应税				应税		
年份	合计	政府	优选	免税	合计	政府	优选	免税	合计	政府	优选	免税
1996	901 807	223 790	540 146	137 871	592 743	94 786	387 844	110 113	309 064	129 003	152 302	27 758
1997	1 058 886	254 223	647 005	157 658	663 683	100 991	439 946	122 747	395 202	153 232	207 059	34 911
1998	1 351 677	312 905	854 061	184 711	835 623	121 662	571 834	142 126	516 054	191 243	282 227	42 585
1999	1 613 058	333 726	1 079 435	199 897	965 202	132 915	676 502	155 785	647 856	200 812	402 933	44 111
2000	1 845 248	367 780	1 243 598	233 869	1 062 252	151 837	731 699	178 716	782 996	215 943	511 900	55 154
2001	2 285 232	461 631	1 564 520	259 081	1 135 500	169 883	776 132	189 484	1 149 733	291 748	788 388	69 597
2002	2 265 075	453 157	1 535 621	276 297	1 065 333	157 011	716 297	192 025	1 199 743	296 146	819 324	84 272
2003	2 039 393	410 041	1 339 061	290 291	938 595	141 248	606 735	190 612	1 100 798	268 793	732 326	99 679
2004	1 901 700	379 706	1 209 995	311 999	853 187	126 473	534 920	191 794	1 048 514	253 233	675 076	120 205
2005	2 026 820	399 330	1 291 117	336 373	876 493	126 244	546 843	203 406	1 150 327	273 085	744 274	132 968
2006	2 338 451	426 838	1 542 584	369 029	1 008 656	140 483	644 129	224 043	1 329 796	286 354	898 455	144 986
2007	3 085 500	760 389	1 857 280	467 832	1 226 179	185 526	755 324	285 329	1 859 321	574 863	1 101 955	182 503
2008	3 832 232	1 490 204	1 848 349	493 680	1 370 803	289 731	777 860	303 212	2 461 429	1 200 472	1 070 489	190 467
2009	3 315 893	1 107 035	1 809 923	398 935	1 080 913	214 478	631 052	235 383	2 234 981	892 556	1 178 872	163 553
2010	2 803 514	855 021	1 618 488	330 006	958 674	189 694	563 005	205 975	1 844 840	665 327	1 055 482	124 031
2011	2 690 921	970 075	1 429 149	291 697	950 623	203 677	550 496	196 451	1 740 298	766 398	878 654	95 247
2012	2 693 169	928 749	1 476 993	287 426	949 287	205 513	540 799	202 975	1 743 881	723 236	936 194	84 451
2013	2 717 808	962 009	1 485 187	270 612	936 830	205 056	535 512	196 262	1 780 978	756 954	949 674	74 350
2014	2 724 641	1 010 783	1 453 071	260 787	906 906	199 533	517 370	190 003	1 817 735	811 250	935 701	70 784
2015	2 754 743	1 226 735	1 273 077	254 931	941 089	346 765	409 582	184 743	1 813 654	879 970	863 496	70 188
2016	2 728 137	2 221 873	375 999	130 266	986 231	607 323	252 880	126 028	1 741 906	1 614 549	123 119	4 238
2017	2 847 304	2 260 750	455 428	131 126	1 006 896	611 421	269 354	126 121	1 840 407	1 649 329	186 074	5 004
2018	3 037 039	2 326 389	565 379	145 271	1 187 271	703 785	346 184	137 302	1 849 769	1 622 604	219 195	7 969

备注：本系列不含主要投资于其他共同基金的基金数据。由于四舍五入，各数相加可能与总数略有出入。

表4.3

货币市场基金：新增资金净流入[1]（按基金类型划分）

1996—2018年年度数据（单位：百万美元）

	所有货币市场基金				零售货币市场基金[2]				机构货币市场基金[3]			
		应税				应税				应税		
年份	合计	政府	优选	免税	合计	政府	优选	免税	合计	政府	优选	免税
1996	89 422	20 572	58 935	9 915	52 940	6 181	39 559	7 200	36 481	14 391	19 376	2 715
1997	103 466	20 129	69 107	14 231	46 745	4 781	32 206	9 758	56 721	15 347	36 901	4 473
1998	235 457	45 178	167 909	22 370	131 072	15 835	100 508	14 728	104 386	29 343	67 401	7 642
1999	193 681	8 486	174 957	10 238	82 215	−757	73 145	9 827	111 466	9 243	101 812	411
2000	159 371	14 412	118 360	26 599	43 582	505	24 423	18 655	115 789	13 908	93 937	7 944
2001	375 226	86 623	267 263	21 340	36 385	13 580	12 762	10 043	338 841	73 043	254 501	11 297
2002	−45 934	−11 131	−51 056	16 254	−80 065	−10 174	−71 219	1 328	34 131	−957	20 163	14 925
2003	−264 019	−50 998	−222 795	9 774	−151 954	−20 609	−126 437	−4 908	−112 065	−30 389	−96 358	14 682
2004	−156 745	−36 125	−139 213	18 592	−88 770	−15 871	−75 331	2 432	−67 976	−20 254	−63 882	16 160
2005	62 084	13 182	28 008	20 895	2 358	−3 652	−4 781	10 791	59 726	16 834	32 789	10 103
2006	245 163	19 615	200 117	25 432	96 543	9 317	71 069	16 157	148 621	10 297	129 048	9 276
2007	654 286	319 240	251 098	83 948	172 620	38 769	83 232	50 618	481 666	280 471	167 866	33 329
2008	637 696	697 443	−73 243	13 495	114 389	98 267	2 099	14 023	523 307	599 176	−75 341	−528
2009	−539 150	−414 948	−28 571	−95 631	−308 406	−104 057	−136 444	−67 906	−230 744	−310 892	107 873	−27 725
2010	−525 064	−253 927	−201 765	−69 372	−124 197	−25 964	−69 829	−28 404	−400 867	−227 962	−131 937	−40 968
2011	−124 102	107 294	−192 742	−38 654	−1 377	20 461	−12 573	−9 265	−122 725	86 833	−180 169	−29 389
2012	−178	−43 344	47 096	−3 930	−1 195	−781	−7 602	7 187	1 017	−42 563	54 697	−11 117
2013	15 132	29 348	2 568	−16 784	−12 115	−1 143	−4 181	−6 792	27 247	30 491	6 748	−9 993
2014	6 235	48 232	−31 890	−10 107	−30 663	−5 843	−18 335	−6 486	36 898	54 075	−13 556	−3 621
2015	21 462	40 682	−13 719	−5 502	5 270	20 579	−11 153	−4 156	16 192	20 103	−2 566	−1 345
2016	−30 256	850 698	−764 865	−116 088	−70 353	169 635	−161 149	−78 839	40 097	681 063	−603 716	−37 249
2017	106 858	30 088	76 287	483	5 394	−8 376	14 039	−269	101 464	38 464	62 248	752
2018	158 798	42 871	103 288	12 640	165 228	83 003	72 009	10 215	−6 429	−40 132	31 279	2 424

1. 新增资金净流入是指新增销售额的美元价值减去赎回额与净转换交易额之和。
2. 零售货币市场基金包括通过经纪自营商网络、没有中间商的基金公司、可变年金和可变人寿合约，特别是雇主发起式退休计划提供的共同基金。本类别不含出售给雇主发起式退休计划和机构投资者的基金份额。
3. 机构货币市场基金包括主要出售给机构投资者或机构账户的基金份额。其还包括经由或通过下列机构购入的账户：雇主，代表客户、员工或所有者的信托机构，雇主发起式退休计划和某些具有资格的个人投资者（包括高净值个人和按管理费模式收费的账户或者包管账户参与者）。

备注：本系列不含主要投资于其他共同基金的基金数据。由于四舍五入，各数相加可能与总数略有出入。

表4.4

货币市场基金：新增资金净流入和新增资金净流入的组成部分

1984—2018年年度数据（单位：百万美元）

		销售额			赎回规模		
年份	新增资金净流入[1]	新增销售额+转换交易额	新增销售额[2]	转换交易额[3]	定期赎回+转换交易赎回	定期赎回[4]	转换交易赎回[5]
1984	35 077	640 021	620 536	19 485	604 944	586 991	17 953
1985	–5 293	848 451	826 858	21 592	853 743	831 067	22 676
1986	33 552	1 026 745	978 041	48 704	993 193	948 656	44 537
1987	10 072	1 147 877	1 049 034	98 843	1 137 805	1 062 671	75 133
1988	106	1 130 639	1 066 003	64 636	1 130 534	1 074 346	56 188
1989	64 132	1 359 616	1 296 458	63 158	1 295 484	1 235 527	59 957
1990	23 179	1 461 537	1 389 440	72 098	1 438 358	1 372 764	65 594
1991	6 068	1 841 131	1 778 491	62 640	1 835 063	1 763 106	71 957
1992	–16 006	2 449 766	2 371 925	77 841	2 465 772	2 382 976	82 796
1993	–13 890	2 756 282	2 665 987	90 296	2 770 172	2 673 464	96 708
1994	8 525	2 725 201	2 586 478	138 722	2 716 675	2 599 400	117 275
1995	89 381	3 234 216	3 097 225	136 990	3 144 835	3 001 968	142 867
1996	89 422	4 156 985	3 959 014	197 971	4 067 563	3 868 772	198 791
1997	103 466	5 127 297	4 894 195	233 102	5 023 832	4 783 066	240 767
1998	235 457	6 407 155	6 128 721	278 434	6 171 695	5 901 169	270 526
1999	193 681	8 080 824	7 719 176	361 648	7 887 163	7 540 804	346 359
2000	159 371	9 826 639	9 406 256	420 383	9 667 268	9 256 307	410 962
2001	375 226	11 736 664	11 426 177	310 487	11 361 438	11 064 906	296 531
2002	–45 934	12 008 720	11 712 506	296 215	12 054 654	11 783 124	271 530
2003	–264 019	11 176 438	10 952 511	223 927	11 440 457	11 213 867	226 590
2004	–156 745	10 874 604	10 708 112	166 492	11 031 349	10 861 072	170 277
2005	62 084	12 493 634	12 317 489	176 145	12 431 550	12 260 771	170 779
2006	245 163	15 706 879	15 495 624	211 255	15 461 716	15 269 072	192 643
2007	654 286	21 313 538	21 038 467	275 071	20 659 252	20 407 965	251 287
2008	637 696	24 451 072	24 066 025	385 047	23 813 377	23 496 758	316 619
2009	–539 150	18 683 752	18 489 354	194 399	19 222 902	19 012 386	210 516
2010	–525 064	15 771 387	15 670 167	101 220	16 296 451	16 191 894	104 558
2011	–124 102	15 248 864	15 128 126	120 738	15 372 966	15 259 864	113 102
2012	–178	14 291 619	14 211 202	80 417	14 291 797	14 204 776	87 021
2013	15 132	14 976 592	14 867 963	108 629	14 961 461	14 857 692	103 769
2014	6 235	15 316 582	15 237 910	78 672	15 310 347	15 211 292	99 055
2015	21 462	17 658 517	17 560 966	97 551	17 637 056	17 531 891	105 164
2016	–30 256	18 696 848	18 488 574	208 274	18 727 104	18 527 794	199 309
2017	106 858	17 517 259	17 394 583	122 677	17 410 402	17 287 124	123 278
2018	158 798	20 326 725	20 175 934	150 791	20 167 926	20 044 133	123 794

1. 新增资金净流入是指新增销售额的美元价值减去赎回额与净转换交易额之和。
2. 新增销售额是指新购买的共同基金份额的美元价值。这不包括通过已有账户股息再投资而购买的份额。
3. 转换交易销售额是指将共同基金份额转换为同一基金组别中其他基金的美元价值。
4. 定期赎回规模是指份额持有人清算的共同基金份额价值。
5. 转换交易赎回额是指赎回并投资于同一基金组别中其他基金的共同基金份额价值。

备注：本系列不含主要投资于其他共同基金的基金数据。由于四舍五入，各数相加可能与总数略有出入。

表4.5

货币市场基金：已支付股息和再投资股息（按基金类型划分）

1984—2018年年度数据（单位：百万美元）

	已支付股息			再投资股息		
年份	合计	应税货币市场基金	免税货币市场基金	合计	应税货币市场基金	免税货币市场基金
1984	16 435	15 435	1 000	13 730	13 061	669
1985	15 708	14 108	1 600	12 758	11 760	998
1986	14 832	12 432	2 400	11 514	9 981	1 533
1987	15 654	12 833	2 821	11 946	10 136	1 810
1988	21 618	17 976	3 642	15 692	13 355	2 337
1989	28 619	24 683	3 936	23 050	20 294	2 756
1990	30 258	26 448	3 810	26 282	23 226	3 056
1991	28 604	25 121	3 483	22 809	19 998	2 811
1992	20 280	17 197	3 083	14 596	12 567	2 029
1993	18 991	15 690	3 302	11 615	10 007	1 607
1994	23 737	20 504	3 233	16 739	14 626	2 113
1995	37 038	32 855	4 183	27 985	24 873	3 111
1996	42 555	38 446	4 108	31 516	28 448	3 068
1997	48 843	44 185	4 658	37 979	34 425	3 554
1998	57 375	52 164	5 211	43 443	39 580	3 863
1999	69 004	63 229	5 775	50 648	46 602	4 046
2000	98 219	90 158	8 061	72 771	66 890	5 881
2001	79 307	73 361	5 946	56 367	51 949	4 418
2002	32 251	29 397	2 854	22 033	19 940	2 093
2003	17 041	15 124	1 917	11 314	9 916	1 398
2004	18 390	15 899	2 491	11 889	10 080	1 809
2005	50 186	43 547	6 638	32 803	27 951	4 852
2006	96 423	85 018	11 405	61 488	53 268	8 220
2007	127 907	113 177	14 730	82 457	71 938	10 519
2008	93 857	82 727	11 130	61 134	53 455	7 680
2009	18 619	16 590	2 030	11 035	9 999	1 037
2010	7 161	6 708	453	4 447	4 196	252
2011	5 237	4 888	349	3 261	3 074	187
2012	6 618	6 345	273	4 212	4 068	144
2013	8 020	7 794	226	5 206	5 089	117
2014	7 565	7 323	242	5 000	4 876	124
2015	7 907	7 703	204	5 328	5 223	105
2016	8 618	8 262	356	5 367	5 170	198
2017	18 502	17 722	781	10 665	10 248	418
2018	42 306	40 738	1 567	23 123	22 303	820

备注：本系列不含主要投资于其他共同基金的基金数据。由于四舍五入，各数相加可能与总数略有出入。

表4.6

应税政府货币市场基金：资产构成占净资产总额的百分比

1996—2018年年末数据（单位：%）

年份	净资产总额（单位：百万美元）	美国国债	其他国债	美国政府机构发行证券	回购协议	定期存单（CD）	欧洲美元存单（CD）	商业票据	银行票据	公司票据[1]	其他资产[2]	平均期限天数（单位：天）
1996	223 790	17.7	18.5	25.4	35.2	0.0	0.1	0.7	0.0	—	2.4	49
1997	254 223	15.2	17.6	25.1	37.8	0.1	0.0	1.2	0.1	—	2.9	50
1998	312 905	14.3	17.7	30.4	33.4	0.3	0.0	1.7	0.1	0.2	2.0	52
1999	333 726	17.1	13.0	37.1	28.2	0.1	0.0	1.4	0.1	1.1	1.9	48
2000	367 780	14.2	10.1	32.0	37.9	0.0	0.0	1.6	0.1	1.2	2.9	45
2001	461 631	19.2	9.2	34.5	31.7	0.2	0.0	0.5	0.0	1.5	3.3	55
2002	453 157	20.5	6.4	33.2	35.5	0.1	0.0	0.5	0.0	1.7	2.1	52
2003	410 041	20.0	7.2	33.8	36.3	0.3	0.0	0.9	0.0	1.8	–0.3	52
2004	379 706	21.4	4.9	34.5	35.9	0.2	0.0	0.9	0.1	0.8	1.2	36
2005	399 330	15.8	4.4	28.1	50.0	0.0	0.0	0.2	0.1	0.8	0.5	27
2006	426 838	14.9	4.1	21.5	58.6	0.1	0.0	0.5	0.0	0.1	0.3	32
2007	760 389	16.3	5.1	24.1	53.7	0.3	0.0	0.2	0.0	0.0	0.2	31
2008	1 490 204	30.5	6.2	36.2	26.8	0.0	0.0	0.1	0.1	0.2	–0.1	48
2009	1 107 035	25.6	6.0	35.4	30.6	0.0	0.0	1.0	0.2	0.3	0.7	47
2010	855 021	22.9	8.5	33.3	33.0	0.0	0.0	0.9	0.1	0.4	0.9	47
2011	970 075	23.2	13.2	28.9	31.6	0.0	0.0	1.0	0.1	0.4	1.5	45
2012	928 749	25.6	12.6	26.7	33.0	0.0	0.0	0.7	0.0	0.1	1.4	46
2013	962 009	27.1	14.3	29.4	27.9	0.0	0.0	0.3	0.0	0.1	0.8	48
2014	1 010 783	21.2	13.5	31.3	34.7	0.1	0.0	0.5	0.0	0.1	–1.2	44
2015	1 226 735	17.2	17.2	32.8	32.2	0.0	0.0	0.0	0.0	0.1	0.4	40
2016	2 221 873	17.8	16.8	30.5	33.0	0.0	0.0	0.1	0.0	0.0	1.7	46
2017	2 260 750	19.4	10.5	30.0	39.0	0.0	0.0	0.0	0.0	0.0	1.1	33
2018	2 326 389	23.6	12.0	27.4	38.6	0.0	0.0	0.0	0.0	0.0	–1.7	31

1. 1998年之前，公司票据被包含在其他资产中。

2. 其他资产包含银行承兑汇票、市政债券和现金储备。

备注：本系列不含主要投资于其他共同基金的基金数据。由于四舍五入，各数相加可能与总数略有出入。

表4.7

应税优选货币市场基金：资产构成占净资产总额的百分比

1996—2018年年末数据（单位：%）

年份	净资产总额（单位：百万美元）	美国国债	其他国债	美国政府机构发行证券	回购协议	定期存单（CD）	欧洲美元存单（CD）	商业票据	银行票据	公司票据[1]	其他资产[2]	平均期限天数（单位：天）
1996	540 146	0.5	1.6	9.0	5.1	12.8	4.3	51.0	2.3	—	13.5	56
1997	647 005	0.4	0.5	5.4	5.3	14.7	3.7	52.0	3.2	—	14.8	57
1998	854 061	0.4	0.8	9.6	4.6	13.0	3.6	48.7	3.9	5.8	9.6	58
1999	1 079 435	0.3	0.3	6.8	4.8	12.8	3.9	49.2	3.1	8.4	10.4	49
2000	1 243 598	0.3	0.1	5.9	3.9	11.7	6.6	50.9	3.6	10.5	6.5	53
2001	1 564 520	0.4	0.3	12.3	6.0	14.9	7.3	41.7	1.5	11.1	4.5	58
2002	1 535 621	1.3	0.3	11.8	8.1	13.8	7.0	40.1	1.4	12.0	4.2	54
2003	1 339 061	1.4	0.3	14.9	8.1	11.6	5.1	35.6	2.0	16.2	4.6	59
2004	1 209 995	0.3	0.1	12.0	8.5	14.1	5.7	33.9	2.6	17.9	4.9	41
2005	1 291 117	0.6	0.1	4.1	11.8	14.5	6.0	38.5	2.3	17.9	4.0	38
2006	1 542 584	0.1	0.2	2.9	9.9	13.9	4.4	39.6	2.2	21.6	5.2	49
2007	1 857 280	0.8	0.2	3.1	11.3	15.2	5.5	36.9	4.0	16.7	6.3	44
2008	1 848 349	1.9	0.5	12.7	8.4	21.5	4.7	34.1	3.1	9.3	3.8	47
2009	1 809 923	2.3	1.3	8.9	8.3	31.6	5.5	28.1	2.9	6.4	4.8	50
2010	1 618 488	2.7	1.9	7.8	12.8	28.6	6.7	24.3	3.2	6.2	5.8	44
2011	1 429 149	3.1	3.8	9.2	13.5	28.4	3.1	24.6	2.7	4.5	7.1	40
2012	1 476 993	3.4	4.2	6.9	16.8	29.5	3.0	23.1	3.5	3.5	6.1	45
2013	1 485 187	2.2	4.3	5.7	15.7	33.3	2.3	23.9	2.7	4.2	5.7	46
2014	1 453 071	2.1	2.6	5.1	20.9	35.7	1.7	23.0	1.6	3.9	3.5	44
2015	1 273 077	1.9	2.8	5.1	23.9	34.7	0.9	23.4	2.0	3.0	2.3	31
2016	375 999	5.1	2.0	0.2	18.0	38.6	0.5	26.8	0.3	1.1	7.4	34
2017	455 428	5.2	0.6	0.7	16.5	39.2	0.8	32.5	0.8	0.8	2.9	30
2018	565 379	7.2	0.3	1.0	21.5	33.7	0.3	33.4	0.5	0.8	1.2	30

1. 1998年之前，公司票据被包含在其他资产中。

2. 其他资产包含银行承兑汇票、市政债券和现金储备。

备注：本系列不含主要投资于其他共同基金的基金数据。由于四舍五入，各数相加可能与总数略有出入。

章节

05 美国共同基金的其他类别

表5.1

主动型和指数型共同基金：净资产总额

1993—2018年年末数据（单位：百万美元）

年份	主动型基金				指数型基金				
		股票型				股票型			
						国内			
	合计	国内	全球	混合型和债券型	合计	标普 500	其他	全球	混合型和债券型
1993	1 476 839	603 409	112 849	760 581	27 805	19 790	3 338	1 281	3 396
1994	1 511 747	664 955	159 099	687 693	32 573	22 752	3 863	2 095	3 863
1995	2 001 233	1 004 386	193 659	803 189	57 042	41 744	6 442	2 846	6 009
1996	2 520 727	1 355 714	281 075	883 938	97 759	73 856	11 241	4 124	8 538
1997	3 231 978	1 870 505	341 039	1 020 434	170 302	129 857	21 221	5 329	13 895
1998	3 899 397	2 349 060	383 675	1 166 662	264 998	201 791	35 051	7 962	20 193
1999	4 834 039	3 107 557	572 058	1 154 425	386 653	283 831	63 386	13 130	26 307
2000	4 726 650	3 024 385	551 225	1 151 041	384 039	272 462	72 009	12 644	26 923
2001	4 313 234	2 623 951	432 899	1 256 384	370 535	249 452	73 573	11 128	36 381
2002	3 787 694	2 002 274	358 318	1 427 101	327 417	200 989	69 426	11 050	45 952
2003	4 904 066	2 731 660	516 789	1 655 616	455 293	273 691	112 480	18 218	50 903
2004	5 637 529	3 160 276	687 966	1 789 287	554 044	317 826	147 819	28 236	60 163
2005	6 243 185	3 423 764	912 929	1 906 491	618 699	334 012	171 377	42 792	70 518
2006	7 309 295	3 873 226	1 293 787	2 142 283	747 491	379 765	218 166	66 647	82 913
2007	8 054 981	4 041 605	1 622 851	2 390 525	854 713	394 591	257 850	95 695	106 577
2008	5 166 984	2 307 274	848 469	2 011 242	619 474	252 956	177 975	67 871	120 672
2009	6 957 655	2 979 038	1 214 963	2 763 654	835 422	328 647	256 365	92 507	157 903
2010	8 010 831	3 352 255	1 419 941	3 238 635	1 016 713	375 949	325 276	122 751	192 736
2011	7 845 700	3 120 860	1 236 275	3 488 565	1 093 749	376 582	357 624	121 445	238 098
2012	9 049 344	3 455 039	1 453 175	4 141 130	1 311 077	429 698	439 633	161 212	280 534
2013	10 597 497	4 513 196	1 820 566	4 263 736	1 733 629	574 380	638 869	215 545	304 835
2014	11 098 750	4 792 662	1 841 056	4 465 032	2 053 230	669 057	768 289	242 924	372 959
2015	10 696 570	4 556 993	1 803 761	4 335 816	2 206 554	690 528	795 436	302 890	417 701
2016	10 996 094	4 643 126	1 801 534	4 551 434	2 629 226	806 070	962 815	363 721	496 619
2017	12 551 167	5 262 855	2 303 008	4 985 304	3 365 491	987 488	1 228 273	524 331	625 399
2018	11 350 796	4 650 810	1 919 906	4 780 080	3 319 035	953 107	1 194 729	506 204	664 996

备注：本系列不含主要投资于其他共同基金的基金数据。由于四舍五入，各数相加可能与总数略有出入。

表5.2

主动型和指数型共同基金：新增资金净流入

1993—2018年年度数据（单位：百万美元）

	主动型基金				指数型基金				
		股票型				股票型			
						国内			
年份	合计	国内	全球	混合型和债券型	合计	标普 500	其他	全球	混合型和债券型
1993	235 621	83 873	37 940	113 808	6 428	3 994	953	501	980
1994	71 812	67 891	43 812	−39 890	3 348	1 871	515	436	525
1995	110 393	103 022	11 000	−3 630	11 815	8 820	1 038	512	1 446
1996	205 418	147 780	46 483	11 155	24 780	18 447	3 192	1 033	2 108
1997	236 147	158 823	37 028	40 296	34 847	25 208	5 230	818	3 591
1998	194 318	109 857	5 955	78 505	46 140	30 977	8 499	1 568	5 096
1999	107 619	122 149	8 986	−23 515	61 613	38 073	16 102	2 241	5 197
2000	205 317	235 961	56 229	−86 874	25 611	10 802	10 668	1 664	2 477
2001	104 283	38 542	−24 423	90 165	26 735	9 113	8 859	1 181	7 582
2002	97 098	−41 741	−5 786	144 626	25 256	4 818	12 153	1 669	6 616
2003	181 211	88 866	22 163	70 183	35 234	14 231	16 538	2 199	2 266
2004	169 924	72 502	65 922	31 499	40 130	11 739	16 078	5 661	6 651
2005	164 046	5 518	98 455	60 073	27 877	−317	11 731	8 456	8 007
2006	194 067	−17 691	140 249	71 510	32 758	−5 908	19 918	10 674	8 074
2007	163 000	−96 271	124 821	134 449	61 138	−1 441	29 192	16 915	16 473
2008	−259 419	−180 515	−74 642	−4 262	48 624	7 666	23 337	7 697	9 924
2009	333 410	−52 336	21 693	364 052	59 928	8 195	16 646	7 951	27 135
2010	186 087	−95 280	37 603	243 763	57 560	−808	15 024	19 076	24 268
2011	−26 628	−151 361	−13 078	137 811	54 828	−6 868	24 600	17 202	19 895
2012	141 066	−174 236	−8 960	324 261	59 043	−7 139	22 134	15 523	28 525
2013	48 640	−33 978	113 068	−30 449	114 376	5 541	46 541	28 309	33 984
2014	−49 334	−121 328	46 816	25 179	149 062	12 559	49 009	38 403	49 091
2015	−285 337	−216 780	19 240	−87 796	165 724	14 678	32 311	74 932	43 804
2016	−390 148	−320 200	−68 040	−1 909	197 174	30 395	54 833	44 982	66 964
2017	−150 693	−306 476	21 715	134 068	223 030	7 150	63 118	55 262	97 499
2018	−505 941	−310 892	−70 006	−125 042	156 214	13 666	44 016	62 692	35 840

备注：新增资金净流入是指新增销售额的美元价值减去赎回额与净转换交易额之和。本系列不含主要投资于其他共同基金的基金数据。由于四舍五入，各数相加可能与总数略有出入。

表5.3

主动型和指数型共同基金：基金数量

1993—2018年年末数据（单位：只）

	主动型基金				指数型基金				
		股票型				股票型			
						国内			
年份	合计	国内	全球	混合型和债券型	合计	标普500	其他	全球	混合型和债券型
1993	3 544	1 226	300	2 018	70	39	15	6	10
1994	4 280	1 403	416	2 461	82	43	17	7	15
1995	4 641	1 545	521	2 575	87	48	18	7	14
1996	5 153	1 819	661	2 673	105	60	22	7	16
1997	5 530	2 082	756	2 692	132	72	27	12	21
1998	6 126	2 497	874	2 755	156	86	37	15	18
1999	6 519	2 838	925	2 756	197	96	59	20	21
2000	6 826	3 089	1 025	2 712	271	120	99	26	26
2001	6 969	3 358	1 053	2 558	285	126	109	24	26
2002	6 922	3 447	988	2 487	313	132	124	28	29
2003	6 814	3 386	897	2 531	321	128	134	30	29
2004	6 768	3 375	859	2 534	328	127	146	28	27
2005	6 776	3 389	882	2 505	322	119	147	29	27
2006	6 916	3 456	960	2 500	343	125	157	33	28
2007	6 863	3 387	1 022	2 454	354	125	159	37	33
2008	6 880	3 361	1 097	2 422	360	122	163	42	33
2009	6 590	3 148	1 119	2 323	357	113	151	49	44
2010	6 529	3 043	1 143	2 343	365	111	161	50	43
2011	6 568	2 977	1 210	2 381	382	111	169	57	45
2012	6 644	2 948	1 222	2 474	372	103	166	58	45
2013	6 795	2 925	1 288	2 582	371	96	171	58	46
2014	7 025	2 957	1 355	2 713	382	94	183	58	47
2015	7 237	2 984	1 427	2 826	403	94	194	63	52
2016	7 231	2 939	1 448	2 844	421	94	197	73	57
2017	7 130	2 890	1 428	2 812	453	93	214	81	65
2018	7 213	2 897	1 437	2 879	497	92	237	90	78

备注：本系列不含主要投资于其他共同基金的基金数据。

表5.4

主动型和指数型共同基金：份额类别数量

1993—2018年年末数据（单位：只）

	主动型基金				指数型基金				
		股票型				股票型			
						国内			
年份	合计	国内	全球	混合型和债券型	合计	标普 500	其他	全球	混合型和债券型
1993	4 479	1 502	379	2 598	74	43	15	6	10
1994	6 340	1 955	620	3 765	96	54	17	10	15
1995	7 517	2 360	834	4 323	110	63	19	11	17
1996	8 754	2 944	1 144	4 666	143	86	25	11	21
1997	10 235	3 705	1 428	5 102	205	115	38	21	31
1998	11 829	4 665	1 744	5 420	252	148	52	25	27
1999	13 160	5 541	1 933	5 686	321	164	95	31	31
2000	14 374	6 325	2 245	5 804	465	221	163	43	38
2001	15 505	7 278	2 453	5 774	517	238	196	43	40
2002	16 363	7 931	2 456	5 976	578	255	221	53	49
2003	16 661	8 035	2 310	6 316	601	253	243	56	49
2004	17 345	8 464	2 302	6 579	633	262	269	55	47
2005	17 860	8 715	2 438	6 707	647	258	279	62	48
2006	18 522	9 050	2 702	6 770	699	272	303	70	54
2007	18 833	9 101	2 944	6 788	734	275	312	83	64
2008	19 490	9 277	3 288	6 925	755	278	316	96	65
2009	19 019	8 783	3 436	6 800	756	259	291	107	99
2010	19 337	8 641	3 593	7 103	776	253	301	121	101
2011	19 692	8 576	3 809	7 307	856	260	337	144	115
2012	20 166	8 549	3 893	7 724	871	247	349	153	122
2013	20 961	8 623	4 110	8 228	881	234	364	156	127
2014	21 837	8 784	4 391	8 662	908	231	403	148	126
2015	22 687	8 965	4 637	9 085	964	233	433	161	137
2016	22 861	8 962	4 731	9 168	998	234	437	180	147
2017	22 900	8 929	4 686	9 285	1 055	228	469	196	162
2018	22 821	8 827	4 689	9 305	1 075	221	485	191	178

备注：本系列不含主要投资于其他共同基金的基金数据。

表5.5

另类策略共同基金：净资产总额、新增资金净流入、基金数量和份额类别数量

2007—2018年数据

年份	合计	股票型基金		混合型基金	债券型基金		合计	股票型基金		混合型基金	债券型基金	
		国内	全球		多部门	全球		国内	全球		多部门	全球
	净资产总额 年度数据（单位：百万美元）						新增资金净流入[1] 年度数据（单位：百万美元）					
2007	41 491	20 331	1 149	18 619	1 392	—	-780	445	-47	-632	-546	—
2008	31 276	17 097	431	12 574	1 174	—	-1 237	-1 011	-446	208	12	—
2009	58 317	24 432	3 355	28 892	1 638	—	21 025	7 241	2 572	10 789	424	—
2010	112 951	32 620	1 776	55 078	1 796	21 680	36 448	7 295	726	14 930	241	13 256
2011	129 167	33 729	3 987	64 171	2 136	25 143	15 838	-3 747	954	14 798	420	3 412
2012	148 873	41 045	3 897	80 421	2 145	21 366	12 026	6 088	822	4 358	-46	803
2013	220 211	50 193	6 666	110 367	1 862	51 124	64 028	9 804	2 054	23 493	116	28 560
2014	239 457	58 766	7 920	102 491	2 288	67 993	22 443	6 959	1 298	-1 093	123	15 156
2015	227 366	51 931	10 907	110 334	2 337	51 857	-15 162	-5 646	2 618	3 030	-186	-14 978
2016	212 653	49 201	10 349	115 615	1 968	35 520	-23 366	-4 446	-742	198	-445	-17 930
2017	224 755	54 213	12 561	121 508	2 294	34 179	-1 626	440	824	-824	313	-2 380
2018	197 515	46 466	10 512	102 986	7 491	30 060	-20 552	-5 407	-960	-11 951	1 611	-3 845
	基金数量 年末数据（单位：只）						份额类别数量 年末数据（单位：只）					
2007	180	125	16	21	18	—	424	294	35	54	41	—
2008	204	138	22	27	17	—	499	320	58	80	41	—
2009	208	132	24	34	18	—	507	300	65	98	44	—
2010	243	139	24	52	20	8	645	330	72	157	48	38
2011	301	149	39	79	23	11	800	350	103	238	52	57
2012	337	154	35	111	23	14	903	361	85	340	52	65
2013	364	153	42	130	23	16	1 012	366	104	412	48	82
2014	437	167	52	159	26	33	1 243	408	145	502	64	124
2015	489	177	57	188	29	38	1 357	422	157	576	66	136
2016	477	179	61	175	30	32	1 318	423	172	535	70	118
2017	472	185	56	174	27	30	1 292	429	146	535	64	118
2018	497	187	64	190	30	26	1 316	428	164	562	69	93

1. 新增资金净流入是指新增销售额的美元价值减去赎回额与净转换交易额之和。

备注：本表中的另类策略共同基金是指采用长期/短期、市场中立、杠杆、逆向或商品策略等另类投资方法来达到投资目标的基金数据。本系列不含主要投资于其他共同基金的基金数据。由于四舍五入，各数相加可能与总数略有出入。

表5.6
新兴市场债券型共同基金：净资产总额、新增资金净流入、基金数量和份额类别数量
2000—2018年数据

年份	净资产总额 年末数据 （单位：百万美元）	新增资金净流入[1] 年度数据 （单位：百万美元）	基金数量 年末数据 （单位：只）	份额类别数量 年末数据 （单位：只）
2000	2 319	–297	23	47
2001	2 129	–412	24	50
2002	2 585	311	22	46
2003	4 297	691	19	43
2004	5 543	635	19	43
2005	7 590	1 245	18	42
2006	12 962	2 193	23	60
2007	16 966	2 275	28	79
2008	13 589	257	31	98
2009	19 739	2 016	33	104
2010	37 888	14 902	36	126
2011	45 009	12 568	48	165
2012	75 322	19 891	66	217
2013	64 668	–4 701	88	291
2014	58 881	–5 627	103	351
2015	44 812	–10 721	97	355
2016	51 046	502	108	408
2017	66 377	6 936	105	398
2018	63 383	–1 868	104	387

1. 新增资金净流入是指新增销售额的美元价值减去赎回额与净转换交易额之和。
备注：本表中的新兴市场债券型共同基金是指主要投资于全球非发达地区债券的基金。本系列不含主要投资于其他共同基金的基金数据。

表5.7

浮动利率高收益债券型共同基金：净资产总额、新增资金净流入、基金数量和份额类别数量

2000—2018年数据

年份	净资产总额 年末数据 （单位：百万美元）	新增资金净流入[1] 年度数据 （单位：百万美元）	基金数量 年末数据 （单位：只）	份额类别数量 年末数据 （单位：只）
2000	17 059	–48	14	28
2001	15 717	–2 617	21	54
2002	10 892	–4 442	20	50
2003	12 815	334	19	47
2004	21 960	7 650	22	60
2005	25 396	2 228	24	68
2006	31 745	5 723	22	79
2007	29 903	–2 303	27	94
2008	15 812	–7 078	29	115
2009	26 365	4 444	29	112
2010	45 292	15 158	31	122
2011	58 228	10 612	37	151
2012	75 117	10 918	40	164
2013	139 492	59 628	50	194
2014	117 323	–21 826	51	198
2015	93 085	–22 059	54	215
2016	104 898	3 450	59	226
2017	119 128	10 493	64	249
2018	116 086	–2 242	69	261

1. 新增资金净流入是指新增销售额的美元价值减去赎回额与净转换交易额之和。

备注：本表中的浮动利率高收益债券型共同基金是指投资于可产生收益的优先贷款、浮动利率贷款和其他浮动利率债券的基金，这些基金的信用评级通常低于投资级。本系列不含主要投资于其他共同基金的基金数据。

表5.8

组合型基金[1]：净资产总额、新增资金净流入、基金数量和份额类别数量

2007—2018年数据

	净资产总额 年末数据（单位：百万美元）				新增资金净流入[2] 年度数据（单位：百万美元）			
年份	合计	股票型	混合型	债券型	合计	股票型	混合型	债券型
2007	638 070	96 660	540 516	894	126 405	17 276	108 856	273
2008	469 330	42 858	425 207	1 265	60 478	5 710	54 311	457
2009	680 121	55 266	622 820	2 035	70 164	4 145	65 274	745
2010	914 590	80 580	824 609	9 402	118 365	4 964	110 953	2 448
2011	1 035 613	80 693	939 194	15 726	119 672	3 010	111 794	4 868
2012	1 270 684	93 065	1 149 517	28 102	93 733	−2 653	85 518	10 869
2013	1 558 210	128 757	1 391 401	38 051	108 398	12 612	85 432	10 354
2014	1 689 742	127 886	1 514 602	47 254	66 797	11 458	50 469	4 869
2015	1 715 203	136 723	1 524 458	54 021	55 833	8 849	35 771	11 213
2016	1 859 227	149 865	1 652 444	56 918	14 941	−2 683	17 378	245
2017	2 197 583	178 991	1 951 746	66 846	28 712	714	20 881	7 117
2018	2 102 904	194 036	1 830 433	78 435	38 788	35 443	−15 017	18 362

	基金数量 年末数据（单位：只）				份额类别数量 年末数据（单位：只）			
年份	合计	股票型	混合型	债券型	合计	股票型	混合型	债券型
2007	704	124	573	7	2 326	295	2 010	21
2008	838	122	706	10	2 779	309	2 443	27
2009	943	130	803	10	3 049	324	2 708	17
2010	977	146	818	13	3 133	347	2 767	19
2011	1 081	156	904	21	3 394	355	2 996	43
2012	1 146	163	953	30	3 704	404	3 225	75
2013	1 249	173	1 042	34	3 969	411	3 469	89
2014	1 322	174	1 107	41	4 203	414	3 683	106
2015	1 394	178	1 177	39	4 522	438	3 978	106
2016	1 432	173	1 218	41	4 636	432	4 098	106
2017	1 389	164	1 184	41	4 652	415	4 144	93
2018	1 521	181	1 288	52	5 067	437	4 528	102

1. 组合型基金是指主要投资于其他共同基金的共同基金。

2. 新增资金净流入是指新增销售额的美元价值减去赎回额与净转换交易额之和。

备注：由于四舍五入，各数相加可能与总数略有出入。

表5.9

组合型基金[1]：新增资金净流入[2]的组成部分

2007—2018年年度数据（单位：百万美元）

	销售额											
	新增销售额+转换交易销售额				新增销售额[3]				转换交易销售额[4]			
年份	合计	股票型	混合型	债券型	合计	股票型	混合型	债券型	合计	股票型	混合型	债券型
2007	226 974	33 410	193 123	441	193 638	26 126	167 106	406	33 336	7 284	26 017	35
2008	210 801	25 027	184 991	783	181 188	20 752	159 718	719	29 613	4 276	25 273	64
2009	190 510	19 787	169 659	1 064	171 431	18 308	152 102	1 021	19 079	1 479	17 557	43
2010	290 423	21 530	265 742	3 152	265 189	20 329	241 726	3 134	25 235	1 201	24 016	18
2011	350 468	20 728	321 984	7 756	322 736	19 618	295 384	7 734	27 732	1 111	26 600	21
2012	330 585	18 461	296 379	15 745	304 582	17 097	272 149	15 335	26 003	1 364	24 229	410
2013	400 742	33 303	349 514	17 924	360 684	30 706	312 397	17 581	40 058	2 597	37 117	343
2014	406 427	34 501	355 859	16 067	365 839	32 584	317 650	15 605	40 588	1 916	38 210	462
2015	452 288	38 962	386 426	26 900	400 073	37 004	336 713	26 356	52 215	1 958	49 713	544
2016	404 937	32 372	355 919	16 646	367 331	30 677	320 535	16 119	37 605	1 695	35 384	527
2017	458 254	37 068	396 801	24 386	413 194	34 598	354 805	23 792	45 060	2 470	41 996	594
2018	560 387	85 394	427 801	47 192	504 063	82 446	375 063	46 554	56 324	2 948	52 738	638

	赎回规模											
	定期赎回+转换交易赎回				定期赎回[5]				转换交易赎回[6]			
年份	合计	股票型	混合型	债券型	合计	股票型	混合型	债券型	合计	股票型	混合型	债券型
2007	100 569	16 134	84 267	168	81 897	13 073	68 680	144	18 671	3 061	15 587	23
2008	150 323	19 317	130 680	326	119 873	16 057	103 539	277	30 449	3 260	27 140	49
2009	120 346	15 642	104 385	319	102 094	14 235	87 563	296	18 252	1 406	16 822	24
2010	172 058	16 566	154 789	703	150 063	15 166	134 199	698	21 995	1 400	20 590	6
2011	230 796	17 718	210 190	2 887	202 695	16 236	183 580	2 879	28 101	1 482	26 610	8
2012	236 852	21 115	210 861	4 876	211 555	19 614	187 274	4 667	25 297	1 500	23 587	209
2013	292 343	20 691	264 082	7 571	259 180	19 196	232 689	7 295	33 163	1 495	31 393	276
2014	339 630	23 042	305 390	11 198	288 455	21 665	255 814	10 976	51 175	1 377	49 576	222
2015	396 456	30 113	350 655	15 687	337 302	28 087	293 903	15 312	59 154	2 026	56 752	376
2016	389 996	35 055	338 540	16 400	343 472	32 924	294 553	15 996	46 524	2 131	43 988	405
2017	429 542	36 354	375 920	17 268	375 590	33 996	324 737	16 857	53 951	2 357	51 183	411
2018	521 599	49 951	442 818	28 830	451 045	47 428	375 317	28 300	70 554	2 523	67 501	530

1. 组合型基金是指主要投资于其他共同基金的共同基金。
2. 新增资金净流入是指新增销售额的美元价值减去赎回额与净转换交易额之和。
3. 新增销售额是指新购买的共同基金份额的美元价值。这不包括通过已有账户股息再投资而购买的份额。
4. 转换交易销售额是指将共同基金份额转换为同一基金组别中其他基金的美元价值。
5. 定期赎回规模是指份额持有人清算的共同基金份额价值。
6. 转换交易赎回额是指赎回并投资于同一基金组别中其他基金的共同基金份额价值。

备注：由于四舍五入，各数相加可能与总数略有出入。

表5.10

通胀保值共同基金和TIPS（通胀保值证券）共同基金：净资产总额、新增资金净流入、基金数量和份额类别数量

2010—2018年数据

年份	合计	通胀保值[1]	TIPS[2]	合计	通胀保值[1]	TIPS[2]
	净资产总额 年末数据（单位：百万美元）			新增资金净流入[3] 年末数据（单位：百万美元）		
2010	108 539	98 326	10 213	9 277	7 346	1 931
2011	133 437	120 065	13 372	11 421	9 900	1 522
2012	150 447	137 116	13 331	7 333	8 289	−956
2013	108 266	95 942	12 324	−31 499	−31 383	−115
2014	107 432	92 360	15 072	−3 096	−5 869	2 773
2015	105 832	86 206	19 627	−1 025	−5 821	4 796
2016	112 516	90 706	21 810	2 194	821	1 373
2017	127 310	99 630	27 680	11 034	5 487	5 548
2018	129 118	95 717	33 401	3 357	−2 232	5 590
	基金数量 年末数据（单位：只）			份额类别数量 年末数据（单位：只）		
2010	60	50	10	202	170	32
2011	64	52	12	219	183	36
2012	69	56	13	236	197	39
2013	70	57	13	244	205	39
2014	66	56	10	234	205	29
2015	69	59	10	260	230	30
2016	68	58	10	254	226	28
2017	67	56	11	262	234	28
2018	65	52	13	249	219	30

1. 通胀保值基金是指投资于除TIPS（通胀保值债券）之外的通胀保值证券或通胀指数证券的基金。
2. TIPS基金投资于国库通胀保值债券，这些债券由美国政府担保，免受通货膨胀影响，根据消费者价格指数衡量且采用固定利率。
3. 新增资金净流入是指新增销售额的美元价值减去赎回额与净转换交易额之和。

备注：本系列不含主要投资于其他共同基金的基金数据。由于四舍五入，各数相加可能与总数略有出入。

表5.11

按市值划分的共同基金：净资产总额和新增资金净流入（按基金类型划分）

2008—2018年数据（单位：百万美元）

净资产总额

年末数据

年份	成长型基金				价值型基金				混合型基金			
	小市值	中等市值	大市值	多种市值	小市值	中等市值	大市值	多种市值	小市值	中等市值	大市值	多种市值
2008	67 773	92 473	225 474	275 904	78 536	88 564	339 460	111 339	71 867	108 904	636 952	493 320
2009	94 830	128 430	295 384	365 173	104 213	121 026	416 722	140 989	96 987	148 326	816 907	632 496
2010	116 796	159 945	328 189	398 056	130 432	146 319	456 880	159 686	120 735	181 664	922 811	687 874
2011	107 062	146 471	327 589	355 108	120 523	135 540	435 524	156 211	116 873	171 699	911 538	629 798
2012	115 862	161 472	385 822	377 427	133 265	152 990	471 659	175 461	144 896	191 544	1 038 038	698 849
2013	165 727	213 551	507 662	491 343	175 869	209 693	591 281	243 433	207 615	265 240	1 401 939	907 738
2014	158 834	212 405	554 300	507 679	170 461	222 068	630 230	273 493	208 371	286 797	1 618 791	965 116
2015	153 505	200 529	562 446	509 084	145 762	200 505	563 615	258 300	196 653	278 493	1 630 702	925 614
2016	158 867	186 763	520 512	504 464	171 304	224 280	615 851	285 492	234 820	303 518	1 846 797	950 681
2017	193 013	220 690	632 593	601 259	180 191	242 518	666 091	335 859	258 251	344 597	2 233 409	1 124 809
2018	184 868	205 770	611 265	553 405	139 739	191 257	569 535	283 697	228 722	293 961	2 128 810	1 021 287

新增资金净流入[1]

年度数据

年份	成长型基金				价值型基金				混合型基金			
	小市值	中等市值	大市值	多种市值	小市值	中等市值	大市值	多种市值	小市值	中等市值	大市值	多种市值
2008	−4 211	−9 711	−14 062	−11 247	−1 936	−8 764	−18 821	−15 187	−7 642	−14 109	−3 504	−31 175
2009	1 857	−1 028	−9 382	−9 332	1 123	2 485	−7 468	−3 438	1 383	−985	3 507	−16 832
2010	−1 783	−1 264	−12 749	−19 343	1 313	375	−13 519	−2 275	150	−503	−10 068	−29 813
2011	−5 469	−6 854	6 609	−33 775	−4 981	−4 838	−18 593	−34	−472	−5 515	−12 351	−42 344
2012	−6 430	−5 520	1 625	−38 498	−8 699	−7 282	−29 485	−10 692	−6 223	−5 649	−10 905	−41 284
2013	3 136	−2 982	−12 382	−16 666	−3 930	2 880	−25 917	14 457	7 768	8 020	29 290	−11 482
2014	−10 104	−15 204	−16 656	−28 511	−10 199	−3 928	−20 671	9 045	−7 551	−2 046	40 443	−23 621
2015	−2 896	−11 603	−17 595	−21 651	−13 983	−7 278	−43 256	−5 801	−4 113	−1 565	4 368	−43 911
2016	−10 316	−21 618	−50 185	−30 996	−7 329	−7 421	−23 734	−6 419	−506	−10 540	22 160	−62 809
2017	−4 980	−9 191	−31 785	−32 615	−8 705	−10 540	−46 488	−1 749	−7 543	−12 615	3 637	−49 013
2018	843	−4 738	−19 951	−34 553	−14 771	−20 424	−43 411	−16 323	−3 825	−17 133	−5 675	−37 995

1. 新增资金净流入是指新增销售额的美元价值减去赎回额与净转换交易额之和。

备注：本系列不含主要投资于其他共同基金的基金数据。由于四舍五入，各数相加可能与总数略有出入。

表5.12

按市值划分的共同基金：基金数量和份额类别数量（按基金类型划分）

2008—2018年年末数据（单位：只）

基金数量

年份	成长型基金				价值型基金				混合型基金			
	小市值	中等市值	大市值	多种市值	小市值	中等市值	大市值	多种市值	小市值	中等市值	大市值	多种市值
2008	235	245	347	208	221	202	393	203	186	148	489	251
2009	212	220	330	191	201	190	368	190	177	139	463	243
2010	206	207	316	182	196	185	357	192	171	133	457	233
2011	203	198	309	170	203	182	339	201	173	139	439	226
2012	198	189	299	165	209	180	328	212	167	135	420	225
2013	191	180	287	166	205	177	320	215	179	130	413	228
2014	188	179	288	161	213	187	323	220	188	128	414	233
2015	183	179	286	161	214	189	322	215	199	134	421	234
2016	182	173	266	159	213	188	321	207	201	134	414	238
2017	179	165	261	155	210	186	322	208	201	134	402	234
2018	178	162	271	159	213	186	320	198	207	138	408	237

份额类别数量

年份	成长型基金				价值型基金				混合型基金			
	小市值	中等市值	大市值	多种市值	小市值	中等市值	大市值	多种市值	小市值	中等市值	大市值	多种市值
2008	650	695	1 002	549	595	563	1 107	551	471	402	1 301	706
2009	605	635	955	531	559	529	1 023	503	450	379	1 248	716
2010	579	611	915	522	560	539	1 024	516	431	356	1 235	699
2011	590	594	903	495	582	543	994	545	436	377	1 223	695
2012	581	570	890	476	598	549	954	571	438	373	1 184	714
2013	560	557	873	487	593	554	946	602	478	361	1 184	740
2014	560	558	886	467	610	592	977	624	521	350	1 210	745
2015	550	565	902	468	626	601	996	608	568	350	1 239	776
2016	575	560	843	469	645	607	1 007	585	596	373	1 221	782
2017	596	547	815	474	643	614	1 002	619	604	373	1 188	772
2018	584	532	820	490	624	609	987	565	603	368	1 181	765

备注：本系列不含主要投资于其他共同基金的基金数据。

表5.13

行业共同基金：净资产总额和新增资金净流入（按基金类型划分）

2000—2018年数据（单位：百万美元）

净资产总额

年末数据

年份	消费品	金融	健康	自然资源	贵金属	房地产	技术/电信	公用事业	其他行业
2000	1 042	16 087	45 921	2 885	1 143	11 675	103 853	22 908	3 917
2001	1 290	13 901	40 545	2 355	1 314	13 509	62 302	17 744	2 940
2002	1 096	10 885	30 087	2 175	2 486	17 744	31 275	11 275	2 082
2003	1 436	13 138	36 803	3 237	4 227	31 652	46 922	13 481	2 412
2004	1 631	12 917	40 147	5 789	4 270	49 925	42 403	19 201	2 974
2005	1 405	11 837	45 398	11 972	7 003	59 158	34 366	28 390	3 189
2006	1 928	12 269	44 744	14 588	9 875	81 329	32 879	34 589	3 950
2007	2 147	8 518	43 967	22 050	12 066	53 738	34 169	45 669	4 826
2008	1 776	4 857	31 337	9 907	7 836	33 503	16 331	23 229	1 766
2009	2 439	5 941	32 440	17 380	14 901	44 126	27 610	30 309	2 986
2010	3 113	6 286	32 507	22 714	23 065	55 120	30 738	33 332	4 597
2011	3 546	4 548	35 884	20 797	17 102	60 155	26 680	34 785	3 906
2012	4 675	5 901	44 105	21 712	15 338	75 340	28 570	35 400	5 001
2013	6 431	9 285	74 767	30 696	6 811	77 363	41 486	40 149	8 173
2014	7 017	9 415	103 447	36 630	6 019	104 288	45 358	41 556	8 969
2015	9 514	10 222	124 538	28 988	4 487	101 459	47 088	32 516	7 006
2016	8 962	12 025	93 121	39 256	6 882	105 701	46 956	38 543	8 014
2017	8 946	14 099	104 465	37 720	7 277	110 899	62 450	35 539	9 727
2018	7 925	10 600	101 803	29 472	3 780	93 783	57 107	28 759	6 633

新增资金净流入[1]

年度数据

年份	消费品	金融	健康	自然资源	贵金属	房地产	技术/电信	公用事业	其他行业
2000	–122	–534	9 256	248	–214	339	43 837	1 201	–187
2001	254	–962	236	–169	–29	429	–4 466	–953	–198
2002	11	–1 603	–2 895	–73	484	3 612	–6 207	–2 076	–288
2003	9	–940	–767	336	447	5 177	65	–292	–145
2004	3	–1 535	–387	1 435	398	7 048	–6 165	1 571	148
2005	–209	–1 586	836	3 471	1 027	3 000	–8 541	3 311	121
2006	29	–1 017	–4 137	769	736	4 395	–4 452	556	–49
2007	94	–2 617	–3 378	1 662	–152	–15 282	–2 742	1 992	257
2008	209	96	–3 026	–206	769	1 791	–3 865	–3 412	–488
2009	82	–457	–3 163	1 764	2 253	492	1 768	250	386
2010	101	–626	–2 407	1 493	2 330	1 746	–1 391	–848	724
2011	262	–885	478	1 152	–1 359	1 018	–2 346	701	–286
2012	544	56	1 385	460	112	4 490	–1 515	–1 994	173
2013	794	859	8 582	5 451	–1 433	315	1 972	–1 409	977
2014	47	–256	7 645	5 776	–166	5 279	85	3 783	91
2015	2 235	978	11 007	–688	–37	–4 552	288	–2 585	–1 510
2016	–913	49	–17 602	3 053	325	–771	–3 953	–1 155	154
2017	–1 481	208	–8 496	–2 489	–108	–6 603	–932	–5 234	74
2018	–429	–1 311	–4 247	–2 972	–505	–11 438	–3 210	–4 324	–1 411

1. 新增资金净流入是指新增销售额的美元价值减去赎回额与净转换交易额之和。

备注：行业基金是指仅投资于在相关领域或特定行业内运营的公司的基金。本系列不含主要投资于其他共同基金的基金数据。

表5.14

行业共同基金：基金数量和份额类别数量（按基金类型划分）

2000—2018年年末数据（单位：只）

基金数量

年份	消费品	金融	健康	自然资源	贵金属	房地产	技术/电信	公用事业	其他行业
2000	7	34	38	17	12	74	132	34	16
2001	9	41	57	16	11	75	152	40	17
2002	12	42	63	14	12	79	143	35	19
2003	11	38	58	15	12	91	123	33	19
2004	14	40	59	16	12	94	114	34	20
2005	14	41	53	17	12	93	103	32	19
2006	18	40	57	19	13	97	107	38	23
2007	19	40	52	19	12	96	98	39	25
2008	19	38	48	20	12	92	88	41	22
2009	19	36	41	19	12	90	79	37	23
2010	19	35	38	20	12	87	74	35	21
2011	19	32	34	24	11	83	69	33	21
2012	20	33	35	26	12	84	66	36	24
2013	19	32	35	30	12	87	68	41	24
2014	19	31	34	34	12	87	67	37	24
2015	19	31	34	42	12	90	67	39	24
2016	19	30	34	42	12	89	67	39	23
2017	20	30	34	44	11	88	67	38	23
2018	20	31	36	47	11	88	69	37	23

份额类别数量

年份	消费品	金融	健康	自然资源	贵金属	房地产	技术/电信	公用事业	其他行业
2000	12	73	91	29	20	151	283	75	23
2001	17	88	145	28	22	156	345	89	25
2002	22	92	171	25	25	171	345	91	28
2003	19	85	155	32	27	213	288	88	28
2004	27	92	159	33	28	237	277	91	29
2005	26	95	137	37	28	240	259	94	27
2006	33	93	147	40	31	246	265	107	37
2007	41	95	132	46	35	252	248	113	42
2008	42	91	124	51	38	246	218	116	33
2009	42	80	101	49	38	246	199	104	41
2010	42	79	97	53	39	246	190	96	36
2011	43	72	80	70	34	238	184	89	36
2012	47	73	83	80	37	241	182	100	43
2013	41	72	83	92	35	256	188	109	44
2014	41	70	80	101	35	266	181	96	40
2015	39	70	80	135	35	281	180	101	39
2016	37	72	79	136	33	275	178	101	36
2017	39	74	78	141	31	269	181	101	36
2018	39	78	85	149	33	270	187	99	37

备注：行业基金是指仅投资于在相关领域或特定行业内运营的公司的基金。本系列不含主要投资于其他共同基金的基金数据。

表5.15

目标日期共同基金和生活方式共同基金[1]：净资产总额、新增资金净流入、基金数量和份额类别数量

1997—2018年年末数据

年份	净资产总额 年末数据（单位：百万美元） 合计	目标日期[3]	生活方式[4]	新增资金净流入[2] 年末数据（单位：百万美元） 合计	目标日期[3]	生活方式[4]	基金数量 年末数据（单位：只） 合计	目标日期[3]	生活方式[4]	份额类别数量 年末数据（单位：只） 合计	目标日期[3]	生活方式[4]
1997	14 314	1 133	13 181	4 138	128	4 010	77	9	68	141	14	127
1998	25 413	4 158	21 255	6 013	1 097	4 916	110	14	96	199	20	179
1999	34 753	6 492	28 261	4 927	1 318	3 609	130	16	114	239	26	213
2000	39 716	8 215	31 501	7 583	3 553	4 030	146	21	125	279	36	243
2001	45 467	11 761	33 706	7 696	3 884	3 812	147	22	125	351	67	284
2002	49 425	14 433	34 992	8 095	3 768	4 327	171	22	149	431	67	364
2003	81 733	25 374	56 359	19 040	7 252	11 788	192	42	150	499	105	394
2004	129 170	43 135	86 035	28 336	12 851	15 485	241	81	160	740	248	492
2005	202 062	70 476	131 585	57 182	22 122	35 059	325	124	201	1 131	449	682
2006	303 656	113 807	189 849	66 805	33 101	33 704	423	181	242	1 562	770	792
2007	420 912	182 973	237 939	91 919	56 211	35 708	495	246	249	1 834	1 038	796
2008	335 491	159 900	175 591	54 444	41 917	12 527	614	339	275	2 217	1 369	848
2009	486 605	255 655	230 950	52 116	43 441	8 674	644	380	264	2 353	1 516	837
2010	603 991	339 836	264 155	48 609	44 425	4 184	639	378	261	2 330	1 494	836
2011	637 927	375 881	262 046	40 468	41 552	−1 084	677	413	264	2 491	1 623	868
2012	773 388	480 800	292 588	50 272	52 932	−2 660	683	429	254	2 601	1 753	848
2013	976 850	618 061	358 789	55 255	52 941	2 314	763	492	271	2 934	2 034	900
2014	1 098 026	702 702	395 324	41 671	44 588	−2 918	816	542	274	3 086	2 176	910
2015	1 135 315	762 789	372 526	52 766	66 349	−13 582	869	599	270	3 266	2 353	913
2016	1 258 736	886 686	372 050	41 159	64 929	−23 770	913	641	272	3 393	2 469	924
2017	1 514 844	1 115 766	399 078	38 225	67 581	−29 355	886	632	254	3 398	2 505	893
2018	1 449 111	1 100 889	348 222	21 965	53 140	−31 175	935	685	250	3 683	2 811	872

1. 各类别都包含主要投资于其他基金的基金数据。
2. 新增资金净流入是指新增销售额的美元价值减去赎回额与净转换交易额之和。
3. 目标日期基金旨在满足投资者关于特定目标日期的投资目标，目标日期通常包括在基金名称中。这些基金投资于各类资产组合类别，通常会在接近或超过目标日期时对投资组合进行再平衡，使其更偏于保守并创造更多收益。
4. 生活方式基金维持事先确定的风险水平，且通常在名称中用“保守型”“稳健型”或“进取型”等字眼来形容其风险水平。

备注：由于四舍五入，各数相加可能与总数略有出入。

表5.16

目标日期共同基金和生活方式共同基金[1]：新增资金净流入[2]的组成部分

1997—2018年年度数据（单位：百万美元）

	销售额						赎回额					
	新增销售额[3]			转换交易销售额[4]			定期赎回额[5]			转换交易赎回额[6]		
年份	合计	目标日期[7]	生活方式[8]	合计	目标日期[7]	生活方式[8]	合计	目标日期[7]	生活方式[8]	合计	目标日期[7]	生活方式[8]
1997	5 580	453	5 127	1 066	0	1 066	1 763	325	1 438	746	0	746
1998	8 853	1 175	7 679	2 782	1 335	1 448	3 557	589	2 968	2 066	823	1 243
1999	10 660	1 712	8 948	3 142	1 682	1 460	6 099	909	5 190	2 776	1 167	1 609
2000	15 032	3 796	11 236	4 620	2 530	2 089	8 296	1 306	6 990	3 772	1 467	2 305
2001	15 408	4 624	10 784	4 179	2 519	1 660	8 510	1 601	6 909	3 381	1 658	1 723
2002	18 235	5 171	13 064	3 691	2 288	1 403	10 901	2 180	8 721	2 930	1 511	1 419
2003	27 581	7 984	19 597	5 321	3 368	1 953	11 038	2 383	8 655	2 824	1 717	1 107
2004	41 670	16 261	25 409	8 713	5 398	3 315	17 571	6 113	11 458	4 477	2 696	1 781
2005	77 129	26 503	50 625	11 647	7 618	4 029	25 921	8 467	17 454	5 673	3 532	2 141
2006	89 517	39 781	49 736	17 113	11 123	5 990	31 240	12 448	18 792	8 586	5 356	3 230
2007	137 678	76 013	61 665	23 456	17 011	6 445	56 645	28 346	28 299	12 570	8 468	4 102
2008	127 548	78 569	48 978	22 099	16 120	5 979	73 889	38 397	35 492	21 314	14 375	6 938
2009	118 488	80 350	38 138	15 172	11 554	3 618	68 215	39 410	28 805	13 329	9 053	4 277
2010	149 986	107 631	42 356	20 606	16 623	3 983	104 959	67 392	37 567	17 025	12 437	4 588
2011	172 552	131 665	40 887	22 271	17 914	4 356	132 011	90 813	41 198	22 343	17 215	5 129
2012	182 816	143 661	39 155	19 667	15 988	3 680	133 104	92 090	41 014	19 107	14 626	4 481
2013	217 811	171 396	46 415	30 989	25 301	5 687	167 030	121 606	45 424	26 514	22 150	4 364
2014	240 323	186 214	54 109	33 593	28 093	5 500	187 366	129 060	58 306	44 878	40 658	4 221
2015	279 536	239 289	40 247	45 530	40 479	5 051	220 966	166 823	54 143	51 333	46 596	4 737
2016	279 449	241 381	38 068	35 211	30 891	4 320	230 522	169 536	60 986	42 979	37 806	5 172
2017	316 018	286 073	29 945	38 014	33 235	4 779	268 585	209 194	59 390	47 222	42 534	4 688
2018	337 950	309 638	28 312	47 701	42 895	4 805	302 239	243 092	59 147	61 446	56 301	5 145

1. 各类别都包含主要投资于其他基金的基金数据。
2. 新增资金净流入是指新增销售额的美元价值减去赎回额与净转换交易额之和。
3. 新增销售额是指新购买的共同基金份额的美元价值。这不包括通过已有账户股息再投资而购买的份额。
4. 转换交易销售额是指将共同基金份额转换为同一基金组别中其他基金的美元价值。
5. 定期赎回额是指份额持有人清算的共同基金份额的美元价值。
6. 转换交易赎回额是指赎回并投资于同一基金组别中其他基金的共同基金份额价值。
7. 目标日期基金旨在满足投资者关于特定目标日期的投资目标，目标日期通常包括在基金名称中。这些基金投资于各类资产组合类别，通常会在接近或超过目标日期时对投资组合进行再平衡，使其更偏于保守并创造更多收益。
8. 生活方式基金维持事先确定的风险水平，且通常在名称中用“保守型”“稳健型”或“进取型”等字眼来形容其风险水平。

备注：由于四舍五入，各数相加可能与总数略有出入。

表5.17

可变年金共同基金：净资产总额、新增资金净流入和基金数量

1997—2018年年末数据

年份	净资产总额 年末数据（单位：百万美元）				新增资金净流入[1] 年末数据（单位：百万美元）				基金数量 年末数据（单位：只）			
	合计	股票型	混合型和债券型	货币市场	合计	股票型	混合型和债券型	货币市场	合计	股票型	混合型和债券型	货币市场
1997	473 331	364 286	92 571	16 474	40 468	33 743	6 316	410	937	535	323	79
1998	615 152	474 961	116 337	23 853	44 252	27 853	10 359	6 040	1 161	702	377	82
1999	818 712	656 759	128 221	33 732	38 580	30 747	–455	8 288	1 350	866	403	81
2000	816 766	652 387	131 341	33 037	48 465	58 318	–7 791	–2 063	1 559	1 049	430	80
2001	741 998	558 511	138 730	44 756	21 373	4 755	7 931	8 687	1 735	1 238	408	89
2002	638 928	438 598	152 260	48 070	–1 066	–12 627	11 234	327	1 897	1 385	420	92
2003	837 408	619 012	182 744	35 652	29 735	34 966	6 919	–12 150	1 885	1 362	435	88
2004	973 910	738 444	202 106	33 361	33 505	33 592	2 595	–2 683	1 881	1 351	443	87
2005	1 072 894	822 105	217 090	33 699	16 404	13 254	4 449	–1 299	1 882	1 356	443	83
2006	1 266 689	975 362	249 135	42 192	29 558	16 878	7 178	5 501	1 922	1 389	452	81
2007	1 397 953	1 052 793	292 437	52 723	31 640	1 631	22 758	7 251	1 895	1 364	453	78
2008	928 316	598 560	254 786	74 971	–6 398	–30 780	4 844	19 538	1 895	1 368	448	79
2009	1 185 798	791 759	336 742	57 296	9 756	–3 518	32 081	–18 806	1 824	1 303	448	73
2010	1 338 575	886 357	403 664	48 554	–2 563	–25 434	32 581	–9 711	1 773	1 256	447	70
2011	1 297 419	799 921	448 654	48 844	–21 463	–48 327	26 756	107	1 732	1 220	449	63
2012	1 439 798	875 004	520 862	43 932	–31 892	–55 367	28 607	–5 132	1 724	1 195	469	60
2013	1 667 318	1 050 470	577 056	39 792	–53 809	–61 392	10 221	–2 638	1 733	1 180	496	57
2014	1 708 123	1 065 125	605 874	37 124	–67 157	–58 536	–5 957	–2 665	1 729	1 150	523	56
2015	1 634 720	1 006 454	589 223	39 043	–65 126	–53 813	–13 119	1 806	1 705	1 126	526	53
2016	1 672 237	1 027 850	608 496	35 892	–81 181	–64 863	–13 981	–2 337	1 681	1 102	536	43
2017	1 825 018	1 156 265	636 558	32 196	–116 215	–89 763	–22 585	–3 867	1 679	1 094	542	43
2018	1 624 919	997 734	588 880	38 305	–122 918	–91 075	–37 525	5 681	1 713	1 116	555	42

1. 新增资金净流入是指新增销售额的美元价值减去赎回额与净转换交易额之和。

备注：本类别包括通过可变年金和可变人寿保险合约提供的共同基金。本系列不包括主要投资于其他共同基金的基金数据。由于四舍五入，各数相加可能与总数略有出入。

表5.18

可变年金共同基金：新增资金净流入[1]的组成部分

1997—2018年年度数据（单位：百万美元）

年份	销售额								赎回额							
	新增销售额[2]				转换交易额[3]				定期赎回[4]				转换交易赎回[5]			
	合计	股票型	混合型和债券型	货币市场	合计	股票型	混合型和债券型	货币市场	合计	股票型	混合型和债券型	货币市场	合计	股票型	混合型和债券型	货币市场
1997	105 219	67 005	15 290	22 923	24 210	13 017	2 348	8 846	65 375	33 408	9 905	22 061	23 586	12 871	1 417	9 298
1998	141 460	83 456	23 224	34 780	37 134	18 964	5 502	12 668	99 142	54 025	14 963	30 153	35 199	20 542	3 403	11 254
1999	212 005	130 891	22 002	59 112	40 818	22 080	2 985	15 753	174 368	100 372	22 268	51 728	39 875	21 853	3 174	14 849
2000	334 926	222 937	20 125	91 863	36 326	22 822	1 852	11 652	287 216	166 174	27 481	93 561	35 571	21 267	2 288	12 017
2001	346 078	197 776	33 674	114 628	31 716	15 927	5 185	10 604	325 797	191 027	27 582	107 189	30 623	17 921	3 346	9 356
2002	342 105	183 693	48 156	110 256	34 170	16 428	7 160	10 583	343 917	194 173	38 802	110 942	33 425	18 574	5 281	9 570
2003	282 544	169 038	54 378	59 128	28 791	15 307	5 944	7 540	253 156	136 059	46 629	70 468	28 444	13 319	6 774	8 351
2004	261 715	170 082	46 592	45 042	26 407	14 396	5 711	6 300	228 278	136 344	44 382	47 552	26 340	14 543	5 325	6 472
2005	246 396	162 387	48 220	35 789	19 598	10 599	3 403	5 595	230 118	148 067	44 472	37 578	19 472	11 666	2 702	5 104
2006	280 053	191 694	51 513	36 846	22 318	10 823	3 425	8 070	250 470	173 262	44 348	32 859	22 344	12 376	3 412	6 555
2007	343 148	218 037	73 775	51 336	37 045	19 701	8 247	9 097	317 002	215 663	55 851	45 488	31 550	20 444	3 413	7 693
2008	379 879	197 960	93 750	88 169	25 445	11 112	5 114	9 220	389 907	227 288	90 474	72 144	21 816	12 564	3 546	5 706
2009	312 302	150 896	99 879	61 528	22 650	14 589	3 767	4 294	302 418	154 620	69 567	78 231	22 778	14 382	1 999	6 397
2010	337 225	164 907	139 353	32 964	17 325	6 755	6 742	3 828	339 535	188 579	108 555	42 401	17 578	8 517	4 959	4 102
2011	331 149	144 557	150 371	36 221	16 262	6 816	6 865	2 582	352 624	189 860	125 864	36 900	16 251	9 840	4 616	1 795
2012	309 793	128 108	153 109	28 575	14 231	10 720	2 102	1 410	340 829	181 579	125 427	33 824	15 087	12 616	1 178	1 293
2013	296 779	142 685	123 346	30 748	23 171	14 353	5 960	2 859	348 940	201 508	112 565	34 867	24 819	16 922	6 520	1 377
2014	257 643	132 904	96 537	28 201	9 559	4 669	1 574	3 316	324 217	189 773	103 400	31 043	10 142	6 335	668	3 139
2015	267 129	137 141	97 627	32 361	16 398	6 576	6 187	3 635	332 646	190 532	111 026	31 089	16 007	6 998	5 907	3 102
2016	268 900	124 422	111 350	33 127	12 088	4 948	3 995	3 145	350 567	187 786	126 687	36 094	11 603	6 448	2 639	2 515
2017	203 106	109 668	64 526	28 912	13 418	7 226	2 936	3 256	319 440	197 914	88 680	32 846	13 298	8 743	1 367	3 189
2018	228 111	120 444	70 324	37 343	18 723	11 015	3 683	4 026	351 039	210 390	108 063	32 586	18 713	12 143	3 469	3 102

1. 新增资金净流入是指新增销售额的美元价值减去赎回额与净转换交易额之和。
2. 新增销售额是指新购买的共同基金份额的美元价值。这不包括通过已有账户股息再投资而购买的份额。
3. 转换交易销售额是指将共同基金份额转换为同一基金组别中其他基金的美元价值。
4. 定期赎回额是指份额持有人清算的共同基金份额的美元价值。
5. 转换交易赎回额是指赎回并投资于同一基金组别中其他基金的共同基金份额价值。

备注：本类别包含通过可变年金和可变人寿保险合约提供的共同基金。本系列不包括主要投资于其他共同基金的基金数据。由于四舍五入，各数相加可能与总数略有出入。

章节

06 美国共同基金行业的机构投资者

表6.1

共同基金：个人账户和机构账户持有的净资产总额

2003—2018年年末数据（单位：百万美元）

年份	合计	股票型基金	混合型基金	债券型基金	货币市场基金
合计					
2003	7 398 752	3 652 839	447 530	1 258 989	2 039 393
2004	8 093 274	4 342 123	552 250	1 297 200	1 901 700
2005	8 888 704	4 884 874	621 477	1 355 533	2 026 820
2006	10 395 237	5 831 591	731 503	1 493 693	2 338 451
2007	11 995 194	6 412 592	821 474	1 675 628	3 085 500
2008	9 618 691	3 654 545	562 262	1 569 652	3 832 232
2009	11 108 970	4 871 520	717 580	2 203 977	3 315 893
2010	11 831 058	5 596 172	842 198	2 589 174	2 803 514
2011	11 630 371	5 212 786	883 980	2 842 683	2 690 921
2012	13 053 590	5 938 757	1 032 462	3 389 202	2 693 169
2013	15 048 935	7 762 556	1 284 695	3 283 876	2 717 808
2014	15 876 621	8 313 989	1 379 201	3 458 790	2 724 641
2015	15 657 868	8 149 607	1 341 466	3 412 051	2 754 743
2016	16 353 457	8 577 266	1 399 866	3 648 187	2 728 137
2017	18 763 962	10 305 955	1 545 365	4 065 338	2 847 304
2018	17 706 870	9 224 755	1 383 259	4 061 817	3 037 039
个人账户					
2003	6 550 988	3 463 087	435 095	1 166 076	1 486 729
2004	7 201 792	4 093 108	536 248	1 203 913	1 368 522
2005	7 800 523	4 576 081	600 435	1 233 422	1 390 585
2006	9 095 808	5 436 666	704 117	1 356 239	1 598 787
2007	10 388 178	5 985 979	792 338	1 518 061	2 091 800
2008	7 866 074	3 405 816	544 231	1 425 168	2 490 860
2009	9 292 487	4 503 071	693 741	2 007 495	2 088 179
2010	10 063 201	5 132 817	808 656	2 338 153	1 783 575
2011	9 937 535	4 780 238	845 148	2 578 064	1 734 084
2012	11 241 280	5 450 552	990 241	3 066 675	1 733 812
2013	13 065 406	7 156 868	1 226 873	2 954 976	1 726 688
2014	13 760 657	7 652 783	1 319 191	3 105 100	1 683 583
2015	13 529 337	7 488 211	1 283 710	3 055 443	1 701 973
2016	14 189 547	7 886 148	1 341 319	3 273 257	1 688 823
2017	16 336 752	9 466 327	1 481 521	3 635 583	1 753 321
2018[1]	15 383 262	8 468 854	1 328 848	3 650 544	1 935 015
机构账户[2]					
2003	847 764	189 752	12 435	92 913	552 664
2004	891 482	249 015	16 002	93 287	533 178
2005	1 088 181	308 793	21 042	122 111	636 235
2006	1 299 429	394 925	27 386	137 454	739 664
2007	1 607 016	426 613	29 136	157 567	993 700
2008	1 752 617	248 729	18 031	144 484	1 341 372
2009	1 816 483	368 449	23 839	196 482	1 227 714
2010	1 767 857	463 355	33 542	251 021	1 019 939
2011	1 692 836	432 548	38 832	264 619	956 837
2012	1 812 310	488 205	42 221	322 527	959 357
2013	1 983 529	605 688	57 822	328 900	991 120
2014	2 115 964	661 206	60 010	353 690	1 041 058
2015	2 128 531	661 396	57 756	356 608	1 052 770
2016	2 163 910	691 118	58 547	374 930	1 039 314
2017	2 427 210	839 628	63 844	429 755	1 093 983
2018[1]	2 323 608	755 901	54 411	411 273	1 102 024

1. 初步数据。
2. 机构账户包括企业、金融机构或非营利性组织等机构开立的账户。机构账户不包括由经纪自营商签发的个人主要账户。

备注：本系列不包括主要投资于其他共同基金的基金数据。由于四舍五入，各数相加可能与总数略有出入。

表6.2

共同基金：机构投资者净资产总额（按机构类型和基金类型划分）

2008—2018年年末数据（单位：百万美元）

年份		合计	商业公司	金融机构[1]	非营利性组织	其他[2]
2008	**合计**	**1 752 617**	**904 516**	**497 226**	**135 471**	**215 403**
	股票型	248 729	70 685	65 085	33 126	79 833
	混合型	18 031	5 702	5 708	2 717	3 904
	债券型	144 484	29 131	28 669	22 808	63 877
	货币市场	1 341 372	798 998	397 765	76 820	67 789
2009	**合计**	**1 816 483**	**885 996**	**511 068**	**147 352**	**272 067**
	股票型	368 449	106 010	89 486	44 758	128 195
	混合型	23 839	7 989	7 126	3 665	5 060
	债券型	196 482	46 929	41 564	28 967	79 022
	货币市场	1 227 714	725 069	372 893	69 963	59 790
2010	**合计**	**1 767 857**	**740 811**	**515 903**	**153 296**	**357 847**
	股票型	463 355	120 797	108 785	49 035	184 738
	混合型	33 542	10 953	10 186	4 262	8 142
	债券型	251 021	53 920	54 883	33 426	108 791
	货币市场	1 019 939	555 140	342 048	66 574	56 177
2011	**合计**	**1 692 836**	**681 722**	**488 485**	**146 362**	**376 267**
	股票型	432 548	102 056	95 442	45 288	189 761
	混合型	38 832	12 042	11 390	4 795	10 606
	债券型	264 619	51 793	57 984	36 221	118 621
	货币市场	956 837	515 830	323 670	60 058	57 278
2012	**合计**	**1 812 310**	**684 193**	**519 412**	**152 243**	**456 462**
	股票型	488 205	108 749	98 567	51 677	229 212
	混合型	42 221	11 235	13 949	5 186	11 851
	债券型	322 527	59 297	68 777	40 304	154 149
	货币市场	959 357	504 912	338 120	55 074	61 251
2013	**合计**	**1 983 529**	**745 302**	**548 911**	**165 777**	**523 539**
	股票型	605 688	135 707	121 573	64 253	284 156
	混合型	57 822	15 135	17 240	7 431	18 015
	债券型	328 900	58 967	70 699	35 563	163 670
	货币市场	991 120	535 492	339 399	58 530	57 698
2014	**合计**	**2 115 964**	**800 050**	**579 937**	**180 943**	**555 035**
	股票型	661 206	157 549	125 520	65 481	312 656
	混合型	60 010	15 821	18 065	7 170	18 955
	债券型	353 690	69 078	79 370	39 071	166 171
	货币市场	1 041 058	557 603	356 982	69 221	57 253
2015	**合计**	**2 128 531**	**824 800**	**578 413**	**183 096**	**542 222**
	股票型	661 396	159 465	127 182	62 566	312 184
	混合型	57 756	16 613	19 185	7 621	14 336
	债券型	356 608	72 159	86 100	38 294	160 054
	货币市场	1 052 770	576 563	345 945	74 615	55 647
2016	**合计**	**2 163 910**	**722 280**	**657 204**	**198 602**	**585 824**
	股票型	691 118	164 557	126 441	64 040	336 080
	混合型	58 547	15 510	19 635	8 400	15 001
	债券型	374 930	78 178	90 159	40 332	166 262
	货币市场	1 039 314	464 035	420 969	85 829	68 481
2017	**合计**	**2 427 210**	**778 733**	**741 087**	**213 587**	**693 802**
	股票型	839 628	200 274	165 584	74 603	399 167
	混合型	63 844	16 563	21 400	9 630	16 252
	债券型	429 755	86 237	119 510	42 333	181 675
	货币市场	1 093 983	475 659	434 593	87 022	96 709
2018[3]	**合计**	**2 323 608**	**737 320**	**769 115**	**216 680**	**600 493**
	股票型	755 901	177 729	157 545	67 075	353 553
	混合型	54 411	11 993	19 045	9 172	14 202
	债券型	411 273	81 282	120 937	43 732	165 323
	货币市场	1 102 024	466 316	471 589	96 702	67 416

1. 金融机构包括信用合作社、由非受托人持有的银行账户、保险公司和其他金融组织。

2. 其他机构投资者包括州和地方政府、持有共同基金份额的基金以及其他未分类的机构账户。

3. 初步数据。

备注：本系列不包括主要投资于其他共同基金的基金数据。由于四舍五入，各数相加可能与总数略有出入。

表6.3

应税货币市场基金：机构投资者净资产总额（按机构类型和基金类型划分）

2003—2018年年末数据（单位：百万美元）

年份		合计	商业公司	金融机构[1]	非营利性组织	其他[2]
2003	**合计**	**515 134**	**270 469**	**194 252**	**32 211**	**18 202**
	机构基金	428 443	220 562	173 539	22 473	11 870
	零售基金	86 691	49 907	20 713	9 738	6 333
2004	**合计**	**486 612**	**277 235**	**161 810**	**28 909**	**18 659**
	机构基金	406 634	228 594	146 520	18 934	12 586
	零售基金	79 979	48 641	15 290	9 975	6 073
2005	**合计**	**578 538**	**322 944**	**197 002**	**32 896**	**25 696**
	机构基金	485 039	270 892	172 215	23 666	18 266
	零售基金	93 499	52 052	24 788	9 229	7 430
2006	**合计**	**677 610**	**388 596**	**221 779**	**37 856**	**29 379**
	机构基金	581 580	324 089	208 179	26 698	22 613
	零售基金	96 030	64 507	13 600	11 158	6 766
2007	**合计**	**916 501**	**514 367**	**294 432**	**57 470**	**50 232**
	机构基金	804 418	444 130	273 626	43 408	43 254
	零售基金	112 082	70 237	20 806	14 062	6 977
2008	**合计**	**1 253 699**	**736 035**	**377 962**	**74 803**	**64 899**
	机构基金	1 129 758	659 901	350 944	60 631	58 281
	零售基金	123 941	76 134	27 018	14 171	6 618
2009	**合计**	**1 150 656**	**668 516**	**356 992**	**68 124**	**57 025**
	机构基金	1 052 584	606 631	336 161	57 764	52 029
	零售基金	98 072	61 885	20 831	10 360	4 996
2010	**合计**	**961 045**	**513 038**	**328 890**	**65 252**	**53 865**
	机构基金	872 602	459 592	307 203	56 442	49 365
	零售基金	88 443	53 446	21 687	8 809	4 500
2011	**合计**	**909 996**	**481 122**	**314 508**	**58 686**	**55 680**
	机构基金	822 855	428 513	292 479	50 999	50 864
	零售基金	87 141	52 610	22 029	7 687	4 815
2012	**合计**	**911 741**	**468 745**	**328 348**	**53 961**	**60 686**
	机构基金	835 786	422 874	309 051	47 368	56 492
	零售基金	75 955	45 871	19 297	6 593	4 194
2013	**合计**	**946 812**	**500 390**	**331 652**	**57 568**	**57 202**
	机构基金	875 277	452 859	317 151	55 082	50 186
	零售基金	71 535	47 531	14 501	2 486	7 017
2014	**合计**	**997 775**	**523 025**	**350 410**	**67 707**	**56 632**
	机构基金	928 544	476 948	336 690	65 017	49 889
	零售基金	69 231	46 078	13 720	2 690	6 743
2015	**合计**	**1 010 420**	**542 906**	**339 122**	**73 427**	**54 966**
	机构基金	944 012	499 770	326 717	70 402	47 124
	零售基金	66 408	43 136	12 405	3 025	7 842
2016	**合计**	**1 034 398**	**463 664**	**417 207**	**85 116**	**68 411**
	机构基金	969 598	421 197	407 307	81 571	59 523
	零售基金	64 800	42 467	9 899	3 545	8 888
2017	**合计**	**1 090 365**	**475 354**	**432 088**	**86 317**	**96 605**
	机构基金	1 026 586	433 051	423 285	82 812	87 438
	零售基金	63 779	42 303	8 803	3 505	9 168
2018[3]	**合计**	**1 096 906**	**465 539**	**468 353**	**95 693**	**67 322**
	机构基金	1 005 315	420 217	454 352	91 693	39 053
	零售基金	91 591	45 321	14 000	4 000	28 269

1. 金融机构包括信用合作社、由非受托人持有的银行账户、保险公司和其他金融组织。
2. 其他机构投资者包括州和地方政府、持有共同基金份额的基金以及其他未分类的机构账户。
3. 初步数据。

备注：机构货币市场基金主要出售给机构投资者或机构账户。它包括企业、金融机构或非营利性组织等机构申购的账户。零售货币市场基金主要出售给个人投资者，且包含可变年金共同基金。本系列不含投资于其他共同基金的基金数据。由于四舍五入，各数相加可能与总数略有出入。

章节

07 投资于美国共同基金的退休账户

表7.1

共同基金：DC计划资产和估算新增资金净流入（按基金类型划分）

1997—2018年数据（单位：十亿美元）

	净资产总额 年末数据						新增资金净流入估算值 年度数据					
		股票型基金						股票型基金				
年份	合计	国内	全球	混合型基金	债券型基金	货币市场基金	合计	国内	全球	混合型基金	债券型基金	货币市场基金
1997	775	527	56	73	58	60	67	45	11	7	6	–3
1998	993	688	67	91	72	76	77	44	4	6	11	11
1999	1 293	914	109	102	76	92	70	45	8	2	4	11
2000	1 284	884	115	108	80	96	85	68	22	–1	–3	–1
2001	1 226	789	96	118	104	119	91	39	2	12	19	18
2002	1 101	631	85	114	139	132	78	26	6	7	27	12
2003	1 422	867	124	154	155	122	50	37	7	13	4	–11
2004	1 656	1 017	172	195	163	110	71	40	21	22	2	–14
2005	1 880	1 105	229	255	178	112	97	13	27	46	10	（*）
2006	2 222	1 247	334	326	192	124	91	–5	47	36	6	8
2007	2 492	1 298	422	403	217	152	94	–29	35	52	13	22
2008	1 710	755	222	309	225	198	35	–39	–15	32	17	40
2009	2 194	982	322	429	291	170	40	–11	12	32	36	–29
2010	2 507	1 130	370	520	341	146	31	–12	7	34	29	–26
2011	2 472	1 070	321	554	373	154	17	–40	–2	36	15	8
2012	2 846	1 210	377	664	441	154	36	–38	–3	40	38	（*）
2013	3 473	1 619	477	809	419	149	56	13	26	36	–15	–5
2014	3 701	1 759	491	874	438	140	18	–17	25	17	3	–10
2015	3 634	1 692	501	888	413	141	–40	–66	25	23	–21	（*）
2016	3 849	1 777	514	988	441	130	–58	–87	–5	32	12	–10
2017	4 543	2 059	687	1 177	497	123	–3	–87	29	26	36	–7
2018	4 191	1 860	592	1 110	497	133	–59	–76	3	3	2	8

备注：（*）数值在–5亿美元至5亿美元之间。本系列数据包含主要投资于其他共同基金的基金数据。由于四舍五入，各数相加可能与总数略有出入。

表7.2

共同基金：IRA资产和估算新增资金净流入（按基金类型划分）

1997—2018年数据（单位：十亿美元）

年份	净资产总额 年末数据						新增资金净流入估算值 年度数据					
	股票型基金						股票型基金					
	合计	国内	全球	混合型基金	债券型基金	货币市场基金	合计	国内	全球	混合型基金	债券型基金	货币市场基金
1997	785	442	79	84	90	90	67	54	7	5	7	−6
1998	996	586	93	98	105	114	90	50	6	3	12	19
1999	1 274	796	137	103	107	132	66	53	2	−1	1	11
2000	1 263	781	135	104	107	136	64	68	14	−9	−6	−4
2001	1 203	699	111	110	131	153	70	34	−2	8	20	10
2002	1 089	548	93	110	174	164	56	3	（*）	10	34	9
2003	1 388	749	131	162	196	151	50	30	4	24	7	−15
2004	1 597	861	176	218	204	138	59	19	20	37	−1	−15
2005	1 781	932	231	264	210	144	64	3	24	34	2	1
2006	2 143	1 067	324	340	233	179	110	5	36	31	11	27
2007	2 437	1 125	410	409	269	224	124	−14	33	45	24	36
2008	1 694	653	220	288	259	273	−4	−43	−17	1	14	41
2009	2 116	834	307	372	374	229	24	−18	3	13	69	−44
2010	2 420	948	368	444	456	204	41	−18	11	26	47	−26
2011	2 411	895	314	495	496	213	25	−38	−11	45	21	9
2012	2 756	1 010	354	583	592	217	39	−33	−15	28	53	5
2013	3 390	1 358	444	716	577	230	89	23	24	44	−14	12
2014	3 526	1 478	456	789	584	219	19	−11	16	37	−11	−10
2015	3 495	1 458	461	785	575	216	4	−17	16	8	（*）	−3
2016	3 710	1 547	461	834	623	244	−36	−57	−17	−10	20	29
2017	4 282	1 796	601	942	703	240	−13	−68	16	−9	53	−5
2018	3 976	1 641	512	862	696	266	−76	−53	−11	−31	−4	22

备注：（*）数值在−5亿美元至5亿美元之间。本系列数据包含主要投资于其他共同基金的基金数据。由于四舍五入，各数相加可能与总数略有出入。

章节

08 全球受监管开放式基金总规模

表8.1
全球受监管开放式基金：净资产总额
2013—2018年年末数据（单位：百万美元）

	2013	2014	2015	2016	2017	2018
全球	**36 432 940**	**38 141 673**	**38 253 006**	**40 643 821**	**49 303 348**	**46 699 696**
美洲	**18 917 229**	**20 077 066**	**19 628 150**	**21 187 291**	**24 898 007**	**23 639 819**
阿根廷	11 179	15 630	16 435	20 189	29 213	15 902
巴西	1 014 115	989 542	743 530	1 060 904	1 238 039	1 211 436
加拿大	999 960	1 047 840	954 305	1 080 632	1 292 023	1 163 469
智利	39 291	44 166	39 898	46 214	54 744	52 497
哥斯达黎加	1 933	2 092	2 533	2 297	2 446	2 119
墨西哥	120 518	119 504	105 940	92 429	109 449	109 729
特立尼达和多巴哥	6 586	7 121	6 983	6 781	7 426	7 131
美国	16 723 647	17 851 171	17 758 526	18 877 845	22 164 667	21 077 536
欧洲	**13 601 725**	**13 804 517**	**13 732 581**	**14 112 401**	**17 725 155**	**16 478 499**
奥地利	194 932	165 084	151 199	150 939	179 198	165 036
比利时	93 389	100 790	92 115	84 294	109 190	98 098
保加利亚	504	496	440	548	770	822
克罗地亚	N/A	2 058	1 975	2 571	2 982	2 977
塞浦路斯	N/A	N/A	N/A	248	1 581	2 803
捷克共和国	5 302	5 746	7 812	8 901	12 823	12 514
丹麦	118 702	120 844	111 509	116 910	145 837	138 232
芬兰	103 602	86 397	88 351	93 757	110 998	100 005
法国	2 115 410	1 940 490	1 832 073	1 880 335	2 313 588	2 074 766
德国	1 934 468	1 842 547	1 799 754	1 893 722	2 312 051	2 198 505
希腊	6 742	5 256	4 292	4 111	5 390	4 744
匈牙利	18 138	15 980	14 825	14 582	16 983	15 486
爱尔兰	1 845 040	2 003 956	2 052 437	2 197 533	2 873 630	2 772 568
意大利	223 023	217 363	207 867	203 384	260 385	236 504
列支敦士登	41 915	45 792	44 938	45 624	54 674	50 871
卢森堡	3 606 847	3 757 624	3 817 201	3 901 304	4 988 625	4 654 017
马耳他	4 468	4 423	3 808	2 739	3 437	3 185
荷兰	781 020	801 397	729 096	771 988	923 269	858 681
挪威	109 325	112 223	102 526	113 957	138 737	138 053
波兰	29 515	34 177	32 286	29 572	41 450	39 769
葡萄牙	28 222	15 786	14 685	13 149	15 361	13 572
罗马尼亚	4 000	4 932	5 038	5 072	5 827	4 726
俄罗斯	3 589	1 288	1 383	2 099	3 207[1]	N/A
斯洛伐克	5 954	6 514	6 202	6 205	7 889	7 563
斯洛文尼亚	2 506	2 550	2 448	2 528	3 106	2 750
西班牙	268 380	274 072	274 715	280 826	351 307	324 856
瑞典	255 822	283 683	279 977	286 412	355 957	336 156
瑞士	425 662	436 431	457 162	475 838	558 769	530 976
土耳其	14 078	15 310	12 887	12 277	13 185	7 407
英国	1 361 170	1 501 308	1 583 580	1 510 976	1 914 949	1 682 857

表8.1—续上表
全球受监管开放式基金：净资产总额
2013—2018年年末数据（单位：百万美元）

	2013	2014	2015	2016	2017	2018
亚洲和太平洋地区	**3 771 118**	**4 113 616**	**4 770 207**	**5 198 307**	**6 498 424**	**6 426 383**
澳大利亚	1 624 081	1 610 811	1 545 426	1 791 800	2 149 932	1 946 433
中国	486 516	749 708	1 263 130	1 227 540	1 688 981	1 768 597
印度	109 558	136 834	168 186	216 805	307 387	296 868
日本	1 161 194	1 177 233	1 335 924	1 470 910	1 759 449	1 804 509
韩国	285 172	330 168	343 293	370 600	451 886	463 144
新西兰	34 185	41 559	41 908	48 623	57 441	59 364
巴基斯坦	3 464	4 156	4 164	5 360	4 591	3 653
菲律宾	4 662	5 098	5 029	4 896	5 922	4 877
非洲	**142 868**	**146 474**	**122 068**	**145 822**	**181 762**	**154 995**
南非	142 868	146 474	122 068	145 822	181 762	154 995

1.年末数据不可得。数据截至9月份。

备注：N/A =不可得。由于四舍五入，各数相加可能与总数略有出入。受监管开放式基金包括共同基金、交易所交易基金（ETF）和机构基金。加拿大数据自2017年开始包含ETF，中国数据自2015年开始包含ETF。自2014年开始，巴西、智利、韩国以及欧洲管辖区（如适用）的数据包括ETF。新西兰、特立尼达和多巴哥的数据包含境内和境外注册的基金。除另有说明外，组合型基金均不在统计之列。克罗地亚、塞浦路斯、法国、爱尔兰、卢森堡、荷兰、挪威、罗马尼亚、西班牙和土耳其数据都包括组合型基金，但没有单独提供有关组合型基金的数据。芬兰、德国和意大利的数据自2014年开始，马耳他自2013年开始，瑞士自2012年开始，不含组合型基金。斯洛伐克数据自2014年开始包含组合型基金。荷兰在2011年至2014年之间的数据根据欧洲中央银行和国际投资基金业协会（IIFA）的资料估算得出。

资料来源：国际投资基金业协会（IIFA）。

表8.2
全球受监管开放式基金：基金数量
2013—2018年年末数据（单位：只）

	2013	2014	2015	2016	2017	2018
全球	**97 939**	**101 686**	**106 675**	**110 790**	**113 930**	**118 978**
美洲	**23 263**	**24 727**	**25 610**	**26 361**	**27 266**	**28 379**
阿根廷	297	302	346	420	487	544
巴西	7 721	8 560	8 783	9 224	9 774	10 257
加拿大	3 248	3 506	3 657	3 754	3 867	4 086
智利	2 385	2 418	2 500	2 539	2 673	2 726
哥斯达黎加	66	66	65	67	67	71
墨西哥	487	486	499	524	553	575
特立尼达和多巴哥	43	43	44	44	45	54
美国	9 016	9 346	9 716	9 789	9 800	10 066
欧洲	**52 216**	**51 724**	**53 212**	**53 513**	**54 842**	**56 036**
奥地利	1 842	1 629	1 596	1 575	1 580	1 603
比利时	1 446	1 231	1 164	962	890	735
保加利亚	98	104	104	110	116	123
克罗地亚	N/A	82	85	89	94	96
塞浦路斯	N/A	N/A	N/A	30	46	69
捷克共和国	88	108	128	129	147	159
丹麦	510	526	532	558	565	599
芬兰	492	383	371	372	380	404
法国	11 392	11 273	11 122	10 952	10 860	10 804
德国	5 917	5 503	5 604	5 678	5 863	6 149
希腊	166	143	139	135	146	175
匈牙利	369	307	316	306	306	298
爱尔兰	5 599	5 833	6 201	6 470	6 831	7 285
意大利	784	687	713	760	832	866
列支敦士登	923	946	1 184	1 287	1 367	1 566
卢森堡	13 685	13 849	14 108	14 211	14 728	14 898
马耳他	114	110	130	126	140	143
荷兰	501	561	1 015	1 014	991	931
挪威	573	619	700	720	754	865
波兰	331	398	391	423	428	440
葡萄牙	243	184	171	152	131	136
罗马尼亚	64	72	74	75	74	78
俄罗斯	443	378	340	296	284[1]	N/A
斯洛伐克	77	87	88	87	87	86
斯洛文尼亚	114	110	109	102	98	98
西班牙	2 374	2 235	2 238	2 342	2 332	2 584
瑞典	493	522	471	496	519	528
瑞士	795	843	860	858	918	887
土耳其	373	404	387	396	387	398
英国	2 410	2 597	2 871	2 802	2 948	3 033

表8.2—续上表

全球受监管开放式基金：基金数量

2013—2018年年末数据（单位：只）

	2013	2014	2015	2016	2017	2018
亚洲和太平洋地区	**21 398**	**24 064**	**26 526**	**29 396**	**30 196**	**32 996**
澳大利亚	N/A	N/A	N/A	N/A	N/A	N/A
中国	1 494	1 862	2 558	3 564	4 361	4 957
印度	738	768	804	795	807	831
日本	7 827	8 778	9 820	10 915	11 662	12 294
韩国	9 876	11 235	11 918	12 626	11 828	13 258
新西兰	694	632	609	615	587	629
巴基斯坦	152	159	160	171	177	192
菲律宾	47	53	55	57	60	61
非洲	**1 062**	**1 171**	**1 327**	**1 520**	**1 626**	**1 567**
南非	1 062	1 171	1 327	1 520	1 626	1 567

1. 年末数据不可得。数据截至9月份。

备注：N/A =不可得。受监管开放式基金包括共同基金、交易所交易基金（ETF）和机构基金。加拿大数据自2017年开始包含ETF，中国数据自2015年开始包含ETF。自2014年开始，巴西、智利、韩国以及欧洲管辖区（如适用）的数据包括ETF。新西兰、特立尼达和多巴哥的数据包含境内和境外注册基金。除另有说明外，组合型基金均不在统计之列。克罗地亚、塞浦路斯、法国、爱尔兰、卢森堡、荷兰、挪威、罗马尼亚、西班牙和土耳其数据都包含组合型基金，但没有单独提供组合型基金的数据。芬兰、德国和意大利的数据自2014年开始，马耳他自2013年开始，瑞士自2012年开始，不含组合型基金。斯洛伐克数据自2014年开始包含组合型基金。荷兰在2011年至2014年之间的数据根据欧洲中央银行和国际投资基金业协会（IIFA）的资料估算得出。

资料来源：国际投资基金业协会（IIFA）。

表8.3

全球受监管开放式基金：净销售额

2013—2018年年末数据（单位：百万美元）

	2013	2014	2015	2016	2017	2018
全球	**1 269 300**	**1 819 484**	**1 992 119**	**1 220 148**	**2 720 586**	**1 051 748**
美洲	**663 849**	**688 914**	**469 936**	**393 156**	**1 094 025**	**504 281**
阿根廷	N/A	4 511[1]	4 421	3 248	7 018	–1 641
巴西	33 893	1 886	13 531	33 568	86 648	22 893
加拿大	69 950	99 319	95 126	65 000	84 526	53 699
智利	5 394	8 550	983	3 269	3 422	5 618
哥斯达黎加	–305	341	427	–511[1]	N/A	N/A
墨西哥	7 705	10 442	–1 226	782	5 612	–1 706
特立尼达和多巴哥	–13	292	–23	17	10	37
美国	547 225	563 573	356 697	287 783	906 789	425 381
欧洲	**462 388**	**809 914**	**738 833**	**476 007**	**1 013 035**	**307 343**
奥地利	–40	4 688	3 198	–370	3 510	256
比利时	N/A	N/A	N/A	N/A	N/A	N/A
保加利亚	129	36	（*）	112	116	60
克罗地亚	N/A	–52	249	1 295	–1 969	254
塞浦路斯	N/A	N/A	N/A	45	80	1 293
捷克共和国	256	712	1 426	1 170	1 417	924
丹麦	7 439	8 137	5 945	7 362	5 467	6 719
芬兰	5 617	10 933	7 888	3 437	2 306	–1 553
法国	–99 007	–26 455	24 945	31 991	51 883	–18 345
德国	116 538	121 923	149 783	108 464	112 770	107 852
希腊	–741	–303	–444	–242	–73	–88
匈牙利	2 856	1 297	226	–715	–41	8
爱尔兰	74 644	155 231	127 605	154 311	335 902	113 484
意大利	14 831	38 415	11 339	9 908	22 900	3 357
列支敦士登	–726	8 364	993	–448	2 682	1 172
卢森堡	256 919	337 851	331 873	110 662	348 648	113 193
马耳他	–628	122	–267	–568	152	76
荷兰	875	–5 261	–5 826	13 004	–2 340	–19 986
挪威	4 727	17 184	1 733	4 639	9 399	3 994
波兰	2 610	3 167	465	–1 656	3 467	912
葡萄牙	1 354	–221	–94	–844	255	–1 054
罗马尼亚	1 075	1 288	378	80	59	–888
俄罗斯	571	–940	35	238	917[2]	N/A
斯洛伐克	148	855	420	104	622	260
斯洛文尼亚	–54	52	86	15	41	–9
西班牙	30 744	47 704	26 866	15 728	23 479	10 072
瑞典	8 708	15 714	8 136	2 317	9 385	6 086
瑞士	5 780	30 075	31 736	17 466	20 418	15 171
土耳其	969	–625	–160	748	395	–2 409
英国	26 794	40 023	10 299	–2 246	61 188	–33 468

表8.3—续上表

全球受监管开放式基金：净销售额

2013—2018年年末数据（单位：百万美元）

	2013	2014	2015	2016	2017	2018
亚洲和太平洋地区	**122 994**	**310 634**	**775 461**	**339 954**	**603 409**	**233 252**
澳大利亚	N/A	N/A	N/A	N/A	N/A	N/A
中国	–8 814	168 355	467 137	122 744	395 965	8 545
印度	2 387	7 978	33 195	42 892	40 465	18 051
日本	131 203	99 644	235 590	138 354	157 018	158 912
韩国	–4 876	34 917	29 190	35 337	6 336	32 912
新西兰	231	3 551	2 966	3 839	3 104	3 706
巴基斯坦	–89	28	–68	264	536	–182
菲律宾	1 480	–4	327	121	488	–462
非洲	**20 069**	**10 022**	**7 889**	**11 031**	**10 117**	**6 872**
南非	20 069	10 022	7 889	11 031	10 117	6 872

1.仅为10—12月份的数据。

2.仅为1—9月份的数据。

备注：N/A =不可得。（*）数值在–50万美元至50万美元之间。净销售额根据总销售额减去总赎回额再加上净转换交易额计算得出。由于四舍五入，各数相加可能与总数略有出入。受监管开放式基金包括共同基金、交易所交易基金（ETF）和机构基金。加拿大数据自2017年开始包含ETF，中国数据自2015年开始包含ETF。自2014年开始，巴西、智利、韩国以及欧洲管辖区（如适用）的数据包括ETF。新西兰、特立尼达和多巴哥的数据包含境内和境外注册基金。除另有说明外，组合型基金均不在统计之列。克罗地亚、塞浦路斯、法国、爱尔兰、卢森堡、荷兰、挪威、罗马尼亚、西班牙和土耳其数据都包括组合型基金，但没有单独提供有关组合型基金的数据。芬兰、德国和意大利数据自2014年开始，马耳他自2013年开始，瑞士自2012年开始，不含组合型基金。斯洛伐克数据自2014年开始包含组合型基金。荷兰在2011年至2014年之间的数据根据欧洲中央银行和国际投资基金业协会（IIFA）的资料估算得出。

资料来源：国际投资基金业协会（IIFA）。

附录

美国注册投资公司运作模式及核心监管原则

集合投资的起源

K. 哥特·罗文霍斯特（K. Geert Rouwenhorst）所著《共同基金的起源》一书中记载，投资公司的概念起源于18世纪末的欧洲，当时“一位荷兰商人兼经纪商……邀请投资者认购以形成信托……为财力有限的小型投资者提供多元化投资的机会”。

19世纪，英国出现的“集合投资”让投资公司的概念离美国海岸更近了。1868年，英国成立了海外及殖民地政府信托（Foreign and Colonial Government Trust）。该信托在基本结构方面与美国基金模式相似，“……通过将投资分散在许多不同的股票中，为中等财力的投资者提供堪比大资本家的优势。”

更重要的是，英国的这种基金模式与美国证券市场建立了直接联系，为美国战后的经济发展提供资金支持。1873年2月1日，基金先驱罗伯特·弗莱明（Robert Fleming）创立的苏格兰美国投资信托（Scottish American Investment Trust），主要通过美国铁路债券对美国的经济潜力进行投资。随后出现的许多其他信托，不仅以投资美国为目标，而且在19世纪末和20世纪初将基金投资概念带到了美国沿岸地区。

1924年3月，第一只共同基金（或称开放式基金）在美国波士顿推出。马萨诸塞州投资者信托（Massachusetts Investors Trust）为投资公司带来一系列重大创新，它建立了简化的资本结构，允许持续发行份额，也允许赎回份额而不是一直持有到基金解散，同时还制定了一系列明晰的投资限制和政策。

1929年的股市崩盘以及随之而来的“大萧条”阻碍了集合投资的增长，直到一系列具有划时代意义的证券法出台（从《1933年证券法案》到《1940年投资公司法案》）（表A.1），投资者才重拾信心。投资者信心的恢复以及诸多创新举措的实施，促进了行业资产和账户数量的相对稳定增长。

表A.1
监管投资公司的四部主要证券法

《1940年投资公司法案》	制定一系列注册和披露要求以及对日常运营的限制条件，对投资公司的结构和运营进行监管。《1940年投资公司法案》要求所有投资者超过100人的投资公司都必须登记注册。此外，法案还规定了投资公司的资本结构、资产保管、投资活动（尤其是与附属机构开展的交易和其他涉及潜在利益冲突的交易有关的投资活动）以及基金董事会的职责。
《1940年投资顾问法案》	对投资顾问实施监管。要求注册投资公司的所有顾问及其他大型顾问必须到美国证监会注册。该法案明确规定，基金顾问必须承担簿记、保管、报告等监管职责。
《1934年证券交易法案》	监管证券（包括投资公司的股份）的交易、申购和销售。该法案还对经纪自营商（包括投资公司的主承销商和出售投资公司股份的其他人）进行监管，并要求他们到美国证监会注册。1938年对该法案进行了修订，增加了第15A条，授权美国证监会设立自律组织。根据这一授权，针对经纪自营商的自律组织即现在的金融业监管局（FINRA）于1939年宣告成立。在美国证监会的监督下，FINRA通过其规则、检查和强制执行活动，持续监管经纪自营商的行为，从而为投资者又增添了一层保护。
《1933年证券法案》	要求公开发行的证券（包括投资公司的股份）必须注册，并对此类发行实施监管。该法案还要求所有投资者均需收到有关基金介绍的最新招股说明书。

美国投资公司的类型

美国的基金发起人主要有四类注册投资公司：共同基金、封闭式基金、交易所交易基金（ETF）和单位投资信托（UIT）。

不管从基金数量还是资产管理规模来看，大部分投资公司都是共同基金。共同基金可以有主动管理型投资组合，由专业的投资顾问创建一套独特的投资方案来满足特定的投资目标；也可以有被动管理型投资组合，由投资顾问寻求跟踪所选基准或指数的表现。共同基金的一大特点是可以发行可赎回证券，这意味着基金随时可以按照随后计算的资产净值（NAV）来回购份额。资产净值的计算方式是将基金资产的总市值减去负债，然后除以发行在外的共同基金份额数量。

货币市场基金是共同基金的一种类型，它能够以合理的成本为投资者提供一系列功能，如流动性、基于市场的收益率、返还本金等。这些通常向所有类型投资者公开发售的基金，都是按照美国联邦证券法律（包括《1940年投资公司法案》2a-7规则）受美国证监会监管的注册投资公司。上述规则包含有关投资组合到期期限、信用评级、分散投资和流动性等许多限制风险的条件。自2016年10月开始，机构优选货币市场基金（主要投资于公司债务证券的基金）和机构市政货币市场基金以其投资组合中证券当前市值为基础，通过浮动资产净值进行交易。政府货币市场基金和零售货币市场基金（将基金的所有受益所有人都限定为自然人的基金）允许使用摊余成本定价法或尾数四舍五入法，或两者同时进行，来保持稳定的份额价格。如果一种基金的周流动资产低于特定阈值，则货币市场基金董事会可以征收流动性费用或暂时中止赎回。

与共同基金不同，封闭式基金不发行可赎回份额。相反，它们会发行固定数量的份额，并以市场确定的价格当天在证券交易所进行交易。封闭式基金的投资者通过经纪商买卖份额，就如同交易任何上市公司的股票一样。有关封闭式基金的更多信息，请参见第一部分第五章。

ETF融合了多种投资公司，从结构和法律地位上均被划分为开放式管理投资公司或UIT（如下文所述），但与封闭式基金一样在证券交易所进行日内交易。ETF只通过授权参与商直接进行大宗的基金份额买卖，交易规模通常达到50 000份及以上。有关ETF的更多信息，参见第一部分第四章。

UIT是一种混合型基金，兼具共同基金和封闭式基金的某些特征。与封闭式基金一样，UIT通常只发行特定数量的份额（称为“单位”）。和共同基金一样，这些基金单位是可以赎回的，但与共同基金不同的是，UIT的发起人通常会将基金单位保持在二级市场，这样赎回就不会耗尽UIT的资产。UIT不会主动交易其投资组合，相反，它会买入一组特定的投资并持有至到期日，到期后信托解散，收益支付给份额持有人。更多信息参见第54—56页。

共同基金的组织

共同基金通常根据州法律采取公司或商业信托（有时也称为法定信托）的组织形式。三种最常见的组织形式是马萨诸塞州商业信托、马里兰州公司型信托和特拉华州法定信托（图A.1）。[①]

① 只有不到800只基金（约7%）选择了其他组织形式（如有限责任合伙制）或其他注册地（如俄亥俄州或明尼苏达州）。

图A.1
最常见的共同基金组织形式
2018年年底数据，基金百分比

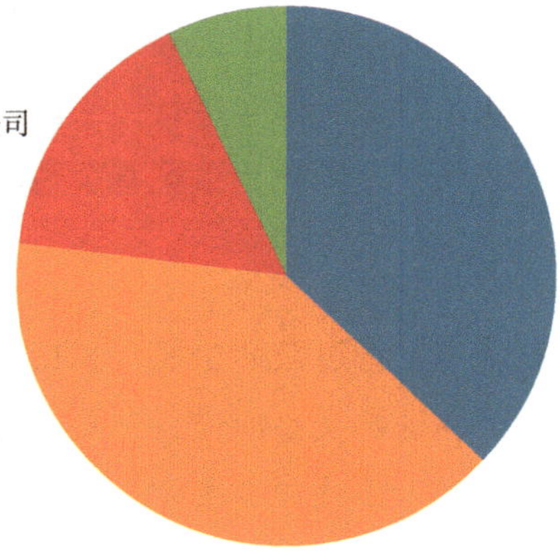

基金数量：10 174只

备注：数据包含没有向美国投资公司协会报告统计信息的共同基金，以及主要投资于其他共同基金的共同基金。

历史上，马萨诸塞州商业信托最受欢迎，这在一定程度上是因为第一只共同基金就是以马萨诸塞州商业信托的形式组建的。马萨诸塞州商业信托是当时投资于房地产或公用事业的集合投资的一种常见组织形式，是其他基金效仿的范例。20世纪80年代末的发展给资产管理公司带来了其他有吸引力的选择，从那以后，越来越多的基金以马里兰州公司型信托和特拉华州法定信托形式组建，以马萨诸塞州商业信托形式组建的基金比例开始下降。如，1987年，马里兰州修订了法律，要求其与《1940年投资公司法案》关于基金召开年度会议的时间保持一致。其结果是马里兰州公司型信托作为共同基金的一种组织形式，与马萨诸塞州商业信托相比更具竞争力。1988年，已经成为美国公司青睐的注册地的特拉华州，通过了专门针对商业信托的新法定条款（后更名为法定信托）。特拉华州法定信托提供信托管理等优势，并限定了对信托收益所有人的责任，是最受欢迎的共同基金组织形式。

共同基金设有管理人员和董事（如果基金为公司型信托形式），或受托人（如果基金为商业信托形式）。[①]基金董事会在监督基金运营方面发挥着重要作用。

①为便于提及，本附录将所有董事和受托人统称为董事，将所有董事委员会统称为董事会。

与其他公司不同，共同基金不是一家运营公司，也没有传统意义上的员工，它通常由外部管理，依赖第三方或服务提供商来投资基金资产并开展其他业务活动。第三方和服务提供商既可以是联营组织，也可以是独立承包商。图A.2列示了共同基金通常依赖的主要服务提供商类型。

图A.2

共同基金的组织结构

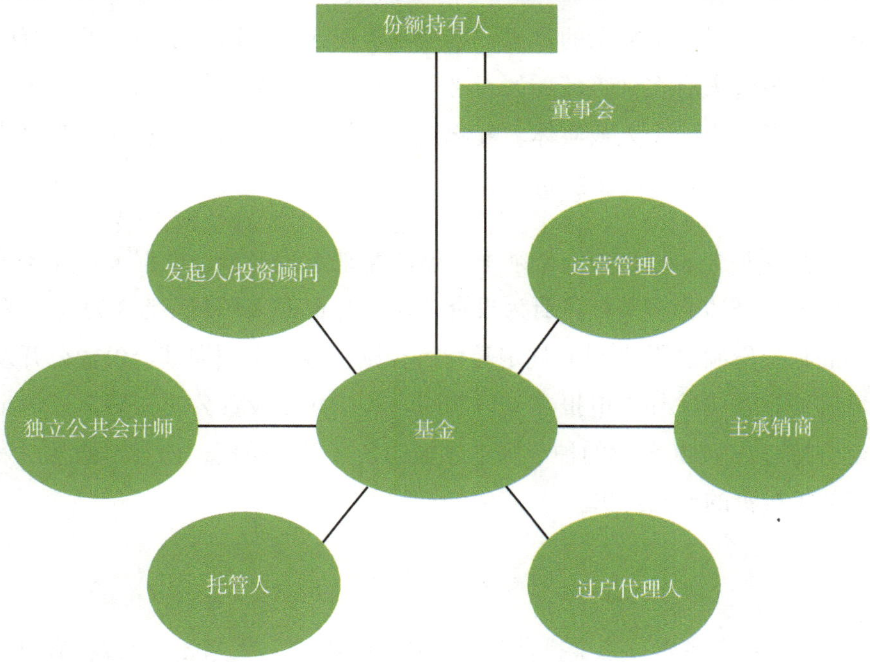

尽管共同基金通常没有员工，但仍需按照法律要求制定书面合规政策和程序，以监管基金的运作及其管理人、投资顾问、过户代理人和主承销商的运营，确保基金符合联邦证券法的规定。所有基金都必须设有一名首席合规官（CCO），其任命必须得到基金董事会的批准，并且必须每年向董事会提交一份报告，说明基金合规政策和程序的充分性、实施效果性，以及任何重大合规事件。

基金董事会

基金董事会通过监督基金的管理和运营（包括基金与其服务提供商之间的合约安排）来代表基金份额持有人的利益。有关基金董事会的更多信息，请参见第285—286页。

份额持有人

与其他公司的份额持有人一样，共同基金的份额持有人享有特定的投票权，其中包括董事选举会议上选举董事的权利以及批准基金与投资顾问（负责管理基金资产的实体）之间合约的实质性变更。如，除非大多数份额持有人投票赞成，否则不得调增基金管理费，也不得更改基金的基本投资政策。

发起人

设立共同基金是一个复杂的过程，它由基金发起人（通常是基金的投资顾问）来实施。基金发起人有多种责任，如，必须召集发起基金所需的第三方团体，包括负责管理和运营基金的个人或实体。发起人须安排运营管理人员和联营董事来监管基金，并招募非联营人员担任独立董事。

在发起共同基金的过程中，必须根据州法律来组建基金，根据《1940年投资公司法案》到美国证监会将基金注册为投资公司，并根据《1933年证券法案》登记出售给公众的基金份额。[①]除非另有规定豁免，否则基金还必须向基金份额公开发售的每个州（佛罗里达州除外）申报并支付费用。《1940年投资公司法案》还规定每只新基金至少持有100 000美元的种子资本才能向公众发行份额，该资本通常由发起人或顾问以初始投资的形式提供。

顾问

投资顾问全面负责指导基金投资并处理基金的业务。投资顾问可以拥有自己的雇员，包括代表基金份额持有人行事的专业投资人士，他们根据基金的投资目标和政策决定在基金投资组合中买卖哪些证券。除了管理基金的投资组合之外，顾问通常还担任基金的运营管理人员，提供各种“后勤办公”服务。如前文所述，基金的投资顾问往往是基金的初始发起人和初始份额持有人，通过投入种子资本创建基金。

为了保护投资者，基金的投资顾问及其雇员会受到一些标准和法律的限制，包括对可能引发利益冲突的交易的限制。与共同基金一样，投资顾问必须自己制定书面合规计划（由首席合规官监督），以及制定详细的程序和内部控制，以确保符合所有相关法律法规。

---

① 有关共同基金初始注册要求的更多信息，可参见美国证监会的《投资公司注册和监管一揽子计划》，网址：www.sec.gov/divisions/investment/invcoreg121504.htm。

运营管理人员

基金的运营管理人员承担基金的许多后台职能。如，运营管理人员通常提供办公空间、文书和基金会计服务、数据处理、簿记和内部审计，他们可能还负责编制并向美国证监会提交有关税务、份额持有人等的报告。基金运营管理人员还帮助维护合规流程和内部控制，但最终需经过基金理事会和首席合规官的批准。

主承销商

投资者购买和赎回份额有两种途径，一是直接通过基金的过户代理人，二是间接通过获授权出售基金份额的经纪自营商。然而，为了提供特定的基金份额，经纪自营商必须与基金签订销售协议。基金主承销商的作用是作为基金的代理人，签署授权经纪自营商出售基金份额的销售协议。尽管主承销商必须根据《1934年证券交易法案》注册为经纪自营商，但他们不必作为全服务经纪自营商运营，通常不向零售投资者发行或出售基金份额，以及不为零售投资者设立或保有账户。

过户代理人

共同基金及其份额持有人依靠过户代理人的服务来保存份额持有人的账户记录、计算，分配股息及资本利得，编制和邮寄份额持有人账户报表、联邦所得税信息及其他份额持有人通知。有些过户代理人还负责编制并邮寄确认份额持有人交易和账户余额的报表。此外，他们可以设立客户服务部门（包括客服中心），以回复份额持有人的问询。

审计师

审计师负责验证基金的财务报表。审计师的监管职责详见第286页。

共同基金的税收特征

共同基金需要遵守美国《国内税收法典》第M分章中规定的特殊税务规则。与大多数公司不同，共同基金若能满足特定的总收入和资产要求，并每年分配收益，则可不缴纳实体级别的所得税或资本利得税。

要想取得第M分章规定的受监管投资公司（RIC）的资格，共同基金总收入中至少要有90%来自特定来源，包括股息、利息、与证券贷款有关的付款以及股票、证券或外汇销售或其他处置所得。此外，在基金应税年度的每个季度结束时，基金净资产总额中至少要有50%由现金、现金项目、政府证券、其他基金的证券以及对其他证券的投资组成，对任何一个发行商而言，对其他证券的投资不能超过基金资产的5%，也不能超过发行商有投票权证券的10%。另外，投资于任何一个发行商的证券（政府证券或其他基金证券除外）、由基金控制并参与类似交易或业务的两个及以上发行商的证券（其他基金证券除外），或一个及以上有资格公开交易的合伙企业的证券，不得超过基金资产的25%。

如果一只共同基金满足特定的总收入和资产要求并进而获得受监管投资公司资格，那么，该基金就可以享受第M分章规定的税务待遇，包括从其应纳税收入中扣除应支付给份额持有人的股息，前提是受监管投资公司每年至少将90%的收入（净资本收益除外）分配给份额持有人。受监管投资公司可以保留不超过10%的收入和所有资本利得，但保留的收入和资本利得应按正常的公司税税率纳税。因此，共同基金通常每年都会把所有或几乎所有的收入和资本利得分配掉。

美国《国内税收法典》还规定要对受监管投资公司征收消费税（按照未分配金额的4%收取），除非受监管投资公司在每年12月31日之前至少将其日历年度内赚到的普通收入的98%、在截至该日历年度10月31日的12个月赚得的资本利得净值的98.2%，以及此前未分配金额的100%分配给份额持有人。通常，共同基金通过满足每年的法定最低提款额来规避此项税费。

共同基金资产的税务状况

基金投资者有责任就所分配的基金收益和资本利得纳税，无论是以现金方式支付的分配还是将分配再投资于其他基金份额。投资者通常通过投资免税基金、递延税退休账户和可变年金来减轻纳税对其投资的影响。截至2018年年底，共同基金所有资产中有5%由免税基金持有，有53%投资于家庭持有的递延税款账户（图A.3）。

图A.3
共同基金净资产总额的58%由递延税款账户和免税基金持有
2018年年底数据，占净资产总额百分比

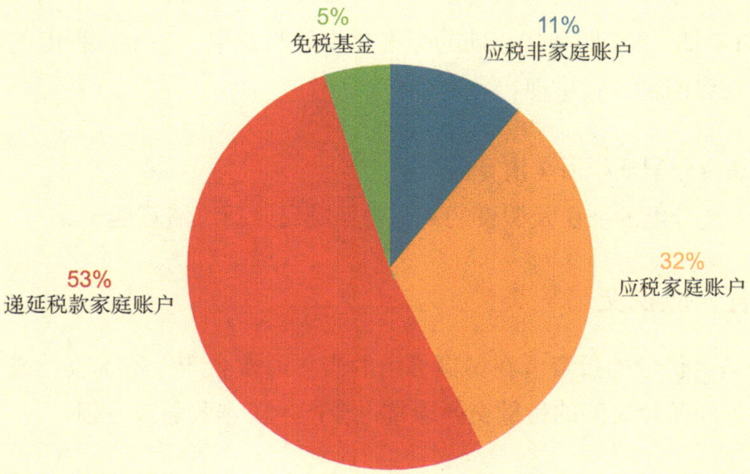

共同基金净资产总额：17.7万亿美元

分配类型

共同基金向份额持有人提供两类应税分红：普通股息和资本利得。

普通股息分配主要来自基金投资组合中证券赚取的利息和股息，以及基金支付费用后的净短期收益（如有）。这些分配必须事先作为股息在美国投资者的纳税申报单上申报，并按投资者的普通所得税税率纳税（除非是符合税收优惠资格的股息）。符合资格的股息收入适用的最高税率为20%。共同基金支付的某些股息可能有资格按照这些最高税率的下限纳税。

长期资本利得指的是基金售出其投资组合中持有期超过一年的证券所获得的净收益（如有）。长期资本利得适用的最高税率为20%。

某些高收入个人还需就投资净收益（NII）缴纳3.8%的税款。投资净收益税负适用于利息、股息和净资本利得，包括从共同基金中获得的这类收益。

非美国投资者可能需要缴纳美国代扣税和遗产税，以及遵守投资美国基金的某些美国税务申报要求。分配给非美国投资者的利息相关股息或由资本利得产生的股息通常有资格免除美国代扣税。其他被视为普通股息的分红通常需缴纳美国代扣税（税率为30%或更低的协定税率）。

为了帮助共同基金份额持有人理解税收对其投资回报的影响，美国证监会要求共同基金披露1年期、5年期和10年期的标准化税后收益率。基金章程中的税前收益率和税后收益率以两种方式呈现：

» 仅在对基金分配征税后（清算前）。
» 扣除对基金分配的征税及假设的基金份额赎回之后（清算后）。

基金份额持有人应税交易的类型

出售共同基金份额的投资者在份额售出的当年通常会产生资本收益或亏损，同一基金家族中不同基金之间的份额交换通常也会产生资本收益或亏损。

投资者需对出售基金份额所产生的任何资本收益缴税，就像他们出售股票、债券或其他证券时应缴税一样。与其他投资产生的资本亏损一样，共同基金份额出售和交换所产生的资本亏损可用于抵消当年及以后的其他资本收益。此外，若资本亏损超过收益，最多可用3 000美元的资本亏损（单独申报的已婚个人为1 500美元）来抵消普通收入。

份额持有人在基金份额上的损益金额取决于份额的成本基数（通常是指份额包含销售费用在内的购买价格，无论该份额是以现金方式还是以股息再投资的方式获得）和销售价格之间的差额。许多基金一直主动向份额持有人提供成本基数信息或为其计算出售份额的损益。2012年颁布的税务规则规定，对于2012年之后买入的基金份额，所有经纪商和基金都须为份额持有人提供成本基数信息，并说明会产生长期损益还是短期损益。

免税基金

免税债券基金分配的是由市政债券利息产生的金额。这些“免息股息”无须缴纳联邦所得税，在某些情况下，也无须缴纳州税和地方税。免税货币市场基金投资于短期市政证券或类似工具，也支付免息股息。尽管由这些基金获得的收入通常是免税的，但投资者必须在所得税申报表中予以说明。免税基金需为投资者提供这一信息，并解释如何视各州的不同情况处理这些免息股息。对有些纳税人而言，由免税基金获得的部分收入仍可能需要缴纳联邦替代性的最低限额税。

共同基金的普通股息分配

普通股息分配指的是基金付清费用之后分配的收入，主要来自基金投资组合中证券的利息和股息。2018年，共同基金向基金份额持有人派发了3 540亿美元股息。债券型和货币市场基金占2018年所有股息分配的49%。2018年，所有股息分配的50%支付给了免税基金份额持有人和递延税款家庭账户，41%支付给了应税家庭账户（图A.4）。

图A.4
股息分配
2000—2018年数据（单位：十亿美元）

年份	递延税款家庭账户和免税基金	应税家庭账户	应税非家庭账户	合计
2000	74	87	25	186
2001	68	71	23	162
2002	59	43	12	114
2003	57	37	9	103
2004	65	41	10	116
2005	84	61	21	166
2006	114	90	36	240
2007	143	118	47	309
2008	138	100	38	276
2009	109	63	15	187
2010	112	64	12	188
2011	122	74	12	208
2012	128	81	13	222
2013	123	81	14	217
2014	136	93	15	245
2015	140	94	17	250
2016	141	96	16	253
2017	153	115	22	290
2018	177	145	33	354

共同基金的资本利得分配

资本利得分配代表基金从其持有的投资组合证券的销售中所得的净收益（如有）。当这些从销售中获得的收益超过亏损时，这些收益就会被分配给基金份额持有人。2018年，共同基金向基金份额持有人派发了5 110亿美元的资本利得，其中64%支付给了免税基金份额持有人和递延税款家庭账户，31%支付给了应税家庭账户（图A.5）。股票型、债券型和混合型基金都可以分配资本利得，但股票型基金通常占此类分配的大部分。2018年，73%的股票型基金的份额类别进行了资本利得分配，其中87%的份额类别分配的资本利得达到其资产的2%以上。

图A.5

资本利得分配

2000—2018年数据（单位：十亿美元）

年份	递延税款家庭账户和免税基金	应税家庭账户	应税非家庭账户	合计
2000	194	119	13	326
2001	51	16	2	69
2002	10	5	1	16
2003	8	5	1	14
2004	31	20	4	55
2005	78	43	8	129
2006	164	79	14	257
2007	260	131	22	414
2008	97	29	7	132
2009	11	4	1	15
2010	22	18	3	43
2011	40	29	4	73
2012	58	37	5	100
2013	147	81	11	239
2014	253	129	17	400
2015	251	114	15	380
2016	150	62	8	220
2017	237	117	17	370
2018	329	160	22	511

备注：资本利得的收益分配包含长期资本利得和短期资本利得。

美国投资公司的核心监管原则

共同基金和其他注册投资公司的结构和监管背后，有几项为份额持有人提供重要保护的核心原则。

透明度

与任何其他类似金融产品（如单独管理的账户、集体投资信托和私募基金）相比，基金的披露要求更为广泛。共同基金和ETF披露制度的基石是招股说明书。[①]共同基金和ETF需要提供一份当前有效的招股说明书，向投资者提供基金的相关信息，包括其投资目标、投资策略、风险、费用和支出、业绩以及如何购买、赎回和转换交易。重要的是，该披露要求中关于业绩信息、费用和支出等关键内容采用统一标准，以便投资者比较。共同基金和ETF可以为投资者提供包含基金关键信息的简要招股说明书，同时在网站上或通过电子邮件向投资者提供更多信息。

共同基金和ETF还需根据要求免费向投资者提供附加信息表（SAI）。附加信息表包含的基金信息虽然对有些投资者有用，但并不一定是做出投资决定必需的信息。如，附加信息表通常包括基金历史信息，列明某些投资政策（如借款和集中政策）的有关详情，并列出管理人员、董事和其他基金控制人。

招股说明书、附加信息表和其他一些必需的信息均载于基金的注册声明中。注册声明以电子方式提交给美国证监会，并可通过美国证监会的电子数据收集、分析和检索系统（EDGAR）公开获取。共同基金和ETF注册声明应至少每年修订一次，以确保财务报表和其他信息不会过时。[②]必要时，这些基金也可在一年内的任何时间修改注册声明，以反映其披露的重大变化。

除注册声明披露外，基金还会向份额持有人提供其他几份披露文件。基金必须在基金财务年度结束和半年期过后的60天内分别提交年度和半年度份额持有人报

① 封闭式基金和UIT也会为投资者提供广泛的披露，但二者采取略微不同的披露机制反映这些基金份额的交易方式。封闭式基金和UIT还要向美国证监会提交初始登记声明，其中包含招股说明书以及与首次公开发行相关的其他信息。

② 《1933年证券法案》第10（a）（3）条禁止持续发行份额的投资公司使用所含财务信息已超过16个月的注册声明。因此，共同基金和ETF可以在财务年度结束后的4个月内修改注册声明。

告。这些报告包含绩效和费用信息、财务报表以及基金组合证券清单。[①]年度份额持有人报告中包含的财务报表必须经过独立会计师审计。非货币市场共同基金和大多数ETF的年度份额持有人报告还必须提供管理层对基金业绩的讨论，描述影响基金业绩的因素，包括相关的市场条件以及基金投资顾问使用的投资策略和技术。

在第一季度和第三季度之后，基金需向美国证监会提交表格N-Q，披露其投资组合持仓的完整时间表。由于法规要求在第一季度和第三季度之后提供份额持有人报告，并提交表格N-Q，因此基金每年要进行四次投资组合持仓情况的公开披露。

从2019年5月开始，大型基金联合体（净资产达到或超过10亿美元的基金联合体）的基金需要向美国证监会提交表格N-PORT。表格N-PORT必须包括以结构化数据格式呈现的基金投资组合持仓情况完整列表和其他信息，包括申赎、收益率、证券借贷信息以及投资组合级的风险衡量标准（对投资额超过固定收益证券的最低金额的基金而言）。基金必须每月提交表格N-PORT，但是只有与每个财务季度第三个月相关的文件才会公开。从2020年5月开始，小型基金联合体（净资产低于10亿美元的基金联合体）的基金也需要向美国证监会提交表格N-PORT。一旦基金开始提交表格N-PORT，就会停止提交表格N-Q。但是，与基金财务季度第三个月和第九个月相关的投资组合持仓计划（表格N-Q的一部分）将被纳入表格N-PORT，从而继续对每季度投资组合持仓情况进行公开披露。[②]

基金必须每年在表格N-CEN中提交普查类型的信息。[③]此外，基金每年都会通过表格N-PX披露它们对投资组合公司特定代理问题的投票情况。在所有份额持有人中，只有基金的份额持有人被要求公开披露他们所投的每一张代理票。基金无须向份额持有人邮寄表格N-Q、表格N-PORT、表格N-CEN和表格N-PX，但持有人可以通过美国证监会的EDGAR数据库公开获取这些表格。[④]

---

① 基金可在其份额持有人报告中以简要投资组合表来代替完整的投资组合表，前提是完整的投资组合表已提交给美国证监会，并已应要求免费提供给份额持有人。简要投资组合表应包含与基金无附属关系的发行人中持仓量最大的50人中的每一个人，以及超过基金资产净值1%的每一项投资。

② 货币市场基金必须每月以表格N-MFP形式向美国证监会提交投资组合持仓情况，并在其网站上披露这些持仓情况，无须提交表格N-PORT。

③ 从2018年6月开始，由表格N-CEN取代表格N-SAR。表格N-CEN更新了表格N-SAR要求填写的信息，并要求提供有关ETF、封闭式基金和证券借贷活动的更多信息。到2019年7月，所有基金全面采用表格N-CEN。

④ 如上所述，只有与财务季度第三个月相关的表格N-PORT文件才会予以公开。

招股说明书、附加信息表、年度和半年度份额持有人报告、表格N-Q、表格N-PORT、表格N-CEN和表格N-PX相结合，为投资大众、监管机构、媒体和其他相关方提供的基金信息详细程度远远超过其他类型的投资。这些信息可以从大多数基金和美国证监会轻松获得，也可以从晨星公司等私营部门供应商处获取，他们专门从事基金公共信息的编纂业务，为投资者提供便利。

每日估值和流动性

几乎所有基金至少每天都向份额持有人提供流动性信息和基于市场的投资估值。ETF和大多数封闭式基金份额都是按照市场决定的价格在证券交易所进行日内交易的，可为份额持有人提供实时流动性和定价。共同基金份额每日可按反映基金组合投资当前市值的价格赎回。每项组合投资的价值要么由市场报价决定（如果易于获得市场报价），要么由基金董事会真诚客观确定的公允价值决定。

每日定价流程是一项至关重要的核心合规职能，涉及众多员工和定价供应商。公平估值过程是总体定价流程的一部分，须接受基金、基金董事会、监管机构和独立审计师的特别审查。根据美国证监会的规定，所有基金都必须针对投资公平估值情况制定书面政策和程序，同时必须建立在特定情况下分配公允价值的标准。①

可通过每日估值过程得出基金的资产净值。资产净值是当天发生的所有共同基金份额交易所使用的价格，包括新申购、销售（赎回）和同一基金家族中一只基金到另一只基金的转换交易。②资产净值由所有基金资产的当前市值减去负债（如应付的累计基金费用），再除以已发行的基金份额总数得到。共同基金在完成定价流程后，通常会在美国东部时间18：00左右向投资者和其他人发布每日资产净值。每日基金价格可通过基金的免费电话服务、网站和其他方式获得。

① 美国投资公司协会已经公布了几份关于共同基金估值流程的文件。更多信息见美国投资公司协会、独立董事局和美国投资公司协会共同保险公司提供的资料，包括名为《共同基金的估值和流动性问题》的两份白皮书（1997年2月和2002年3月）以及公平估值系列的两个部分：《公平估值简介》（2005年）和《董事会的作用》（2006年）。美国投资公司协会还有一份两卷本的美国证监会有关共同基金估值程序的新闻稿、员工信函和执法行动简编，可在以下网站查阅：www.ici.org/pdf/pub_15_valuation_update_vol1.pdf 和www.ici.org/pdf/pub_15_valuation_update_vol2.pdf。

② 定价流程对ETF同样至关重要，但原因略有不同。ETF通过授权参与商进行50 000份或以上的大宗交易，在这一方面其与共同基金的运作方式非常相似。资产净值是这些大宗交易所使用的价格。封闭式基金无须发布每日资产净值，但大多数基金还是会这样做，以便于市场计算基金的市场价格与其资产净值之间的差额。这种差额被称为基金溢价或折价。

《1940年投资公司法案》要求共同基金根据“远期定价”来处理交易，这意味着份额持有人在基金收到交易订单后才收到接下来计算得出的资产净值。如，对于在16：00对份额进行定价的基金来说，[①]在16：00之前收到的订单将收到当天截至16：00确定的资产净值，在16：00之后收到的订单将会收到下一个营业日截至16：00确定的资产净值。远期定价是对共同基金份额持有人的重要保护，旨在最大限度地避免份额持有人利用基金刚刚计算完资产净值之后发生的组合投资价格波动。

份额持有人赎回共同基金的份额时，可以立即收到款项。共同基金不会暂停其份额的赎回（极少数例外情况除外）[②]，也不会延迟支付赎回收益达7天以上。

投资于非流动资产的资金不得超过共同基金或ETF投资组合的15%，[③]这在一定程度上是为了确保基金份额可赎回。2016年，美国证监会采用了适用于共同基金和开放式ETF的流动性风险管理框架，这大大加强了基金在这一领域的监管义务。这些基金已在2019年6月1日前完全实施了新规定。

监督和问责

所有基金都必须接受强有力的内外部监督。内部监督机制包括独立董事在内的董事会和由首席合规官监督的书面合规计划（参见第286页的合规计划）。外部监督由美国证监会、美国金融业监管局（FINRA）以及注册会计师事务所等外部服务提供商实施。

基金董事会

共同基金、封闭式基金和大多数ETF都设有董事会。基金董事会的一项主要职责是监督。董事会通常不参与基金公司的日常管理，日常管理由基金的投资顾问或运营管理人员根据与基金签署的合约进行。

投资公司董事审查和批准与服务提供商（尤其包括基金的投资顾问）之间签署的重要合约，核准政策和程序以确保基金符合联邦证券法，并对基金的运营业绩进

① 基金必须按照基金董事会确定的时间在每个营业日至少进行一次份额定价。许多基金都是在美国东部时间16：00或纽约证券交易所闭市时定价。

② 《1940年投资公司法案》第22（e）条禁止基金暂停赎回，除非美国证监会允许其这样做或宣布有紧急事件发生，或者纽约证券交易所闭市或限制交易。尽管基金曾数次暂停赎回，如在2012年飓风桑迪袭击美国期间，但这种情况相对较少。另见第272页。

③ 货币市场基金有不同的流动性标准。有关这一主题的更多信息，可参见第271页美国投资公司的类型和网站www.ici.org/mmfs/current/16_mmf_reg_summ。

行监督和审查。董事在履行这些职责时需要投入大量时间并斟酌大量信息，这在一定程度上是因为他们必须以“知情和审慎的方式”履行所有职责。

基金董事会必须保持一定的独立性。《1940年投资公司法案》要求至少40%的基金董事会成员不得参与基金管理。独立董事是指与共同基金顾问或承销商没有任何重大业务关系的基金董事。实际上，大多数基金董事会的独立董事比例远远超过这一要求。截至2016年年底，在84%的基金联合体中，独立董事至少占董事会的3/4。①

基金独立董事在监督基金运作方面发挥着关键作用，并被赋予守护基金份额持有人利益的主要职责。他们充当监督者，对基金管理进行独立审查。与运营公司的董事一样，他们负有代表份额持有人利益的诚信义务。但是，根据《1940年投资公司法案》的规定，独立董事也需要承担比其他类型董事更多的法定监管责任。此外，他们还需负责批准支付给投资顾问的服务费用，监督基金的业绩、合规计划等。

合规计划

近年来，通过制定书面合规计划和正式要求所有基金都设立首席合规官，董事会的内部监督职能得到了极大加强。2003年通过的法规要求每只基金和每个顾问都必须设一位首席合规官，负责管理书面合规计划，以合理方式预防、发现和纠正违反联邦证券法的行为。每年须至少审核一次合规计划的充分性和有效性，基金首席合规官直接向独立董事报告工作。

监管监督

除内部监督之外，还设有多种形式的外部监督和问责制度。基金需接受其主要监管机构美国证监会的检查、检验和强制执行。基金承销商和分销商还需接受自律组织美国金融业监管局（FINRA）的监管。与银行联营的基金还需接受银行业监管机构的监管。所有基金都需接受基金份额出售或已售出所在各州的反欺诈司法管辖。

审计师

基金的财务报表披露也要经过多重内外部检查。如，年度报告中包括已审计财务报表，该报表由受上市公司会计监督委员会（PCAOB）监管的注册会计师事务所认证。这确保了财务报表的编制符合通用会计准则（GAAP），并且公平地反映基金的财务状况和运营业绩。

---

① 请参阅《1994—2016年基金治理实践概述》，该书对收集这一治理实践和其他治理实践数据的调查研究进行了描述。可查阅www.idc.org/pdf/pub_17_fund_governance.pdf。

萨班斯-奥克斯利法案

与上市公司的管理人员一样，基金管理人员也须按照萨班斯-奥克斯利法案的规定做出相关证明和披露。如，他们必须证明财务报表的准确性。

对顾问的额外监管

除了直接适用于基金的监管体系之外，美国证监会对管理基金投资组合的投资顾问进行的监管，也对投资者构成了保护。注册基金的所有顾问都必须在美国证监会注册，并接受美国证监会的监督和披露要求。顾问还对其提供咨询服务的每只基金负有信托责任，这意味着他们负有最基本的法律义务，需秉持绝对的忠诚和诚信原则代表基金的最佳利益行事。

对杠杆的限制

基金的内在本质就是由投资者按比例拥有并由专业人员管理的资产组合，这一本质非常直观，也很容易被投资者理解。《1940年投资公司法案》禁止基金采用复杂的资本结构，同时限制基金使用杠杆，以此来简化管理。

《1940年投资公司法案》对共同基金、封闭式基金和ETF的资本结构做了各种规定，包括对"优先证券"的发行和借贷做出限制。这些限制极大地降低了基金负债超出资产价值的可能性。

一般来说，优先证券是指任何优先级高于基金份额的债务，如贷款或优先股。美国证监会曾对优先证券的定义进行过概括解释，认为卖空债券、以现货杠杆购买债券、投资多种衍生工具等做法都会产生优先证券。

美国证监会还认为，《1940年投资公司法案》一般禁止基金产生承诺在未来支付的债务，除非其资产能够覆盖该债务。基金通常可以通过持有相关债务工具来覆盖该债务。如，一只基金想要在某只股票中持有空头头寸，其可以通过持有该股票中的同等多头头寸来满足《1940年投资公司法案》的要求。基金还可以通过指定或分离价值与基金在杠杆交易中的潜在敞口相当的高流动性证券来覆盖债务。为覆盖未来潜在债务而预留的资产必须具有流动性、无抵押且可每天进行市场估价，不得用于支付其他债务，如果已被处置则必须更换。

《1940年投资公司法案》还对借贷进行了限制。除了某些私人安排的贷款和临时贷款之外，任何本票或其他债务通常会被认为是被禁止的优先证券。[①]如果在紧

① 临时贷款不得超过基金净资产总额的5%，且必须在60天内偿还。

随借款后，且共同基金和ETF的净资产总额至少为借款总额的3倍，则允许其向银行借款。换言之，基金必须有不低于300%的资产保证比率。

封闭式基金受到的限制略有不同。封闭式基金可以发行债券和优先级份额，但必须满足特定条件，如对债券和优先级份额而言，需分别保有300%和200%的资产保证比率。

很多基金主动超越《1940年投资公司法案》的限制条件，采取政策进一步限制自身发行优先证券或借款。如，基金通常会采取这样一种政策，声明它们只会在特殊或紧急情况下临时采取借款措施，不会融资进行证券投资。此外，它们可能会披露，在任何情况下，借款金额将局限于基金资产的一小部分（如5%）。这些都是非常有意义的自愿措施，因为根据《1940年投资公司法案》的规定，未经基金份额持有人批准，不得更改基金关于借款和发行优先证券的政策。

托管

为了保护基金资产，《1940年投资公司法案》要求所有基金严格遵守基金托管规定，与顾问的资产分开管理。尽管该法案允许有其他安排，[①]但几乎所有基金都使用银行托管来管理国内证券。外国证券必须由跨国外资银行或证券存管机构托管。

基金与银行签署的托管协议通常比其他银行客户使用的协议复杂得多。托管服务通常包括基金资产保管和核算、证券交易结算、股息和利息收取、外汇服务、支付基金费用、报告失败交易、报告现金交易、监控投资组合公司的公司行为以及跟踪出借证券。

对基金资产托管和对账方面的严格规定旨在防止盗窃和其他欺诈性损失。《1940年投资公司法案》中有一项规定可进一步保护份额持有人免受这类损失，该规定要求所有共同基金持有忠诚保证保险，以防范员工盗窃或侵占公款等行为。

禁止与联营公司交易

关于基金和基金内部人员或联营组织（如基金顾问的母公司）之间的交易，《1940年投资公司法案》制定了很多严格而详细的禁令。这些禁令中的许多原本属

① 《1940年投资公司法案》包含六个独立的托管规则，适用于共同基金、封闭式基金和ETF的各类托管安排。UIT单独受另外一项规定的约束，该规定要求使用银行来托管。参见《1940年投资公司法案》第17（f）条和美国证监会规则第17f-1条至17f-7条。

该法案的原始法定文字，是为了应对20世纪20年代基金内部人员在买卖组合证券、基金贷款和进行相关基金投资时过度交易和自我交易的情况。美国证监会投资管理司表示，“50多年来，（关联交易限制）在保护持有人利益和维护行业诚信声誉方面发挥了至关重要的作用，它们仍然是该法案中最重要的保护措施之一。”①

尽管《1940年投资公司法案》中与关联交易有关的规定不少，但有三项特别值得注意：

» 全面禁止基金和联营公司之间的直接交易。
» 全面禁止“联合交易”，即基金和联营公司联合对抗第三方。
» 通过全面禁止基金购买联营投资银行发售的证券来防止投资银行募集或“倾销”滞销证券。

多样化

美国税法和证券法都为根据《1940年投资公司法案》注册的基金制定了多样化标准。正如上文所述，为符合税法项下的受规管投资公司，所有共同基金、封闭式基金、ETF以及大多数UIT，每季度都必须进行一次税务多样化测试。这项测试的目的是，确保现金头寸适中，且没有政府证券的基金持有的证券至少来自12个不同的发行商。另一项税收多样化限制则是对一只基金可持有发行商流通在外的具表决权证券数量做出了限制。

证券法为选择多样化的基金设定了更高的标准。《1940年投资公司法案》规定，如果一只基金选择多样化，则对于至少75%的投资组合来说，投资于任何一个发行商的证券不得超过5%，且任何投资都不得超过任何一个发行商已发行具表决权证券的10%。多样化并非强制性要求，但所有共同基金、封闭式基金和ETF都必须披露是否按照该法案的标准进行了多样化投资。

实际上，大多数选择多样化的基金，其多样化程度都远高于这两项测试的要求。如，截至2018年12月，美国股票型共同基金持有的股票中位数为81只。②

① 参见证券交易委员会投资管理司的报告《保护投资者：半个世纪的投资公司条例》（1992年5月），见www.sec.gov/divisions/investment/ guidance/icreg50-92.pdf。投资管理司是美国证监会内部负责基金监管的部门。

② 这一数字（采用晨星公司数据制表）是国内股票型共同基金的中位数，不包括行业共同基金和组合型基金。

基金史大事记

1774年	荷兰商人和经纪商阿德里安·范·凯特维奇（Adriaan van Ketwich）设立名为Eendragt Maakt Magt的信托，邀请投资者进行认购，为财力有限的投资者提供多样化投资机会。
1868年	海外及殖民地政府信托（Foreign and Colonial Government Trust）在伦敦成立，这便是美国投资基金模式的前身。该信托为“中等财力的投资者提供堪比大资本家的优势”。
1924年	第一只共同基金在波士顿成立。
1933年	《1933年证券法案》规范了注册及向公众发行新证券（包括共同基金和封闭式基金份额）事宜。
1934年	《1934年证券交易法案》授权证券交易委员会（美国证监会）维护公平、公正的证券市场。
1936年	《1936年国内税收收入法案》规定了对共同基金及其份额持有人的税收处理。1942年，该法案增加了对封闭式基金的规定。
1940年	《1940年投资公司法案》正式颁布，其中规定了注册投资公司的结构和监管框架。全国投资公司协会（NAIC）成立。NAIC后来演变为美国投资公司协会。
1944年	NAIC开始收集投资公司的行业统计数据。
1951年	共同基金总数量超过100只，份额持有人账户数量首次突破100万个。首只专注于非美国投资的共同基金向美国投资者开放。
1954年	家庭购买基金份额的净值超过了公司股票。NAIC发起了一项全国性的公共信息计划，强调投资者对美国经济所起的作用，并阐释了投资公司的概念。
1961年	首只免税单位投资信托问世。NAIC更名为美国投资公司协会（ICI），吸纳基金顾问和承销商成为会员。
1962年	《个体经营者税收优惠退休计划法案》（*Self-Employed Individuals Tax Retirement Act*）为个体经营者创造了储蓄机会（基欧计划）。

1971年	推出货币市场基金。
1974年	《雇员退休收入保障法案》（ERISA）提出个人退休账户（IRA）的概念。
1976年	《1976年税制改革法案》（*Tax Reform Act of 1976*）允许创建市政债券型基金。首只零售指数型基金问世。
1978年	《1978年税收法案》（*Revenue Act of 1978*）创建了新的401（k）退休计划和简化雇员养老金计划（SEP）。
1981年	《经济复苏税务法案》（*Economic Recovery Tax Act*）为所有劳动者建立了“通用”IRA。美国国税局提议对第401（k）条进行规范。
1986年	《1986年税制改革法案》（*Tax Reform Act of 1986*）调低了IRA的可抵免税费额。
1987年	封闭式基金成为美国投资公司协会会员。
1990年	共同基金资产超过1万亿美元。
1993年	第一只交易所交易基金（ETF）份额发行。
1996年	《1996年全国性证券市场促进法案》（NSMIA）颁布，提供了一个更为合理的州和联邦监管体制，赋予美国证监会注册和监管共同基金、交易所上市证券和大型顾问公司的专属管辖权。各州保留其在监管非交易所上市证券和小型顾问公司方面的反欺诈权限和责任。《小企业就业保护法案》（*Small Business Job Protection Act*）为小企业员工制定了SIMPLE计划。
1997年	《1997年纳税人减税法》（*Taxpayer Relief Act of 1997*）提出罗斯IRA计划，并取消了不利于基金份额持有人的投资组合管理限制。
1998年	美国证监会批准了美国共同基金史上最重大的披露改革，包括做出了使用“简明英语”、增加基金简介和改进风险披露等规定。
1999年	《格雷姆-里奇-比利雷法案》（*Gramm-Leach-Bliley Act*）使金融服务监管实现了现代化，增强了对金融隐私的保护。
2001年	《经济增长与税收减免协调法案》（EGTRRA）颁布，大大增加了数百万美国劳动者的退休储蓄机会。
2003年	《就业与经济增长税收减免协调法案》（JGTRRA）为共同基金份额持有人提供了关于股息和资本利得的更低税率优惠。

2006年	《退休金保障法案》（PPA）和《税收增加防范及调整法案》（*Tax Increase Prevention and Reconciliation Act*）鼓励所有年龄的投资者在递延税账户和应税投资账户中储蓄更多资金。
2008年	美国证监会投票决定采纳简要招股说明书规则。 主要储备基金（Reserve Primary Fund）未能维持1.00美元的资产净值（NAV），成为25年来第二只“跌破1美元”的货币市场基金。
2009年	货币市场基金资产达到3.9万亿美元，为当时的最高水平。 货币市场工作组是一个由行业高管组成的工作组，向美国投资公司协会董事会提交报告。董事会支持工作组关于立即针对货币市场基金实施新监管和监督标准的呼吁。
2010年	美国证监会通过了有关货币市场基金的系列新法规和监管条例修正案。 在琼斯诉哈里斯（Jones v. Harris）一案中，美国最高法院一致同意支持加滕伯格（Gartenberg）标准，法院长期以来都根据该标准审理基金咨询费过高的索赔案。 《RIC现代化法案》（*RIC Modernization Act*）的实施理顺并更新了技术税收规则，通过提高基金效率使份额持有人受益。
2011年	在商业圆桌会议等诉美国证监会（Business Roundtable et al. v. SEC）一案中，美国哥伦比亚地区上诉法院驳回了美国证监会的投票代理权规则，理由是美国证监会未能充分评估该规则的成本和收益。
2014年	美国投资公司协会成立了ICI Global，站在全球受监管投资基金的视角，开展协会的国际工作。 在2010年对货币市场基金监管改革的基础上，美国证监会对管理货币市场基金的规则进行了彻底改革。
2017年	国会通过了30年来最大规模的减税法案。国会否决了通过限制退休储蓄税收激励来提高税收收入的提案，这反映了国会对自愿并基于雇主的退休制度的支持。
2018年	美国证监会通过了规则30e-3，允许在美国注册的基金在线提交份额持有人报告，以履行其基金披露义务。

术语表

若想了解关于这些词条的更多信息，您可以参阅本书的各章节和附录，以及浏览网站www.ici.org。

主动管理型基金　雇用投资组合经理或管理团队来管理基金投资以设法使绩效超过基准和同业群体平均水平的基金。

顾问　见第299页“投资顾问”。

年度报告　基金向份额持有人发送的报告，用于说明基金在过去一个财务年度的业绩，并披露在基金财务年度最后一个营业日基金投资组合中的证券。年度报告包含经审计的财务报表。

资产类型　一组在市场中具有共有特征和行为的证券或投资。三类常见的资产类型分别是权益类资产（如股票）、固定收益类资产（如债券）和现金等价物（如货币市场基金）。

按市价发行　按照同类份额当前市价计算的价格发售新份额。按市价发行的规模通常小于后续发行的规模，而且使用上架注册声明通过权益分配计划来实施。

审计师　审计师负责验证基金的财务报表，确保其编制符合通用会计准则（GAAP），并公平地反映基金的财务状况和经营业绩。

授权参与商　向交易所交易基金（ETF）提交申购和赎回ETF申购单位订单的实体，通常是机构投资者。

投资组合平均到期日　债券或货币市场基金投资组合中包含的所有证券的平均到期日。

后端费用　见第295页“或有递延销售费用（CDSL）”。

基点　1个基点等于0.01个百分点（0.01%），因此100个基点等于1个百分点。当应用于1美元时，1个基点是0.0001美元，100个基点等于1美分（0.01美元）。基点采用十进制方式来表达百分比，非常简便。

基准　一项可以用来衡量证券或共同基金表现的标准。如，巴克莱资本综合债券指数是许多债券型共同基金的基准指数。而许多股票型共同基金使用的基准则是标普500指数。另见第299页“指数”。

债券　由公司、市政当局、政府或政府机构发行的债务证券。债券投资者借钱给发行商，作为交换，发行商承诺在规定的到期日偿还贷款金额；在整个贷款期间，发行商通常会定期向债券持有人支付利息。“固定收益”一词经常与“债券”互换使用。

债券型基金　主要投资于债券和其他债务工具的基金。

临界点　属某一指定水平，高于此水平即可享受某些折扣或费率削减。就共同基金而言，临界点与投资者通过经纪商或其他中介购买基金份额时支付的销售费或基金向其投资顾问支付的管理费有关。在投资者最初购买基金份额时，如果投资额超过一个特定的临界点，许多基金就会给他们提供销售费用折扣。投资额超过的临界点越高，折扣金额通常也越高。同样，基金可设立临界点，在基金资产超过一定水平时要求基金投资顾问降低其收取的管理费费率。

跌破1美元　该术语用于描述按照摊余成本法和/或区间波动法计算份额价格的政府或零售货币市场基金的资产净值跌破1.00美元稳定水平的情况。当基金的逐日盯市价值（影子价格）与其稳定的1.00美元资产净值之间的偏差超过1%的一半（0.5美分或0.0050美元）时，就会引发上述现象。也称“跌破面值”。

经纪商　为他人账户执行证券交易业务并通常会收取佣金的公司。

经纪自营商　经纪自营商是既充当经纪商又充当交易商的公司。销售共同基金份额的经纪自营商必须在美国证监会注册，并接受FINRA的监管。它们通常通过投资者支付的销售费用和基金支付的其他费用（如12b-1费用）来获得服务报酬。

资本利得分配　基金将其出售投资组合中的证券的获利向共同基金份额持有人进行的分配。

追加缴费　允许50岁及以上的个人向个人退休账户（IRA）或雇主发起式退休储蓄计划缴纳超过年度缴款限额的补充性缴款。2017年，传统IRA和罗斯IRA的追加缴费金额限定为1 000美元，401（k）计划为6 000美元，SIMPLE IRA计划为3 000美元。

封闭式基金　发行固定数量的份额并以市价在证券交易所进行日内交易的投资公司类型。封闭式基金的投资者需通过经纪商买卖份额，就如同交易任何上市公司的股票一样。

商业票据　公司发行的短期无担保票据，用于满足短期现金需求，如支付账款、存货和短期负债的融资。到期日通常从隔夜到270天不等。商业票据通常由信用等级很高的公司发行，并按票面价值的折扣价出售。

普通股　代表一家公司的一份所有权份额的投资，也称“普通股份”。另见第301页“优先股”。

或有递延销售费用（CDSL）　基金向在持有期间的最初几年赎回（卖回给基金）份额的份额持有人收取的一笔费用。或有递延销售费用会在基金的招股说明书中向份额持有人予以披露。也称为“后端费用”。

创设单位　金融机构（称为授权参与商）通过购买和赎回被称为“创设单位”的大宗ETF份额，直接与ETF互动。一个创设单位通常包含25 000~200 000份的ETF份额。见第293页“授权参与商”。

经销商　通过自有账户从事证券买卖业务的公司。

固定收益（DB）计划　一种由雇主发起的养老金计划。员工将来从该计划中获得的福利金是确定的，通常是根据员工的薪资历史和服务年限运用公式计算得出的。雇主需要缴纳的费用取决于该计划的投资回报和承诺的收益。与固定缴款（DC）计划形成对比。

固定缴款（DC）计划　一种由雇主发起的退休计划，如401（k）计划或403（b）计划，这些计划向个人参与者账户中缴费。根据DC计划的类型，DC计划可以由雇员缴费、雇主缴费或两者同时缴费。员工在退休或终止雇用时享受的福利金取决于雇员和雇主的缴款，以及这些缴款的损益。与固定收益计划形成对比。另见第297页“401（k）计划”和“403（b）计划”。

董事　在共同基金董事会就职的人。共同基金董事负责监管以公司形式组织的基金的管理和运营。根据联邦证券法，董事还负有重要的特殊责任。另外，他们负责监督基金业绩，批准支付给投资顾问的服务费用，并监督基金的合规计划等。所有董事都承担着代表份额持有人利益的诚信义务。另见第298页“独立董事”和第306页“受托人”。

分配　（1）基金向份额持有人支付股息和资本利得；（2）向公众出售基金份额的一种方法，可能是基金向零售或机构投资者直接销售，也可能是通过直接与基金份额购买者互动的中介机构（如经纪自营商）销售，或者两者兼而有之；（3）一个用来描述从退休计划中提取基金的术语。

股息　基金或公司支付给份额持有人的资金，通常来自扣除费用后的投资收益。金额通常以每份额来表示。股息是一种分配形式。

新兴市场　通常是指处于增长和工业化进程中的经济体，如非洲和拉丁美洲的许多国家。这些经济体虽然相对欠发达，但在未来可能拥有巨大的增长潜力。也可以称为“发展中市场”。

雇主发起式退休计划　雇主为帮助员工积累退休资产而提供的一种员工福利计划。这些计划可包括固定缴款计划或固定收益计划。

股权　代表拥有一个公司所有权的证券或投资。与之相比，债券代表的是投资者（债券所有者）向借款人（债券发行人）提供的贷款。“股权”一词经常与“股票”互换使用。

股票型基金　专注于股票投资的基金，也称为“股份型基金”。

交易所交易基金（ETF）　投资公司的一种，通常为共同基金或单位投资信托，其份额在证券交易所按市价进行日内交易。投资者可以通过经纪商在二级市场上买卖ETF份额，就如同买卖任何上市公司的股票一样。授权参与商是唯一可以直接从ETF申购和赎回ETF份额的实体。另见第293页“授权参与商”。

费率　基金运营成本的衡量标准，以其资产的百分比表示。该费率会在基金的招股说明书和份额持有人报告中披露。

因子　任何可以解释证券收益率差异的变量，如宏观经济变量、预先设定的投资组合收益率或基准收益率。

公允价值　基金对于当前销售的证券可合理预期获得的金额。如果无法从交易所或其他渠道的交易中确定证券的价值，基金必须制定一套适当的程序来确定如何对其在当前销售中获得的金额进行估价。

联邦基金利率　银行为了保持自己在美联储的银行存款准备金而彼此进行隔夜拆借的利率。

美国金融行业监管局（FINRA）　根据《1934年证券交易法案》成立的自律组织，负责监管经纪自营商。为了履行其职责，美国金融行业监管局制定了经纪自营商必须遵守的监管规则，对经纪自营商进行检查，并对违反规则的经纪自营商实施制裁。美国金融行业监管局的活动由美国证监会监管。

529计划　旨在通过税收优惠账户帮助支付未来符合资格的高等教育费用的一种投资计划。这些计划由州政府提供，也可以由私人财团提供。州政府提供的529计划分为两种：一是预付学费计划，该计划允许参与者以学生的名义建立账户，以支付将来指定学期数量或课程单位的学费；二是大学储蓄计划，该计划允许个人向一个投资账户缴费，以支付学生符合资格的高等教育费用。

固定收益证券　见第294页“债券”。

远期定价　用来描述共同基金份额持有人申购或赎回基金份额价格的概念。在基金收到份额持有人交易订单后，份额持有人必须收到计算出的下一次交易的份额价格。

后续发行　发行已公开交易的同类份额的新份额。新发行份额的价格由基金确定，通常低于当前市场交易价格。

457计划　由雇主发起的退休计划，州政府和地方政府及某些免税雇主的雇员可以从其工资中扣缴递延税供款。

401（k）计划　员工可以从其工资中扣缴递延税供款的一种雇主发起式退休计划。另见第295页“固定缴款（DC）计划”。

403（b）计划　大学、公立学校和非营利性组织中的员工可以从其工资中扣缴递延税供款的一种雇主发起式退休计划。另见第295页“固定缴款（DC）计划”。

前端费用　某些基金在投资者申购时为弥补销售成本而收取的费用。基金收取的任何前端费用都将在招股说明书中予以详细描述。

全服务经纪商　可以提供各种服务（包括执行交易、提供调研和投资建议、制定退休计划、提供税务咨询和其他服务）的特许经纪自营商公司。

基金联合体　通常拥有相同投资顾问和分销商的一组基金。基金联合体中的每只基金可能有不同的投资目标，并遵循不同的投资策略。也称为“基金家族”。

组合型基金　主要投资于其他共同基金份额而非直接投资于单个证券的共同基金。此外，还包括主要投资于其他ETF份额而非直接投资于单个证券的ETF。

政府债券　由政府或政府机构发行的债务证券［在美国包括储蓄债券、国债、国库通胀保值债券（TIPS）］。

政府货币市场基金　一种货币市场基金，致力于保持稳定的份额价格，并至少将其总资产的99.5%投资于现金、政府证券和/或由政府证券或现金抵押的回购协议。另见第300页“货币市场基金”。

政府证券　由政府或政府机构发行的任何债务（如美国发行的短期国债）。另见第306页“美国国债”。

对冲基金　主要面向合格投资者（通常是富人）的私人投资基金。与共同基金不同，对冲基金不需要在美国证监会注册。

混合型基金　投资于股票和固定收益证券组合的共同基金，可随时间更改投资比例，也可以保持不变。

独立董事　基金董事必须满足许多严格的特殊要求才能成为独立董事。总体来说，根据《1940年投资公司法案》的规定，独立董事在当前或过去两年的任何时间，都不得与基金顾问、主承销商（分销商）或联营公司有重大业务关系。独立董事也不能持有投资顾问或某些相关实体（如母公司或子公司）的任何股票。另见第295页“董事”和第306页“受托人”。

独立公共会计师　负责审计基金财务报表的实体。作为审计的一部分，独立公共会计师必须考虑基金对财务报告的内部控制，包括为保护基金的证券而实施的控制。独立公共会计师向董事会的审计委员会报告。

指数　追踪特定金融市场或其细分市场（如股票、债券或大宗商品市场）表现并作为评估基金表现基准的资产组合。股票型基金最常用的指数是标普500。另见第294页“基准”。

指数型基金　旨在追踪某一市场指数的表现的基金。该基金的资产投资组合是指定市场指数的复制样本或代表性样本。通常被称为“被动管理型投资组合”。

个人退休账户（IRA）　由个人设立或为个人设立的为退休而持有并投资于基金的税收优惠账户。

机构投资者　代表组织持有基金和其他证券的企业、非营利性组织及其他类似投资者。这种投资者的分类方式不同于拥有投资公司大部分资产的个人投资者或家庭投资者。

机构货币市场基金　既不具备零售货币市场基金资格，也不具备政府货币市场基金资格并且不将基金受益所有人限定为自然人的货币市场基金。

日内参考价值（IIV）　对交易所交易基金（ETF）的日内价值的实时估算值。通常由第三方供应商在证券市场交易时段每隔15~60秒计算并公布一次。

投资顾问　接受投资公司聘请就基金的投资和资产管理提供专业建议的组织。根据《1940年投资顾问法案》的规定，注册投资公司（如共同基金）的所有投资顾问都必须在美国证监会注册。

投资公司　将集合的份额持有人资金投资于符合组织目标的证券的公司、信托或合伙企业。共同基金、封闭式基金、单位投资信托和交易所交易基金都是在美国证监会注册的投资公司的主要类型。

投资目标　基金代表的其投资者追求的目标（如当前收入、长期资本增长）。基金的投资目标会在基金的招股说明书中向投资者披露，而且基金的投资目标必须与声明的投资目标一致。

摊销收费　在购买后第一年内出售基金份额时，向基金支付的年度12b-1费用（通常为1%）与或有递延销售费用（通常亦为1%）之和。另见第295页“或有递延销售费用（CDSL）”和第306页“12b-1费用”。

生命周期基金　见第305页“目标日期基金”。

生活方式基金　维持预先确定的风险水平且通常在名称中用“保守型”“稳健型”或“进取型”等字眼来形容其风险水平的共同基金。也称为“目标风险基金”。

流动性　随时获得投资资金的能力。共同基金易于变观，因为其份额可以在任何一个营业日按接下来计算的资产净值（NAV）赎回。在证券市场上，如果出价与要价之间的差额很小，并且可按这些报价成交一定数量的证券，那么，该证券就被称为流动性证券。

销售费　见第303页“销售费用”。

收费基金　收取销售费用（在购买基金份额时收取前端费用或在赎回基金份额时收取或有递延销售费用）的共同基金，或者收取的12b–1费用大于0.25%的基金。另见第306页“12b–1费用”。

长期基金　包含除货币市场基金外的所有共同基金的共同基金行业名称。长期基金大致分为股票型基金、债券型基金和混合型基金。

管理费　共同基金向投资顾问支付的服务费。

到期日　发行商承诺偿付债券面值的日期。

货币市场　面向短期借贷的全球金融市场，像短期国债（T–bill）、商业票据和回购协议等短期金融工具即在此类市场中买卖。

货币市场基金　受《1940年投资公司法案》第2a–7条规则监管的一种共同基金，它投资于短期、优质、固定收益证券，并在资本保值（如保持稳定的份额价格）的基础上寻求获取最高收益。

共同基金　为投资者提供专业的资金管理和多元化投资机会的一种投资工具。所有共同基金都是根据《1940年投资公司法案》在美国证监会注册的投资公司。共同基金购买基金投资顾问选择的证券组合，以满足特定的投资目标。共同基金的一大特点是，它们被认为是一种具有流动性的投资，因为它们会发行可赎回证券，可以随时按照接下来计算的资产净值（NAV）来回购份额。另见第301页“开放式投资公司”。

资产净值（NAV） 投资公司的每份额价值，其计算方法是从基金资产的当前市场价值中减去基金负债，再除以发行在外的份额数量。共同基金在每个金融市场交易日至少计算一次资产净值。

新增资金净流入 流入共同基金的“新”资金的净值。该金额的计算方法是基金新增销售额的美元价值减去赎回金额与净转换交易金额之和。正值表示新增销售额与基金转换交易流入金额之和超过赎回额与基金转换交易流出金额之和。负值表示赎回额与基金转换交易流出金额之和超过新增销售额与基金转换交易流入金额之和。

净发行规模 总发行规模（首次和再次公开发行份额的收益）的美元价值减去总赎回规模（份额回购和基金清盘）的美元价值。正值表示总发行规模超过了总赎回规模，负值表示总赎回规模超过了总发行规模。

无销售费基金 售出份额时不收取销售费且每年12b–1费用不超过0.25%的共同基金。另见第306页“12b–1费用”。

开放式投资公司 共同基金的法定名称，表明基金已做好随时赎回（回购）投资者份额的准备。另见第300页“共同基金”。

运营费 从基金资产中支出的业务费用，包括管理费、12b–1费用和其他费用。

集合投资 共同基金和其他投资公司背后的基本概念，指基金集合了具有共同理财目标的投资者的资产。基金使用集合资产购买投资产品组合，购买的每个份额均代表份额持有人在基金组合中按比例享有的所有权权益。

投资组合 个人或机构（如共同基金）拥有的一系列投资，可能包括股票、债券、货币市场工具和其他投资。

投资组合经理 基金顾问聘请的专业人士，负责根据预先确定的投资目标来投资基金资产。

投资组合换手率 一只基金1年内买卖证券频率的一项衡量指标。投资组合换手率通常用基金价值的百分比来表示。

优先股 代表公司所有权份额的投资，其对公司资产和收益的主张权高于普通股。优先股与普通股的区别在于，在向普通股股东派息之前必须先向优先股股东支付固定股息。也称为“优先份额”。另见第295页“普通股”。

一级市场　投资者直接从发行证券的公司购买证券的市场。与二级市场形成对比。

优选货币市场基金　主要投资于公司债券的货币市场基金。

主承销商　与共同基金的零售分销商（如经纪自营商）签署了销售协议的共同基金承销商。为了出售基金份额，零售分销商必须执行与基金或其主承销商之间签署的合约，合约授权分销商向公众发售基金份额。一般来说，基金的承销商不参与向投资者发行或出售基金份额。

招股说明书　向潜在投资者描述投资公司的官方文件。招股说明书包含美国证监会要求的重要信息，如投资目标和政策、风险、服务和费用。联邦法律要求，须向每位共同基金投资者寄发招股说明书。另见第305页“简要招股说明书”。

赎回　将共同基金份额卖回给基金。共同基金份额可以在任何一个交易日被赎回。赎回金额的计算方法：投资者收到的接下来计算的份额价格（被称为资产净值），减去任何递延销售费用或赎回费用。

赎回价格　共同基金份额持有人赎回每一份额可获得的金额。参见“赎回”。

注册投资公司　根据《1940年投资公司法案》在美国证监会注册为投资公司的任何基金（包括共同基金）。除了需要根据《1940年投资公司法案》注册为投资公司外，注册投资公司的份额也必须根据《1933年证券法案》注册（如果向公众发售），并且该投资公司的投资顾问必须根据《1940年投资公司法案》在美国证监会注册。上述法案都规定了根据这些法案注册的实体或证券所承担的监管责任。

受监管投资公司（RIC）　根据《国内税收法典》第M分章的规定，可通过将其所有应税收入分配给份额持有人来免除实体层面税项的基金。因此，基金只在投资者一方被征税一次。受监管投资公司的组织形式可以为公司，也可以为信托，但在任何情况下其都会被视为公司。要想获得受监管投资公司资格，公司必须在纳税年度全年根据《1940年投资公司法案》注册，而且至少有90%的收入必须来自特定来源，包括股息、利息和资本利得。此外，它还必须将至少90%的股息和利息分配出去。

回购协议　经销商和其他机构投资者通常使用的一种短期融资形式。在回购交易中，一方向另一方出售证券，并同意在指定时间（如第二天）按指定价格回购证券。又称为REPO。

法定最低提款额（RMD）　《国内税收法典》通常要求拥有传统IRA或401（k）账户的人从70.5岁开始每年从IRA或401（k）账户中支取一定的分配金额。每年的分配金额是根据IRS设立的公式计算的，必须根据账户持有者的年龄（或持有者配偶的年龄）每年计算一次。IRS公式旨在确保传统IRA或401（k）账户的全部金额在个人预期寿命（或个人和个人配偶的联合寿命）内分配完毕。未满足规定金额的分配可能会受到税务处罚。罗斯IRA在账户持有者的寿期内不受法定最低提款额的限制。

零售投资者　为个人账户而不是为公司或组织买卖证券的个人投资者。

零售货币市场基金　通过合理设计政策和程序将基金的受益所有人限制为自然人的货币市场基金。

附权发行　基金份额持有人被赋予按基金确立的价格购买新增基金份额的权利，按基金确立的价格通常是资产净值（NAV）的一定折扣。

滚存　在无须缴纳税收罚款的情况下，投资者的资产由于工作变动等原因从一个合格的退休计划（包括IRA）转移到另一个计划中。

罗斯IRA　1998年首次推出的一项个人退休计划，该计划仅允许税后供款。收益无须纳税，且符合资格的收益和本金分配通常也无须纳税。

销售费用　对通过经纪自营商或其他金融中介购买的共同基金份额收取的销售费用。根据规定，共同基金销售费用设有上限。销售费用可能会因份额的购买渠道（如基金超市或经纪自营商）、投资额和所购基金不同而有所差异。也称为“销售费”。

SAR-SEP IRA（薪酬减免简化雇员养老金计划）　一种具有薪酬减免特征的SEP IRA（见第304页“SEP IRA（简化雇员养老金计划）”）。创建SIMPLE IRA的1996年《小企业就业保护法案》禁止建立新的SAR-SEP IRA，SAR-SER IRA最初于1986年创建。

二级市场 投资者通过中介（如经纪自营商）从另一个投资者手中购买或向其出售某些资产（如封闭式基金、UIT和ETF份额）的市场。与一级市场形成对比。

行业共同基金 投资于特定或专业细分市场的基金，如软件、医疗保健或房地产行业的公司股票。

独立账户 与保险公司的普通资产隔离或分离开来的一种保险公司账户，也指由投资顾问针对单一计划进行管理的基金。

SEP IRA（简化雇员养老金计划） 1978年创建的一种退休计划，由所有符合条件的员工个人退休账户组成，雇主可根据某些规则向这些账户缴费。SEP IRA的建立和管理相当简单，成本不高，对小企业和个体经营者很有吸引力。

系列信托基金 一组不同的共同基金，其中每一只基金都有自己的投资目标和政策，其结构组织为单一公司或商业信托。

份额类别 有的共同基金向投资者提供不同类型的份额，每一个类型称作一个类别（如A类份额、机构份额）。每个类别投资于相同的证券组合，并具有相同的投资目标和政策，但每个类别为份额持有人提供的服务或分配安排不同，费用和支出也不同，因此业绩表现也不同。多种类别相结合的结构让投资者能够选择最适合其投资目标（包括其期望继续投资基金的时间）的费用和支出结构。

短期基金 见第300页“货币市场基金”。

SIMPLE IRA（雇员储蓄激励配套计划） 创建于1996年的一种享受税收优惠的简化退休计划，小雇主可为其员工的福利而设立此计划。

标普500指数 用来衡量500只美国股票市场表现的一项日常指标，这些股票为标准普尔根据市场规模、流动性和行业群体代表性挑选出的股票。

发起人 创设基金并确定基金投资目标的公司或金融机构。当推出一组新基金时，基金发起人（通常是投资顾问）通常是新基金的初始且唯一的份额持有人，并由其选举初始董事。

稳定价值基金 一种旨在保存本金并提供连贯收益和流动性的投资基金。稳定价值基金包括由银行或信托公司发起的集体投资基金或保险公司发布的合约。

简要招股说明书　美国证监会法规允许共同基金向其投资者提供关键基金信息的简短概要（一般为3~4页），而非冗长的法定招股说明书，但前提是要将法定招股说明书发布到网上或应要求邮寄给持有人并满足某些附加条件。简要招股说明书必须按标准顺序包含以下项目，且不得包含任何额外信息，也不得遗漏必要信息：投资目标/目的、费用和开支表、主要投资策略、主要风险和绩效表以及管理信息。另见第302页“招股说明书”。

目标日期基金　在基金名称所注明特定目标日期之前达成投资者投资目标的基金。如，“2025年目标日期基金”可能是专为计划于2025年退休的人设计的。为了实现投资者的投资目标，基金通常被构建为一种在投资的整个生命周期中遵循预先确定的风险进行再分配的混合型基金。这些基金投资于各类资产类别组合，通常在其运作时段接近或超过目标日期时，按时间对投资组合进行再平衡，使其更偏于保守并产生收益。目标日期基金常为退休或教育储蓄，账户所有者预期会在已知的未来日期使用账户收益。也称为“生命周期基金”。

目标风险基金　见第300页“生活方式基金”。

要约收购　在封闭式基金要约收购中，份额持有人拥有有限的机会以特定的价格（即要约收购价）将他们的一部分份额出售给基金。一般来说，要约收购价格与基金的资产净值（NAV）接近且高于市场价格。

净资产总额　基金截至某一日期持有的资产总额减去所有负债。

总收益率　用来衡量基金业绩的一项指标，包含所有投资回报要素：股息、资本利得分配和资产净值（NAV）变动。总收益率为假设所有股息和资本利得分配均用于再投资的情况下，给定时期内变动后的投资价值与初始投资之比。

传统IRA　创建于1974年的第一种IRA类型。个人可以向这些账户缴纳免税或不免税（取决于收益和其他要求）的款项。另见第299页“个人退休账户（IRA）”。

过户代理人　过户代理人是基金联合体内的一个实体，负责维护所有份额持有人的账户记录，处理份额持有人进行的所有交易，并直接向份额持有人提供与基金或份额持有人账户有关的基金通信。通常，当共同基金的份额持有人向基金询问其账户情况时，由过户代理人负责处理这类问询。根据《1934年证券交易法案》的规定，过户代理人必须在美国证监会注册，并且必须根据与基金董事会签署的协议提供服务。

短期国债（T-bill） 期限在1年以下的美国政府短期债券。T-bill的面值为1 000美元，最高可购买500万美元，期限通常为1个月（4周）、3个月（13周）或6个月（26周）。

受托人 以企业或法定信托为组织形式的基金受托人委员会成员。共同基金受托人负责监督基金的管理和运营，并负有代表份额持有人利益的诚信义务。基金受托人与基金董事负有相同的责任。另见第295页“董事”。

12b-1费用 共同基金的一项收费，根据批准该费用的美国证监会法规名称命名，用于支付分销成本，如对理财顾问初始及持续性协助支付的报酬。基金如果要收取12b-1费用，应在招股说明书的费用表中予以披露。

承销商 见第302页“主承销商”。

单位投资信托（UIT） 兼具共同基金和封闭式基金特征的一种基金类型。与共同基金一样，UIT也会发行可赎回份额。但是和封闭式基金一样，UIT通常只发行固定数量的份额。UIT不会主动交易其投资组合。相反，它会买入并持有一组特定的证券投资组合直至UIT设定的到期日，到期后信托会被解散，收益支付给份额持有人。

美国国债 美国政府发行的债券，由美国政府提供完全的信誉和信用担保。国库券是美国联邦政府的债务融资工具，通常简称为国债。有四种类型的国债：短期国债、长期国债、中期国债和国库通胀保值债券（TIPS）。

可变年金 保险公司出售的投资合同。通常通过共同基金投资来实现资本积累，可选择转换成退休时的持续收入。

电子化经纪公司 在全国或全球范围内经营业务的综合经纪商，与地区经纪商相对。

全球受监管开放式基金 一种实质上受到监管的开放式基金，受某些多样化限制、集中度限制和/或杠杆限制的制约，旨在为投资者提供高度保护。包括共同基金、交易所交易基金（ETF）、机构基金、保证/护本基金、（开放式）房地产基金和其他受到严格监管的基金。

索引

页码后面标注f、n或t，分别表示图、备注和表格。

A

B

C

D

F

G

H

M

O

P

R

S

T